MARIA MONTESSORI

KINDER SIND ANDERS

Vom selbständigen Lernen

Herausgegeben und mit einem
Vorwort von Jürgen Overhoff
Aus dem Italienischen von
Percy Eckstein und Ulrich Weber

KLETT-COTTA

Die Übersetzung dieses Buches aus dem Italienischen wurde im
Auftrag der Erben der Verfasserin bearbeitet von Helene Helming.

Klett-Cotta
www.klett-cotta.de
Die Originalausgabe erschien unter dem Titel »Il segreto dell'infanzia«
bei Garzanti, Mailand, 1950
Für die deutsche Ausgabe
© 1952/2024 by J. G. Cotta'sche Buchhandlung Nachfolger GmbH,
gegr. 1659, Stuttgart
Alle deutschsprachigen Rechte vorbehalten
Cover: © Rothfos & Gabler, Hamburg
unter Verwendung einer Abbildung von © Julia Forsman / Stocksy
Gesetzt von C.H.Beck.Media.Solutions, Nördlingen
Gedruckt und gebunden von CPI – Clausen & Bosse, Leck
ISBN 978-3-608-98821-5
E-Book ISBN 978-3-608-12369-2

Bibliografische Information der Deutschen Nationalbibliothek
Die Deutsche Nationalbibliothek verzeichnet diese Publikation in der
Deutschen Nationalbibliografie; detaillierte bibliografische Daten
sind im Internet über http://dnb.d-nb.de abrufbar.

INHALT

Vorwort von Jürgen Overhoff
— 11 —

Maria Montessori:
Kinder sind anders. Vom selbständigen Lernen
— 63 —

Einleitung: Kindererziehung als soziale Frage
— 65 —

Erster Teil
1. Das Zeitalter des Kindes
— 75 —
Die Psychoanalyse und das Kind
— 77 —
Das Geheimnis des Kindes
— 79 —
2. Der Erwachsene als Angeklagter
— 83 —
3. Biologisches Zwischenspiel
— 89 —

4. Das Neugeborene – Die außernatürliche Umwelt

— 95 —

5. Die natürlichen Instinkte

— 105 —

6. Der geistige Embryo – Die Fleischwerdung

— 109 —

7. Der Aufbau der kindlichen Seele

— 121 —

Die sensiblen Perioden

— 121 —

Einsicht in das Wirken der sensiblen Perioden

— 127 —

Beobachtungen und Beispiele

— 135 —

8. Der Ordnungssinn

— 139 —

Die innere Ordnung

— 149 —

9. Die Intelligenz

— 155 —

10. Die Kämpfe auf dem Weg des Wachstums – Schlafen

— 169 —

11. Das Gehen

— 175 —

12. Die Hand

— 181 —

Elementare Handlungen

— 186 —

13. Der Rhythmus

— 191 —

14. Die Substitution der Persönlichkeit

— 175 —

Die Liebe zur Umwelt

— 198 —

15. Die Bewegung

— 203 —

16. Die Verständnislosigkeit

— 209 —

17. Die Schaukraft der Liebe

— 213 —

Zweiter Teil

— 219 —

18. Die Erziehung des Kindes

— 221 —

Die Ursprünge unserer Methode

— 227 —

19. Die Wiederholung der Übungen

— 235 —

20. Die freie Wahl

— 239 —

21. Die Spielsachen

— 243 —

22. Belohnungen und Strafen

— 245 —

23. Die Stille

— 247 —

24. Die Würde

— 251 —

25. Die Disziplin

— 257 —

26. Der Beginn des Unterrichts/Schreiben – Lesen

— 259 —

27. Körperliche Parallelentwicklungen

— 265 —

28. Folgerungen

— 267 —

29. Kinder aus bevorzugten Gesellschaftsschichten

— 277 —

30. Die innere Vorbereitung des Lehrers

— 285 —

31. Abwegigkeiten

— 293 —

32. Fluchterscheinungen

— 295 —

33. Hemmungen

— 299 —

34. Heilungen

— 303 —

35. Die Abhängigen

— 307 —

36. Der Besitztrieb

— 309 —

37. Die Begierde nach Macht

— 313 —

38. Der Minderwertigkeitskomplex

— 317 —

39. Die Angst

— 323 —

40. Die Lüge

— 327 —

41. Seelenleben und Körper

— 333 —

Dritter Teil

— 339 —

42. Der Kampf zwischen Kind und Erwachsenem

— 341 —

43. Der Arbeitsinstinkt

— 345 —

44. Die beiden Arbeitsarten

— 351 —

Die Arbeit des Erwachsenen

— 352 —

Die Arbeit des Kindes

— 356 —

Vergleich zwischen den beiden Arbeitsarten

— 358 —

45. Die Leitinstinkte

— 363 —

46. Das Kind – unser Lehrmeister

— 375 —

47. Die Aufgabe der Eltern

— 379 —

48. Die Rechte des Kindes

— 381 —

Ecce Homo!

— 390 —

Anmerkungen

— 393 —

Editorische Notiz

— 417 —

Literaturverzeichnis

— 421 —

Register

— 425 —

VORWORT
VON JÜRGEN OVERHOFF

Montessori fordert zum Widerspruch heraus: »Wer meine Erziehungsbewegung verfolgt hat, weiß, dass sie stets umstritten war und es noch heute ist«

Die italienische Ärztin und Reformpädagogin Maria Montessori, die 1870 in der Nähe von Ancona an der Adriaküste geboren wurde, in Rom Karriere machte und nach längeren Aufenthalten in den USA, Spanien und Indien ihren Lebensabend in den Niederlanden verbrachte, wo sie 1952 in Noordwijk aan Zee starb und auch begraben wurde, polarisiert bis auf den heutigen Tag und erregt noch immer die Gemüter. An ihrer Person und ihrer Erziehungslehre, die beide international über einen außergewöhnlich hohen Bekanntheitsgrad verfügen, scheiden sich weltweit die Geister. Von den einen wird ihre Pädagogik, die das selbständige Lernen des Kindes und dessen stets zu respektierende Individualität ins Zentrum stellt, als befreiender Wurf gepriesen, mit dem die willensstarke Italienerin zu Beginn des 20. Jahrhunderts alle unnötig gängelnden, einengenden, strafenden und mit Vorgaben überfrachteten Erziehungsmodelle der älteren Zeit zurückwies. Demzufolge gilt sie als Pionierin einer modernen, zugewandten, kinderfreundlichen Erziehung, die der freien Entfaltung der Persönlichkeit endlich den nötigen Raum gibt. Ihre Kritiker hingegen halten ihr dessen ungeachtet in aller Schärfe vor, dass sie sich zumindest zeitweilig an einem biologistisch-deterministischen, von eugenischen Vorstellungen durchtränkten und in Teilen auch rassistischen Menschenbild orientierte. Dabei habe sie sich allzu bereitwillig dem faschistischen Regime des Diktators Benito Mussolini angedient und in diesem Zuge auch ihre eigene Person – mit einem außerordentlich großen Geschick zur Selbstvermarktung – überhöht und stilisiert, zu einer geradezu prophetengleichen Gestalt, die aber eigentlich nur daran interessiert gewesen sei, aus ihrer großen Popularität maximalen finanziellen Gewinn zu schlagen.

Wie immer man die unterschiedlichen Ansichten der begeisterten Anhänger und erbitterten Gegner Montessoris einschätzen und beurteilen mag – und es lassen sich jeweils stichhaltige Gründe anführen, die sowohl der einen als auch der anderen Seite Recht geben –, so ist doch in jedem Fall eines ganz klar: Den Streit um die pädagogischen Meinungen und Praktiken der Montessori, den schon ihre Zeitgenossen seit dem ersten Moment ihres öffentlichen und überaus wirkungsvollen Auftretens austrugen, kalkulierte die italienische Reformpädagogin ihrerseits sehr selbstbewusst ein. Als sie in ihrem siebten Lebensjahrzehnt, also im schon weit fortgeschrittenen Alter, im 1938 in der Schweiz publizierten Buch »Il segreto dell'infanzia« – das zwei Jahre zuvor schon in Frankreich und in den USA vorab in französischer und englischer Übersetzung erschienen war und dann in ihrem Sterbejahr auch erstmals auf Deutsch veröffentlicht wurde – einen Rückblick auf ihre ganz erstaunliche internationale Laufbahn wagte, schrieb sie in dem besonders wichtigen Kapitel »Die Erziehung des Kindes« nicht ohne Stolz: »Wer [meine] Erziehungsbewegung verfolgt hat, weiß, dass sie stets umstritten war und es noch heute ist.«

Montessori war streitlustig. Zeitlebens brauchte sie die elektrisierende Spannung einer kämpferisch geführten Auseinandersetzung, die sie deshalb suchte, weil sie ihr ein Ansporn zur höchsten Produktivität war und auch zum Beweis der eigenen Stärke diente. Jeder Streit mit ihren Gegnern bot ihr gleichsam einen willkommenen Anlass zur Selbstbehauptung. Selbst ihre engsten Weggefährten blieben von ihrem explosiven Naturell nicht verschont und attestierten der Pädagogin daher übereinstimmend einen schwierigen Charakter. Auch Freunden und der Familie gegenüber gab sie sich häufig barsch und unwirsch, sie war oftmals regelrecht herrisch. Und doch war sie genauso in der Lage, ein von ihr zu schroff behandeltes Gegenüber spontan um Verzeihung zu bitten oder eine ihrer üblen Launen durch ein plötzliches Gelächter oder eine zärtliche Gefühlsaufwallung augenblicklich in Heiterkeit und Freundlichkeit umzuwandeln. Vertreter der unterschiedlichsten politischen Richtungen und Parteien (ob Sozialisten, Liberale oder Monarchisten), der katholischen Kirche oder auch der akademischen Wissenschaft, mit denen sie sich einließ – und sie war, um ihre Ziele zu verfolgen, in einer nahezu hemmungslosen Weise opportunistisch –, wussten nicht minder um ihre anstrengende Seite. Als Streitende war sie durchaus gefürchtet.

Als streitbare Person war Montessori aber auch geachtet. Sogar viele ihrer Kritiker, die ihre Pädagogik entweder als zu radikal, zu deterministisch oder auch als eine die Kindheit in falscher Weise verklärende Erziehungslehre schalten, mussten doch immerhin anerkennen, dass die Italienerin seit ihrem ersten Auftreten als Reformerin – die sich erstaunlich rasch globale Aufmerksamkeit verschaffte – durch ihren kämpferischen Einsatz für pädagogische Innovationen den Blick der Erwachsenen auf die Kinder weltweit, dauerhaft und spürbar veränderte. Denn sie popularisierte neue Formen des freien und auf autonome Lernerfahrungen zielenden Unterrichts, ohne die das moderne Nachdenken über die Grundlagen der Erziehung und die konkrete Ausgestaltung einer modernen pädagogischen Praxis nicht denkbar ist.

Auch wenn es paradox klingt: Als Streitende wollte Montessori mit ihrem pädagogischen Angebot zum dauerhaften Frieden in der Welt beitragen, dessen Fundament in ihren Augen nur ein rundum erneuertes, deutlich verbessertes und somit erst wirklich angemessenes Verhältnis von Eltern und Erziehern zu den ihnen anvertrauten Kindern sein konnte. Von daher ist es verständlich und wenig überraschend, dass sie in ihren letzten drei Lebensjahren immer wieder, Jahr um Jahr, für den Friedensnobelpreis nominiert wurde, der ihr dann allerdings wohl deshalb nicht zugesprochen wurde, weil sie sich – ganz ohne Frage – viel zu spät von der Diktatur Mussolinis gelöst und allzu lange mit den Behörden im faschistischen Italien kollaboriert hatte.

Wer sich ein eigenes Bild von der schwierigen, umstrittenen und auch an inneren Widersprüchen reichen Persönlichkeit der Maria Montessori machen möchte, muss die wichtigsten Stationen ihrer Lebensgeschichte zur Kenntnis nehmen und nachvollziehen, welche Positionen sie wann und warum bezog, welche Wandlungen sie durchmachte und wie sie selbst ihre eigene Biographie als über achtzigjährige Frau resümierend deutete. Und wer sich dann noch ein abgewogenes Urteil sowohl über die Irrtümer als auch über die befreienden Perspektiven ihrer Pädagogik erlauben will, ist gut beraten, ihre bereits erwähnte Schrift »Il segreto dell'infanzia«, die man aus guten Gründen als die beste und kompakteste Zusammenfassung ihrer Erziehungslehre bezeichnen kann, aufmerksam und mit aller nötigen Sorgfalt zu lesen.

Die bewährte deutsche Übersetzung dieses Buches, die von Percy Eckstein und Ulrich Weber erstellt wurde, erschien erstmals im Jahr 1952 unter dem Titel »Kinder sind anders« im Verlag von Ernst Klett. Diese deutsche Ausgabe wurde dann vom 1977 gegründeten Verlag Klett-Cotta in immer neuen Auflagen weiter veröffentlicht. Ab dem Jahr 2009 erschien sie dort erweitert um ein kurzes Vorwort der Montessori-Expertin Ingeborg Waldschmidt. Seither sind nun aber wieder viele neue und wichtige Studien zur Montessoris Leben und Wirken erschienen, wohlwollende wie kritische, die die Sicht auf die Tätigkeit der italienischen Reformerin weiter erhellen. So schien es dem

Verlag geboten, die seit Jahrzehnten gut eingeführte deutsche Übersetzung des Buches »Kinder sind anders« in einer wiederum veränderten Ausgabe in etwas anderer Gestalt zu veröffentlichen, versehen mit einem nun sehr viel ausführlicheren Vorwort des neuen Herausgebers, das den jüngsten Entwicklungen auf dem Gebiet der Montessori-Forschung gebührend Rechnung trägt. Um diese neue Ausgabe handelt es sich bei dem vorliegenden Buch, das überdies über einen umfassenden Kommentarteil und über ein Verzeichnis der wichtigsten, vornehmlich deutschsprachigen einschlägigen Literatur verfügt.

FRAUENRECHTLERIN, ÄRZTIN UND REFORMPÄDAGOGIN – DIE WELTKARRIERE DER MARIA MONTESSORI

Maria Montessori kam am 31. August 1870 in der kleinen Gemeinde Chiaravalle in der Nähe der Stadt Ancona an der Küste des Adriatischen Meeres zur Welt. Hineingeboren wurde sie in eine strebsame Familie des italienischen Bildungsbürgertums, die sich am gesellschaftlichen Fortschritt orientierte und dem Gemeinwohl verpflichtet war. Ihre Mutter Renilde war eine sehr belesene und ehrgeizige Frau, die bis zu ihrer Eheschließung auch als Lehrerin gearbeitet hatte, doch diesen Beruf dann wegen der Heirat aufgeben musste, was sie durchaus bedauerte. Der Vater Alessandro war Finanzbeamter im gehobenen Dienst. Er verfügte über ein auskömmliches Gehalt. Fünf Jahre nach der Geburt seines einzigen Kindes ließ er sich mit Frau und Tochter in die Hauptstadt Rom versetzen, wo es weit mehr Möglichkeiten zur Vervollkommnung der Bildung gab als in der italienischen Provinz.

Im Alter von sechs Jahren wurde Maria in Rom in der öffentlichen Schule an der Via di San Nicolo da Tolentino angemeldet, mitten im historischen Trevi-Viertel unweit des berühmten Brunnens. Sie war zunächst keine allzu gute Schülerin, da sie sich für den Unterricht nicht sonderlich interessierte. Dieser war auch wenig dazu angetan, ihre Phantasie zu beflügeln und den Verstand zu entfalten, denn die italienischen Grundschulen der damaligen Zeit stellten sich als überfüllte, schmutzige und dunkle Orte dar, die einer guten Didaktik wenig Raum boten. Gehorsam und Drill waren wichtiger als Kreativität. Als Mädchen wollte die aufgeweckte Maria viel lieber Schauspielerin werden, angeregt durch zahlreiche Besuche in den römischen Theatern, wohin ihre bildungsbeflissenen Eltern sie schon früh mitnahmen. Die aufmerksamen Lehrer des Schauspielkurses, den sie auf eigenen Wunsch und mit Zustimmung der Eltern neben der Schule absolvierte, bescheinigten ihr denn auch großes Talent – doch änderte sich der feste Entschluss des zwölfjährigen Mädchens plötzlich und unvermittelt, als sich im Jahr 1883 in Italien die Bildungsbedingungen für junge Frauen schlagartig verbesserten, weil das nunmehr veränderte Gesetz ihnen ab sofort ganz grundsätzlich den Weg für eine höhere Schullaufbahn und sogar das Studium an der Universität öffnete.

Nach eingehenden Gesprächen mit der Mutter entschloss sich Maria dazu, die weiterführende Schule zu besuchen. Zwar reichten ihre nur durchschnittlichen Zensuren für die Aufnahme in das humanistische Gymnasium nicht aus, doch wechselte sie von der Grundschule auf die naturwissenschaftlich ausgerichtete Sekundarschule »Regia Scuola Tecnica Michelangelo Buonarotti«, wo es seit Neuestem einen Zweig auch für Mädchen gab. Im Verbund mit etwa einem Dutzend anderen Mädchen, die an dieser Schule unterrichtet wurden, entwickelte sich Maria zu einer Schülerin, die Bestnoten schrieb. Zudem entdeckte sie an der technischen Oberschule ihre Neigung zu den am Ende des 19. Jahrhunderts als besonders modern und fortschrittlich geltenden biologischen Wissenschaften. Die Evolutionstheorie von Charles Darwin war zu dieser Zeit in aller Munde. Sie veränderte die Sicht der Menschen auf die eigene

Entwicklungsgeschichte in dramatischer Weise und beeindruckte auch die jungen Schülerinnen sehr. Als die sechzehnjährige Montessori den Besuch der Oberschule im Jahr 1886 mit Bestnoten abschloss, hatte sie sich dafür entschieden, ein Studium aufzunehmen, um ihre naturwissenschaftlichen Interessen zu vertiefen. So schrieb sie sich in einem nächsten Schritt in Rom am »Regio Istituto Tecnico« ein, an einer Technikhochschule, an der zu dieser Zeit mit Matilde Marchesini nur noch eine weitere junge Frau studierte. Um von den jungen Männern nicht belästigt zu werden, wurden die beiden Studentinnen in den Pausen von ihren besorgten Lehrern im Seminarraum eingeschlossen.

Im Alter von zwanzig Jahren legte Montessori ihre Abschlussprüfungen mit einem neuen Vorsatz ab: Sie wollte nun an der Universität in Rom Medizin studieren, weil sie dieses Fach als interessanteste Variante einer zur Anwendung gebrachten Biologie verstand. Es eröffnete eine Perspektive auf bislang ungeahnte Möglichkeiten zur Verbesserung der Gesundheit aller Menschen und ihrer Lebensumstände. Ihre Mutter, die den Studienwunsch der Tochter unterstützte, konnte auch den Vater zur Zustimmung bewegen, was unverzichtbar war, da die Tochter während des gesamten Studiums bei ihren Eltern wohnte und auch von ihnen durchgängig finanziert wurde. Bevor die Studentin Montessori sich allerdings an der medizinischen Fakultät immatrikulieren konnte, musste sie noch das Latinum erwerben, da die Alten Sprachen nicht an der technischen Oberschule unterrichtet worden waren. Sie schrieb sich zunächst nur für die Naturwissenschaften mit dem Schwerpunkt Physik und Mathematik ein und lernte nebenher mit Eifer die lateinische Sprache. Im Frühjahr 1892 legte sie schließlich mit Bravour alle nötigen Prüfungen ab, die sie dazu berechtigten, mit dem Medizinstudium zu beginnen.

Später behauptete sie, dass sich sogar Papst Leo XIII. für das Frauenstudium eingesetzt habe. Besonders das Medizinstudium habe der Heilige Vater als besten Beruf für Frauen angepriesen. Montessoris Kritiker spotteten, dass sie hier der katholischen Kirche eine Aufgeschlossenheit für die Belange der Frau attestiert habe, die zu keinem Zeitpunkt gegeben gewesen sei. Dabei wird jedoch übersehen, dass schon im 18. Jahrhundert ein besonders aufgeklärter Papst, Benedikt XIV., zu den wichtigsten Förderern einer Frau gehörte, die sich bereits damals in der Welt der Medizin einen großen Namen gemacht hatte: Anna Morandi Manzolini hatte es unter anderem einer Ausnahmeerlaubnis des Papstes zu verdanken, dass sie als bedeutende Anatomin ihrer Zeit gefeiert wurde und ihrem für eine Frau ungewöhnlichen Beruf nachgehen konnte. Der Bezug Montessoris auf den Papst als Unterstützer ihrer Absichten war also im ausgehenden 19. Jahrhundert nicht aus der Luft gegriffen.

Die junge Medizinstudentin zeigte sich nach Überwindung anfänglicher Hemmungen als ebenfalls versierte Anatomin. Dabei war sie an der Wende zum 20. Jahrhundert eine der Pionierinnen ihres Landes, denn unter den etwas mehr als 20 000 Studierenden befanden sich zu dieser Zeit gerade einmal 132 weibliche Studenten. Die wenigsten davon studierten Medizin. In ihrem Studiengang in Rom war Montessori zu Beginn sogar die einzige Frau. Sozialmedizin stand an der Fakultät hoch im Kurs, denn es ging darum engagierte Ärzte auszubilden, die zukünftig Arme und Kinder von schrecklichen Krankheiten wie Tuberkulose und Rachitis oder auch von den Folgen einer Mangelernährung befreien würden. In Vorlesungen über Psychiatrie wurden vor den angehenden Ärzten zudem die neuesten Erkenntnisse über das Wechselspiel von Geist, Seele und Körper ausgebreitet. Als Montessori im Sommer 1896 ihr Examen ablegte, reichte sie eine Doktorarbeit ein, in der sie über ihre ausführlichen Untersuchungen von Patienten der Psychiatrischen Klinik berichtete, die unter paranoiden Störungen und Verfolgungswahn litten. Ihre Arbeit erhielt von allen Prüfern glänzende Bewertungen und die zur »Dottoressa« promovierte Frau erhielt umgehend ein Stellenangebot an dem der Universität angeschlossenen Krankenhaus.

Im Verlauf ihres Studiums hatte sich Montessori jedoch nicht nur für die Inhalte ihres Faches interessiert. Nebenher war sie auch als engagierte Frauenrechtlerin in Erscheinung getreten, die sich mit Verve dafür einsetzte, dass beide Geschlechter für die gleiche Arbeit den gleichen Lohn erhalten sollten. Auch plädierte sie dafür, dass die Frauen dieselben politischen Rechte erhalten sollten wie die Männer. Das Wahlrecht sollte dahingehend reformiert werden, dass Frauen sich an den Abstimmungen beteiligen konnten. Als weiblicher Doktor der Medizin war sie aus Sicht ihrer auf Emanzipation drängenden Geschlechtsgenossinnen eine wahre Vorzeigefrau, ein neues Rollenvorbild gar – oder schlicht eine »neue Frau« [»Una donna nuova«], wie sie sich selbst bezeichnete –, weshalb sie der italienische Frauenverband »Associazione per la Donna« einen Monat nach ihrem Examen als Delegierte zu einem Internationalen Frauenkongress entsandte, der im Herbst 1896 in Berlin stattfand.

In Berlin fiel die sich bewusst elegant und feminin kleidende Montessori nicht nur durch ihr Aussehen auf, sondern sie beeindruckte vor allem auch durch ihre kämpferischen Redebeiträge. Dabei gelang es ihr, die Zuhörer zu überzeugen – und nicht nur die Kongressteilnehmerinnen, die sich dem liberalen, bürgerlichen Lager der Frauenbewegung zurechneten. Sie sprach auch außerhalb der Tagung zu sozialistischen Gegendemonstrantinnen, denen sie versicherte, dass sie sich genauso für die Verbesserung der Lebensbedingungen der einfachen Arbeiterinnen einsetze. Am Ende ihrer Ansprache spendeten ihr die revolutionär gestimmten Sozialistinnen warmen Applaus. Montessori lernte in Berlin, auf den politischen Gegner zuzugehen, um gemeinsam mit ihm die ihr wichtigen Ziele durchzusetzen.

Nach ihrer Rückkehr nach Italien arbeitete die junge Ärztin außer im Hospital auch im Hygieneinstitut, wo sie den jungen

Kollegen Guiseppe Montesano kennenlernte, an dem sie großen Gefallen fand. Auch er verliebte sich in die intelligente Frau und couragierte Feministin. Ihre politischen Ziele teilte er aus voller Überzeugung. Beide engagierten sich als Mediziner fortan besonders für jene Patienten, die sich in psychiatrischer Behandlung befanden. Als Montesano im Jahr 1898 zum Chefarzt der Psychiatrischen Klinik in Rom ernannt wurde, arbeitete er dort mit seiner Geliebten auf Augenhöhe. Mehr und mehr begann sich das junge Paar auch für geistig behinderte Kinder zu interessieren, die man damals noch als »Idioten«, »Schwachsinnige« oder »Irre« bezeichnete und konsequent wegsperrte, ohne sie in irgendeiner Weise zu fördern oder ihnen eine angemessene Aufmerksamkeit zu schenken. Montessori und Montesano fassten den Entschluss, diese Kinder aus ihrer bedauernswerten Isolation zu befreien, um mit ihnen Lernexperimente zu veranstalten. Das Ärztepaar wollte den Beweis erbringen, dass auch geistig Behinderte Lernfortschritte machen konnten, sofern man ihnen nur die nötige Zuwendung zuteilwerden ließ.

In diesem Zusammenhang begann sich Montessori erstmals mit Eifer für pädagogische Fragestellungen zu interessieren. Ihr Berufsleben erhielt nun eine ganz neue Richtung. An der Universität besuchte sie regelmäßig die Pädagogikvorlesungen und studierte alles, was es an Literatur über geistige Behinderungen gab. Dabei entdeckte sie die fast vergessenen Schriften des französischen Arztes Édouard Séguin, der schon in der ersten Hälfte des 19. Jahrhunderts über eine geeignete Erziehung für sogenannte »Idioten« nachgedacht hatte. Schon 1846 hatte er das erste systematische Lehrbuch für die Bildung geistig behinderter Kinder unter dem Titel »Traitement moral, hygiène et éducation des idiots« herausgegeben, in welchem er die Vorstellung von einem prinzipiellen Unterschied beim Lernen zwischen behinderten und nicht-behinderten Kindern zurückwies. Montessori brachte Séguins Methoden in Rom zur erneuten Anwendung, experimentierte mit ihnen und feierte Erfolge. 1900 wurde ihr gemeinsam mit Montesano die Leitung der neugegründeten »Scuola Ortofrenica« übertragen, einem medizinischpädagogischen Institut, an dem Lehrerinnen und Lehrer mit geistig behinderten Kindern weiter an der Verbesserung ihrer Bildung arbeiten sollten.

Just im Moment dieses beachtlichen beruflichen Aufstiegs hatten Maria Montessori und Guiseppe Montesano jedoch eine große private Herausforderung zu meistern. Ihre emanzipierte und freie Liebesbeziehung führte zu einer ungewollten Schwangerschaft, die von der werdenden Mutter erst spät bemerkt wurde. Sie trug das Kind aus, brachte es 1898 aber heimlich zur Welt, indem sie sich aus der Öffentlichkeit zurückzog und vorgab, sich auf eine längere Reise zu begeben. Ihren Sohn Mario vertraute sie nach der Geburt einer Stillamme an, die 45 Kilometer von Rom entfernt in der kleinen Gemeinde Vicovaro lebte. Die junge Ärztin glaubte sich nicht zu ihrem Kind bekennen zu können, ohne damit zugleich ihre Karriere zu zerstören. Den Vater wollte sie deshalb nicht heiraten, weil sie sich damit nicht nur finanziell von ihm abhängig gemacht hätte. So sah sich die angesehene Direktorin der neuen Schule für geistig behinderte Kinder selbst nicht dazu in der Lage, für ihr eigenes Kind zu sorgen, das nun in einer Gastfamilie fernab von Rom auf dem Land aufwuchs. Nur von Zeit zu Zeit besuchte sie den kleinen Mario.

Montesano wollte sich mit dieser Situation als Vater nicht abfinden. Im Herbst 1901 erkannte er Mario einseitig vor dem Gesetz als seinen Sohn an, beließ ihn jedoch in der Obhut der Pflegemutter in Vicovaro. Nur wenige Tage nach dieser Entscheidung heiratete er eine andere Frau namens Maria Aprile. Die von diesen Vorgängen völlig überraschte Montessori durfte ihren Sohn in der Folge für viele Jahre nicht mehr sehen. Erst als dieser 15 Jahre alt war, nahm sie ihn zu sich, weil Mario zu diesem Zeitpunkt unbedingt bei ihr leben wollte, was der Vater dann auch respektierte – und der verlorene Sohn nahm den Nachnamen seiner Mutter an. Mit der Eheschließung Montesanos war nicht nur seine Beziehung zu Montessori zu einem jähen Ende gekommen, auch professionell verband die beiden Elternteile fortan nichts mehr. Die Ärztin kündigte jegliche berufliche Zusammenarbeit mit ihrem ehemaligen Geliebten auf und betrat die »Scuola Ortofrenica« nicht mehr. Sie brach auch jeden persönlichen Kontakt mit ihm ab und verachtete den Vater ihres Sohnes für den Rest ihres Lebens als einen charakterlosen Mann.

Über ihre fürchterliche Enttäuschung kam sie nur sehr langsam hinweg. Sie lebte nun aber umso beharrlicher als freie, emanzipierte Frau und verdiente erstmals ihr eigenes Geld: Ab 1903 erteilte sie bezahlte Vorlesungen über pädagogische Anthropologie, zunächst an einem Privatinstitut in der Nähe von Bologna, seit 1904 dann auch regelmäßig an der Universität Rom. Diese Vorlesungen gab sie später – im Jahr 1910 – unter dem Titel »L'Antropologia pedagogica« in Druck. Neben wichtigen Thesen über die Bedeutung von gesunden Schulmahlzeiten und geeigneten Unterrichtsräumen, fanden auch die damals kursierenden kruden Vorstellungen über angebliche rassische Unterschiede verschiedener Menschentypen in Afrika, Australien, Europa und Asien Eingang in dieses Buch, wobei Montessori den Europäern den Vorzug vor allen anderen Völkern gab. Sie schrieb aber auch von der Bedeutung der Liebe, die ein Lehrer für seinen Beruf und für die ihm anvertrauten Schüler aufbringen muss.

Im Jahr 1907 wurde Montessori von der Baugesellschaft Istituto Romano di Beni Stabili (IRBS) die wissenschaftliche Leitung einer im römischen Arbeiterviertel San Lorenzo gelegenen Kindertagesstätte angetragen. Sofort erblickte sie die Chance, an diesem Ort mit den armen und noch gänzlich ungebildeten Kindern gewöhnlicher Arbeiter ihre zuvor schon mit Behinderten ausprobierten neuen Lernmethoden in einer neuen und ganz anderen Lernsituation anzubringen, die sie als »normalen« Unterricht beschrieb. Dabei kamen auch Lernmaterialien zur Anwendung, die sich in ihrer Behindertenpädagogik bereits bewährt hatten. Die Spiel- und Lernmaterialien orientierten sich an geometrischen Formen, Bausteinen, Zylindern, Würfeln und bestimmten Farbfolgen und sollten zur spontanen, freien und experimentellen Auseinandersetzung einladen und die Kreativität und Phantasie der Kinder beflügeln. Montessoris Ziel war es dabei, zum selbständigen Lernen anzuregen, das sich allein der intrinsischen Motivation der Kinder verdankte.

Noch im selben Jahr erhielt dieser Kinderhort den Namen »Casa dei bambini« (dt. Kinderhaus). In kürzester Zeit wurde ganz Rom auf Montessoris Schule aufmerksam. Selbst Mitglieder der royalen Familie Italiens – vor allem die Königinnen Margherita und Elena – besuchten und unterstützen die Ärztin, die nun völlig in ihrer pädagogischen Mission aufging. Als sie 1909 das Buch »Il metodo della pedagogia scientifica applicato all'educazione infantile nelle Case dei Bambini« veröffentlichte, in dem sie ihre Erziehungsmethode umfassend beschrieb, wurde sie gleichsam über Nacht ein Star: Das Buch wurde rasch in mehr als 20 Sprachen übersetzt und machte die Autorin zu einer internationalen Berühmtheit. Noch im Jahr seines Erscheinens richtete sie ein weiteres Modell-Kinderhaus im römischen Stadtviertel Esquilino in einem Franziskanerinnenkloster ein. Damit dokumentierte sie zugleich, dass ihre Erziehungsvorstellungen sich aus ihrer Sicht im Einklang mit den Lehren der katholischen Kirche befanden, deren bekennendes Mitglied Montessori zeitlebens war.

In ihrem nunmehr fünften Lebensjahrzehnt erklomm sie einen weiteren Gipfelpunkt ihres Ruhmes, als sie ihre nun als »Montessori-Methode« werbewirksam etikettierte Pädagogik auf verschiedenen Reisen in die Vereinigten Staaten den für alle Innovationen aufgeschlossenen Amerikanern persönlich nahebringen konnte. Im Dezember 1913 hielt sie in der vollbesetzten Carnegie Hall vor tausenden Zuhörern einen Vortrag, der von keinem Geringeren als dem Vorsitzenden des amerikanischen

Lehrerverbandes und Professor an der New Yorker Columbia University, John Dewey, kenntnisreich moderiert wurde. Zwei Jahre später nahm sie auch ihren Sohn Mario, der nun endlich bei ihr lebte, mit in die USA – auch weil der Erste Weltkrieg ausgebrochen war und sie den bald im wehrpflichtigen Alter befindlichen Teenager vor der Einberufung schützen wollte. Anlass dieser zweiten Amerikareise war eine Weltausstellung, die vom 20. Februar bis zum 4. Dezember 1915 im kalifornischen San Francisco stattfand. Auf dem Ausstellungsgelände wurde auch ein Montessori-Klassenraum mit einer gläsernen Wand errichtet, um den Besuchern zu demonstrieren, wie in einem Kinderhaus gearbeitet wird. Drinnen gaben sich dreißig Kinder in höchster Konzentration der Lernarbeit hin, in einem Klassenzimmer mit Möbeln, die auf Kindergröße zugeschnitten waren. Ein Lehrerpult fehlte. Staunend nahmen die Ausstellungsbesucher zur Kenntnis, dass die Kinder sich völlig frei bewegen konnten, selbständig mit Montessoris Unterrichtsmaterial lernend, wobei den anwesenden Lehrerinnen nur eine beobachtende und assistierende Rolle zugebilligt wurde.

Die letzten Kriegsjahre verbrachte Montessori mit ihrem Sohn – der 1917 ihre amerikanische Schülerin Helen Christy heiratete – überwiegend im neutralen Spanien, in der katalanischen Stadt Barcelona, bis sie dann an der Wende zur nächsten Dekade der 1920er Jahre wieder für längere Abschnitte in ihr Heimatland zurückkehrte, um dort ihre Lernmethode nach Möglichkeit auch in allen öffentlichen Schulen als Standardpädagogik zu etablieren. Fatalerweise glaubte sie, dass ihr dabei ausgerechnet die aufkommende faschistische Bewegung die erwünschten Hilfsdienste leisten würde. Als der Faschistenführer Benito Mussolini, der als junger Mann als Grundschullehrer tätig gewesen war, im Jahr 1922 vom König Vittorio Emanuele III. zum Ministerpräsidenten Italiens ernannt wurde und sich bis 1926 zum totalitär herrschenden Diktator des Landes wandelte, setzte Montessori die allergrößten Hoffnungen in ihn. In verschiedenen Briefen an Mussolini hob sie hervor, wie sehr ihre Pädagogik dazu imstande sei, die Schulen des neuen Italiens zu befruchten. Eine Zeitlang kam es auch zur Zusammenarbeit. Doch der Diktator bot ihr langfristig nicht das, was sie sich von ihm versprach. Nach der Kollaboration kam es ab 1933 zum Bruch.

Bis 1936 verbot das Regime in Italien dann schrittweise alle Schulen, in denen Montessoris Methode zur Anwendung gekommen war. Für die Reformpädagogin war das ein tiefer Einschnitt, doch problematisierte sie auch nach dem Zerwürfnis mit Mussolini zu keinem Zeitpunkt die verstörende Tatsache, dass sie sich vorübergehend auf die Faschisten eingelassen hatte. Sogar noch nach dem Zweiten Weltkrieg behauptete sie in dem 1949 erschienen Buch »La mente del bambino« [dt.: »Das kreative Kind«] anerkennend, dass Mussolini und Adolf Hitler als erste die drängende Aufgabe des Staates erkannt hätten, sämtliche Kinder organisiert und vom frühesten Alter an konsequent auf ein gesamtgesellschaftliches »Ideal« hin zu erziehen – wobei sie dann immerhin einräumte, dass »der moralische Wert« dieser Absicht im konkreten Falle der beiden Diktatoren verderblich gewesen sei.

Im Alter von 66 Jahren, dem doch eigentlich üblichen Renteneintrittsalter, war Montessori aufgrund der politischen Umstände dazu gezwungen, außerhalb ihrer italienischen Heimat einen neuen Anfang zu wagen. Da sich Spanien seit 1936 im Bürgerkrieg befand, war Barcelona, wo sie sich seit dem ersten Weltkrieg so oft und so gerne aufgehalten hatte, ebenfalls keine zukunftsträchtige Option mehr. Auf der Suche nach neuen Ufern nahm sie zunächst eine Einladung nach England an. In dieser auch finanziell für sie prekären Situation legte sie ein neues Buch vor, in welchem sie über ihr Leben und über ihre Karriere Rechenschaft ablegte. Die Abhandlung »Il segreto dell'infanzia«, die sie einem Fachpublikum in Oxford vorstellte, ging der italienischsprachigen Ausgabe um zwei Jahre voraus und erschien unter dem Titel »The Secret of Childhood«. Präsentiert wurde das Buch im Rahmen eines internationalen Montessori-Kongresses, der in der altehrwürdigen englischen Universitätsstadt an Themse und Cherwell vom 7. bis zum 17. August 1936 stattfand. Das neue Buch fasste alle wesentlichen Gesichtspunkte und Entwicklungsprozesse der Montessori-Pädagogik zusammen, wie sie die Ärztin seit den 1890er Jahren über Jahrzehnte hinweg auf der Basis kontinuierlicher Unterrichtsexperimente herausgebildet hatte. Mit einem entsprechend großen Interesse wurde das Buch dann auch außerhalb der Fachwelt von einem Lesepublikum in der ganzen Welt studiert.

In England fasste Montessori dann den Entschluss, dauerhaft in die Niederlande zu emigrieren, wo sie ab Oktober 1936 wechselweise in Amsterdam und in der benachbarten Gemeinde Laren lebte. An beiden Orten befanden sich bereits seit einiger Zeit Montessori-Schulen. Nach Holland hatte sie Ada Pierson eingeladen, eine niederländische Anhängerin ihrer Lehre, die nach dem Scheitern der ersten Ehe Mario Montessoris die zweite Schwiegertochter der italienischen Pädagogin wurde. Nach dem Umzug nach Holland wurden die Niederlande zum Zentrum aller internationalen Montessori-Aktivitäten, wobei die Familie Montessori das kleine Land an der Nordsee noch einmal während des Zweiten Weltkriegs für mehre Jahre verließ, um auf einer ausgedehnten Reise durch Pakistan und Indien die Montessori-Methode auch in Asien zu verbreiten. In dieser Zeit entwickelte sich Montessori – die zwischen 1919 und 1929 zur vierfachen Großmutter geworden war – zu einer glühenden Apologetin der weltweiten Kinderrechte, deren Durchsetzung die nun zur Kosmopolitin gereifte Frau als Menschheitsaufgabe verstand. Unmittelbar nach ihrer Rückkehr nach Holland besorgte sie eine Neuausgabe ihres 1950 nun erstmals auch in Italien publizierten Buches »Il segreto dell'infanzia«, das sie als ihr schriftstellerisches Vermächtnis begriff.

Nur zwei Jahre später starb sie am 6. Mai 1952 im Haus einer befreundeten Familie im holländischen Küstenort Noordwijk aan Zee. Gemäß einem zuvor geäußerten Wunsch wurde sie an ihrem Sterbeort beigesetzt. So befindet sich ihre letzte Ruhestätte auf dem katholischen Friedhof von Noordwijk aan Zee, wo auf einem sanft geschwungenen weißen Grabstein im Halbrund in Form eines ausladenden Schriftzugs ihre letzte Bitte in ihrer italienischen Muttersprache formuliert ist: »Io prego i cari bambini che possono tutto di unirsi a me per la costruzione della pace negli uomini e nel mondo« [dt: »Ich bitte die lieben Kinder, die alles vermögen, sich mit mir zusammenzuschließen, um für den Aufbau des Friedens zwischen den Menschen und in der Welt zu arbeiten«]. Noch im Jahr ihres Todes erschien dann »Il segreto dell'infanzia« erstmals unter dem Titel »Kinder sind anders« in der Bundesrepublik Deutschland wo es sich seither zu ihrem meistverkauften Buch entwickelt hat. Wer es gründlich liest, wird darin die folgenden wichtigsten Überlegungen sowohl zur ideengeschichtlichen Grundlage als auch zur pädagogischen Praxis ihrer Methode versammelt finden.

DIE NATÜRLICHEN ANLAGEN DES MENSCHEN. ZWISCHEN DETERMINISMUS UND HANDLUNGSFREIHEIT

Montessori erhielt ihre dauerhafte wissenschaftliche Prägung als Schülerin einer technisch-naturwissenschaftlichen Oberschule, die sie in den 1880er Jahren besuchte. Damals wurde sie mit den seinerzeit heißdiskutierten Theorien der Biologen Charles Darwin, Jean-Baptiste de Lamarck und Hugo de Vries konfrontiert, deren Lehren sie dann als Studentin der Medizin noch intensiver durchdrang und in sich aufnahm. Durch die begeisterte und zustimmende Auseinandersetzung mit Darwins Evolutionstheorie, auf die sie sich noch in »Kinder sind anders« kenntnisreich und wie selbstverständlich bezieht, wurde ihr klar, dass die Entwicklung der Menschheit wie des einzelnen

Individuums immer auch durch Umwelteinflüsse gelenkt und verändert wird. Doch gab ihr die Lektüre der Schriften des Basler Anatoms Wilhelm His gleichzeitig zu verstehen, dass sich die Eizelle des Menschen nach der Befruchtung und der daraus hervorgehende Embryo ganz unabhängig davon und sehr weitgehend nach einem zuvor feststehenden Muster fortentwickelt. So spricht sie im »Biologisches Zwischenspiel« betitelten 3. Kapitel, in dem sie vor dem Leser ihre Ansichten zur Embryologie ausbreitet, von »einem vorherbestimmten Plan«, der jeweils in jedem einzelnen Menschen angelegt ist und »ganz von sich aus« zur Entfaltung kommt. Diesen Plan, diese Grundanlage kann der Mensch nicht verändern, er muss ihm gehorchen. Wollte er sich dagegen wehren, wäre das genauso unsinnig wie der Befehl, »mit dem Wachstum seiner Zähne innezuhalten«.

Dazu passt auch Montessoris Vorstellung von der Wirkmacht der natürlichen Instinkte, denen sie ebenfalls ein ganzes Kapitel widmet. Die Bezeichnung Instinkt leitet sich vom lateinischen Wort *instinctus* ab, was sich am besten mit »Anreiz« oder »Antrieb« übersetzen lässt. Nachdem schon im 18. Jahrhundert über die Triebe, Kunsttriebe oder Instinkte der Tiere geforscht wurde, machten sich dann in der Zeit, in der Montessori Medizin studierte, der deutsche Zoologe Heinrich Ernst Ziegler und der britisch-amerikanische Psychologe William McDougall daran, auch das instinktive Verhalten des Menschen zu erforschen. Auch die auf dieser Grundlage entwickelte Instinktlehre legt die Auffassung nahe, dass die Menschen sich kaum von den in ihnen angelegten Triebkräften frei machen können und ihrer inneren Bestimmung folgen müssen – ob sie wollen oder nicht.

Im Kontext dieses biologischen Determinismus hatte Montessori dann auch kurz nach Abschluss ihres Studiums Überlegungen zu den angeblich unverrückbar feststehenden Unterschieden zwischen sogenannten Rassetypen angestellt. Ein solches Denken war an der Wende zum 20. Jahrhundert zwar durchaus verbreitet und es fußte auf Rassetheorien, die schon seit dem

18. Jahrhundert in der akademischen Welt debattiert wurden. Doch hatte es dagegen ebenfalls schon seit dem Zeitalter der Aufklärung entschiedenen Widerspruch gegeben. So hielt der Göttinger Wissenschaftler August Ludwig Schlözer in seiner »Vorbereitung zur Weltgeschichte für Kinder« von 1806 dem an seiner Universität lehrenden, offen rassistisch denkenden Kollegen Christoph Meiners in aller Klarheit entgegen: »Es gibt keine Spezies im Menschengeschlecht wie bei den allermeisten Tiergeschlechtern. Noch hat kein Anatomiker etwas finden können, das auf wirklich verschiedene Menschenrassen hinweise.«

Montessori war also nicht einfach, wie oft gesagt wird, ›ein Kind ihrer Zeit‹, wenn sie rassistischen Theorien zu Beginn ihrer wissenschaftlichen Karriere zunächst viel abgewann. Sie konnte sich zwischen menschenherabsetzenden Rassetheorien und einer langen Tradition der expliziten Rassismuskritik durchaus entscheiden. Erst spät löste sie sich von ihren anfänglichen Überzeugungen. Immerhin ist ihr Buch »Kinder sind anders« von rassistischen Vorstellungen frei. Wenn sie dort an einer Stelle von der »Gesundheit der Rasse« spricht, dann meint sie die Menschheit im Sinne der heute im Englischen gebräuchlichen Wendung »the human race«. Und wenn sie im 2. Kapitel fordert, dass sich alle Menschen »ohne Unterschied des Standes, der Rasse oder der Nation« für den »moralischen Fortschritt der Menschheit« einsetzen sollen, erinnert diese Wortwahl der deutschen Übersetzung von 1952 eben auch an den erst drei Jahre zuvor im Mai 1949 verabschiedeten Grundgesetz-Artikel 3, Absatz 3, Satz 1: »Niemand darf wegen seines Geschlechtes, seiner Abstammung, seiner Rasse, seiner Sprache, seiner Heimat und Herkunft, seines Glaubens, seiner religiösen oder politischen Anschauungen benachteiligt oder bevorzugt werden«. Dies ist der Geist, der denn auch in ihrem Spätwerk weht.

Dennoch: Die körperliche Entwicklung und der moralische Fortschritt des Menschen scheinen in ihren Augen entscheidend davon abzuhängen, wie sein innerer Bauplan, der unverrückbar feststeht, beschaffen ist. Insbesondere vor diesem Hintergrund wird dann auch verständlich, dass sich Montessori mit Überzeugung an den holländischen Biologen Hugo de Vries anlehnt, der in seinen Arbeiten die Empfänglichkeitsperioden bei Tieren beschrieben hatte. Auf die Entwicklung von einer Raupe zum Schmetterling verweisend folgte de Vries, dass auch alle anderen Lebewesen nur zu ganz bestimmten Zeiten über »Empfänglichkeiten« verfügen, die das stufenweise erfolgende Heranwachsen erst ermöglichen. Diese Erkenntnis übertrug Montessori auf die Entwicklungsprozesse der Kinder, von denen jedes einzelne ihrer Ansicht nach ebenfalls über bestimmte »sensible Perioden« verfügt, an denen nicht zu rütteln ist und deren Beginn niemand künstlich erzwingen kann. Diese beschreibt sie näher im gleichnamigen Abschnitt des 7. Kapitels. Wieder scheint sie hier einem ehernen Determinismus das Wort zu reden, wenn sie schreibt: »Auf diese grundsätzlichen Entwicklungsstadien vermag der Erwachsene in keiner Weise von außen her einzuwirken«.

Umso überraschender ist es dann, dass Montessori dennoch jedem Menschen »ein gewisses Maß von Handlungsfreiheit« zuspricht. Was er im Verlauf seines Entwicklungsprozesses aus sich selbst hervorbringt, das hängt immer auch von seinem eigenen bewussten Zutun ab. Jeder junge Mensch verfügt demnach über einen grundsätzlich freien und also auch spontan wirkenden Gestaltungswillen, von dem er Gebrauch machen kann. Jedes Kind und jeder Heranwachsende soll also mit Fug und Recht versuchen, sich gezielt selbst zu formen, um sich geradezu davon überraschen zu lassen, was in ihm steckt. Und dabei ist es sowohl für den im Aufwachsen befindlichen Menschen wie auch für das ihn beobachtende und fördernde Elternteil oder für den unterstützenden Erzieher ganz und gar »unvorhersehbar«, welche »Ergebnisse« eine solche auf sich selbst ausgerichtete »Durchformung« hervorbringt, die letztlich »jedes Individuum von sich aus vornehmen muss«, wenn es beim Lernen mit der Selbstbildung beschäftigt ist.

Welches exakte Verhältnis nun aber zwischen Determinismus und Handlungsfreiheit besteht oder wie die Gewichtung zwischen der sich Bahn brechenden Kraft der natürlichen Anlagen und der bewusst vorgenommenen Kultivierung der eigenen Talente genau beschaffen ist, das ist und bleibt für Montessori »ein Geheimnis, in das wir nicht eindringen können«. Niemand kann hier im Entwicklungsprozess etwas forcieren oder durch Zwang hervorbringen. Allenfalls können Eltern und Erzieher durch geschickte Anregungen hervorlocken, was ins Dasein treten will. Der ganze Vorgang bleibt aber rätselhaft und sperrt sich gegen ungestümes pädagogisches Handeln. So schreibt Montessori im 6. Kapitel: »Jeder neue Mensch ist ein Rätsel und wird uns Überraschungen bereiten; davon aber sieht man lange Zeit nichts, wie denn auch der Schöpfer eines Kunstwerkes dieses lange in der Abgeschlossenheit seines Arbeitszimmers verwahrt und es mit seiner Persönlichkeit ausfüllt, ehe er es den Blicken des Publikums preisgibt.«

UMWELT UND SPIELMATERIALIEN DES KINDES

Um den Entwicklungsprozess des Kindes, den man unter gar keinen Umständen erzwingen kann, in seinem freien Verlauf jedoch so weitgehend wie möglich zu begünstigen, um weiterhin viele Möglichkeiten zur idealen Entfaltung der jeweiligen natürlichen Anlagen eines Jungens oder eines Mädchens zu eröffnen, kommt es nun allerdings entscheidend darauf an, dass Eltern oder Erzieher für eine geeignete und anregende Umgebung des Aufwachsens sorgen. Es sollte dies eine vornehmlich kindgerechte Umwelt sein, nicht ausschließlich »eine Umwelt der Zivilisation, in der sich das Leben der Erwachsenen abspielt« und die in erster Linie auf das Leben von Erwachsenen zugeschnitten ist. Kinder sollten sich an ihren Aufenthaltsorten nicht als Störfaktor in der Welt der Erwachsenen fühlen, in der sie »nichts berühren« dürfen, was ihnen »nicht gehört«, und wo alles »unantastbares, ausschließliches Eigentum des Erwachsenen und für die Kinder verboten« ist. Vielmehr sollten sie überall spüren, dass sie in einer Welt, die wie für sie gemacht scheint, willkommene Gäste sind. Immer wieder kommt Montessori in ihrem Buch darauf zu sprechen. Und es ist wichtig zu sehen und daran zu erinnern, dass dieser Gedanke noch bis weit ins 20. Jahrhundert neu und wenig selbstverständlich war.

Deutlich wird das vor allem dann, wenn man sich einmal vor Augen führt, dass erst seit dem ausgehenden 19. Jahrhundert Möbel produziert wurden, die auf die Bedürfnisse von Kindern zugeschnitten waren. Gleich in der Einleitung von »Kinder sind anders« erinnert die Autorin ihre Leser noch einmal daran: »Vor einigen Jahrzehnten gab es noch nicht einmal einen Stuhl für Kinder«. Tatsächlich fertigte die in Wien ansässige Fabrik der Brüder Thonet – die erste Produktionsstätte in Europa überhaupt, die Stühle und Bänke eigens für Kinder in der ihnen angemessenen Größe herstellte – solche Kindermöbel erst ab 1885 in Serie. Und dann dauerte es noch einmal viele Jahre, bis nach der Jahrhundertwende kindgerechte Tische, Stühle und Schemel ganz allmählich auch Eingang in Schulen und Kindergärten fanden.

Montessori war eine der ersten Erzieherinnen, die solche Möbel in ihren pädagogischen Einrichtungen konsequent verwendete. Ab 1907 richtete sie ihrer Kinderhäuser entsprechend ein. Im 18. Kapitel erinnert sie sich daran, wie sie sich daran machte, »die materielle Umwelt der kindlichen Körpergröße anzupassen«: »Unsere hellen, lichtdurchfluteten Räume mit niedrigen, blumengeschmückten Fenstern, mit ihren kleinen Möbeln jeglicher Form, die ganz der Einrichtung eines modernen Wohnhauses gleichen, die Tischchen, die Sesselchen, die bunten Vorhänge, die niedrigen Schränke in Reichweite der Kinder, die dort nach Belieben Dinge aufstellen oder fortnehmen konnten« – all das erschien wie »eine praktisch bedeutsame Verbesserung des Kinderdaseins.« Auch kleine und niedrige Betten, in die Kinder ohne fremde Hilfe hineinfinden und aus denen sie nachts auch bei Bedarf schnell eigenständig aufstehen können, befürwortet die Reformpädagogin. Kinder sollen sich in ihrer Umwelt möglichst frei und uneingeschränkt bewegen können. Nur so werden sie in die Lage versetzt, sich völlig ungehindert auszuprobieren, was für ihre Entfaltung die unabdingbare Voraussetzung ist.

In einer Umwelt, in der Kinder ihre motorischen, geistigen und kognitiven Fähigkeiten in ihrem eigenen Tempo zur Reife gelangen lassen sollen, haben klassischen Spielsachen keinen Platz und keinen Wert. Sie lenken nur ab, wie Montessori befindet, und führen nicht zum Ziel. Deshalb bringt die Italienerin eigene Materialien zum Einsatz, teilweise unter Rückgriff auf Vorarbeiten des französischen Arztes Édouard Séguin und des deutschen Pädagogen Friedrich Fröbel. Sie orientiert sich dabei an geometrischen Formen, Bausteinen, Zylindern, Würfeln und bestimmten Farbfolgen. Diese sollen zur experimentellen Auseinandersetzung einladen und die Kreativität und Phantasie der Kinder beflügeln. Ihr Buch, in dem sie ihre Methode schildert, ist durchzogen von Beschreibungen des Umgangs mit diesem neuerstellten Unterrichtsmaterial, das zur geeigneten Umwelt der Kinder dazugehört. So erzählt sie etwa, wie ein dreijähriges Mädchen mehrere Holzzylinder, die Flaschenkorken ähneln, in verschieden abgestuften Größen in die jeweils passenden Öffnungen eines vorgefertigten Blocks schiebt. Das Kind hantiert mit äußerster Geduld und wiederholt seine Übung ein ums andere Mal.

Kinder im Vorschulalter müssen nicht zwingend lesen lernen, doch wenn sie sich an Büchern und Buchstaben interessiert zeigen, soll ihnen zumindest auch hier ein entsprechendes Angebot in ihrer Umgebung zu Verfügung stehen. Montessori berichtet, wie sie einst in ihrem römischen Kinderhaus die Buchstaben so anregend zu machen wusste, dass sich schon die kleinsten Kinder gerne und von alleine damit zu beschäftigen begannen. Sie ließ Buchstaben nicht nur aus glattem Karton ausschneiden, sondern auch aus farbigem Schmirgelpapier. Dabei machte sie die Feststellung, dass die Kinder lieber mit den angerauten Lettern arbeiteten und mit ihnen häufiger den Versuch unternahmen, daraus Worte zu legen, die sie dann allmählich auch zu lesen lernten. Mit ihren Händen zeichneten sie die Schriftzeichen nach, die sich ihnen auf diese Weise besonders gut einprägten.

Auch hier aber bringt Montessori ihren Lesern mit Nachdruck zu Bewusstsein, dass sich niemand von dem Gedanken verführen lassen sollte, von Kindern plötzlich raschere Fortschritte in ihrer Entwicklung zu erhoffen, nur weil sie sich in einer geeigneten Umwelt befinden in denen schöne und anregende Materialien auf sie warten. Es lässt sich in der Pädagogik nichts künstlich beschleunigen. Auch das Lesenlernen hängt vom Interesse der Kinder ab, das sich von selbst einstellt oder auch nicht. Im 26. Kapitel, in welchem das Erlernen des Schreibens und Lesens thematisiert wird, schreibt die Reformpädagogin: »Eine allzu große Eile unsererseits im Erklären der Druckbuchstaben hätte dieses Interesse und diesen Eifer im Erraten nur Dämpfen können.« Und auch »unzeitgemäßes Bestehen auf Üben des Lesens von Wörtern in Büchern hätte eine negative Hilfe bedeutet und um eines nebensächlichen Zweckes willen die Energie dieser tatendurstigen Gemüter herabgemindert.« Jedes Kind geht also seinen eigenen Weg und hat seinen eigenen Rhythmus.

»HILF MIR, ES ALLEIN ZU TUN« – SELBSTÄNDIGES LERNEN, INDIVIDUALITÄT UND KONZENTRATION

Alles Lernen geht bei Montessori im Wesentlichen autodidaktisch vonstatten und vollzieht sich gemäß einem höchst individuellem Entwicklungsmuster. Jedes einzelne Kind hat seine eigene, nur ihm angemessene Vorgehensweise. Insofern wird denn auch einem radikalen Individualismus das Wort geredet. Im 28. Kapitel, in welchem die Autorin auf »Folgerungen« zu sprechen kommt, die sich durch diese Sicht auf die Kinder ergeben, plädiert sie dann auch vom Grundsatz her für die »Abschaffung der gemeinsamen Lektionen«. In einer zugehörigen Fußnote erklärt sie dann zwar noch ein wenig relativierend, dass das nun nicht automatisch bedeute, in den Schulen niemals gemeinsame Unterrichtsmomente zuzulassen – denn das wäre doch wieder zu dogmatisch gedacht. Schließlich können Kinder auch eine Lerngruppe bilden wollen. Die Gemeinschaftsstunden stellen aber »weder das einzige noch auch nur das hauptsächlichste Unterrichtsmaterial dar«, denn sie »dienen lediglich zu besonderen Darlegungen und Fähigkeiten«.

Dem Lehrer oder der Lehrerin fällt somit nur die Rolle eines aufmerksam beobachtenden Assistenten jedes einzelnen Kindes zu, der dieses nur dann unterstützt, wenn es die Situation erforderlich macht. Ein Erzieher soll demnach »ruhig sein«, sich nicht in den Vordergrund drängen, sondern lieber wie auf einer Nebenbühne agieren. Deshalb muss er auch auf das erhöhte Katheder verzichten, jene mit einer besonderen Aura umgebene Sitzgelegenheit des Lehrers, die im Unterricht doch seit Jahrhunderten den Ort und die besondere Stellung seiner Lehrautorität ausgewiesen und diese materiell untermauert hat. Damit ist es nun vorbei. Ein am äußersten Rande des Geschehens aufgestellter fester Tisch, auf dem die der Lernarbeit beiwohnende Lehrperson ihre Utensilien ausbreiten kann, muss stattdessen genügen. Aus alledem geht hervor, dass der die Kinder beim Lernen aufmerksam betrachtende Erwachsene hauptsächlich seinerseits lernen muss, ihre Bedürfnisse zu verstehen, »um ihnen durch entsprechende Vorkehrungen in einer wirklich geeigneten Umgebung behilflich zu sein«. Er muss einsehen und erkennen, dass er selbst im Unterrichts- und Lernkontext nicht die Hauptperson ist, sondern »eine zweite Stelle« einnimmt, damit er dem Kind gerecht wird und versteht, »sich zu seinem Helfer zu machen«, der ihm nur dann zur Hand geht, wenn es danach verlangt.

Die berühmte Formel, auf die Montessori dieses Unterrichtsprinzip gebracht hat, ist die folgende, häufig zitierte Wendung, mit der jemand am raschesten ausdrücken kann, worum es bei der Montessori-Pädagogik im Kern geht: »Hilf mir, es selbst zu tun« oder auch »Hilf mir, es allein zu tun«. Im 44. Kapitel behauptet die Reformpädagogin, dass dieser Satz einst von den Kindern im ersten Kinderhaus in Rom selbst ausgesprochen worden sei. Vielleicht ist das eine Stilisierung. Aber Montessori hebt ausdrücklich hervor, dass sich etwas derartiges zugetragen hat. Es hat sich so oder so ähnlich ereignet; sie hat es beobachtet und gibt es weiter: »Lässt man dem Kind nur ein klein wenig Spielraum, so wird es den Willen zur Selbstbehauptung sogleich mit einem Ausruf kundgeben wie: ›Das möchte ich tun, ich!‹« In den kindgemäßen Umgebungen der Kinderhäuser hätten die ambitionierten Kleinen immerfort »ihr inneres Bedürfnis mit dem bezeichnenden Satz ausgedrückt: Hilf mir, es allein zu tun.«

Dieser Satz ist ein klassisches Paradoxon und er ist somit in gewisser Weise, wie Montessori klar erkennt, ein »widerspruchsvolle[r] Ausruf!« Der Erwachsene soll dem Kind einerseits helfen, zuarbeiten und unter die Arme greifen, um das, was es nicht vermag, zu bewerkstelligen – und doch soll das alles nur dazu dienen, dass das Kind dann wiederum seine eigene Lernarbeit eigenständig ausführen kann. Das heißt, dass der Erwachsene dem Kind gerade nicht jede herausfordernde, schwierige oder anstrengende Tätigkeit abnimmt. Noch viel weniger ist damit gemeint, dass er nur passiv neben dem Kind sitzt und es sich völlig selbst überlässt. Erfordert ist ein Geschick, ein Gefühl, eine nur durch Erfahrung zu erwerbende Sensibilität dafür, den richtigen Zeitpunkt erkennen zu können, in dem einem Kind sachte und liebevoll geholfen werden soll, um es zu sich selbst zu führen.

Bedeutsam und maßgeblich ist in diesem Zusammenhang, dass das selbständig lernende Kind von einem helfenden Lehrer oder von einer unterstützenden Lehrkraft niemals aus seiner Konzentration gerissen wird. Das allem übergeordnete Ziel der Lernarbeit ist es, wie sie im 25. Kapitel schreibt, dass die Kinder gemeinsam still und vor allem »ruhig« sind, »jedes ganz mit seiner eigenen Aufgabe beschäftigt«. Das gilt insbesondere dann, wenn sie sich mit den Kartonbuchstaben beschäftigen, mit denen sie Lesen lernen. Immer wieder spricht Montessori von der »begeisternden Beschäftigung« der Kinder mit der Schrift, mit den Buchstaben, »auf die sich die Seelen der Kinder völlig konzentriert hatten«, wenn sie sich schon in den ersten Tagen des Kinderhauses in Rom damit beschäftigten.

Konzentration ist die absolute Versenkung ins eigene Tun, in die Arbeit an einem interessanten Gegenstand, der die Aufmerksamkeit im Idealfall so sehr absorbiert, dass äußere Unruhe und Ablenkung vom Kind gar nicht mehr als solche wahrgenommen werden. Im 19. Kapitel berichtet Montessori von einem Experiment, dass sie einst mit einem dreijährigen Mädchen durchführte, um zu sehen, wie vertieft ein Kind im Extremfall sein kann. Als sie beobachtete, wie sich dieses Mädchen einmal aus einem eigenständigen Interesse heraus mit dem ihm zur Verfügung gestellten Material – Zylinder und Steckblöcke – intensiv und hochkonzentriert beschäftigte, wollte die Pädagogin feststellen, »bis zu welchem Punkt die eigentliche Konzentration der Kleinen gehe«. So ersuchte sie als Leiterin des Kinderhauses eine dort mitarbeitende Lehrerin darum, alle übrigen Kinder singen und herumlaufen zu lassen, was auch geschah, ohne dass das Mädchen sich in seiner Konzentration hätte stören lassen. Auch als Montessori das Sesselchen ergriff, in dem sich das spielende Kind befand, und auf einen Tisch stellte, spielte sie mit dem Material auf dem Schoß immer weiter. Erst als es für sich die Arbeit für beendet erklärte, blickte sie auf, schaute sich um, »so als erwachte sie aus einem Traum, und lächelte mit dem Ausdruck eines glücklichen Menschen«. Es war offenbar geworden, dass sie keines der Ablenkungsmanöver bemerkt oder beachtet hatte. Wer konzentriert ist und sich nicht von seiner Sache abbringen lässt, handelt vollständig aus eigenem Antrieb.

JENSEITS VON STRAFEN UND BELOHNUNGEN – DIE INTRINSISCHE MOTIVATION

Indem Montessori den größten Wert darauf legt, dass jedes einzelne Kind immer ganz aus sich heraus handelt – und deshalb auch auf eine im hohen Maße anregende Umwelt mit auch noch so geeigneten Spiel-, Lern- und Arbeitsmaterialien letztlich nicht reflexartig reagieren soll, sondern ein solches Angebot nur freiwillig und spontan annimmt oder auch nicht –, hält sie auch ein jedes System von Strafen und Belohnungen für vollkommen abwegig. Schon der führende Pädagoge des Zeitalters der Aufklärung, der Engländer John Locke, der seine Karriere ebenfalls als Arzt begonnen hatte, hatte an der Wende zum 18. Jahrhundert erklärt, dass den Kindern das Lernen als Lernen so schmackhaft gemacht werden sollte, dass es ihnen schon für sich genommen als der beste Lohn erscheinen musste. Darüber hinaus konnte ein äußerer Lohn kaum etwas bewirken und sollte auch nur so sparsam wie möglich verteilt werden. Aus dem gleichen Grund sprach sich Locke gegen Strafen aus, denn diese würden niemals die Lust am Lernen vermitteln können, um die es doch letztlich beim erfolgreichen Unterricht ging.

Auch Prügelstrafen sollten daher nur als äußerstes Mittel zum Einsatz kommen.

Was Locke und andere Aufklärungspädagogen in seiner Nachfolge mit diesen Überlegungen schon lange vor ihr vorbereitet hatten, das radikalisierte Montessori nun noch einmal. Nicht sparsamer Lohn oder nur seltene Bestrafung war nunmehr ihr Motto, sondern sie setzte sich dafür ein, zukünftig im Kontext des Lernens überhaupt keinen Lohn mehr auszusprechen und gar keine Strafen zu verteilen. Im 22. Kapitel, das die Überschrift »Belohnungen und Strafen« trägt, führt sie diese Auffassung näher aus. Sie erinnert sich in diesem Zusammenhang daran, dass die Kinder zuvor ohnehin nicht besonders viel auf Belohnungen oder Strafen gegeben hätten. Als es dann auch durch Montessoris Einwirken gar keine Sanktionierungsmittel mehr gab und das Lernen für sich überzeugte, sei in den Kindern »ein Bewusstsein und Gefühl der Würde erwacht, das sie vorher nicht gekannt hatten.«

Eine gute Pädagogik ist demnach darauf aus, alles aus der Lernsituation zu verbannen, was einen von außen winkenden Lohn als Köder anbietet oder, was noch schlimmer ist, eine angedrohte Strafe als Angstmittel nutzt. Kinder sollten also niemals zu etwas gebracht werden, was sie nicht von sich aus tun wollen, sonst gleicht die Erziehung einem Willkürakt, mechanischem Drill oder einer Dressur. Da die von Montessori verpönte Strafe ja prinzipiell mit Angst arbeiten will, widmet sie auch diesem für Kinder so lähmenden Gefühl mit dem 39. Kapitel einen längeren Abschnitt im Buch. Ein ängstlich gemachtes Kind ist möglicherweise fügsam, aber zugleich verstört, gehemmt und schüchtern. Auch kann es bei ihm zu Psychosen, Neurosen oder gar Wahnzuständen kommen. Schon in ihrer Doktorarbeit hatte Montessori sich mit Formen der Paranoia beschäftigt. Daher weiß sie sehr gut, dass Angstpsychosen, die sich bei Erwachsenen zeigen, auf Formen der Angst zurückgehen, die sie als Kinder entwickelt haben – zumeist deshalb, weil sie einst unter der Gewalt von Erwachsenen standen, die Gehorsam erzwangen, indem sie »die unklare Bewusstseinsstufe des Kindes« dazu ausnutzen, um ihnen Angst geradezu »einzuimpfen«. So empfindet Montessori es als einen der wichtigsten Aufträge aller Schulen und aller dort wirkenden Erzieher, darauf hinzuwirken, dass Ängste bei Kindern nach Möglichkeit völlig abgebaut werden. Sie ist stolz darauf, dass in ihren Einrichtungen jede Form der Angst »entweder sehr bald spurlos verschwand oder sich überhaupt gar nicht erst zeigte.«

Wenn ein Kind ohne Angst vor Strafen und ohne Aussicht auf Belohnung spontan und gerne lernt, dann stellt es damit unter Beweis, dass es sich beim Lernen letztlich um eine Tätigkeit handelt, die um ihrer selbst willen ausgeübt und angestrebt wird. Montessori setzt diese auf der Grundlage einer intrinsischen Motivation durchgeführte Lernaktivität in Beziehung zum sogenannten »Arbeitsinstinkt« – dessen Beschreibung sie das 43. Kapitel widmet –, der ihres Erachtens in jedem Menschen angelegt ist und waltet. Wenn beispielsweise gesagt wird, dass das Kind spielt, dann sollte man daher eigentlich eher davon sprechen, dass das Kind einer freiwilligen Arbeit nachgeht, wodurch es herausfindet, »was ihm zur Entwicklung der eigenen Funktionen erforderlich ist«. Dadurch wird sich das Kind der eigenen Kräfte und Fähigkeiten bewusst, wird befähigt zur selbständig vorgenommenen »Persönlichkeitsbildung« oder zu dem, »was man die Freiheit des Kindes« nennen kann. Denn »ohne Arbeit kann sich die Persönlichkeit nicht bilden«. Die Arbeit, zu der hin ein Weg ohne Belohnung und ohne Bestrafung beschrieben werden muss, ist laut Montessori »eine innere Neigung der menschlichen Natur«, der in den Schulen endlich der ihr gebührende Freiraum eröffnet werden muss.

Die kindliche Arbeit ist, weil sie experimentell und spielerisch vorgeht, eine besonders kreative Tätigkeit, die deswegen auch stark der Arbeit eines Forschers ähnelt. Deshalb sagt Montessori über sie vergleichend: »So sieht etwa die Arbeit des Erfinders aus, die Arbeit des Künstlers und die Arbeit dessen, der unter heldenhaften Anstrengungen ein unbekanntes Gebiet der Erde erforscht.« Aus solchen Impulsen geht die menschliche Kultur hervor wie auch der Fortschritt der Gattung, weshalb die Art der Arbeit, wie sie von Kindern ausgeübt wird, »reizvoll und unwiderstehlich« ist. Sie hebt den Menschen »über alle Irrungen und Abwegigkeiten hervor.« Montessori wird fast hymnisch, wenn sie den Lobpreis der schöpferischen Arbeit anstimmt und sagt: »Denn ausschließlich durch das Kind wird der Mensch aufgebaut.« Die Lernarbeit des Kindes, sein Ausprobieren der vorhandenen Möglichkeiten, folgt nicht dem Gesetz des geringsten Kraftaufwandes, sondern eher einem gegenteiligen Programm, »denn es verbraucht für eine zwecklose Arbeit eine ungeheure Energiemenge«. Zugleich führt dieser Energieverbrauch zu gesteigertem Energiegewinn: »Das Kind ermüdet nicht bei der Arbeit; es wächst an der Arbeit und die Arbeit erhöht seine Energie.« Derart beschaffen ist die Qualität der intrinsischen Motivation, die Montessori mit einem wahren Wunder vergleicht. Und dieser »innere Antrieb des Kindes« ist das, was ein guter Erzieher in seiner beobachtenden und helfenden Tätigkeit mit Freuden zur Entfaltung kommen lassen soll.

DISZIPLIN UND KORREKTUR

Da nun die eigenständige, spontane und freiwillige Beschäftigung des Kindes gegen alle äußeren Formen des Zwanges und andere bevormundenden Erziehungsvorgaben in ihrem Eigenrecht als von einem natürlichen Instinkt geleitet geschützt werden soll, mag es zunächst in gewisser Weise unverständlich wirken, dass Montessori auch auf Maßnahmen der Disziplin beharrt. Denn ist Disziplinierung nicht etwas, was der angestrebten und von den Kindern auch gerne in Anspruch genommenen völligen Freiheit der Wahl nicht geradewegs zuwiderläuft? Doch insistiert die Autorin im 25. Kapitel ihres Buches, dessen Überschrift schlicht »Disziplin« heißt, explizit auf dem gleichzeitigen »Zusammenbestehen« von »Disziplin und Spontaneität«. Was ist darunter zu verstehen? Oder, wie sie selbst rhetorisch fragt, woher stammt jeweils bei den unter ihrer Aufsicht spielerisch arbeitenden Kindern »diese vollkommene Disziplin, die noch im tiefen Schweigen vibrierte, dieser Gehorsam, der im Voraus erriet, was er ausführen sollte?«

Man kann Disziplin gewiss als eine unter äußerem Druck und nur notgedrungen erworbene Charaktereigenschaft bezeichnen, als ein erfolgreiches Ergebnis von harschen und unerbittlichen Disziplinierungsmaßnahmen, die sich auf den Begriff der Zucht bringen lassen. Doch das ist bei Montessori nun gerade nicht gemeint. Für sie ist Disziplin, ganz im Gegenteil, eine bewusste Haltung – oder besser noch: eine Aktivität –, die sich einzig der von ihr immer wieder angesprochenen intrinsischen Motivation verdankt, jedenfalls dann, wenn es sich um eine aus ihrer Sicht echte und nicht nur aufgenötigte Disziplin handelt. Denn jede Form von Disziplin, die diesen Namen verdient, ist in ihrem Ursprung Selbstdisziplin. Sie erwächst aus einer ständig wiederholten Tätigkeit, die für sich genommen so interessant ist, dass sie immer von neuem angestrebt wird. Insofern ist Disziplin nichts anderes als die – wie es im Titel des 19. Kapitels heißt – freiwillige »Wiederholung der Übungen« mit jenen in dieser Hinsicht geeigneten Materialien, die Montessori den Kindern bereitstellt. Dieses Verständnis von Disziplin stimmt im Übrigen mit der ursprünglichen Bedeutung der lateinischen Vokabel *disciplina* überein, die so viel heißt wie »beständige Übung« oder »regelmäßiges Exerzitium«. Ohne diese Art der Disziplin könnte es niemals Könnerschaft geben, und ohne ein auf Können beruhendes Virtuosentum ließe sich wiederum keine Freiheit denken.

Lässt man dieses Verständnis von Disziplin als Leser auf sich wirken, scheint es einmal mehr so, als habe nichts und niemand das Recht und die Befugnis, von außen auf das Kind einzuwirken – weder fordernd, noch mit Zwang, noch auch nur in irgendeiner anderen Weise korrigierend. Diese Auffassung der vollständigen pädagogischen Zurückhaltung ist nun schon im frühen 20. Jahrhundert, als Montessoris Lehre weltweite Berühmtheit erlangte, von scharfsichtigen Gelehrten als fundamentales Manko beschrieben worden. Eine der klügsten Kritiken der Pädagogik des ausschließlich selbständigen, freiwilligen und nur intrinsisch motivierten Lernens stammt aus der Feder des protestantischen Theologen Karl Barth. Als er im Wintersemester 1928/29 an der Universität Münster eine Ethikvorlesung aus evangelischer Sicht hielt, behandelte er im Rahmen seiner Darstellung auch Probleme und Fragestellungen der zeitgenössischen Erziehungslehre. Er wusste darum, dass Montessoris neue Vorstellung von der Erziehung im Sinne einer »Selbsterziehung unter freundlicher Assistenz einiger anderen Personen«, bei der »der Lehrer nur noch als kluger, gütiger Berater danebensteht«, damals ein immer größeres Ansehen gewann und dass sich die »überaus lernbegierigen«, intrinsisch motivierten »Musterknaben und Mustermädchen aller Lebensalter«, die ihre Erziehung endlich »selbst in die Hand genommen« hatten, großer Beliebtheit erfreuten. Ihr Wunsch, immer neu und vor allem selbst zu lernen, machte sie nämlich »für Eltern und Lehrer so angenehm«. Doch Barth behauptete, dass derjenige, der sich nur und ausschließlich an mit Freude selbst lernenden Kindern erfreue, »das eigentliche Problem der Erziehung noch nicht gesehen« habe.

Erziehung bedeute nämlich im Wesentlichen, »daß mir jemand dreinredet mit der Anmaßung, daß das zu meinem eigenen Besten geschehe«. Und so könne Erziehung, die diesen Namen verdiene, niemals Selbsterziehung sein, sofern sie nicht auch »wohl oder übel auf der ganzen Linie Korrektur« ist. Kinder, so Barth, seien – wie auch jeder Erwachsene – immer wieder der Korrektur bedürftig, das gehöre zum Lernprozess zwingend dazu. So gesehen müsse sich jeder Pädagoge entscheidend als »Korrektor« verstehen, er dürfe sich dieser Aufgabe nicht entziehen, auch wenn er dem Kind dabei stets zu verstehen geben müsse, warum er es denn eigentlich korrigiert: »Er wirbt um mein Einverständnis mit der Korrektur, die in meinem Hefte angebracht wird. Er wirbt darum, daß ich sie mir gefallen lasse. Er wirbt darum, daß ich mich mir selbst gegenüber auf den Standpunkt des Korrektors stelle.« Und mit feiner Ironie fügt Barth dann noch hinzu: »Eben darum geht mir der Nächste als Erzieher besonders auf die Nerven.« Doch das sollte nach Ansicht des Münsteraner Universitätsprofessors, der wenige Jahre nach dem Vortrag dieser Vorlesung zum fulminantesten theologischen Gegner Hitlers wurde, unbedingt sein: Erziehung muss auch mal nerven!

Montessori gibt in »Kinder sind anders« nun einerseits zu verstehen, dass sie im Grunde durchaus einen Sinn für die Notwendigkeit der Korrektur hat. Und sie weiß zugleich so gut wie Barth, dass es sehr unangenehm ist, von Zeit zu Zeit korrigiert zu werden. Allerdings thematisiert sie diese Zusammenhänge im 30. Kapitel nur mit Blick auf die Erwachsenen, vor allem auf die Lehrer, die sich die Korrektur eines möglichen Fehlverhaltens gegenüber den ihnen anvertrauten Kindern unbedingt gefallen lassen müssen. »Müssen wir einmal unser Verhalten korrigieren«, schreibt sie, fällt uns das besonders schwer, wenn Kollegen uns darauf hinweisen: »Wir finden uns zwar leicht und gutwillig dazu herbei, die selbst erkannten Fehler zu beseitigen, weniger leicht aber nehmen wir die demütigende Lehre der Mitmenschen an; es demütigt uns mehr, einen Fehler zuzugeben, als einen zu begehen.«

Mit Blick auf die Kinder versucht Montessori jedoch von Korrekturen abzusehen, da sie ja davon ausgeht, dass diese sich erst einmal aus sich heraus in eine gute Richtung entwickeln. Erwachsene sollen Kinder nicht mit Hemmungen belegen, sondern zur Entfaltung gelangen lassen. Sie sollen sie nicht formen wollen, sondern sie sollen die den Kindern innewohnende Gestaltungskraft, wenn sie sich Bahn bricht, frei hervortreten lassen. So verwirft Montessori im 17. Kapitel »Die Schaukraft der Liebe« den von Erwachsenen häufig geäußerten Satz »Man muss diesen Kindern Manieren beibringen, sonst werden wir noch zu ihren Sklaven« mit Entschiedenheit, weil eine liebevolle Erziehung eher vom Zulassen geprägt ist, als vom korrigierenden Verbieten. Und doch kann auch Montessori ihrem eigenen Vorsatz nicht immer gerecht werden, was sie im Buch auch an manchen Stellen zumindest durchscheinen lässt.

Im 26. Kapitel, das vom Erwerb der Lese- und Schreibfähigkeit handelt, berichtet sie etwa von einer Situation in ihrer Schule, in der die Kinder aus Begeisterung über die ihnen zur Verfügung gestellten und mit herrlichen Illustrationen versehenen Bücher einmal plötzlich damit anfingen, aus diesen kostbaren Schmuckstücken viele Seiten herauszureißen. Diese aus Begeisterung vorgenommene Zerstörung von wertvollen Druckerzeugnissen konnte und wollte Montessori nun nicht einfach so geschehen lassen. Sie musste als Erzieherin eingreifen – und zwar korrigierend! Dies war für sie offensichtlich eine Notlage und eine peinliche Schwierigkeit. »Es war nicht ganz leicht«, erinnert sie sich betroffen, »diese bebenden Händchen, die aus Liebe Zerstörungen anrichteten, wieder zu disziplinieren.« Wie genau sie die Kinder disziplinierte und korrigierte, das erfährt der Leser leider nicht. Es fiel der Reformpädagogin schwer, hier mit der nötigen Offenheit und Klarheit Bericht zu erstatten. Immerhin macht die aufmerksame Lektüre deutlich, dass es auch für Montessori – entgegen ihren eigentlichen Absichten – doch nicht ganz ohne Korrektur des Kindes geht. Diese Feststellung ändert aber nichts an ihrem Glauben an die Gültigkeit des Prinzips, den Kindern ihren eigenen Willen bei der Wahl ihrer Aktivitäten weitestgehend zu lassen.

DAS KIND ALS MESSIAS, LEHRMEISTER
UND VATER DES MENSCHEN

Immer wieder fällt bei der Lektüre von »Kinder sind anders«
sehr deutlich auf, dass Montessori vornehmlich als Biologin
und Ärztin argumentiert, die sich auf der Basis gründlicher
medizinischer Kenntnisse – und zwar sowohl auf den Gebieten
der körperlichen als auch geistigen Entwicklungsprozesse – der
Pädagogik verschrieben hat. Grundsätzlich versucht sie ihre
Vorstellungen zur Erziehung sowie ihre Empfehlungen zum
Aufwachsen des Kindes also in erster Linie naturwissenschaftlich – und teilweise auch psychoanalytisch – zu grundieren. Sie
zeigt sich in »Kinder sind anders« als Anhängerin eines seit dem
ausgehenden 19. Jahrhundert verbindlichen positivistischen
Wissenschaftsverständnisses, das sich auf die Deutung von tatsächlichen – »positiven« – und somit sinnlich wahrnehmbaren
Befunden fokussiert, die mit Hilfe von einschlägigen Experimenten jederzeit überprüfbar sein müssen und erst dadurch
ihre abschließend überzeugende Bestätigung erhalten.

Gleichzeitig ist Montessori aber auch praktizierende Katholi-
kin. Und so sind ihre Schriften ebenfalls durchzogen von Be-
kenntnissen, die ihren Thesen noch eine ganz anders geartete,
zusätzliche Beglaubigung verschaffen sollen. Naturwissenschaftlichen Fakten stellt sie immer auch religiöse Wahrheiten
und Überzeugungen zur Seite. Das hat zur Folge, dass Montessori ihre nüchterne naturwissenschaftliche Sprache durch den
wiederholten Einschub von religiös-pathetischen, mitunter geradezu hymnischen klingenden Passagen aufbricht. In einigen
Fällen überschreitet die Autorin, wenn sie in Wallung gerät,
auch stilistisch die Grenze zum Kitsch. Am deutlichsten ist das
der Fall, wenn sie vom Kind als Messias redet. Doch gerade damit ist es ihr sehr ernst.

Immer wieder vergleicht sie das Kind mit dem Heilsbringer
Christus, welcher der Welt einst in Windeln gewickelt in der

Krippe präsentiert wurde, um Licht, Heil und Frieden zu bringen – und der dann von der Mehrheit der Menschen verkannt und verstoßen wurde. Jedes einzelne Kind, das als Neugeborenes zur Welt kommt, gleicht in Montessoris Augen dem Jesuskind, das in seiner Individualität ein Angebot ist, sein immer überraschendes, freundliches und die Erwachsenenseelen heilendes Wirken willig zuzulassen. Doch die Erwachsenen weisen diese Einladung, die mit jeder neuen Geburt gegeben ist, zumeist entschieden zurück, weil sie sich durch die Kinder nicht in der Art und Weise, wie sie sich in ihrem Leben eingerichtet haben, neu herausfordern lassen wollen. Täten sie es, so heißt es im 17. Kapitel, so kämen sie zu der Erkenntnis, »dass Christus in Gestalt des Kindes zu allen Menschen kommt«. Und im letzten Satz des Buches zitiert sie in diesem Sinne auch mit Inbrunst den amerikanischen Romantiker und Transzendentalisten Ralph Waldo Emerson, wenn sie schreibt: »Das Kind ist der ewige Messias, der immer wieder unter die gefallenen Menschen zurückkehrt, um sie ins Himmelreich zu führen.« Tatsächlich beschrieb Emerson in seinem 1836 veröffentlichten Essay »Nature« am Ende des 8. Kapitels die Kindheit als die ewige Seinsform des Messias: »Infancy is the perpetual Messiah, which comes into the arms of fallen men, and pleads with them to return to paradise.«

Emersons Ästhetik, die ihr imponiert, sowie ihre eigene, stark romantisch gefärbte katholische Religiosität, die der Quell einiger ihrer rührseligsten Äußerungen ist, haben den gemeinsamen literarischen Nährboden in der Lektüre jener Passagen des Neuen Testamentes, in denen Kinder als Boten und Repräsentanten des Himmels beschrieben werden. Die auf diese einmalige und unverwechselbare Rolle der Kinder verweisenden Verszeilen aus den Evangelien zitiert Montessori denn auch ausgiebig. Demnach ist es Jesus von Nazareth selbst, der auf die himmlische Wesenhaftigkeit eines jeden Kindes verweist. Jedes Kind ist auch für ihn göttlichen Ursprungs. So heißt es im Markusevangelium (9, 36–37): »Und er nahm ein Kind, stellte es mitten unter sie und herzte es und sprach zu ihnen: Wer ein solches Kind in meinem Namen aufnimmt, der nimmt nicht mich auf, sondern den, der mich gesandt hat.« Desgleichen heißt es im Evangelium nach Matthäus (18, 1–3): »Zu derselben Stunde traten die Jünger zu Jesus und fragten: Wer ist doch der Größte im Himmelreich? Jesus rief ein Kind zu sich und stellte es mitten unter sie und sprach: Wahrlich, ich sage euch: wenn ihr nicht umkehrt und werdet wie die Kinder, so werdet ihr nicht ins Himmelreich kommen.«

Montessori will mit ihrer kindzentrierten Pädagogik, die sie mit einschlägigen Abschnitten aus der Bibel beglaubigt, allen Erwachsenen nahelegen, dass es richtig und gut ist, sich von Kindern überraschen, versöhnen, heilen und vor allem leiten zu lassen. Sie schlägt einen radikalen Perspektivwechsel vor und fordert dazu auf, die eingeübte Rolle als Erwachsener mit Blick auf das Kind komplett zu verändern. Nicht die Erwachsenen sollen den Kindern ständig Vorschriften und Vorgaben machen, um sie dann nach ihrem Bilde zu formen. Sondern sie sollen die Kinder stattdessen auf sich selbst wirken lassen und dabei aufmerksam lernen, sich von ihren Interessen und Handlungen anregen zu lassen. Insofern verlangt dieser radikale Rollenwechsel von Eltern und Erziehern, dass sie sich nicht länger als Lehrmeister der Kinder aufspielen, sondern dass sie umgekehrt jedes einzelne Kind mit Demut als einen zu ihnen gesandten himmlischen Lehrmeister würdigen und akzeptieren.

Im 46. Kapitel »Das Kind – unser Lehrmeister« führt Montessori diesen Gedanken weiter aus. Jedes Kind ist für sie ein Born noch unbekannter Energien, mit der die Welt bei jeder neuen Geburt gesegnet wird und dabei wichtige originelle Impulse empfängt. Eltern, Erzieher und Lehrer müssen demnach jedes einzelne Kind in seiner Individualität als »schicksalhaft für unser Zukunftsleben« ansehen und mit Neugierde und Offenheit erkennen wollen, was das Kind wohl zum immer vorwärts-schreitenden Entwicklungsprozess der Menschheit beitragen wird. »Von diesem Gesichtspunkt aus betrachtet«, schlussfolgert sie, »stellt sich die Gestalt des Kindes machtvoll und geheimnisvoll dar und wir müssen über sie nachsinnen, auf dass das Kind, welches das Geheimnis unserer Natur in sich birgt, unser Lehrmeister werde.«

Eine Steigerung der Vorstellung vom Kind als Lehrmeister der Erwachsenen – als »maestro«, wie es im Italienischen besonders knapp und pointiert heißt – ist dann noch das paradox anmutende Bild vom Kind als »Vater des Menschen«, dass Montessori im 6. Kapitel verwendet. Damit unterstreicht sie zum einen, dass jeder Mensch sich aus den Träumen und Phantasien seiner Kindertage heraus zu dem entwickelt, der er wird – wenn er nur in der Umwelt, in der er aufwächst, die nötigen Chancen erhält, seine in ihm angelegten Talente vollständig zu entfalten und zielführend auszugestalten. So »schafft die Persönlichkeit sich selbst und aus dem Embryo, dem Kind, wird der Schöpfer des Menschen«. Nicht der Vater erzieht das Kind, sondern das Kind ist gewissermaßen der Vater seiner selbst, der Erzeuger seines eigenen, innersten Strebens. Während des gesamten Verlaufs seines Lebens wird auch der Erwachsene sich von dem her verstehen, was ihn als Kind einst zum Staunen gebracht hat. Das ist eine romantische Sicht auf das Leben und so verwundert es nicht, dass die Wendung vom ›Kind als Vater des Menschen‹ einem Gedicht entlehnt wurde, dass der englische romantische Dichter William Wordsworth zu Beginn des 19. Jahrhunderts verfasste. In »The Rainbow« beschreibt der Dichter einen erwachsenen Mann, der einen Regenbogen am Himmel verzückt erblickt und sich in diesem Augenblick daran erinnert, wie das Glück der Betrachtung dieser so betörenden himmlischen Farbpalette ihn schon zu Kinderzeiten durchflutete. Das erneute Erleben des überwältigenden Eindrucks eines Regenbogens führt den Dichter zur Überlegung, dass wir bis ins hohe Alter von den Eindrücken geprägt bleiben, die uns als Kinder begeisterten: »So was it when my life began; So is it now I am a man; So be it when I shall grow old, Or let me die! The Child is father of the Man.« Montessori leuchtet diese Verszeile unmittelbar ein. So muss sie hier nicht mehr viel erklären, sondern einfach nur zitieren, in der Hoffnung, durch das Zitat das Herz eines jeden Lesers zu rühren.

DIE KINDHEIT ALS GEHEIMNIS, RÄTSEL UND PHASE DER ABGESCHIEDENHEIT

Montessori stand in der ersten Hälfte des 20. Jahrhundert mit ihrer Forderung keineswegs alleine da, das Leben der Erwachsenen durch eine neue Akzeptanz des Kindes als Richtschnur für das eigene Handeln zu verstehen und zu reformieren. Die schwedische Journalistin Ellen Key, die dem Kind ebenfalls Erlöserqualitäten zuschrieb, rief vor diesem Hintergrund mit ihrem Buch »Barnets århundrede« [dt. Das Jahrhundert des Kindes], das pünktlich im Jahr 1900 erschien, gar ein »Jahrhundert des Kindes« aus. Auch der deutsche Kinderbuchautor Erich Kästner, der ursprünglich Grundschullehrer werden wollte, schrieb in seiner Ansprache zum Schulbeginn »Lasst euch die Kindheit nicht austreiben! Schaut, die meisten Menschen legen ihre Kindheit ab wie einen alten Hut. Sie vergessen sie wie eine Telefonnummer, die nicht mehr gilt. Früher waren sie Kinder, dann wurden sie Erwachsene, aber was sind sie nun? Nur wer erwachsen wird und Kind bleibt, ist ein Mensch.« Und auch dazu gibt es eine Vorgeschichte, denn derartige Aufforderungen zum fundamentalen Perspektivwechsel, zur Ausrichtung der Erwachsenen am Vorbild Kind, hatte bereits im Aufklärungszeitalter der Schweizer Philosoph Jean-Jacques Rousseau verkündet, der in seinem 1762 veröffentlichten Erziehungsroman »Emile« schrieb: »Die Klügsten bedenken nur, was Erwachsene wissen müssen, aber nicht, was Kinder aufzunehmen imstande sind. Sie suchen immer nur den Mann im Kind, ohne daran zu denken, was er vor seinem Mannsein war.«

Montessoris Erziehung »vom Kinde aus« hatte also gewichtige ideengeschichtliche Vorläufer und erfreute sich zudem der Unterstützung von bedeutenden Zeitgenossen. Und doch ist der Graben, den sie in ihrem Buch zwischen der Welt der Erwachsenen und der Kinder aufmacht, so unüberbrückbar und tief wie bei kaum einem anderen Pädagogen, der zwischen Kindheit und Erwachsensein unterscheidet. Der programmatische Titel ihres Buches »Kinder sind anders« weist das auch klar aus. Im Grunde enthält der Band eine pädagogische Zwei-Reiche-Lehre, wobei es sich beim Reich der Kinder und bei der Welt der Erwachsenen um prinzipiell andersartige Lebensbereiche handelt, die so strikt voneinander geschieden sind, dass sie sich sogar »in einem Konflikt« befinden, wie sie im 42. Kapitel schreibt, der kaum zu befrieden und praktisch nicht aufzulösen ist.

Im 44. Kapitel wird sie noch deutlicher, wenn sie schreibt, dass das Kind der Gemeinschaft der erwachsenen Menschen »völlig fremd« gegenübersteht, weshalb man seine Stellung mit einem Wort Jesu kennzeichnen könne, wie es im Johannesevangelium (18,36) nachzulesen ist: »Mein Reich ist nicht von dieser Welt.« Das Kind sei mithin »ein Wesen, das ganz und gar abseits der von den Menschen geschaffenen sozialen Organisation lebt, ein Fremdling in einer künstlichen Welt, die der Mensch neben der Natur und von ihr getrennt sich aufgebaut hat.« Die Erwachsenen würden das aus einer anderen Welt in ihre Ordnung hineinplatzende Kind als Störenfried betrachten, weshalb man es in den auf Drill ausgerichteten gewöhnlichen Schulen unterbringt, wo es so lange stillgehalten wird, »bis es imstande ist, in der Erwachsenenwelt zu leben, ohne zu stören.« Doch wüssten die Erwachsenen, die so handeln, leider nicht, dass sie doch eigentlich von den Kindern, die ihnen ein Vorbild sein müssten, abhängig sind: »Wir Erwachsenen hängen vom Kinde ab. Auf dem Gebiet seiner Wirksamkeit sind wir seine Kinder und von ihm abhängig.«

Montessori fordert nun, dass das den Kindern zugewiesene ›Reich‹ in Elternhaus und Schule in einer auch tatsächlich kindgemäßen Weise eingerichtet sein sollte – was zu Beginn ihrer praktischen Erziehertätigkeit um 1900 nur in den allerseltensten Fällen Wirklichkeit war. Über die in dieser Hinsicht geeigneten Materialien und Möbel, die in Kinderzimmern und Erziehungsinstituten endlich Einzug halten sollten, hat sie sich bereits im Anfangsteil des Buches ausgelassen. Nun aber unterstreicht sie die bedeutsame Tatsache, dass Kinderwelten Orte der äußersten Abgeschiedenheit sein sollten. Nicht im Sinne von kinderfeindlichen Abschiebestationen, sondern in ihrer einladenden Gestalt als kinderfreundliche, ja geradezu paradiesische Lernoasen. Und als solche versteht sie ihre Kinderhäuser, wie sie am Ende des 18. Kapitels schreibt, als Stätten »des Friedens und der Abgeschlossenheit«.

»Kinder sind anders« heißt im italienischen Original »Il segreto dell'infanzia«. Der mögliche Bedeutungsgehalt von »segreto« – wie auch von der lateinischen Vokabel secretum, von der sich das italienische Wort ursprünglich ableitet – umfasst zumindest in seinen Grenzbereichen auch Zustands- und Ortsbeschreibungen wie Einsamkeit, Rückzugsraum, Asyl und Zuflucht. Es ist ein Bereich der Einfriedung, wo Kinder gehegt werden, um nicht von der Welt, die sie als störend empfindet, belästigt zu werden. Mit ihrem Buch wirbt Montessori nun eben genau um den Erhalt oder, besser noch, um die gezielte Einrichtung eines solchen Ortes. Der vom Grundsatz her ganz andere Bereich, in dem Kinder leben und lernen, soll einer stillen und friedlichen Abgeschiedenheit gleichen, die den Kleinsten Entfaltungsmöglichkeiten und Spielraum nach Belieben bietet. Erwachsenen bleibt darin nur der Platz am Rande, wo sie aber die spielend Lernenden ruhig beobachten und sich von ihnen inspirieren lassen können.

Wahren die Erwachsenen im Reich der Kinder Zurückhaltung, dann werden sie Zeugen einer weiteren Wortbedeutung, die den Wesenskern der italienischen Vokabel »segreto« trifft: Sie sehen dann, dass die Kindheit ein »Geheimnis«, ein »Rätsel«, oder sogar ein »Mysterium« ist, das man nur mit einer angemessenen Ehrfurcht schauen darf.

Schon im ersten Kapitel spricht sie in einem längeren Abschnitt von diesem »Geheimnis des Kindes«, das dann als Thema zum Leitmotiv des ganzen Buches wird. Man muss dieses Geheimnis hüten, darf es nicht entlarven wollen, um sich von jedem Kind in seiner nur ihm eigenen Entwicklung überraschen und inspirieren zu lassen. Auch das Rätselhafte hat dabei seine Bedeutung. Man muss es hinnehmen und hat die Aufgabe abzuwarten. Es kommt wie es kommt. Bei jedem Heranwachsenden stellen sich deshalb natürlich auch zwangsläufig »so unerwartete persönliche Eigenarten ein, dass man immer wieder vor Rätseln steht« – und das Kind trägt »den Schlüssel zu seinem rätselhaften individuellen Dasein« ausschließlich und »von allem Anfang in sich«. Aber weil das so ist, müssen sich die Erwachsenen für das Recht des Kindes eintreten, seine Rätselhaftigkeit und sein Geheimnis in einem Schutzraum beim Aufwachsen wahren zu dürfen.

ÜBER DIE WÜRDE DES KINDES UND SEINE RECHTE

Wer als Pädagoge vom Recht des Kindes spricht, und dieses Recht ernstgenommen wissen will, muss sich auch politisch engagieren, um in Staat und Gesellschaft für eine verbindliche Definition und dann auch für die Einhaltung von Kinderrechten zu werben – und zwar in einem internationalen Rahmen. Das tut Montessori auch. So wie sie als junge Studentin für die Verbesserung der Rechte der Frau eingetreten ist, so tritt sie nun als alte Dame, die über einen weltweiten Bekanntheitsgrad verfügt, bis zum Ende ihres Lebens für die Rechte der Kinder ein.

Das Buch »Kinder sind anders«, das in ihrem Sterbejahr erscheint, thematisiert den Kampf für »Die Rechte des Kindes« im gleichnamigen 48. Kapitel, das den Abschluss des Werkes darstellt. Das ganze Kapitel wirkt wie ein Vermächtnis und wie ein Aufruf an ihre Anhänger und Mitstreiter, den Einsatz für die Rechte der Kinder fortzuführen.

Die große Hoffnung, dass sich der Kampf für die Kinderrechte auch lohnt, schöpft Montessori aus den Erfahrungen der Frauenbewegung, an der sie selbst ja einen wichtigen Anteil hat. Seit ihrem Auftreten als italienische Delegierte auf dem Internationalen Frauenkongress von Berlin im Jahr 1896 hat sich in der Welt viel getan. Vor allem das Frauenwahlrecht, das damals noch umstritten war, hat sich bis zur Mitte des 20. Jahrhunderts in mehr und mehr Ländern durchgesetzt, gerade auch in den Staaten, in denen Montessori lebte und wirkte. In den Niederlanden konnten die Frauen schon 1919 wählen. In den Vereinigten Staaten von Amerika wurden 1920 mit dem Inkrafttreten des 19. Zusatzartikels zur Bundesverfassung alle Einschränkungen des Wahlrechts aufgrund des Geschlechts untersagt, womit Frauen auf allen Ebenen das vollständige Wahlrecht erhielten. Spanien änderte seine entsprechende Gesetzgebung im Jahr 1931. Die Italienerinnen konnten zwar schon seit 1925 auf kommunaler Ebene wählen, doch erhielten die Frauen in Montessoris Heimatland das volle Wahlrecht erst 1946. Indien zog mit der neuen demokratischen Verfassung, die am 26. Januar 1950 in Kraft trat, nicht lange darauf nach. Ihr Leben lang konnte Montessori dabei zusehen, wie der Kampf um die Frauenrechte, so zäh und steinig der Weg zu ihrer allmählichen Umsetzung auch war, zunehmend Früchte trug.

Entsprechend optimistisch war sie auch mit Blick auf die Verwirklichung der Kinderrechte. Um 1900 waren die Rechte der Kinder noch nichts weiter als eine erstmals erhobene Forderung von fortschrittlichen Männern und Frauen. »Bis zum Beginn des 20. Jahrhunderts«, erinnert sich Montessori im Abschlusskapitel ihres Buches folglich, »hat sich die Gesellschaft überhaupt nicht um das Kind gesorgt. Sie ignorierte es und überließ seine Betreuung ausschließlich der Familie. Der einzige Schutz war für das Kind die väterliche Autorität«. Doch wenn ein Vater sein Kind nicht schützte oder seine Rechte nicht angemessen vertrat, gab es keinen Fürsprecher, der dem Kind auf juristischem Wege hätte helfen können. Ein Meilenstein in der Geschichte der Kinderrechte war dann die 1919 erfolgte Gründung des britischen Komitees »Save the Children« als international tätige Nichtregierungsorganisation. Die Kinderrechtlerin Eglantyne Jebb entwarf für dieses Komitee ein Fünf-Punkte-Programm, mit dem sie grundlegende Kinderrechte einforderte. Diese Liste ließ sie dann 1923 als »Children's Charter« dem Völkerbund in Genf zugehen. Am 26. September 1924 wurde die Charta von der Generalversammlung des Völkerbundes angenommen und verabschiedet.

Das waren die Anfänge. Eine verbesserte »Erklärung der Rechte des Kindes« verabschiedete die Hauptversammlung der Vereinten Nationen erst nach dem Zweiten Weltkrieg am 20. November 1959, sieben Jahre nach Montessoris Tod, auch unter Bezug auf die Genfer Erklärung von 1924. Auch wenn viele Staaten dem Text nicht zustimmten und er im Übrigen auch keinen bindenden Charakter hatte, trug er doch dazu bei, einer allgemeinen Anerkennung der Rechte des Kindes weitere Aufmerksamkeit zu verschaffen. Die Erklärung von 1959 definierte in zehn Grundsätzen die Rechte des Kindes. Schon der erste Artikel machte hinreichend klar, dass Kinder weltweit in den Genuss dieser Rechte kommen sollten: »Alle Kinder ohne jede Ausnahme haben ohne Unterschied oder Diskriminierung auf Grund der Rasse, der Hautfarbe, des Geschlechts, der Sprache, der Religion, der politischen oder sonstigen Überzeugung, der nationalen oder sozialen Herkunft, des Eigentums, der Geburt oder der sonstigen Umstände, die in der eigenen Person oder in der Familie begründet sind, Anspruch auf diese Rechte.« Der Artikel 7 befasste sich mit dem Recht auf Bildung – und der in ihm enthaltende Satz von den »Interessen des Kindes«, die allein »die Richtschnur« sein sollten für alle, »die für seine Erziehung und Anleitung verantwortlich sind«, erinnerte an Montessoris ähnliche Forderungen. Auch der Artikel 5 wirkte wie ein lobender Verweis auf die Anfänge von Montessoris Erziehungslehre im Bereich der Behindertenpädagogik: »Das Kind, das körperlich, geistig oder sozial behindert ist, erhält die besondere Behandlung, Erziehung und Fürsorge, die seine besondere Lage erfordert.« Und was hätte die italienische Reformpädagogin, deren Kind ihr durch eine einseitige Entscheidung des Vaters für lange Jahre entzogen wurde, zum Artikel 6 gesagt, wo es heißt, »ein Kleinkind« dürfe vor allem »nicht von seiner Mutter getrennt werden«?

Liest man die Erklärung der Rechte des Kindes von 1959 gründlich und aufmerksam, dann erkennt man, wie überaus fortschrittlich Montessori in ihrem Buch von 1952 mit Blick auf diese Thematik argumentierte. Sie gestaltete den Kampf um die Kinderrechte entschlossen mit und beschrieb ihn als Anfang einer »heilsame[n] Besinnung« der Menschheit, als die eigentliche Basis ihres Friedens und Glücks. Sie wusste, dass in Analogie zur erfolgreichen Frauenbewegung auch mit Blick auf die Rechte des Kindes schon viel geschehen war: »Arzt und Lehrer arbeiten heute gemeinsam für das Wohl des Kindes und die Gesellschaft bemüht sich, einen alten, lange unbewusst gebliebenen Fehler auszugleichen. Ein erster Schritt zur sozialen Befreiung des Kindes ist damit getan«. Doch es blieb noch viel zu tun.

Was ihr in diesem Zusammenhang besonders am Herzen lag, war das Eintreten gegen die körperliche Züchtigung der Kinder, die selbst in der Erklärung von 1959 noch nicht ausdrücklich als letztes Erziehungsmittel ausgeschlossen wurde. In »Kinder sind anders« begreift sie dies denn auch als den nächsten dringenden Schritt auf dem Weg zur vollständigen Verwirklichung der

Kinderrechte. Leider sei es noch immer so, »dass bis in unsere Tage hinein es kein Volk gibt, bei dem die Kinder nicht im Elternhaus gezüchtigt werden, sei es nun, dass man sie ausschimpft schmäht, ohrfeigt, boxt oder dass man sie in dunkle Räume sperrt.« Für Erwachsene seien die körperlichen Strafen abgeschafft, »weil sie die Menschenwürde beleidigen und eine soziale Schande darstellen. Gibt es aber eine größere Gemeinheit, als ein Kind zu schmähen und zu schlagen?« Auch hier plädierte sie für die Rücknahme einer Praxis, die selbst im ersten Viertel des 21. Jahrhunderts nicht gänzlich abgeschafft ist. Während es mittlerweile in der gesamten Europäischen Union verboten ist, Kinder in der Schule zu schlagen, darf in manchen Fällen die körperliche Züchtigung der Kinder durch ihre Eltern doch noch immer erfolgen, weil sie nicht geahndet werden kann, so wie etwa in der Tschechischen Republik oder in Montessoris Heimatland Italien. Der Kampf um die Würde des Kindes geht weiter – und wird gerade in globaler Perspektive noch viel Überzeugungsarbeit benötigen. Es handelt sich dabei um einen Lernprozess, den viele Erwachsene erst noch bewältigen müssen. Immerhin räumt Montessori selbst ein, dass auch sie den vollen Umfang der kindlichen Würde nicht sofort begriffen hatte. Im 24. Kapitel schreibt sie durchaus selbstkritisch, dass sie sich »erst in langer Erfahrung« ganz allmählich »darüber klar wurde, dass Kinder einen tiefen Sinn für persönliche Würde besitzen und dass ihr Gemüt in einem Maße verletzt und eiterig werden kann, wie der Erwachsene sich dies nie vorzustellen vermöchte.« Das Eintreten für die Rechte der Kinder hängt mit dem Schutz der Würde des Kindes unmittelbar zusammen.

MARIA MONTESSORIS BLEIBENDE BEDEUTUNG

Montessori bleibt umstritten. Wie schon zu Beginn ihrer Karriere hat sie auch heute noch sowohl Verehrer als auch unnachgiebige Gegner, die sich gegenseitig heftig kritisieren. Es gibt einerseits weltweit Montessori-Schulen und Montessori-Pädagogen, die das Erbe der Gründerin in möglichst getreuer Form an immer neue Generationen von Kindern weiterzugeben suchen. Für diese Erzieherinnen und Erzieher ist Montessori eine mit Respekt zu behandelnde Ausnahmeerscheinung. Für manche gleicht sie sogar einer Prophetin. Auf der anderen Seite geben heute insbesondere an den erziehungswissenschaftlichen Instituten der Universitäten diejenigen Akademiker den Ton an, die sich als entschiedene Kritiker der Montessori verstehen. Was sie der Reformpädagogin zur Last legen – also vor allem ihre frühen Vorlesungen, die mit eindeutig rassistischen Bemerkungen aufwarten, sowie ihre langjährige Zusammenarbeit mit Mussolini, den sie irrigerweise als vielversprechenden Partner für ihre eigenen pädagogischen Bemühungen zu gewinnen suchte –, sind alles andere als unerhebliche Vorwürfe. Im Gegenteil: Die Kritik an Montessori wiegt schwer. Und ganz gewiss kann man über die dunklen Aspekte ihrer Biographie nicht leichtfertig hinweggehen. Montessoris Leben und Wirken darf nicht in beschönigender Absicht retuschiert werden, es bietet kontrastreich Licht und Schatten – und man kann ihr Denken und Handeln nicht angemessen beschreiben, wenn man ihre biologistisch-rassistischen Positionen und politischen Irrwege ausklammert, verschweigt oder auch nur verschämt kleinredet.

Andererseits ist aber auch klar, dass ihre Leistungen bedeutend sind: Nur ganz wenige Pädagogen der Moderne haben unsere Sicht auf Erziehung, Lernen, Unterricht und den angemessenen Umgang mit dem Kind so sehr und so nachhaltig verändert wie Montessori. Denn es sind bei weitem nicht nur die offiziellen Montessori-Schulen, die sich an ihren Vorstellungen ausrichten. Viele Lehrerinnen und Lehrer der unterschiedlichsten Schultypen, auch viele Väter und Mütter, die ihren Kindern eine anregende Spiel- und Lernumgebung schaffen wollen, lassen sich von den Ideen und Praktiken der italienischen Reformpädagogin inspirieren. Sie finden wertvolle Anregungen in Montessoris Schriften – und zwar gerade auch dann, wenn sie die darin enthaltenen Grundsätze nicht dogmatisch anwenden wollen, sondern eher als stimulierende Ausgangspunkte für eigene Beobachtungen und Lernangebote auf sich wirken lassen.

Was Montessoris Pädagogik einem Kind an Ausrüstung für ein Leben auch in schwierigsten Umständen mitgeben kann, zeigt in besonders bewegender Weise ein Blick auf die Biographie der jüdischen Schriftstellerin Anne Frank, die als Teenager zwischen 1942 und 1944 in einem Amsterdamer Hinterhaus ihr berühmtes und inzwischen in alle Weltsprachen übersetztes Tagebuch schrieb, bevor sie mit ihrer Familie in ihrem selbstgewählten Versteck entdeckt und ins Konzentrationslager Bergen-Belsen deportiert wurde, wo sie im März 1945 entkräftet starb. Aufgewachsen war sie in ihrer Geburtsstadt Frankfurt am Main, die sie als fünfjähriges, selbstverständlich Deutsch sprechendes Mädchen mit ihren Eltern und der Schwester Margot Richtung Niederlande verließ, weil die jüdische Familie nach dem Beginn der Nazi-Diktatur in ihrem Heimatland nicht mehr sicher war. Anne musste also in Holland eine ihr bis dahin gänzlich unbekannte Sprache erlernen, sie musste sich lesend und schreibend das Niederländische aneignen, eine Sprache, in der sie dann als frühreife Autorin Literatur von Rang verfasste. Und diese für sie neue und herausfordernde Sprache, die sie in kürzester Zeit meisterhaft beherrschte, lernte sie in der Amsterdamer Montessori-Schule.

Annes Vater, Otto Frank, war ein fortschrittlich denkender Mann, der für seine jüngste Tochter nur das beste pädagogische Angebot auswählte – in Absprache mit seiner Frau Edith. Die Eltern gaben Anne auf eine Schule, die erst 1933 als sechste Schule in den Niederlanden nach der Pädagogik von Montessori eingerichtet worden war. Ab Mai 1934 besuchte das Mädchen den angeschlossenen Kindergarten, später dann auch die Grundschule. Als die Deutschen auch die Niederlande einnahmen, verfügten die Besatzer nach den Sommerferien 1941, dass die 151 jüdischen Schüler die Schule verlassen und stattdessen eine jüdische Schule besuchen mussten. So verließ Anne 1941 die Grundschule und setzte ihre Ausbildung am Jüdischen Lyzeum fort, bevor die Ausweitung der antijüdischen Maßnahmen sie dazu zwang, sich ein Versteck zu suchen.

Hannah Goslar, Anne Franks jüdische Freundin und Mitschülerin in der Amsterdamer Montessori-Schule, überlebte die Nazi-Zeit und schrieb ihrerseits im hohen Alter Memoiren, die dann wenige Wochen nach ihrem Tod im Jahr 2023 veröffentlicht wurden. Darin erinnert sie sich an die gemeinsame Zeit in der Montessori-Schule: »Wir hatten beide liberal eingestellte Eltern, die befunden hatten, der moderne Montessori-Ansatz, bei dem die Kinder frei ihrer eigenen Neugierde nachgehen sollten, sei richtig für uns. Wir waren nicht in Klassenstufen eingeteilt, sondern lernten sehr kindzentriert, und jede wählte den Lernstoff nach eigenen Interessen selbst aus.« Goslar beschreibt, wie sie ihre Freundin in der Montessori-Schule erstmals erblickte, als sie an der Hand ihrer Mutter dort eintrat: »Wir betraten die Klassenzimmer, in dem eine Menge Kinder waren, die alle extrem beschäftigt aussahen. Einige saßen an kleinen Tischen und spielten mit Holzklötzen; andere malten Buchstaben oder saßen auf Matten und übten zu schreiben.« Dann entdeckt sie Anne: »Mein Blick fiel auf ein Mädchen mit glänzenden dunklen, beinahe schwarzen Haaren. Ich konnte sein Gesicht nicht sehen, weil es mir den Rücken zuwandte. Es spielte mit einem silbernen Glockenspiel«. Anne war konzentriert und in ihre Beschäftigung vertieft. Später freundete sich Goslar, die ebenfalls Deutsche war, mit ihr an und sie lernten in der Montessori-Schule gleichzeitig »täglich neue Wörter und Sätze auf Niederländisch«, auch deshalb, weil sie von der nur assistierenden »Hilfe geduldiger Lehrerinnen« profitierten.

In Goslars Erinnerungen an die gemeinsame Schulzeit mit Anne Frank bringt die Autorin auf den Punkt, was die Montessori-Erziehung schon damals ausmachte: freundliche und ruhige Erzieher, die den Kindern dabei helfen das zu tun, was diese selbst am meisten interessiert; höchste Konzentration der lernenden Kinder, die vollkommen beschäftigt sind; freie Wahl des Lernstoffes; Förderung der Individualität und der persönlichen Neigungen eines jeden einzelnen Kindes. Bei Anne Frank und Hannah Goslar – und bei so vielen anderen Schülerinnen und Schülern führte das zu einer großen Erfüllung. Es liegt auf der Hand, das Anne Frank nach 1942 in ihrem Versteck, wo sie mit sieben weiteren Menschen auf engstem Raum lebte und ihr Zimmer mit einem Erwachsenen teilte, diese Situation nur mit einem hohen Maß an Konzentrationsfähigkeit und Phantasie bewältigen konnte. Offensichtlich hatte die Zeit in der Montessori-Schule sie dafür in besonderer Weise vorbereitet.

Auch jenseits solcher dramatischen Biographien, wie sie Anne Frank vorzuweisen hat, haben Generationen von Kindern, die nach Montessoris Methoden unterwiesen wurden, nachhaltig erlebt, dass sie von ihrer pädagogischen Prägung profitierten, weil sie auf selbstgewählten Interessensgebieten Erfüllung in einer vertieften Beschäftigung fanden. Sie konnten frühzeitig lernen, dass intrinsische Motivation sich selbst belohnt. Vor allem aber fordert die Lektüre von Montessoris Schriften, insbesondere ihres Buches »Kinder sind anders«, die Erwachsenen immer wieder neu dazu auf, sich Kindern gegenüber friedlicher, freundlicher, verständnisvoller und auch neugieriger zu zeigen, um sie in ihrer jeweiligen Individualität anzunehmen und zu fördern. Die Montessori-Biographin Cristina De Stefano, die jüngst eine so kritische wie würdigende, auf reichen Archiv- und Quellenstudien basierende Lebensbeschreibung der italienischen Ärztin und Reformpädagogin vorgelegt hat, verweist deshalb auch auf das in genau diesem Sinne irritierende Element von Montessoris Anliegen. De Stefano schreibt zusammenfassend: »Tatsache ist, dass ein Gutteil der Feindseligkeiten, auf die Maria Montessori gestoßen ist und immer noch stößt, der

Radikalität ihrer Botschaft geschuldet ist. Diese im 19. Jahrhundert geborene Frau sagt Dinge, die noch heute beunruhigend wirken, obwohl vieler ihrer Ideen glücklicherweise Einzug ins allgemeine Denken gehalten haben.« Und sie fügt treffend hinzu: »Maria Montessori fordert von den Erwachsenen, ihre mehr oder weniger bewusst eingenommene Position der Stärke und Überlegenheit aufzugeben, mit der sie sich seit Anbeginn der Zeiten über das Kind stellen.« Es ist in jedem Fall eine hilfreiche und zur Demut erziehende Übung, sich vor einem Kind klein zu machen und ihm dabei zu helfen, seinen eigenen Weg zu finden. Dieser Haltungswechsel ist, wie Montessori an einer Stelle in »Kinder sind anders« schreibt, sogar »nicht so schwierig, wie es den Anschein hat«, wenn man nur den Anfang macht. Und auf diesen Versuch eines Anfangs kommt es an.

MARIA MONTESSORI

KINDER SIND ANDERS.

VOM SELBSTÄNDIGEN LERNEN

Einleitung

KINDERERZIEHUNG ALS SOZIALE FRAGE

Schon seit etlichen Jahren ist, ohne dass jemand eigentlich die Initiative dazu ergriffen hätte, eine weit verbreitete Bewegung im Gange, deren Bemühungen dem Kinde gelten. Sie entwickelte sich in derselben Weise, in der auf vulkanischem Boden ein Ausbruch zustande kommt: ganz von selber bilden sich da und dort Feuerherde. Große Bewegungen beginnen in der Regel so. Zweifellos ging der erste Anstoß zu der Bewegung, die sich der Kinder annehmen will, ursprünglich von der Wissenschaft aus. Die Hygiene war es, die den Kampf gegen die Kindersterblichkeit aufnahm und nachwies, welche Bürden dem Kind in der Schule aufgelastet wurden und wie es dadurch zu einem Martyrium verdammt war, das so lange dauerte wie die Kindheit selbst; denn mit dem Ende der Schulzeit ist ja das Kindesalter zu Ende.

Es waren unglückliche Kinder, mit denen sich die Schulhygiene zu befassen hatte: niedergedrückte Gemüter, ermüdete Verstandeskräfte, krumme Schultern und eingezwängte Brustkörbe, vorbestimmte Opfer der Tuberkulose.

Jetzt endlich, nach vielen Jahren des Studiums, sind wir dahin gelangt, das Kind als ein menschliches Wesen anzusehen, das von der Gesellschaft und schon zuvor von denjenigen Personen zu einer falschen Entwicklung genötigt worden ist, die ihm das Leben gegeben haben und erhalten. Was sind Kinder? Eine dauernde Störung für den von immer schwereren Sorgen und Beschäftigungen in Anspruch genommenen Erwachsenen. Es ist kein Platz für sie in den engen Häusern der modernen Stadt, in denen sich die Familien zusammendrängen. Es ist kein Platz für sie auf den Straßen, denn die Fahrzeuge beanspruchen immer mehr Raum, und die Gehsteige sind voll von eiligen Menschen. Die Erwachsenen haben keine Zeit, sich um die Kinder zu kümmern, denn auf ihnen lasten dringende Pflichten. Vater und Mutter sind beide gezwungen zu arbeiten, und wo die Arbeit fehlt, da bedrückt und schädigt die Not erst recht Kinder wie Erwachsene. Es gibt kaum einen Zufluchtsort, wo das Kind das Gefühl haben kann, dass sein Seelenzustand Verständnis findet, wo es die ihm angemessenen Betätigungen ausüben darf. Es muss brav sein, sich ruhig verhalten, es darf nichts berühren, was ihm nicht gehört. Alles ist unantastbares, ausschließliches Eigentum des Erwachsenen und für die Kinder verboten. Was gehört ihm? Nichts. Vor einigen Jahrzehnten gab es noch nicht einmal einen Stuhl für Kinder. Von daher stammt der berühmte Ausdruck, der heute nur noch metaphorische Bedeutung hat: »Ich habe dich auf den Knien gehalten.«

Setzte sich das Kind auf die Möbel der Erwachsenen oder auf den Fußboden, wurde es gescholten; setzte es sich auf die Treppenstufen, wurde es gescholten; es musste jemand kommen und es auf die Knie nehmen. Das ist die Situation des Kindes, das in der Umwelt der Erwachsenen lebt: ein Störenfried, der etwas für sich sucht und nichts findet, der eintritt und sogleich fortgewiesen wird. Seine Lage ähnelt der eines Mannes, dem die bürgerlichen Rechte und das Recht auf seine Umwelt aberkannt worden sind: Es ist ein an den Rand der Gesellschaft verwiesenes Wesen, das jedermann ohne Respekt behandeln, beschimpfen und strafen darf, dank einem von der Natur verliehenen Recht: dem Recht des Erwachsenen.

Ein seltsames seelisches Phänomen bewirkt, dass der Erwachsene sich scheut, eine passende Welt für sein Kind zu schaffen. Auch im sozialen Organismus hat es keinen Platz, denn so wie der Mensch seine Gesetze ausarbeitet, hat er die eigenen Erben ohne Gesetze und somit außerhalb des Gesetzes gelassen. Schutzlos überlässt er sie dem tyrannischen Instinkt, der im Herzen eines jeden Erwachsenen in Bereitschaft liegt. So ist es in der Tat, obgleich gerade das Kind bei seinem Eintritt in die Welt neue Energien mitbringt, deren regenerierender Hauch die stickigen Gase verjagen sollte, die sich von Generation zu Generation jeweils im Laufe eines Menschenlebens voller Irrtümer immer wieder angesammelt haben.

Erst in unseren Tagen ist in dieser seit Jahrhunderten blind und gefühllos gebliebenen Gesellschaft eine neue Bewusstheit für das Schicksal des Kindes aufgebrochen. Die Hygiene ist herbeigeeilt, wie man sich zum Schauplatz einer Katastrophe drängt. Sie nahm den Kampf gegen die Säuglingssterblichkeit auf. Deren Opfer waren bis dahin so zahlreich, dass es aussah, als hätten sich die Überlebenden gerade noch aus der Sintflut gerettet. Als zu Beginn des zwanzigsten Jahrhunderts die Hygiene allmählich ins Volk drang, war es um das Leben des Kindes anders bestellt. Die Schulen erfuhren eine derartige Verwandlung, dass diejenigen, die sich auch nur zehn Jahre lang von den Neuerungen ausschlossen, plötzlich den Eindruck machten, als seien sie schon hundert Jahre alt. Auf den Wegen der Sanftmut und der Duldsamkeit hielten die Grundsätze einer neuen Erziehung ihren Einzug in die Familien wie auch in die Schulen.

Nicht nur die Fortschritte der Wissenschaft haben wichtige Ergebnisse herbeigeführt. Da und dort begannen Menschen, einzig von ihrem Gefühl geleitet, in derselben Richtung zu wirken. Viele Reformatoren von heute beschäftigen sich mit dem Kind; in den Ateliers der Städteplaner werden Gärten für die Jugend vorgesehen; bei der Anlage von Plätzen und Parks schafft man Spielplätze für Kinder; man denkt an die Kinder bei der Errichtung von Theatern, man veröffentlicht Bücher und Zeitungen, man organisiert Reisen, man baut Möbel in angemessener Größe für sie. Da sich endlich eine bewusste Ordnung der Klassen entwickelt hat, ist der Versuch unternommen worden, die Kinder zu organisieren, ihnen den Sinn für soziale Disziplin und die hieraus erwachsende Würde des Individuums beizubringen, wie dies in Organisationen von der Art der »Pfadfinder« und der »Kinderrepubliken« der Fall ist. Die politisch-revolutionären Reformen unserer Tage versuchen, sich der Kinder zu bemächtigen, um aus ihnen fügsame Werkzeuge für ihre Pläne zu machen. Zum Guten wie zum Schlechten, sei es in der Absicht, ihnen ehrlich zu Hilfe zu kommen, sei es mit dem Vorsatz, sie als Werkzeug zu benützen, immer ist heute von den Kindern die Rede. Sie sind ein soziales Element in der Welt geworden und infolge der ihnen zukommenden Bedeutung setzen sie sich überall durch. Das Kind ist nicht länger bloß jenes Mitglied der Familie, das des Sonntags in seinem besten Kleid folgsam an der Hand des Vaters spazieren geht und darauf achtet, das Sonntagskleid nicht schmutzig zu machen. Nein, das Kind ist eine Persönlichkeit geworden, die in die soziale Welt eingedrungen ist.

Nun hat offenbar die ganze Bewegung zur Förderung des Kindes eine bestimmte Bedeutung. Wie zuvor gesagt wurde, ist sie weder von Initiatoren auf den Plan gerufen oder geleitet worden, noch wurde sie von irgendeiner Organisation in geordnete Bahnen gelenkt; so müssen wir denn sagen, dass die Stunde des Kindes ganz von selbst angebrochen ist. Als Folge zeigt sich in seiner ganzen Bedeutung ein außerordentlich wichtiges Problem: *die soziale Frage des Kindes.*

Es empfiehlt sich, die Tragweite dieser Bewegung richtig zu bewerten: Ihre Bedeutung ist ungeheuer, für die Gesellschaft sowohl als für die Kultur, für die ganze Menschheit. Alle diese unabhängig voneinander entstandenen Bemühungen sind ein unverkennbares Zeichen dafür, dass keiner von ihnen eine gewollte konstruktive Bedeutung zukommt: Sie sind lediglich der Beweis dafür, dass rings um uns ein wirklicher und universeller Drang nach einer großen sozialen Reform entstanden ist. Diese Reform ist dermaßen wichtig, dass sie eine neue Zeit und eine neue Ära der Zivilisation ankündigt; wir sind die letzten Überlebenden einer bereits überwundenen Epoche, in der die Menschen einzig daran dachten, für sich selber eine einfache und bequeme Umwelt zu schaffen, eine Umwelt für Erwachsene.

Heute befinden wir uns an der Schwelle einer kommenden Ära, in der es nötig sein wird, für zwei verschiedene Menschheiten zu arbeiten: für die erwachsene und für die kindliche. Und wir sind auf dem Wege zu einer Kultur, die zwei scharf voneinander unterschiedene soziale Umwelten wird vorbereiten müssen: die Welt des Erwachsenen und die des Kindes.

Die Aufgabe, die unser harrt, liegt nicht in der starren und äußerlichen Organisation der bereits angebrochenen sozialen Bewegungen. Es handelt sich nicht darum, eine Koordinierung der verschiedenen öffentlichen und privaten Initiativen zugunsten der Kinder zu fördern. In diesem Fall würde ja lediglich eine Organisation der Erwachsenen vorliegen, die den Zweck hätte, dem Kind von außen her zu Hilfe zu kommen.

Hingegen dringt die soziale Frage des Kindes mit ihren Wurzeln in das innere Leben ein und gelangt bis zu uns Erwachsenen, rüttelt unser Gewissen wach und erneuert uns. Das Kind ist nicht ein fremder Mensch, den der Erwachsene bloß von außen her nach objektiven Gesichtspunkten ansehen kann. Es stellt das wichtigste Element im Leben des Erwachsenen selber dar: das Element des Aufbaus.

Alles Gute und alles Böse des Menschen im reifen Alter ist eng verknüpft mit der Kindheit, in der es seinen Ursprung hat. Alle unsere Irrtümer übertragen wir auf unsere Kinder, in denen sie unaustilgbare Spuren hinterlassen. Wir werden sterben, doch unsere Kinder werden an den Folgen des Bösen leiden, das ihren Geist für immer entstellt hat. Der Kreislauf ist geschlossen und lässt sich nicht unterbrechen. Auf das Kind einwirken heißt, den empfindlichsten Punkt eines Ganzen anrühren, das seine Wurzeln in fernster Vergangenheit hat und sich auf die grenzenlose Zukunft zu bewegt. Auf das Kind einwirken heißt, den zartesten und vitalsten Punkt anrühren, an dem alles sich entscheiden und erneuern kann, wo alles von Leben strotzt, wo die Geheimnisse der Seele beschlossen liegen, weil dort sich der Aufbau des Menschen vollzieht.

Bewusst für das Kind arbeiten und diese Arbeit bis ans Ende fortführen mit der grandiosen Absicht, das Kind zu retten, würde so viel bedeuten wie die Enträtselung des Geheimnisses der Menschheit selbst, so wie bereits so viele Geheimnisse der äußeren Natur enträtselt worden sind.

Die soziale Frage der Kindheit gleicht einem jungen Pflänzchen, das eben erst aus dem Erdreich hervorzusprießen begonnen hat und uns durch seine Frische entzückt. Aber wir werden bald dessen innewerden, dass dieses Pflänzchen starke und tief wirkende, nur schwer auszureißende Wurzeln hat. Da heißt es graben, tief graben, um zu entdecken, dass diese Wurzeln sich in alle Richtungen weithin ausbreiten und eine Art Labyrinth bilden. Um sie auszuroden, wäre es nötig, die ganze Erde abzutragen.

Diese Wurzeln sind ein Symbol für das Unterbewusste in der Geschichte der Menschheit. Es gilt, unendlich viel Statisches und Erstarrtes im menschlichen Geist zu beseitigen, das ihn daran hindert, das Kind zu verstehen und zu einer intuitiven Kenntnis der kindlichen Seele zu gelangen.

Die auffallende Blindheit des Erwachsenen, seine Gefühllosigkeit Kindern gegenüber – den Früchten seines eigenen Lebens –, haben sicher tiefe Wurzeln, die sich durch die Generationen erstrecken, und der Erwachsene, der zwar Kinder gern hat, sie aber dennoch unbewusst nicht voll anerkennt, fügt ihnen unbeabsichtigt ein Leid zu. Daran, als an einem Spiegel unserer Irrtümer, sollten wir unser Verhalten prüfen. Dies alles enthüllt einen universellen, wenngleich bisher wenig beachteten Konflikt zwischen dem Erwachsenen und dem Kind. Die soziale Frage des Kindes führt uns an die Gesetze heran, nach denen der Mensch gebildet ist, und hilft uns, selbst ein neues Bewusstsein zu entwickeln und folglich unserem eigenen sozialen Leben eine neue Richtung zu geben.

ERSTER TEIL

1. Kapitel

DAS ZEITALTER DES KINDES

Die Fortschritte, die im Laufe weniger Jahre in der Pflege und Erziehung der Kinder erzielt wurden, haben einen so schnellen und überraschenden Verlauf genommen, dass sie eher mit einem Erwachen des Gewissens als mit der Entwicklung der Hilfsmittel erklärt werden müssen. Es handelt sich nicht nur um jene Fortschritte, die der Kinderhygiene zu verdanken sind, wie sie sich gerade in den letzten zehn Jahren des neunzehnten Jahrhunderts entwickelt hat; vielmehr begann die Persönlichkeit des Kindes selbst sich unter neuen Gesichtspunkten kundzutun und höchste Wichtigkeit zu erlangen.

Heute ist es unmöglich geworden, in irgendeinen Zweig der Medizin, der Philosophie oder auch der Soziologie einzudringen, ohne dabei zu berücksichtigen, welches Licht die Kenntnis des kindlichen Lebens darauf zu werfen vermag.

Ihre Wichtigkeit lässt sich annähernd mit dem klärenden Einfluss vergleichen, den die Embryologie auf unser gesamtes biologisches Wissen und auf unsere Kenntnis von der Entwicklung lebender Wesen gehabt hat: nur dass wir im Falle des Kindes anerkennen müssen, dass dieser Einfluss auf alle die Menschheit betreffenden Fragen unendlich größer ist.

Nicht das physische Kind ist es, das einen mächtigen, ja entscheidenden Anstoß zum Besserwerden der Menschen geben kann, sondern das psychische. *Der Geist des Kindes* kann vielleicht einen wirklichen Fortschritt der Menschen und unter Umständen sogar den Anbruch einer neuen Kultur herbeiführen.

Die schwedische Schriftstellerin und Dichterin Ellen Key sagte schon, unser Zeitalter werde das *Zeitalter des Kindes* sein.

Wer die Geduld hätte, in historischen Dokumenten zu stöbern, würde eine eigenartige Übereinstimmung dieses Gedankens mit der ersten Thronrede des Königs von Italien Viktor Emmanuel III. finden, die dieser im Jahre 1900 hielt. Bei seiner Thronbesteigung nach der Ermordung seines Vaters sprach der König von der neuen Ära, die fortan anheben sollte, und bezeichnete sie als »das Jahrhundert des Kindes«.

Höchst wahrscheinlich stellen solche wie prophetische Ausblicke anmutende Sätze einen Reflex jener wissenschaftlichen Einsichten dar, die in dem letzten Jahrzehnt des neunzehnten Jahrhunderts dahin geführt hatten, uns das leidende Kind zu zeigen, das zehnmal mehr als der Erwachsene dem Tod durch Infektionskrankheiten ausgesetzt ist und das in der Schule gequält wird.

Niemand aber konnte damals wissen, dass das Kind ein Lebensgeheimnis in sich birgt, das imstande ist, einen Schleier von den Mysterien der menschlichen Seele zu heben, dass es etwas Unbekanntes in sich trägt, aus dem der Erwachsene die Möglichkeit gewinnt, seine individuellen und sozialen Probleme zu lösen. Dieser Gesichtspunkt ist es, der zur Grundlage einer neuen Richtung der Kinderforschung werden kann und der wichtig genug ist, das ganze soziale Leben der Menschheit zu beeinflussen.

DIE PSYCHOANALYSE
UND DAS KIND

Die Psychoanalyse hat ein bis dahin unbekanntes Forschungsfeld eröffnet, indem sie es uns ermöglichte, in die Geheimnisse
des Unterbewussten einzudringen, aber sie hat keines von den
uns bedrängenden praktischen Problemen des Lebens gelöst;
immerhin vermag sie das Verständnis für den Beitrag, den die
geheime Natur des Kindes zu leisten imstande ist, einigerma-
ßen vorzubereiten.

Man kann sagen, die Psychoanalyse habe die Rinde des Bewusstseins durchbrochen, die in der Psychologie ebenso für
eine Grenze gegolten hatte wie in der antiken Geschichte die
Säulen des Herkules – eine Grenze, jenseits derer der Aberglaube
das Ende der Welt wähnte.

Die Psychoanalyse hat jene Schranke überschritten und ist in
den Ozean des Unterbewussten eingedrungen. Ohne diese Entdeckung wäre es schwierig, den Beitrag zu erläutern, den das
Seelenleben des Kindes für das vertiefte Studium der menschlichen Probleme liefern kann.

Man weiß, dass das, was später die Psychoanalyse wurde, zunächst nichts weiter war als eine neue Technik zur Heilung geistiger Erkrankungen. Sie bildete also anfangs einen Zweig der
Medizin. Der wahrhaft erleuchtende Beitrag der Psychoanalyse
bestand in der Entdeckung des Einflusses, den das Unterbewusstsein auf die Handlungen der Menschen ausübt. Es handelte sich hierbei um das Studium bestimmter psychischer Reaktionen jenseits des Bewusstseins, die verborgene Tatsachen
und niemals erwartete Realitäten ans Licht brachten und damit
alle altüberlieferten Vorstellungen umstürzten. Es enthüllte
sich auf diese Weise die Existenz einer unbekannten, außerordentlich großen Welt, mit der, wie man wohl sagen kann, das
Schicksal des Individuums eng verbunden ist. Doch konnte die
Psychoanalyse diese unbekannte Welt nicht völlig erforschen.

Eine Angst, vergleichbar dem Aberglauben der Griechen, hielt Freud in den Grenzen des Krankhaften fest.

Schon seit den Zeiten Charcots, im 19. Jahrhundert, war das Unterbewusste auf dem Gebiet der Psychiatrie aufgetaucht. Unter dem Druck einer gewaltigen inneren Spannung, hervorgerufen durch die Mischung verschiedenster Elemente, bricht in gewissen Fällen schwerer geistiger Erkrankung das Unterbewusste zur Oberfläche durch und wird damit offenbar. Die seltsamen Erscheinungen des Unterbewussten, die so sehr mit den Kundgebungen des Bewusstseins kontrastieren, wurden daher lange Zeit einfach als Krankheitssymptome angesehen. Freud beschritt den umgekehrten Weg: Mit Hilfe einer sorgfältig ausgearbeiteten Technik erwarb er die Möglichkeit, in das Unterbewusstsein einzudringen; aber auch er beschränkte sich fast ausschließlich auf das Feld des Krankhaften. Denn welcher normale Mensch wäre bereit gewesen, sich den schmerzhaften Untersuchungen der Psychoanalyse zu unterziehen, die einer Art operativen Eingriffs in die Seele gleichkommen? So kam es, dass Freud seine psychologischen Folgerungen aus der Behandlung von Kranken ableitete und auf Grund seiner Beobachtungen an diesen zu den Grundsätzen seiner neuen Psychologie gelangte. Freud ahnte wohl, dass es jenseits der Säulen des Herkules den offenen Ozean gebe, aber er erforschte ihn nicht; und da in der Meerenge zumeist unruhige See herrschte, nahm er an, dass auch der Ozean von Stürmen aufgewühlt werde.

Darum konnten die Theorien Freuds nicht befriedigen, und auch seine Technik der Krankheitsbehandlung war nicht völlig zufriedenstellend, da sie keineswegs immer zur Heilung der »Seelenkrankheiten« führte. So kommt es, dass die gesellschaftlichen Überlieferungen, in denen uralte Erfahrungen ihren Niederschlag gefunden haben, sich wie eine Mauer vor einigen Verallgemeinerungen der Freudschen Theorien erhoben haben. Eine wirklich leuchtende neue Wahrheit hingegen hätte diese Tradition zu Fall bringen müssen, wie die Wirklichkeit stets den

Schein zu Fall bringt. Doch zur Erforschung dieser ungeheuren Wirklichkeit gehört wohl mehr als eine Technik der klinischen Behandlung oder eine Ableitung von Theorien.

DAS GEHEIMNIS DES KINDES

Die Aufgabe, in dieses weite, unerforschte Feld einzudringen, fällt vielleicht anderen Zweigen der Wissenschaft zu und setzt einen anderen Ansatz der Begriffe voraus. Es handelt sich ja darum, den Menschen von seinen Ursprüngen an zu studieren, dabei in der Seele des Kindes ihre Entwicklung unter den Zusammenstößen mit der Umwelt zu entziffern und so in das dramatische oder tragische Geheimnis der Kämpfe einzudringen, denen man es zuzuschreiben hat, wenn die Seele des Menschen entstellt und verdüstert blieb.

Die Psychoanalyse hat bereits an dieses Geheimnis gerührt. Eine der eindrucksvollsten, aus der Anwendung ihrer Technik sich ergebenden Entdeckungen bestand in der Erkenntnis, dass die Psychose ihren Ursprung im fernen Kindesalter haben kann. Aus dem Unterbewussten heraufbeschworene Erinnerungen erzählten dem Forscher von seltsamen Leiden in der Kindheit, die ganz anders aussahen als alle bis dahin bekannten; so weit waren sie von allen herrschenden Vorstellungen entfernt, dass ihre Aufdeckung zu der eindrucksvollsten und revolutionärsten Botschaft der Psychoanalyse geworden ist. Es waren lang dauernde und beharrliche Leiden rein seelischer Art und niemand hatte sie je zuvor als Fakten gewertet, die hätten imstande sein können, sich in psychischen Erkrankungen Erwachsener auszuwirken. Sie ergaben sich aus der Unterdrückung der spontanen Tätigkeit des Kindes durch den Erwachsenen, der die Befehlsgewalt über das Kind hat, und diese *Unterdrückung* hängt daher mit demjenigen Erwachsenen zusammen, der den größten Einfluss auf das Kind ausübt: mit der Mutter.

Es gilt, genau zwischen den zwei Schichten zu unterscheiden, auf die die Psychoanalyse mit ihrer Tiefenforschung gestoßen ist: die eine, die oberflächlicher gelagerte, ist jene, in der sich der Konflikt zwischen den Instinkten des Individuums und den Bedingungen der Umwelt abspielt, an die dieses Individuum sich anpassen muss. Dieser Konflikt kann gelöst werden, da es nicht schwerfällt, die störenden unterbewussten Ursachen in das Feld des Bewusstseins emporzuheben. Dann aber gibt es eine tiefer liegende Schicht, die Schicht der Kindheitserinnerungen, bei denen der Konflikt sich nicht zwischen dem heranwachsenden Menschen und dem ihn umgebenden sozialen Milieu abspielt, sondern zwischen dem Kind und der Mutter – oder, allgemein gesprochen, zwischen dem Kind und dem Erwachsenen.

Dieser letztere Konflikt steht eng in Verbindung mit schwer heilbaren Krankheiten; ihm wurde keine größere Wichtigkeit beigemessen als die einer einfachen Anamnese oder einer Deutung vermuteter Krankheitsursachen.

Immerhin ist für alle Krankheiten, auch die physischen, nunmehr die Wichtigkeit gewisser Vorfälle im Kindesalter erkannt worden und es hat sich erwiesen, dass diejenigen Krankheiten, deren Verursachungen im Kindesalter liegen, die schwersten und am wenigsten heilbaren sind. So kann man sagen, in der Kindheit liege die Werkstatt der Prädispositionen.

Während diese Erkenntnis jedoch in Bezug auf die physischen Krankheiten bereits zur Entwicklung neuer Wissenschaftszweige wie der Kinderhygiene, Jugendpflege und schließlich Eugenik geführt und eine praktische soziale Bewegung zur Reform der körperlichen Behandlung der Kinder hervorgerufen hat, ist die Psychoanalyse nicht zu ähnlichen Ergebnissen gelangt. Die Feststellung der Ursprünge schwerer psychischer Störungen beim Erwachsenen im Kindesalter sowie der frühen Prädispositionen, welche die Konflikte der Erwachsenen mit der Außenwelt erschweren, hat keine entsprechende praktische Aktion für das Leben des Kindes im Gefolge gehabt.

Dies vielleicht darum, weil die Psychoanalyse sich einer bestimmten Technik der Sondierung des Unterbewussten verschrieben hat. Dieselbe Technik, die bei Fällen von Erwachsenen zu Entdeckungen führt, wird beim Kind zu einem Hindernis. Das Kind, das sich schon seinem Charakter nach nicht für diese Technik eignet, braucht sich nicht an seine Kindheit zu erinnern: es lebt ja darin. Man muss es eher beobachten als sondieren, und zwar von einem psychischen Gesichtspunkt aus, der es gestattet, die Konflikte aufzuzeigen, durch die das Kind in seinen Beziehungen zum Erwachsenen und zur sozialen Umwelt hindurchgeht. Es ist klar, dass diese Betrachtungsweise uns aus dem Feld der psychoanalytischen Techniken und Theorien heraus- und in ein neues Feld der Beobachtung des Kindes in seinem sozialen Dasein hinführt.

Es handelt sich hier nicht darum, die schwierigen Engpässe der Analyse kranker Individuen zu beschreiten, sondern sich in der weiten Wirklichkeit des menschlichen Lebens zu bewegen und dabei zur Psyche des Kindes zu gelangen. Praktisch angefasst, begreift dieses Problem das ganze menschliche Leben von der Geburt an in sich. Noch ist jene Seite im Buch der Menschheitsgeschichte unbekannt, auf der die ersten Abenteuer der Menschenseele erzählt werden: das *sensible Kind*, das auf die ersten Hindernisse stößt und sich in unüberwindliche Konflikte mit dem Erwachsenen verstrickt sieht – mit jenem Erwachsenen, der stärker ist als das Kind und es beherrscht, ohne es zu verstehen. Auf diesem unbeschriebenen Blatt sind die Leiden noch nicht aufgezeichnet worden, die das bis dahin unversehrte, zarte Seelenleben des Kindes aufwühlen und in dessen Unterbewusstsein einen herabgeminderten Menschen vorbereiten, verschieden von dem, den die Natur gewollt und vorgezeichnet hat.

Diese schwierige Frage wird wohl von der Psychoanalyse beleuchtet, steht aber mit ihr in keinem direkten Zusammenhang. Die Psychoanalyse handelt hauptsächlich von Erkrankungen und deren medizinischer Heilung; die Frage nach dem Wesen der Kinderseele aber hat im Verhältnis zur Psychoanalyse vorbeugenden Charakter, denn es handelt sich hier um die normale und allgemeine Art des Umganges mit einem Teil der Menschheit, dem Kinde, eines Umganges also, der dazu beitragen soll, Schwierigkeiten und Konflikte und demnach auch deren Folgen – eben die seelischen Krankheiten, mit denen die Psychoanalyse zu tun hat – zu vermeiden, desgleichen auch jene einfachen moralischen Gleichgewichtsstörungen zu verhüten, an denen nach Ansicht der Psychoanalytiker fast die gesamte Menschheit leidet.

Rings um das Kind tut sich somit ein neues Feld für die wissenschaftliche Forschung auf, das von der Psychoanalyse unabhängig und ihre einzige Parallele ist. Es handelt sich dabei im Wesentlichen darum, *dem kindlichen Seelenleben zu Hilfe zu kommen,* und zwar im Bereich des Normalen und der Erziehung. Einerseits gilt es, noch unbekannte psychische Tatsachen im Leben des Kindes zu ergründen, andererseits den Erwachsenen selbst zu erwecken, der dem Kinde gegenüber eine irrige, vom Unterbewusstsein her bestimmte Haltung einnimmt.

2. Kapitel

DER ERWACHSENE ALS ANGEKLAGTER

Wenn Freud im Zusammenhang mit den tiefsten Ursprüngen der beim Erwachsenen zutage tretenden seelischen Störungen von Unterdrückung spricht, so ist dies an sich bezeichnend genug.

Das Kind kann sich nicht so frei entwickeln, wie es für ein im Wachstum begriffenes Lebewesen erforderlich wäre, und zwar deshalb, weil der Erwachsene es unterdrückt. Das Kind steht isoliert in der menschlichen Gesellschaft da. Wer auf das Kind Einfluss ausübt, ist für dieses nicht im abstrakten Sinne ein Vertreter der Welt des Erwachsenen, sondern verkörpert sich sogleich in derjenigen Person, die ihm am nächsten steht. An erster Stelle ist dies die Mutter, dann folgt der Vater, schließlich jeder andere Lehrer und Erzieher.

Die Aufgabe, die diesen Erwachsenen von der Gesellschaft zugeteilt wurde, ist gerade das Gegenteil von Unterdrückung: Sie sollen das Kind erziehen und weiterbilden. So erwächst aus der seelischen Tiefenforschung eine *Anklage* gegen jene, die bisher für die Behüter und Wohltäter des Menschengeschlechtes galten. Sie alle werden plötzlich zu *Angeklagten,* und da so ziemlich alle Menschen Väter und Mütter sind und die Zahl der Lehrer und Erzieher groß ist, erweitert sich diese Anklage auf den Erwachsenen schlechthin, auf die menschliche Gesellschaft, die für die Kinder verantwortlich ist. Es ist etwas Apokalyptisches an dieser überraschenden Anklage, so als riefe die geheimnisvolle und schreckliche Stimme des Jüngsten Gerichtes: »Was habt ihr mit den euch anvertrauten Kindern getan?«

Man ist geneigt, sich zu verteidigen, zu protestieren: »Wir haben unser Möglichstes getan! Wir lieben die Kinder, wir haben für ihre Pflege jedes Opfer gebracht!« In Wirklichkeit aber stehen zwei einander widersprechende Auffassungen da, von denen die eine bewusst ist, die andere jedoch aus dem Unterbewussten emporsteigt. Wir kennen die Argumente, mit denen der Erwachsene sich verteidigt; sie sind uralt, tief eingewurzelt und daher uninteressant. Viel interessanter ist die Anklage, besser gesagt, der Angeklagte selbst – jener Erwachsene, der sich eifrig zu schaffen macht, um Pflege und Erziehung der Kinder zu verbessern, und sich dabei immer tiefer in einem Irrgarten auswegloser Probleme verliert. Dies darum, weil er den *Irrtum* nicht kennt, den er in sich selbst trägt.

Wer für das Kind eintritt, muss dauernd diese anklagende Haltung gegen den Erwachsenen einnehmen und darf hierbei weder Nachsicht walten lassen noch Ausnahmen machen.

Und plötzlich wird diese Anklage ein Mittelpunkt von außerordentlichem Interesse. Sie richtet sich nämlich nicht gegen bewusste Unterlassungsgründe, die eine demütigende Unzulänglichkeit der Erzieher verraten würden, sondern gegen *unbewusste* Irrtümer. Damit dient sie einer erweiterten Selbsterkenntnis und macht den Menschen reicher, wie denn alles das Wesen des Menschen bereichert, was zu irgendwelchen bis dahin unbekannt gebliebenen Entdeckungen im seelischen Bereich führt.

Zu allen Zeiten hat deshalb die Menschheit ihren Fehlern gegenüber eine zwiespältige Haltung eingenommen. Jedermann ärgert sich über seine bewussten Fehler, während die unbewussten ihn anziehen und faszinieren. Unbewusster Irrtum enthält einen Schritt zur Vervollkommnung über die bis dahin bekannten Grenzen hinaus, und seine Erkenntnis erhebt auf ein höheres Niveau. Der Ritter des Mittelalters war stets bereit, jedes kleinste Wort der Anklage, das sein bewusstes Handeln betraf, zum Anlass für einen Zweikampf zu machen; gleichzeitig aber warf er sich demütig vor dem Altar nieder und erklärte: »Ich bin ein Sünder und bekenne vor aller Welt meine Schuld.« Die biblische Geschichte gibt interessante Beispiele für dieses Verhalten der Menschen. Was veranlasste das Volk von Ninive, sich um Jonas zu scharen, was rief die Begeisterung hervor, mit der alle, vom König bis zum Bettler, dem Propheten nachfolgten? Jonas schalt sie verhärtete Sünder und verkündigte ihnen, Ninive werde untergehen, wenn sie sich nicht bekehrten. Und wie redete Johannes der Täufer am Ufer des Jordans die Menge an? Mit welchen gewinnenden Worten lockte er sie in solchen Scharen herbei? »Natterngezücht« nannte er sie alle.

Welch ein geistiges Phänomen: Menschen, die herbeieilen, damit sie hören, wie jemand sie anklagt; und wir sehen diese Menschen enthusiastisch ihre eigene Schuld bekennen. Es gibt harte und beharrliche Anklagen, die das Unbewusste aus seiner Tiefe emporziehen und es mit dem Bewussten verschmelzen. Alle geistige Entwicklung besteht in solchen Eroberungen des Bewusstseins, welches etwas in sich aufnimmt, das zuvor außerhalb von ihm war. Nicht anders spielt sich der Fortschritt der Zivilisation auf der Bahn immer neuer Entdeckungen ab.

Wollen wir nun das Kind anders behandeln als bisher und wollen wir es vor Konflikten bewahren, die sein Seelenleben gefährden, so ist zuvor ein grundlegender, wesentlicher Schritt erforderlich, von dem alles Weitere abhängt: Es gilt, den Erwachsenen zu ändern. Dieser Erwachsene behauptet ja, bereits sein Möglichstes zu tun, das Kind zu lieben, ihm jedes Opfer zu bringen. Damit gesteht er, an der Grenze seiner bewussten Fähigkeiten angelangt zu sein, und es bleibt ihm somit nichts anderes übrig, als den Schritt über den Bereich des Bekannten, Willentlichen und Bewussten hinaus zu versuchen.

Unbekanntes gibt es auch im Kinde. Von einem Teil seines Seelenlebens haben wir bisher nichts gewusst und diesen gilt es zu erforschen. Es sind da wesentliche Entdeckungen zu machen, denn es gibt nicht nur das Kind, das von Psychologen und Erziehern beobachtet und studiert worden ist; es gibt auch ein von niemandem beachtetes Kind – beide in derselben Person. Dieses verborgene und verkannte Kind gilt es ausfindig zu machen und dazu bedarf es einer Begeisterung und Opferwilligkeit ähnlich jener, mit der die Goldsucher in die fernsten Länder vordringen. Alle Erwachsenen müssen an diesem Entdeckerwerk mithelfen, ohne Unterschied des Standes, der Rasse oder der Nation; handelt es sich doch um nichts Geringeres als um die Auffindung eines für den moralischen Fortschritt der Menschheit *unerlässlichen Elements.*

Bisher hat der Erwachsene das Kind und den Halbwüchsigen nicht verstanden und deshalb liegt er mit ihnen in ständigem Kampfe. Das kann nicht dadurch anders werden, dass der Erwachsene mit der Vernunft neue Kenntnisse erwirbt, dass er gewisse Bildungsmängel beseitigt. Nein, es handelt sich darum, einen völlig anderen Ausgangspunkt zu finden. Der Erwachsene muss den in ihm selber liegenden, bisher unbekannten Irrtum entdecken, der ihn daran hindert, *das Kind richtig zu sehen.* Kein Schritt nach vorwärts ist möglich, solange diese vorbereitende Erkenntnis nicht gewonnen ist und solange wir nicht die Haltungen erworben haben, die sich aus ihr ergeben.

Diese innere Einkehr ist gar nicht so schwierig, wie es den Anschein hat. Denn unser Irrtum ist uns zwar nicht bewusst, aber er bewirkt doch in uns eine ständige, schmerzhafte Beklemmung, und das Bedürfnis nach Abhilfe weist uns bereits den Weg. Wer sich den Finger verstaucht hat, empfindet das Bedürfnis, ihn ausgestreckt zu halten, denn er weiß instinktiv, dass er diesen Finger nicht gebrauchen darf, wenn der Schmerz sich legen soll. So spüren wir auch den Drang, unser Gewissen auszurichten, sobald wir erkannt haben, dass wir uns falsch verhalten; denn mit dem Augenblick dieser Erkenntnis werden das Bewusstsein unserer Unzulänglichkeit und der Kummer darüber unerträglich, die wir bis dahin ertragen haben. Von da an ist alles ganz einfach: Sobald in uns die Überzeugung erwacht ist, dass wir uns überschätzt und uns mehr zugetraut hatten, als wir zu leisten berufen und in der Lage sind, interessiert es uns und wird es uns möglich, die Wesenszüge solcher Seelen zu begreifen, die, wie die Seelen der Kinder, von den unseren verschieden sind.

Der Erwachsene ist in seinem Verhältnis zum Kind egozentrisch – nicht egoistisch, aber egozentrisch. Alles, was die Seele des Kindes angeht, beurteilt er nach seinen eigenen Maßstäben und dies muss zu einem immer größeren Unverständnis führen. Von diesem Blickpunkt aus erscheint ihm das Kind als ein *leeres* Wesen, das der Erwachsene mit etwas anzufüllen berufen ist, als ein *träges und unfähiges* Wesen, dem er jegliche Verrichtung abnehmen muss, als ein Wesen *ohne innere Führung,* das der Führung durch den Erwachsenen bedarf. Schließlich fühlt sich der Erwachsene als Schöpfer des Kindes und beurteilt Gut und Böse der Handlungen des Kindes nach dessen Beziehungen zu ihm selbst. So wird der Erwachsene zum Maßstab von Gut und Böse. Er ist unfehlbar, nach seinem Vorbild hat sich das Kind zu richten und alles im Kinde, was vom Charakter des Erwachsenen abweicht, gilt als ein Fehler, den der Erwachsene eilends zu korrigieren sucht.

Mit einem solchen Verhalten glaubt der Erwachsene um das Wohl des Kindes eifrig, voll Liebe und Opferbereitschaft besorgt zu sein. In Wirklichkeit aber *löscht er damit die Persönlichkeit des Kindes aus.*

3. Kapitel

BIOLOGISCHES ZWISCHENSPIEL

Mit der Veröffentlichung seiner Entdeckungen über die Zell-teilung zeigte Wolff den Prozess auf, in dem Wesen entstehen, und wies durch direkte Beobachtungen nach, dass es in der Keimzelle eine Zielstrebigkeit auf eine vorherbestimmte Form hin geben müsse. Wolff war es, der mit einigen philosophi-schen Vorstellungen – wie denen von Leibniz und Spallanzani – über die Präexistenz der fertigen Form im Keim aufräumte. Die philosophische Schule der Zeit nahm an, dass im Ei, also im Ursprung, das Wesen, das sich später daraus entwickeln soll, bereits geformt vorhanden sei, wenngleich unvollkommen und in winziger Ausdehnung. Diese Vorstellung war durch Beob-achtung des Pflanzensamens entstanden, der tatsächlich, zwi-schen den beiden Keimblättern verborgen, ein vollständiges Pflänzchen enthält. An diesem sind bereits Wurzel und Blätter erkennbar, die sich dann nur *weiter*entwickeln, sobald der Same im Erdreich heranreift. Man vermutete also, dass der Vorgang bei Tieren und Menschen ein ähnlicher sei.

Als Wolff jedoch nach der Entdeckung des Mikroskops beob-achten konnte, wie sich ein lebendes Wesen in Wirklichkeit heranbildet (er begann mit dem Studium des Vogel-Embryos), fand er als Ursprung eine einfache Keimzelle, in der, wie sich mittels des Mikroskops jetzt feststellen ließ, keinerlei Form vorgebildet war. Die Keimzelle (entstanden aus der Verschmelzung zweier Zellen) besteht lediglich aus Zellhaut, Protoplasma und Zellkern wie jede andere Zelle auch. Sie stellt also die einfache Zelle in ihrer primitiven Form dar, ohne dass eine Spur von irgendwelchen Differenzierungen wahrnehmbar wäre. Jedes lebendige Wesen, ob Pflanze, ob Tier, entstammt einer solchen einfachen Zelle. Was man vor der Entdeckung des Mikroskops gesehen hatte, nämlich das Pflänzchen im Samen, ist in Wirklichkeit ein Embryo, der sich bereits aus der Keimzelle herausentwickelt und schon seine erste Phase hinter sich gebracht hat, wenn der Samen in die Erde versenkt wird.

Aber die Keimzelle hat eine höchst eigentümliche Eigenschaft: Sie teilt sich sehr schnell in immer neue Hälften und teilt sich nach einem vorherbestimmten Plan, ohne dass sich von diesem Plan in der ursprünglichen Zelle auch nur die geringste materielle Spur finden ließe. Lediglich der Zellkern enthält winzige Körperchen, die Chromosomen, die die Träger der Erbmasse bilden. Verfolgt man die ersten Entwicklungsstufen des Tieres, so sieht man, wie die ursprüngliche Zelle sich in zwei teilt, wie diese sich ihrerseits halbieren und so fort, bis eine Art leerer Ball entsteht, die sogenannte »Morula«, die sich dann einstülpt, so dass eine doppelwandige Höhle mit einer Öffnung, die »Gastrula«, entsteht. Durch fortgesetzte Vervielfältigungen, Einstülpungen und Differenzierungen bildet sich ein komplizierter Organismus mit vielerlei Organen und Geweben heraus. Die ganz einfache, klare, jeder erkennbaren Struktur bare Keimzelle arbeitet also und führt mit gehorsamer Genauigkeit einen immateriellen Befehl aus, den sie in sich trägt, gleich einem getreuen Diener, der seinen Auftrag auswendig kennt und ihn durchführt, ohne ein Dokument bei sich zu führen, das diesen geheimen Auftrag verraten könnte: Der Bauplan lässt sich nur aus der unermüdlichen Tätigkeit der Zellen erkennen, wenn das Werk bereits getan ist. Nichts anderes ist zu sehen als dieses Werk selbst.

Eines der ersten Organe, die sich im Embryo der Säugetiere und somit auch des Menschen herausbilden, ist das Herz, besser gesagt ein Organ, das zum Herzen werden soll – ein Bläschen, das sogleich nach einem vorherbestimmten Rhythmus zu pulsieren beginnt. Es schlägt zweimal in der Zeit, die das Herz der Mutter für einen Schlag benötigt. Und es wird unermüdlich zu schlagen fortfahren, denn es stellt den Lebensmotor dar, der alle sich bildenden Gewebe unterstützt, indem er ihnen die erforderlichen Stoffe zuführt.

Das Wunderbare an dieser heimlichen Aufbauarbeit liegt darin, dass sie sich ganz von sich aus vollzieht. Wir haben es hier tatsächlich mit dem Wunder der Schöpfung zu tun. Diese weisen Lebenszellen irren sich nie und besitzen die Fähigkeit, sich grundlegend umzuwandeln, sei es in Knorpelzellen, sei es in Hautzellen, sei es in Nervenzellen; und jedes Gewebe nimmt seinen ihm zukommenden Platz ein. Dieses Schöpfungswunder bildet eine Art Geheimnis des Universums und spielt sich in größter Heimlichkeit ab. Die Natur umgibt es mit undurchdringlichen Schleiern und Hüllen und nur sie vermag diese Hüllen zu zerreißen: wenn sie ein reif gewordenes Wesen hervorbringt, das als neugeborenes Geschöpf in die Welt tritt.

Aber dieses neugeborene Geschöpf ist nicht nur ein materieller Körper. Es wird seinerseits zu einer Art *Keimzelle,* die latente, schon vorausbestimmte seelische Funktionen in sich beschließt. Dieser neue Körper funktioniert nicht nur mit seinen Organen; er hat auch andere Aufgaben: Die Instinkte, die nicht in einer Zelle Aufnahme finden konnten, müssen sich jetzt in dem lebenden Körper des bereits geborenen Geschöpfes herausbilden. Wie jede Keimzelle bereits den Bauplan des ganzen Organismus in sich trägt, ohne dass dieser irgendwie feststellbar wäre, so enthält jedes neugeborene Lebewesen, welcher Gattung immer es angehört, in sich den Bauplan jener psychischen Instinkte und Funktionen, die das Wesen instand setzen sollen, zur Außenwelt in Beziehung zu treten. Das gilt von jedem Wesen, auch vom Insekt.

Die wunderbaren Instinkte der Bienen, die sie befähigen, eine so komplizierte soziale Organisation zu schaffen, beginnen erst in der Biene selbst wirksam zu werden und nicht bereits im Ei oder in der Larve. Der Flieginstinkt tritt erst im bereits ausgekrochenen Vogel auf, nicht früher.

Sobald sich jedoch das neue Lebewesen gebildet hat, wird es zu einer Art Magazin geheimnisvoller Leittriebe, die dann zu Handlungen, Charakterzügen und Leistungen führen, also zu Einwirkungen auf die Umwelt und zu Reaktionen auf diese.

Die äußere Umwelt muss nicht nur die Mittel für das physiologische Dasein liefern, sondern auch die Reize für die geheimnisvolle Aufgabe, die jedes lebende Wesen in sich trägt. Denn jedes Lebewesen wird von seiner Umwelt nicht nur dazu aufgerufen, schlechthin zu existieren, sondern eine Funktion auszuüben, die zur Erhaltung der Welt und ihrer Harmonie notwendig ist.

Die Form des Körpers ist stets dieser seelischen »Überfunktion« angemessen, mit der das betreffende Wesen am Haushalt des Weltalls teilnehmen soll. Dass diese höheren Funktionen schon im Neugeborenen liegen, ist bei den Tieren ohne Weiteres ersichtlich: Man weiß im Vorhinein, dass dieses soeben zur Welt gekommene Säugetier friedlich sein wird, denn es ist ein Lämmchen, dass jenes andere wild sein wird, denn es ist ein Löwe. Man weiß, dieses Insekt wird rastlos nach einer unveränderlichen Ordnung arbeiten, weil es eine Ameise ist, und jenes andere wird nichts weiter tun, als einsam zu zirpen, weil es eine Grille ist.

Auch das neugeborene Menschenkind ist somit nicht bloß ein Körper, bereit, seine animalischen Funktionen aufzunehmen, sondern ein geistiger Embryo mit latenten seelischen Leitkräften. Es wäre widersinnig anzunehmen, dass gerade der Mensch, der sich durch die Großartigkeit seines seelischen Lebens von allen anderen Geschöpfen unterscheidet und auszeichnet, als einziger keinen Plan seelischer Entwicklung in sich tragen sollte.

So tief liegt der Geist im Menschen verborgen, dass er nicht sogleich offenbar wird, wie dies beim tierischen, ohne Weiteres aktionsbereiten Trieb der Fall ist. Die Tatsache, dass das menschliche Neugeborene nicht wie das tierische von allem Anfang an von festen und unabänderlichen Leitinstinkten beherrscht wird, ist ein Zeichen dafür, dass der Mensch ein gewisses Maß von Handlungsfreiheit besitzt. Diese macht eine besondere Durchformung erforderlich, die jedes Individuum von sich aus vornehmen muss und deren Ergebnisse daher unvorhersehbar sind. Es gibt also in der kindlichen Seele ein Geheimnis, in das wir nicht eindringen können, wenn das Kind selbst es uns nicht dadurch offenbart, dass es allmählich sich selbst aufbaut. Wieder haben wir es hier mit einer ähnlichen Erscheinung zu tun wie bei der Zellteilung. Hier wie dort vollzieht sich die Entwicklung nach einem unsichtbaren Plan, der auf keine Weise zu erfassen ist und sich erst enthüllt, wenn die Bildung des Organismus in seinen Einzelheiten vor sich geht.

So vermag uns nur das Kind selber zu enthüllen, welches *der natürliche Bauplan* des Menschen ist.

Doch da es nichts Zarteres und Empfindlicheres gibt als das neugeborene Geschöpf, bedarf auch das Seelenleben des Kindes eines Schutzes und daher einer Umwelt, die es in ähnlicher Weise behütet, wie dies die Hüllen und Schleier rings um den physischen Embryo besorgen.

Und man vernahm auf der Erde eine
bebende Stimme, nie zuvor gehört.
Sie drang aus einer Kehle, aus der noch
nie ein Laut erklungen war.

Von einem Menschen habe ich gehört, der in der tiefsten aller Finsternisse gelebt hatte. Niemals hatten seine Augen auch nur den Schimmer eines Lichtes gesehen, als läge er auf dem Grunde einer tiefen Schlucht.

Von einem Menschen habe ich gehört, der in der Stille gelebt hatte. Kein Geräusch, nicht einmal das leiseste, war je an sein Ohr gedrungen.

Von einem Menschen habe ich gehört, der wahrhaftig dauernd unter Wasser gelebt hatte, in einem seltsam lauen Wasser, und der dann mit einem Male in eisige Kälte emportauchte.

Und er entfaltete seine Lungen, die nie zuvor geatmet hatten (die Arbeit des Tantalus war leicht, verglichen mit der seinen!). Und er lebte. Mit einem einzigen Atemzug füllten sich diese Lungen, die seit Anbeginn zusammengefaltet gewesen waren.

Dann schrie dieser Mensch.

Und man vernahm auf der Erde eine bebende Stimme, die nie zuvor gehört worden war. Sie drang aus einer Kehle, aus der nie zuvor ein Laut gedrungen war.

Er war der Mensch, der geruht hatte.

Wer vermag sich auszudenken, was völlige Ruhe ist?

Die Ruhe dessen, der nicht einmal zu essen braucht, weil ein anderer für ihn isst;

jede Faser seines Leibes ist entspannt, weil andere lebende Gewebe alle Wärme hervorbringen, deren er zum Leben bedarf;

und dessen Eingeweide ihn nicht gegen Gifte und böse Keime zu verteidigen brauchen, weil andere Gewebe dies für ihn tun.

Einzig das Herz arbeitet in ihm. Es schlug bereits, ehe er noch war. Ja, während er noch nicht existierte, schlug sein Herz schon, doppelt so schnell, wie andere Herzen schlagen. Und ich wusste, dies war das Herz eines Menschen.

Und jetzt … tritt er hinaus:

Verwundet von Licht und Ton, erschöpft bis in die letzte Fiber, nimmt er alle Arbeit seines Daseins auf sich.

Und er stößt einen lauten Schrei aus:

»Warum hast du mich verlassen?«

Und das ist das erste Mal, dass der Mensch in seinem Dasein den sterbenden Christus wie auch den Christus der Auferstehung widerspiegelt!

4. Kapitel

DAS NEUGEBORENE
DIE AUSSERNATÜRLICHE UMWELT

Das Kind, das den Mutterleib verlässt, tritt nicht in eine natürliche Umwelt ein, sondern in die Umwelt der Zivilisation, in der sich das Leben der Erwachsenen abspielt. Es ist eine *außernatürliche* Umwelt, über der Natur und auf deren Kosten errichtet, mit dem Zweck, das Leben des Menschen angenehm zu gestalten und ihm die Anpassung zu erleichtern.

Was aber hat die Zivilisation vorgesehen, um dem Neugeborenen zu Hilfe zu kommen, jenem Menschenwesen, das die ungeheuerlichste Anpassungsleistung vollbringen muss, wenn es, durch die Geburt, aus seinem bisherigen in ein neues Leben tritt? Dieser erschütternde Übergang müsste eine wissenschaftlich richtige Behandlung des Neugeborenen erfordern, denn bei keiner anderen Gelegenheit wird dem Menschen ein so schmerzhafter Umweltwechsel zugemutet.

Aber es sind keinerlei Vorkehrungen getroffen, um dem Neugeborenen diesen Übergang zu erleichtern. Vergebens sucht man im Buch der Zivilisation an erster Stelle eine Seite, auf der berichtet wird, was der zivilisierte Mensch tut, um dem Neugeborenen zu helfen. Die Seite ist unbeschrieben.

Ganz im Gegensatz zu dieser unserer Behauptung glauben die meisten Leute, die moderne Zivilisation tue Wunder was für das Kind, das zur Welt kommt.

Aber wie sieht die Sache in Wirklichkeit aus?

Wenn ein Kind geboren wird, kümmern sich alle um die Mutter. Die Mutter, heißt es, hat gelitten. Hat das Kind etwa nicht gelitten?

Rings um die Mutter wird das Licht gedämpft, herrscht Stille, denn die Mutter ist erschöpft.

Ist denn das Kind nicht erschöpft? Kommt es nicht von einem Aufenthaltsort her, wo nie der geringste Lichtschimmer, nie das leiseste Geräusch bis zu ihm gedrungen war? Das Kind hat somit den größten Anspruch auf Dunkelheit und Stille.

Es ist an einem Ort herangewachsen, wo es vor jeder Erschütterung, vor jeder Temperaturschwankung geschützt war, umgeben von einer weichen, gleichmäßigen Flüssigkeit, die eigens dafür geschaffen war, ihm völlige Ruhe zu gewähren. Jetzt hat es diese flüssige Umgebung plötzlich mit der Luft vertauschen müssen, und zwar ohne aufeinanderfolgende Übergangsstadien, wie sie z. B. die Kaulquappe durchmacht, bis sie ein Frosch wird.

Was aber tut der Erwachsene mit diesem Neugeborenen, das aus dem Nichts kommt, dessen zarte Augen noch nie Licht erblickt haben, dessen Ohren ein Reich völliger Stille gewohnt sind? Wie behandelt er dieses Wesen, dessen gequälte Glieder bisher nicht den Druck einer Berührung gekannt haben?

Dieser zarte Körper wird dem brutalen Anprall der festen Gegenstände ausgesetzt, wird von den seelenlosen Händen Erwachsener gefasst, die von seiner Zartheit nichts wissen.

Jawohl, das Neugeborene wird brutal behandelt. Schwere Hände reiben seine empfindliche Haut mit rauhen Tüchern. Die Angehörigen freilich wagen es kaum, das gebrechliche neue Wesen anzurühren. Scheu betrachten sie es und vertrauen seine Pflege *erfahrenen Händen* an. Man wird sagen: »Was soll denn getan werden? Jemand soll das Kind doch anrühren.«

Ja, aber diese erfahrenen Hände sind nicht geschickt genug, um mit einem so zarten Geschöpf umzugehen. Es sind derbe Hände, deren einzige Geschicklichkeit darin besteht, das Kind sicher zu halten und es nicht fallen zu lassen.

Der Arzt fasst es ohne viel Federlesen an, und wenn es dabei verzweifelt schreit, lächelt alles beifällig. Ein Säugling hat sich so zu gebärden, das Schreien ist seine Sprache, und je mehr er weint, desto kräftiger weiten sich seine Lungen, desto besser werden seine Augen gereinigt.

Kaum zur Welt gekommen, wird das Kind auch schon bekleidet. Es gab eine Zeit, da wurden Neugeborene in steife Binden gewickelt, sozusagen in Gips gelegt, und man presste ihre Gliedmaßen, die von allem Anbeginn nur eine zusammengekrümmte Haltung gekannt hatten, gewaltsam in die ausgestreckte Lage.

Jede Art Bekleidung ist genau so unnötig wie das Wickeln. Dies gilt nicht nur für die ersten Stunden nach der Geburt, sondern für den ganzen ersten Monat.

Verfolgen wir die Kostümgeschichte des Neugeborenen, so sehen wir darin eine ständige Entwicklung, die von starren Wickelbändern zu immer leichteren und spärlicheren Kleidungsstücken fortschreitet. Noch ein Schritt und man wird lernen, auf jedwede Bekleidung überhaupt zu verzichten.

Die Wärme, deren das Neugeborene bedarf, soll ihm von seiner Umgebung zugeführt werden, nicht aber von seiner Kleidung. Da es bisher im warmen Mutterleib gelebt hat, entwickelt es keine ausreichende Körperwärme, um der Außentemperatur Trotz zu bieten. Kleider aber wärmen nicht, sondern sie verhindern nur, dass sich die Körperwärme verliert, sie sind also für die Zwecke des Neugeborenen völlig ungeeignet. Der Raum, in dem es sich aufhält, muss warm sein und in diesem Falle stellen Kleider nur ein Hindernis für die warme Luft dar, an den Körper des Kindes heranzugelangen.

Bei den Tieren können wir beobachten, wie die Mutter die Jungen mit ihrem Körper wärmt, selbst wenn diese mit einem Fell zur Welt kommen.

Ich möchte mich nicht zu lange bei diesem Thema aufhalten. Sicher werden mir die Amerikaner von den Vorkehrungen sprechen, die in ihrem Lande für die Neugeborenen getroffen werden; Deutsche und Engländer werden mich erstaunt fragen, ob ich denn nichts von den Fortschritten wisse, die bei ihnen auf diesem Felde der Medizin und des Anstaltswesens erzielt worden sind. Darauf muss ich antworten, dass mir dies alles wohl bekannt ist und dass ich in einigen von jenen Ländern die letzten und raffiniertesten Vervollkommnungen studiert habe. Und dennoch muss ich laut erklären: Allenthalben fehlt noch immer jenes vornehme Verantwortungsbewusstsein, das notwendig ist, um den Menschen, der in die Welt tritt, auf würdige Weise zu empfangen.

Es ist wohl wahr, dass viel getan wird, aber was wäre denn der Fortschritt, wenn nicht das Erkennen von Dingen, die zuvor nicht erkannt worden sind, als das beständige Verbessern alles dessen, was bereits ausreichend, ja unübertrefflich zu sein schien? So gibt es noch immer kein Land der Erde, in dem das Kind zur Genüge verstanden wird.

Auch möchte ich hier einen anderen Punkt berühren und auf die Tatsache hinweisen, dass in uns allen, obzwar wir das Kind innig lieben, ein Instinkt lebendig ist, der uns vom ersten Augenblick, da das Kind in unser Leben tritt, in eine Art Abwehrhaltung ihm gegenüber drängt. Es scheint nicht nur ein Abwehrinstinkt, sondern auch ein Instinkt des Geizes, der bewirkt, dass wir alle Dinge unseres Besitzes vor dem Kind beschützen, und wären es selbst die wertlosesten. Da ist etwa die armselige kleine Matratze, die den Körper des Neugeborenen aufnehmen soll. Damit sie nur ja nicht zu Schaden komme, legen wir schleunigst ein Gummituch darüber und lassen es geschehen, dass der Körper des Kindes unter den Folgen leidet.

Wenn die Stimme der ewigen Gerechtigkeit uns fragt: »Und was habt ihr vorbereitet, um das kostbare Geschöpf zu empfangen, das ich euch anvertraut habe?« – was hätten wir zu antworten?

»Wir haben Kleidungsstücke vorbereitet, die für das Kind eine Qual sind, und diese jämmerliche Matratze, die wir mit solchem Eifer verteidigen.«

Immer wird sich die Seele des Erwachsenen fortan auf diese selbe Weise äußern: pass auf, dass das Kind nicht etwas verderbe, etwas beschmutze, uns auf irgendeine Weise belästige. Wir verteidigen uns, das ist es. Wir verteidigen uns gegen das Kind.

Ich glaube, wenn die Menschheit erst einmal dahin gelangt sein wird, das Kind ganz zu verstehen, wird sie lernen, seine Pflege unendlich zu vervollkommnen.

In Wien ist man auf den Gedanken gekommen, den Teil des Bettes, auf den das Kind bei der Geburt zu liegen kommt, anzuwärmen; man hat Matratzen aus saugfähigem Material ersonnen, die jedes Mal, wenn sie beschmutzt worden sind, weggeworfen und durch neue ersetzt werden.

Aber die Pflege des Neugeborenen darf sich nicht darauf beschränken, es vor dem Tode zu behüten und vor Ansteckungskeimen zu schützen, wie dies in den modernen Kliniken heutzutage geschieht. Dort tragen sogar die Pflegerinnen Gesichtsmasken, damit die Mikroben aus ihrem Munde nicht zu dem Kinde gelangen können.

Es gibt auch Probleme einer psychischen Behandlung des Kindes vom Augenblick der Geburt an, die darauf abzielt, seine Anpassung an die Außenwelt zu erleichtern. In dieser Richtung werden noch viele Versuche in den Kliniken angestellt werden müssen und es wird einer lang dauernden Propaganda in den Familien bedürfen, ehe die heute übliche Haltung gegenüber dem Neugeborenen eine Änderung erfahren kann.

In den reichen Familien legt man noch immer Wert auf die Pracht der Wiege und auf kostbare Spitzen für die Säuglingskleider. Mir kommt dabei der Gedanke, dass, wenn es üblich wäre, Säuglinge auszupeitschen, die Kinder reicher Eltern wahrscheinlich zu diesem Zweck Peitschen mit perlenbesetztem Goldgriff bekämen.

Dieser Luxus rings um den Säugling beweist die völlige Verständnislosigkeit für die Bedürfnisse der kindlichen Seele. Der

Reichtum einer Familie sollte ausschließlich dazu dienen, dem Kind die allerbeste hygienische Behandlung zu sichern, nicht aber einen äußerlichen Luxus. Diese Behandlung bestünde etwa in der Bereitstellung eines vor dem Lärm der Stadt geschützten Raumes, wo ausreichende Stille herrscht und die Beleuchtung gedämpft werden kann. Dieser Raum müsste gleichmäßig warm gehalten werden wie ein Operationssaal, damit das Kind darin nackt liegen kann.

Muss das Kind bewegt und transportiert werden, so soll dies auf eine Weise erfolgen, bei der es so wenig wie möglich mit den Händen berührt wird. Zu diesem Zweck sollte eine leichte, nachgiebige Unterlage verwendet werden, eine Art Hängematte aus einem dünnen wattierten Netz, in welcher der Körper des Kindes in einer der embryonalen Lage ähnlichen Haltung ruhen kann.

Diese Hängematte muss zart und langsam bewegt werden, wozu geschickte und durch lange Übung dafür geschulte Hände erforderlich sind. Besondere Geschicklichkeit ist geboten, wenn es gilt, das Kind in vertikaler oder in horizontaler Richtung zu bewegen. In jedem Krankenhaus lässt sich beobachten, dass es eine besondere Technik gibt, um einen Patienten aufzuheben und langsam in horizontaler Richtung zu verlagern, und es ist dies die elementarste Technik der Krankenpflege. Niemandem fällt es mehr ein, einen Kranken mit den Armen aufzuheben, vielmehr schiebt man zu diesem Zweck vorsichtig weiche Unterlagen unter seinen Körper und führt mit deren Hilfe die Lageveränderung so durch, dass der Patient stets in der horizontalen Richtung verbleibt.

Ein neugeborenes Kind ist ein Kranker. Es ist, ebenso wie die Mutter, durch eine Lebensgefahr hindurchgegangen. Die Freude, die Befriedigung, die sein Anblick hervorruft, ist ja zugleich ein Aufatmen über die Abwendung dieser Gefahr. Bisweilen ist das Neugeborene fast erstickt und kann nur durch sofortige Anwendung der künstlichen Atmung zum Leben gebracht werden. Oft ist sein Kopf durch einen Bluterguss unter der Haut deformiert. Trotzdem ist keine Verwechslung zwischen einem Neugeborenen und einem kranken Erwachsenen möglich. Seine Erfordernisse sind nicht die eines Kranken, sondern die eines Wesens, das eine unvorstellbar schwierige Aufgabe der Anpassung zu bewältigen hat, während es zugleich die ersten seelischen Eindrücke hat. Dieses Wesen kommt aus dem Nichts und ist trotzdem bereits für viele Eindrücke empfänglich.

Was wir für ein Neugeborenes empfinden, ist nicht Mitleid, sondern Bewunderung für das Mysterium der Schöpfung, für das Geheimnis eines Unendlichen, das sich hier in einer für uns erfassbaren Form offenbart.

Ich habe gesehen, wie ein neugeborenes Kind unmittelbar nach seiner Rettung aus schwerer Erstickungsgefahr in eine niedrige, beinahe auf dem Fußboden stehende Wanne gelegt wurde. Bei der raschen Bewegung, mit der man es ins Wasser tauchte, riss das Kind die Augen auf, zuckte zusammen und streckte Arme und Beine von sich – einem Menschen gleich, der fühlt, wie er abstürzt.

Dieses Kind machte in jenem Augenblick zum ersten Mal die Erfahrung der Angst.

Die Weise, wie wir ein neugeborenes Kind berühren und bewegen, die Zartheit des Gefühls, das es uns einflößt, lässt mich an die Gebärden denken, mit denen der katholische Priester die heiligen Gegenstände auf dem Altar handhabt. Mit gereinigten Händen und mit wohldurchdachten Bewegungen hebt er sie bald aufwärts, bald nach der Seite und macht dabei häufig Pausen, ganz als wären seine Bewegungen mit einer solchen Kraft geladen, dass sie von Zeit zu Zeit unterbrochen werden müssen.

Und alles das spielt sich in einem stillen Raum ab, in den das Licht nur durch farbige Gläser gedämpft einzudringen vermag. Ein Gefühl der Hoffnung und der Andacht beherrscht den heiligen Ort. Ähnlich sollte die Welt aussehen, in der ein neugeborenes Kind lebt.

Die ganze Verkehrtheit unseres Verhaltens ergibt sich aus einem Vergleich zwischen der Pflege, die der Mutter, und der, die dem Neugeborenen zuteil wird. Man braucht sich nur vorzustellen, was aus der Mutter würde, wenn man mit ihr ebenso umginge wie mit dem Kind.

Die Mutter bleibt still in ihrem Bett liegen. Das Neugeborene wird sofort weggetragen, damit seine Gegenwart nicht störe, und wird nur dann wieder herbeigetragen, wenn es trinken soll. Auf diesen Reisen bleiben dem Kind Stöße und Puffe nicht erspart und es muss sich schön anziehen lassen. Dies bedeutet so viel, als wollte man die Mutter nötigen, sofort nach der Geburt aufzustehen, sich elegant zu kleiden und an einem Empfang teilzunehmen.

Das Kind wird aus der Wiege genommen und bis in Schulterhöhe des Erwachsenen gehoben, der es tragen soll. Dann wird es wiederum zur Mutter hinuntergesenkt. Wer käme je auf den Gedanken, die Wöchnerin ähnlichen Bewegungen auszusetzen? Man pflegt diese Behandlungsweisen des Säuglings damit zu rechtfertigen, dass man sagt: »Das Kind hat kein Bewusstsein und ohne Bewusstsein gibt es kein Leiden und keine Freude. Es wäre also sinnlos, auf ein Neugeborenes allzu viel Rücksicht zu verwenden.« Wie steht es aber mit erwachsenen Kranken in Lebensgefahr, die bewusstlos sind?

Worauf es ankommt, ist der Zustand der Hilfsbedürftigkeit an sich, nicht aber die Frage, ob der Hilfsbedürftige bei Bewusstsein ist, und das Alter des Hilfsbedürftigen spielt dabei schon gar keine Rolle.

Nein, es gibt da keine Rechtfertigung.

Die Geschichte der menschlichen Zivilisation hat eine Lücke, ein unbeschriebenes Blatt. Niemand hat darauf verzeichnet, wie der erste Abschnitt unseres Daseins beschaffen ist, denn niemand kennt die ersten Bedürfnisse des Menschen. Doch mit jedem Tag kommt uns eine eindrucksvolle, in vielen Erfahrungen erhärtete Wahrheit klarer zum Bewusstsein, dass nämlich die Leiden des frühesten Kindesalters (und sogar des vorgeburtlichen Daseins) einen starken Einfluss auf das ganze spätere Leben des Menschen ausüben. Es wird heute allgemein anerkannt, dass die Gesundheit des Erwachsenen, die Gesundheit der Rasse, im embryonalen und frühkindlichen Leben beschlossen liegt. Warum also verkennt man die Bedeutung des Geburtsaktes selbst, der am schwersten zu überwindenden Krise im gesamten menschlichen Leben?

Wir haben kein Gefühl für das Neugeborene: Es ist für uns noch kein Mensch. Es kommt zu uns, und wir wissen es nicht zu empfangen, obgleich die Welt, die wir geschaffen haben, einst ihm gehören wird, obgleich ihm die Aufgabe zufallen wird, über das von uns Erreichte hinauszuschreiten.

Das alles lässt uns an die Worte des Evangelisten Johannes denken: »Er war in der Welt, und die Welt war durch ihn geworden, doch die Welt erkannte ihn nicht. Er kam in sein Eigentum, doch die Seinen nahmen ihn nicht auf.«

5. Kapitel

DIE NATÜRLICHEN INSTINKTE

Von ihrem Instinkt geleitet, nehmen die höheren Tiere, insbesondere die Säugetiere, gebührend Rücksicht auf die Schwierigkeiten der Anpassungsperiode, die ihre Jungen durchzumachen haben. Dafür haben wir ein Beispiel an der schlichten Hauskatze. Sie verbirgt ihre Jungen sogleich nach der Geburt an einem abgesonderten und dunklen Ort und wacht so eifersüchtig über ihre Jungen, dass sie einem nicht einmal erlaubt, diese anzuschauen. Und bald kommen dann die gut geratenen, munteren Kätzchen aus ihrem Versteck zum Vorschein.

Die in Freiheit lebenden Säugetiere pflegen ihre Jungen oft mit noch größerer Sorgfalt. Fast alle diese Tiere leben in großen Herden. Das Weibchen, das die Stunde der Niederkunft herankommen fühlt, zieht sich jedoch stets von der Gruppe zurück und sucht sich einen abgelegenen, verborgenen Platz aus. Nach der Geburt hält die Mutter die Jungen in der Stille isoliert, und zwar während eines Zeitraumes, der je nach der Art zwischen zwei und drei Wochen bis zu einem Monat und mehr schwankt. Schlagartig verwandelt sich die Mutter bei dieser Gelegenheit in eine Pflegerin und Helferin der neuen Geschöpfe. Die gewohnte Umwelt der Mutter ist voll Lärm und Licht und daher für die

Jungen ungeeignet; deshalb vertauscht die Mutter diese Umwelt zeitweilig mit einem ruhigen, geschützten Ort. Obzwar die Jungen im Allgemeinen bereits mit gut entwickelten Körperfunktionen zur Welt kommen, auf den Beinen stehen und laufen können, nötigt die Mutter sie durch eine Art zärtlich-fürsorglicher Erziehung dazu, so lange von den anderen Tieren der Herde abgesondert zu bleiben, bis sie den Vollbesitz ihrer Fähigkeiten erlangt und sich ihrer Umwelt angepasst haben. Dann erst bringt die Mutter sie zur Herde, damit sie fortan unter ihresgleichen leben.

Es ist außerordentlich eindrucksvoll, diese mütterliche Fürsorge zu studieren, die sich im Wesentlichen stets auf dieselbe Weise kundgibt, mag es sich dabei auch um so verschiedene Tierarten handeln wie Pferde, Bisons, Wildschweine, Wölfe und Tiger.

Das Bisonweibchen lebt mit seinem Jungen einige Wochen lang fern von der Herde und pflegt das Junge mit wunderbarer Zärtlichkeit. Wenn ihm kalt ist, deckt die Mutter es mit ihren Vorderbeinen zu; ist es schmutzig, so leckt sie es geduldig, bis das Fell wieder glänzt; wenn sie es stillt, steht sie dabei auf drei Beinen, um ihm die Mühe zu verringern. Schließlich bringt sie es zur Herde und säugt es dann weiterhin mit der geduldigen Teilnahmslosigkeit aller vierbeinigen Mütter.

Bisweilen beschränkt sich das Muttertier nicht darauf, einen abgelegenen Ort zu suchen, sondern nimmt in der letzten Zeit seiner Trächtigkeit noch eine intensive Arbeit auf sich zu dem Zweck, ein geeignetes Nest für den kommenden Wurf zu schaffen. Die Wölfin etwa verbirgt sich für gewöhnlich in einem abgelegenen Teil des Waldes, möglichst in einer als Zufluchtsort geeigneten Höhle. Findet sie aber nichts dergleichen fertig vor, so gräbt sie ein Erdloch oder bereitet ein Lager in einem hohlen Baumstrunk, das sie mit weichem Material ausfüttert. Als solches dienen zumeist die Haare ihres eigenen Felles, die sie sich von der Brust reißt, womit zugleich auch das Säugen der Jungen erleichtert wird. Sie wirft sechs bis sieben Junge, die mit geschlossenen Augen und Ohren zur Welt kommen und die sie in der Verborgenheit aufzieht, ohne sie jemals im Stich zu lassen.

Sämtliche Muttertiere verhalten sich in dieser Zeit äußerst feindselig gegen jeden, der versucht, sich ihrer Höhle zu nähern.

Diese Instinkte entarten, wenn die Tiere zu Haustieren werden. So gelangen Hausschweine dahin, ihre eigenen Jungen aufzufressen, während die Wildsau eine der zärtlichsten und liebevollsten Mütter ist, die es gibt. Auch Löwinnen in den Käfigen der zoologischen Gärten zerreißen gelegentlich ihre eigenen Jungen.

Die Natur entwickelt somit ihre schützenden Energien nur dann, wenn die betreffenden Lebewesen in der Lage sind, ihrem Grundinstinkt frei zu folgen.

Die Logik dieses Instinkts ist klar und einfach: Das Neugeborene eines Säugetiers bedarf besonderer Hilfe während der Zeit seiner ersten Berührungen mit der äußeren Umwelt. Daher muss man eine erste äußerst zarte Lebensperiode unterscheiden, die der Ankunft in der Welt, in der das Junge sich von der enormen Anstrengung des Geburtsaktes erholen und gleichzeitig alle seine Lebensfunktionen beginnen muss.

Dann erst setzt das ein, was wir die frühe Kindheit nennen, d. h. das erste Lebensjahr, das Säuglingsalter, der erste Abschnitt des Lebens in dieser Welt.

Die Pflege der Tiere, die ihre Jungen isolieren, beschränkt sich nicht auf deren Körper. Das Muttertier gibt sich ebensolche Mühe, die Instinkte zu wecken, die aus der innersten Natur des neuen Wesens hervorkommen und aus ihm *ein neues Individuum* derselben Rasse werden lassen; dieses seelische Erwachen vollzieht sich besser bei gedämpftem Licht und fern von jedem Lärm, unter der Aufsicht der Mutter, die die Jungen nicht bloß nährt, sondern auch liebevoll zur Vervollkommnung leitet. In dem Maße als die Gliedmaßen z. B. des Füllens kräftiger werden, lernt es, seine Mutter zu erkennen und ihr nachzufolgen. Inzwischen aber beginnen in seinem noch empfindlichen Körper bereits die Rassemerkmale des Pferdes sichtbar zu werden; die ererbten Eigenschaften treten nun in Funktion. Darum gestattet die Stute es niemandem, das Füllen zu sehen, ehe es zu einem Pferdchen geworden ist, und die Katze will nicht, dass man ihre Jungen in Augenschein nimmt, solange diese nicht die Augen geöffnet und kräftige Pfötchen entwickelt haben, das heißt, solange sie nicht zu richtigen Kätzchen geworden sind.

Es ist klar, dass die Natur mit großer Sorgfalt über diesen wichtigen Entwicklungen wacht. Der mütterlichen Fürsorge kommt dabei eine erheblich größere Bedeutung zu als die der rein körperlichen Betreuung: Mit ihrer Liebe und zarten Pflege erwartet sie wachsam das Erwachen der latenten Instinkte.

In entsprechender Weise könnte man sagen, die zärtliche Pflege, die dem menschlichen Neugeborenen zuteil wird, diene dazu, die geistige Geburt des Menschen zu hüten.

6. Kapitel

DER GEISTIGE EMBRYO
DIE FLEISCHWERDUNG

Wenn wir das Wort Fleischwerdung gebrauchen, so drücken wir damit die Vorstellung aus, in dem Körper eines Neugeborenen sei ein Geist Fleisch geworden, um auf dieser Erde zu leben. Diese Vorstellung ist im Christentum als eines der verehrungswürdigsten Mysterien der Religion lebendig, als die Inkarnation des göttlichen Geistes nach dem Wort: »*Et incarnatus est de Spiritu Sancto: et homo factus est.*«

Hingegen betrachtet die Wissenschaft das Neugeborene als ein Wesen, das aus dem Nichts gekommen ist. Demnach ist es lediglich Fleisch, kein fleischgewordener Geist, ein Organismus aus Geweben und Organen, die zusammen ein lebendiges Wesen bilden. Auch hier haben wir ein Mysterium vor uns: Warum und wie ist dieser komplizierte, lebendige Körper aus dem Nichts entstanden? Aber es ist nicht unsere Aufgabe, uns mit derlei Betrachtungen aufzuhalten, vielmehr wollen wir in die Wirklichkeit eindringen und unter ihre Oberfläche blicken.

Bei der Pflege des Neugeborenen ist, wie wir nun bereits wissen, große Rücksicht auf dessen *Seelenleben* erforderlich. Wenn aber bereits das Neugeborene ein Seelenleben besitzt, um wie viel mehr wird dies bei einem Kinde während seines ersten Lebensjahres und nachher der Fall sein! Der eigentliche Fortschritt der Kinderpflege besteht gerade in der Rücksichtnahme nicht nur auf das körperliche, sondern auch auf das seelische Leben. Man hat heute erkannt, dass die Erziehung mit der Geburt zu beginnen hat. Hierbei wird das Wort *Erziehung* im Sinne einer Unterstützung der seelischen Entwicklung des Kindes verstanden.

Wenn sich jetzt die Überzeugung durchgesetzt hat, dass das Kind schon von der Geburt an ein richtiges Seelenleben besitzt, so ist dies nur dadurch möglich geworden, dass wir gelernt haben, zwischen dem Bewussten und dem Unbewussten zu unterscheiden. Das Unbewusste, in dem eine Fülle von Impulsen und seelischen Tatsachen ihren Ursprung haben, ist heutzutage in der Sprache des Volkes schon beinahe zum festen Begriff geworden.

Aber selbst wenn man sich auf die augenfälligsten und elementarsten Ideen beschränkt, wird man doch annehmen dürfen, dass bereits im Säugling ein Spiel der Instinkte vor sich geht, das sich nicht bloß auf die Funktionen der Verdauung, sondern auch auf seelische Funktionen bezieht. An den Jungen der Säugetiere können wir beobachten, wie rasch sie aus innerem Antrieb die Eigentümlichkeiten ihrer Art entwickeln. In seinen Bewegungen zeigt das Menschenkind freilich weit langsamere Entwicklungsmöglichkeiten als das tierische Neugeborene. Zwar funktionieren seine Sinnesorgane vom Augenblick der Geburt an – ist doch das Kind sogleich empfindlich für Licht, Lärm und Berührung –, aber seine Bewegungen bleiben lange Zeit unentwickelt.

Das menschliche Neugeborene als Ausgangspunkt der weiteren Entwicklung ist zunächst ein Wesen, das sich lange Zeit nicht fortzubewegen vermag, das außerstande ist, sich aufzurichten, dessen Stimme nur im Weinen und Schreien ertönt und gleichsam ständig um Hilfe ruft.

Erst nach langer Zeit, nach Monaten, einem ganzen Jahr oder mehr, wird dieser Körper sich aufrichten und gehen, wird nicht mehr etwas völlig Hilfloses sein, sondern der Körper eines kleinen Menschen; und nach Monaten und Jahren erst wird aus seiner Stimme die Stimme eines Menschen werden, der spricht.

Auf diese seelischen und körperlichen Tatsachen des Wachstums beziehen wir uns, wenn wir den Ausdruck Fleischwerdung gebrauchen. Fleischwerdung ist der geheimnisvolle Vorgang, demzufolge in dem trägen Leib des Neugeborenen eine Energie erwacht, die dem Fleisch der Gliedmaßen, den Organen der artikulierten Sprache die Fähigkeit verleiht, gemäß seinem Willen zu handeln, und so inkarniert sich der Mensch.

Es muss auffallen, dass das Kind so lange Zeit unfähig bleibt, sich von der Stelle zu bewegen, während die kleinen Säugetiere unmittelbar nach der Geburt oder doch schon nach kürzester Zeit auf ihren Beinen stehen, laufen, die Mutter suchen und, wenngleich schwach, unvollkommen und beinahe jämmerlich, die Sprache ihrer Art sprechen. Die kleinen Kätzchen miauen, die Lämmchen blöken und das Füllen wiehert. Es sind schwache Stimmchen, die nur selten die Stille durchbrechen; die Welt ist ja keineswegs erfüllt von dem Klagegeschrei neugeborener Tiere. Die Zeit, die sie zu ihrer Entwicklung benötigen, ist kurz, ja man kann sagen, der Instinkt, der die Handlungen des Tieres bestimmt, belebe bereits das Neugeborene. Man weiß im Vorhinein, in welcher Weise das Tigerjunge springen, das Zicklein hüpfen wird, kaum dass es sich aufgerichtet hat. Jedes Wesen, das auf die Welt kommt, ist also nicht nur ein materieller Körper; es enthält in sich bereits Funktionen, die nicht die seiner physiologischen Organe sind, sondern von seinen Instinkten abhängen. Alle diese Instinkte finden ihren Ausdruck in der Bewegung und stellen Artmerkmale dar, die noch unveränderlicher und charakteristischer sind als die Form des Körpers. Mehr noch als durch seine Form wird das Tier durch seine Bewegungsweise gekennzeichnet.

Wir können alle diese Merkmale, die nicht im vegetativen Ablauf körperlicher Vorgänge bestehen, zusammenfassend als psychische bezeichnen. Wie schon gesagt, finden sie sich bei allen Tieren bereits im Augenblick der Geburt. Warum ist dies gerade beim menschlichen Neugeborenen nicht der Fall?

Es gibt eine wissenschaftliche Lehre, die besagt, die instinktiven Bewegungen der Tiere seien die Folge von Erfahrungen, die in früheren Epochen von den Vorfahren gemacht und weitervererbt worden seien. Warum erbt dann gerade der Mensch so wenig von seinen Vorfahren? Die Gattung Mensch ist doch immer aufrecht gegangen und hat immer eine artikulierte Sprache gesprochen, so dass sich dies auf die Nachfahren hätte vererben können. Es wäre absurd anzunehmen, dass gerade der Mensch, der sich vor allen anderen Geschöpfen durch die Großartigkeit seines Seelenlebens auszeichnet, als einziges Lebewesen keinen seelischen Entwicklungsplan in sich tragen sollte. Hier besteht ein Widerspruch, hinter dem sich eine Wahrheit verbergen muss. Offenbar schlummert der Geist des Menschen in solcher Tiefe, dass er sich nicht auf dieselbe Weise kundgeben kann wie der Instinkt des Tieres, der von Anfang an bereit ist, sich in bestimmten, im Voraus festgelegten Handlungen zu äußern.

Die Tatsache, dass der Mensch nicht von festen und vorherbestimmten Leittrieben beherrscht wird, wie dies beim Tier der Fall ist, deutet auf das Vorhandensein einer gewissen Handlungsfreiheit, die erst langsam heranreifen kann. Man könnte beinahe von einer Schöpfung sprechen, die dem einzelnen Individuum überlassen bleibt und im Voraus nicht zu bestimmen ist. Es sei uns gestattet, hier einen etwas abseitigen Vergleich heranzuziehen: den Vergleich mit den Dingen, die wir selbst hervorbringen. Es gibt Dinge, die serienweise hergestellt werden. Sie gleichen einander alle und werden in rascher Folge mit einer Gussform oder maschinell erzeugt. Dann aber gibt es andere Dinge, die mit der Hand hergestellt werden. Dazu braucht es mehr Zeit und jedes Stück fällt anders aus. Der Wert der in Handarbeit erzeugten Gegenstände liegt gerade darin, dass jeder von ihnen etwas von der Schöpferhand an sich trägt, die ihn hervorgebracht hat, sei es die Hand einer tüchtigen Stickerin, sei es, im Falle eines Kunstwerks, die Hand des Genies.

Man könnte den psychischen Unterschied zwischen Tier und Mensch so kennzeichnen: Das Tier gleicht dem in Serie hergestellten Gegenstand und jedes Individuum reproduziert sofort die gleichförmigen, für die ganze Art gemeinsamen Charakteristiken. Der Mensch hingegen entspricht dem in Handarbeit hergestellten Gegenstand: Jeder ist von allen anderen verschieden, in jedem wohnt ein ihm eigener schöpferischer Geist, der aus ihm ein Kunstwerk der Natur macht. Aber die Arbeit ist langsam und langwierig. Da es sich hier nicht darum handelt, bloß einen festen Typus zu wiederholen, da vielmehr etwas grundlegend Neues geschaffen werden soll, bedarf es eines inneren Reifungsprozesses, bevor äußere Wirkungen erscheinen. Jeder neue Mensch ist ein Rätsel und wird uns Überraschungen bereiten; davon aber sieht man lange Zeit nichts, wie denn auch der Schöpfer eines Kunstwerkes dieses lange in der Abgeschlossenheit seines Arbeitszimmers verwahrt und es mit seiner Persönlichkeit erfüllt, ehe er es den Blicken des Publikums preisgibt.

Diese Aufbauarbeit, in der sich die menschliche Persönlichkeit formt, stellt das verborgene Werk der Fleischwerdung dar. Der Säugling, der sich nicht zu bewegen vermag, ist ein Rätsel. Sein Körper birgt den kompliziertesten Mechanismus unter allen lebenden Wesen, aber dieser Mechanismus gehört ihm; der Mensch gehört sich selbst. Sein eigener Wille ist es, der ihm zur Fleischwerdung verhelfen muss.

Was man gemeinhin »Fleisch« nennt, ist eine Vielfalt von Bewegungsorganen, die man in der Sprache der Physiologie willkürliche Muskeln nennt. Dieser Ausdruck besagt schon, dass es der Wille ist, der sie bewegt. Nichts könnte besser als dies die Tatsache verdeutlichen, dass die Bewegung mit dem Seelenleben verknüpft ist. Der Wille wäre ohnmächtig, verfügte er nicht über die Organe, über seine Instrumente.

Kein Tier, nicht einmal das einfachste Insekt, könnte seinen Instinkten folgen, wenn es nicht Bewegungsorgane besäße. Bei den vollkommeneren Formen, also insbesondere beim Menschen, ist das System der Muskulatur so kompliziert und die Zahl der Muskeln so groß, dass die Anatomiestudenten zu sagen pflegen: »Um alle Muskeln im Gedächtnis zu behalten, muss man sie mindestens siebenmal herauspräpariert haben.« Überdies wirken mehrere Muskeln bei der Ausführung komplizierter Bewegungen zusammen. Einige üben Impulse aus, andere nehmen eine passive Haltung ein, manche sind nur imstande, eine Annäherung zu bewirken, wieder andere führen die Berührung herbei. Und alle diese gegensätzlich wirkenden Muskelfunktionen vollziehen sich in vollendeter Harmonie!

Eine Hemmung korrigiert jeden Impuls und begleitet ihn deshalb beständig. Der Tätigkeit eines Beugemuskels gesellt sich die eines Streckmuskels hinzu und das Ergebnis ist eine einheitliche Bewegung von oftmals höchst komplizierter Art, wie dies bei den Akrobaten oder bei der Hand des Geigers der Fall ist, der seinen Bogen mit unendlich feinen Strichen zu führen weiß.

Jede Bewegung ist das Ergebnis gegensätzlicher Tätigkeiten, so als seien gleichzeitig zwei sich gegenüberstehende, bis zur höchsten Vollkommenheit geschulte Heere am Werk.

Man könnte sagen, der Schöpfer habe der Natur allein nicht völlig vertraut und daher die höheren Aufgaben – die des Aufbaues und der Leitung – der Energie des Individuums überantwortet, einer Energie, die sich der Natur überlagert und in diesem Sinne über-natürlich genannt werden darf. Das ist die Grundtatsache der menschlichen Entwicklung: Der Menschengeist muss Fleisch werden, um den Weg ins Dasein zu erschließen und zu ermöglichen, und dieser Vorgang der Fleischwerdung stellt das erste Kapitel im Leben des Kindes dar.

Diese Fleischwerdung aber erfolgt nach psychischen Richtlinien und somit muss es im Kinde ein Seelenleben geben, das dem bloß motorischen Leben vorangeht und das früher da ist als jeder wahrnehmbare Ausdruck und von diesem in keiner Weise abhängt.

Es wäre ein großer Irrtum zu glauben, das Kind besitze schwache Muskeln und könne sich darum nicht aufrecht halten, und ebenso falsch ist auch die Annahme, es gehöre zur Natur des Kindes, dass es unfähig sei, seine Muskeln zu koordinieren.

Die Muskelkraft des Neugeborenen ist beachtlich, wie sich an seinen Bewegungen und an dem Widerstand, den es zu leisten vermag, deutlich erkennen lässt; und nichts könnte schwieriger sein als die komplizierte Koordination des für das Saugen und Schlucken erforderlichen Muskelspiels, das doch vom ersten Augenblick an funktioniert. Aber zum Unterschied von den jungen Tieren lässt die Natur beim Menschenkind die Bewegungen vom Zwang der Instinkte frei. Die Instinkte ziehen sich zurück, die Muskeln erwarten stark und gehorsam neue Befehle, sie erwarten den Ruf des Willens, um sich sodann im Dienste des menschlichen Geistes zu koordinieren. Ihre Aufgabe ist es, nicht nur die Kennzeichen einer bestimmten Art zum Ausdruck zu bringen, sondern die einer individuellen Seele. Zweifellos gibt es auch im Menschen Instinkte, die die grundlegenden Kennzeichen der Gattung herausbilden helfen. So weiß man im Voraus, dass jedes Kind aufrecht gehen und sprechen wird. Aber im Übrigen stellen sich so unerwartete persönliche Eigenarten ein, dass man immer wieder vor Rätseln steht.

Von jedem Tier können wir erraten, was aus ihm werden wird, sobald es heranwächst: eine vorzügliche Schnellläuferin, wenn es sich um eine Gazelle handelt, ein langsames und plumpes Tier, falls wir es mit einem Elefantenjungen zu tun haben. Das Tigerjunge wird zu einem reißenden Raubtier werden, das Kaninchenjunge zu einem Nager und Pflanzenfresser.

Aber der Mensch ist zu allem fähig und in seiner anscheinenden Untätigkeit bereitet sich die wunderbare Überraschung der Individualität vor. Seine unartikulierte Stimme wird eines Tages Worte von sich geben und noch wissen wir nicht, welches seine Sprache sein wird. Er wird die Sprache sprechen, die er von seiner Umwelt aufmerksam aufgenommen hat, er wird mit unvorstellbarer Anstrengung Töne, dann Silben und schließlich Wörter formen. Er wird kraft seines Willens alle diejenigen Funktionen in sich aufbauen, die seinen Beziehungen zur Umwelt dienen, und damit Schöpfer eines völlig neuen Wesens werden.

Die Tatsache, dass das Kind in der ersten Zeit nach seiner Geburt ein passives Verhalten an den Tag legt, ist von jeher festgestellt worden und hat Anlass zu mancherlei philosophischen Betrachtungen geboten; aber weder die Ärzte noch die Psychologen und Erzieher haben sie sonderlich beachtet. Man sah darin eine von den vielen offenkundigen Tatsachen, die man einfach feststellt. Es gibt zahlreiche Dinge, die auf diese Weise für lange Zeit sozusagen beiseite gelegt und in den Magazinen des Unterbewussten eingeschlossen werden.

Im praktischen Leben jedoch hat diese Eigentümlichkeit der kindlichen Natur vielerlei Folgen gehabt, die sich als höchst gefährlich für das kindliche Seelenleben erwiesen. Man hat nämlich irrtümlich angenommen, nicht nur die Muskeln, also das Fleisch des Kindes, sondern das Kind selbst sei passiv und bar jedes psychischen Inhalts. In der Folge, angesichts der großartigen, wenn auch späten Kundgebungen der kindlichen Psyche, glaubte der Erwachsene, er erst habe dem Kind durch Pflege und Hilfe dazu verholfen, eine Seele zu entwickeln. Der Erwachsene hielt sich gewissermaßen für den schöpferischen Former des Kindes, für den Baumeister seines psychischen Daseins. So vermeinte er, von außen her ein schöpferisches Werk vollbringen zu können, indem er dem Kinde Anreize, Richtlinien und Ratschläge gab und auf diese Weise in ihm Intelligenz, Gefühl und Willen zu entwickeln wähnte.

Damit schrieb sich der Erwachsene eine nahezu göttliche Macht zu. Er kam dahin, sich für den Gott des Kindes zu halten und den Satz der Schöpfungsgeschichte: »Ich will den Menschen nach meinem Bild und Gleichnis schaffen« auf sich selber anzuwenden. Hoffart ist die erste Sünde des Menschen gewesen. Dieser Wunsch, sich an die Stelle Gottes zu setzen, hat die Verderbnis des ganzen menschlichen Geschlechtes nach sich gezogen.

In Wirklichkeit trägt das Kind den Schlüssel zu seinem rätselhaften individuellen Dasein von allem Anfang in sich. Es verfügt über einen inneren Bauplan der Seele und über vorbestimmte Richtlinien für seine Entwicklung. Das alles aber ist zunächst äußerst zart und empfindlich und ein unzeitgemäßes Eingreifen des Erwachsenen mit seinem Willen und seinen übertriebenen Vorstellungen von der eigenen Machtvollkommenheit kann jenen Bauplan zerstören oder seine Verwirklichung in falsche Bahnen lenken.

So hat es der Erwachsene tatsächlich in der Hand, vom ersten Anbeginn an die göttliche Absicht zunichte zu machen, und der Mensch wird sich dann von Generation zu Generation in einer Art seelischer Verkrüppelung weiterentwickeln.

Hier liegt eines der größten und grundlegenden praktischen Probleme der Menschheit. Das Entscheidende ist dabei dieses: Das Kind besitzt ein aktives Seelenleben bereits dann, wenn es noch nicht imstande ist, es nach außen hin kundzugeben, weil es noch lange Zeit im Geheimen an seiner Entwicklung zu arbeiten hat. An diesem Punkte eröffnet sich eine eindrucksvolle Vision: die einer im Dunkel eingeschlossenen Seele, die sich bemüht, ans Licht zu gelangen, geboren zu werden, heranzuwachsen, und die nach und nach das träge Fleisch mit ihrem Willen belebt, bis sie mit der Kraftanstrengung eines Geburtsaktes zur Helligkeit des Bewusstseins durchbricht. Dort aber wartet ein anderes Wesen auf sie, ein Wesen von ungeheurer Macht, das sie sogleich packt und beinahe erdrückt – der Erwachsene.

In der Umwelt des Säuglings ist nichts vorbereitet, um das Wunder des fleischgewordenen Menschenwesens würdig zu empfangen; denn niemand sieht dieses Wunder, niemand erwartet es.

Das fleischgewordene Kind ist ein geistiger Embryo, der auf Kosten seiner Umwelt leben muss. So wie der physische Embryo die besondere Umwelt des Mutterschoßes benötigt, braucht auch der geistige Embryo den Schutz einer lebendigen, von Liebe durchwärmten, an Nahrung reichen Umwelt, in der alles darauf eingerichtet ist, sein Wachstum zu fördern, und nichts hindernd im Wege steht.

Hat der Erwachsene diese Tatsache erst einmal begriffen, so muss sich sein Verhalten dem Kinde gegenüber grundlegend ändern. Das Kind als geistiger Embryo, der im Begriff steht, sich zu inkarnieren, muss uns erschüttern und erlegt uns neue Verantwortung auf.

Dieser kleine, zarte, anmutige Leib, den wir bewundern und ausschließlich der körperlichen Pflege überlassen, den unsere Hände fast so behandeln wie ein Spielzeug, wird nun mit einem Male zu etwas, das unsere Ehrfurcht herausfordert. »*Multa debetur puero reverentia.*«

Diese Fleischwerdung vollzieht sich unter geheimer Mühsal. Rings um diese schöpferische Arbeit spielt sich ein noch nie geschildertes Drama ab.

Keinem anderen Geschöpf obliegt es, wollen zu müssen, noch ehe es einen fertigen Willen besitzt, befehlen zu müssen, damit Aktivität und Disziplin in eine träge Materie komme. Ein unsicheres, zartes Leben ist gerade erst bis in die Nähe der Bewusstheit vorgedrungen und schon stellen die Sinne eine Berührung mit der Umwelt her, schon erteilt auch der Wille seine Befehle an die Muskeln.

Es kommt zu einem Austausch zwischen dem Individuum, besser gesagt dem geistigen Embryo, und der Umwelt und in diesem Austausch formt und vervollkommnet sich das Individuum. Diese erste aufbauende Tätigkeit entspricht der Funktion jenes Bläschens, das im leiblichen Embryo zuerst das Herz vertritt, die Entwicklung und Ernährung aller Körperteile des Embryos sicherstellt und dabei die erforderlichen Nährstoffe den Blutgefäßen der Mutter entnimmt. Auch die seelische Individualität entwickelt sich durch die Arbeit eines solchen Motors, der die Beziehung zur Umwelt aufrechterhält. Alle Anstrengungen des Kindes zielen darauf ab, seine Umwelt zu absorbieren, und aus diesen seinen Bemühungen erwächst die tief gegründete Einheit seiner Persönlichkeit.

Stets wacht bei dieser langsamen und schrittweisen Arbeit der Geist über das Werkzeug, damit er seine Oberherrschaft bewahre und verhindere, dass die Bewegung sich in der Trägheit verliert oder mechanisch wird. Er muss ständig befehlen, soll die Bewegung sich von der Herrschaft vorgegebener Instinkte befreien und dabei doch nicht im Chaos enden. Diese Übung in solcher Anstrengung führt dazu, dass sich im Kinde ständig neue aufbauende Energien entwickeln, und trägt so zu dem dauernden Werk der Fleischwerdung des Geistes bei.

So schafft die menschliche Persönlichkeit sich selbst und aus dem Embryo, dem Kind, wird der Schöpfer des Menschen, der *Vater des Menschen.*

Was haben Vater und Mutter in Wirklichkeit getan?

Der Beitrag des Vaters beschränkt sich auf eine einzige, unsichtbare Zelle. Die Mutter hat außer einer Keimzelle auch noch die geeignete lebendige Umwelt mit allem für Schutz und Entwicklung Erforderlichen bereitgestellt, damit die Keimzelle sich in Ruhe aus eigenem Antrieb teilen und schließlich das Neugeborene hervorbringen könne. Es ist also nicht ganz richtig, wenn man von Vater und Mutter als den Schöpfern des Kindes spricht. Besser sollte es heißen: Baumeister des Menschen ist das Kind. Das Kind ist der Vater des Menschen.

Die Kraftanstrengung, die das Kind um dieses Zieles willen insgeheim vollbringt, sollte als geheiligt respektiert werden und wir sollten ihr eine hoffend-erwartungsvolle Haltung entgegenbringen; formt sich doch in dieser Periode die zukünftige Persönlichkeit des Individuums.

Die Verantwortung des Erwachsenen ist so groß, dass ihm daraus die Pflicht erwächst, mit aller wissenschaftlichen Gründlichkeit die seelischen Bedürfnisse des Kindes zu erforschen und ihm eine dementsprechende Umwelt zu bereiten.

Es handelt sich hier um eine Wissenschaft, die noch in ihren ersten Anfängen steckt. Sie wird sich noch weit entwickeln müssen und der Erwachsene wird seine ganze Intelligenz aufzuwenden haben, ehe nach langen Bemühungen schließlich das letzte Wort über die Art gesprochen sein wird, in der der Mensch sich formt. Dieses letzte Wort wird das erste sein, mit dem das leere Blatt der Menschheitsgeschichte beschrieben werden wird.

7. Kapitel

DER AUFBAU DER
KINDLICHEN SEELE

DIE SENSIBLEN PERIODEN

Schon ehe man von Ausdrucksmitteln sprechen darf, führt die Sensibilität des Kleinkindes zu einem primitiven seelischen Aufbau, der freilich zunächst verborgen bleibt.

Trotz der Ungreifbarkeit dieses frühkindlichen Seelenlebens wäre es irrig, sein Vorhandensein – etwa im Falle der Sprache – zu leugnen. Dies würde zu der Annahme führen, dass die Sprache bereits völlig ausgeformt im kindlichen Geist vorliege, auch wenn die motorischen Organe des Wortes noch nicht ihre Ausdrucksfähigkeit erlangt haben. In Wirklichkeit besteht zunächst lediglich die Anlage zum Hervorbringen einer Sprache. Ähnlich verhält es sich mit der Gesamtheit der seelischen Welt, von der die Sprache ja nur eine äußere Kundgebung darstellt. Im Kinde ist die schöpferische Haltung, die potenzielle Energie vorhanden, die es befähigt, auf Grund seiner Umwelteindrücke eine seelische Welt aufzubauen.

Von ganz besonderem Interesse ist für uns die Tatsache, dass es in Bezug auf die Entwicklung ganz bestimmte Empfänglichkeitsperioden (sensible Perioden) gibt. Worin besteht und wie erfolgt die Entwicklung, das Wachstum eines Lebewesens?

Wenn man von Entwicklung und Wachstum spricht, bezieht man sich auf einen von außen feststellbaren Vorgang, dessen innerer Mechanismus jedoch erst in einigen seiner Einzelheiten ergründet worden ist. Die moderne Forschung hat dazu zwei wesentliche Beiträge geliefert. Der eine von diesen bestand in der Entdeckung der inneren Drüsensekretion, von der das körperliche Wachstum abhängt. Sie hat einen gewaltigen Einfluss auf die Kinderheilkunde ausgeübt und eine dementsprechende Volkstümlichkeit erlangt. Der andere Beitrag bestand in der Erkenntnis, dass es bestimmte Perioden gesteigerter Empfänglichkeit gibt, woraus sich neue Möglichkeiten für das Verständnis des seelischen Wachstums erschließen.

Der holländische Gelehrte de Vries entdeckte die Empfänglichkeitsperioden bei den Tieren und uns gelang es in unseren Schulen, dieselben »sensiblen Perioden« auch in der Entwicklung der Kinder festzustellen und den Zwecken der Erziehung nutzbar zu machen.

Es handelt sich um besondere Empfänglichkeiten, die in der Entwicklung, das heißt im Kindesalter der Lebewesen auftreten. Sie sind von vorübergehender Dauer und dienen nur dazu, dem Wesen die Erwerbung einer bestimmten Fähigkeit zu ermöglichen. Sobald dies geschehen ist, klingt die betreffende Empfänglichkeit wieder ab. So entwickelt sich jeder Charakterzug auf Grund eines Impulses und während einer eng begrenzten Zeitspanne. Das Wachstum etwa ist nicht ein unbestimmtes Werden, ererbt und dem Lebewesen eingeboren, sondern das Ergebnis einer inneren Arbeit, die von periodisch auftretenden Instinkten sorgfältig geleitet wird. Diese Instinkte nötigen das Lebewesen in gewissen Stadien seiner Entwicklung zu einem Energieaufwand, der sich oft einschneidend von dem des erwachsenen Individuums unterscheidet. De Vries stellte diese sensiblen Perioden zuerst an solchen Insekten fest, bei denen die Entwicklung sich in besonders auffällige Perioden teilt; gehen sie doch durch Metamorphosen hindurch, die der experimentellen Laboratoriumsbeobachtung gut zugänglich sind.

Nehmen wir als Beispiel das von de Vries zitierte unansehnliche Würmchen, als das sich die Raupe eines gewöhnlichen Schmetterlings präsentiert. Man weiß, dass die Raupen mit großer Geschwindigkeit heranwachsen, gierig fressen und daher Pflanzenschädlinge sind. De Vries verwies nun auf eine Raupenart, die sich während ihrer ersten Lebenstage nicht von den großen Baumblättern, sondern nur von den zartesten Blättchen an den Enden der Zweige zu nähren vermag.

Nun legt aber der Schmetterling seine Eier gerade an der entgegengesetzten Stelle, nämlich dort, wo der Ast aus dem Baumstamm hervorwächst, denn dieser Ort ist sicher und geschützt. Wer wird den jungen, eben erst aus dem Ei gekrochenen Raupen sagen, dass die zarten Blätter, deren sie für ihre Ernährung bedürfen, sich draußen, an den entferntesten Enden der Zweige, befinden? Siehe da, die Raupe ist mit starker Lichtempfindlichkeit begabt; das Licht zieht sie an, fasziniert sie. So strebt die junge Raupe mit ihren charakteristischen Sprungbewegungen alsbald der stärksten Helligkeit zu, bis sie am Ende der Zweige angekommen ist, und dort findet sie die zarten Blätter, mit denen sie ihren Hunger stillen kann. Das Seltsamste aber ist, dass die Raupe sogleich nach Abschluss dieser Periode, sobald sie sich auf andere Art ernähren kann, ihre Lichtempfindlichkeit verliert. Bald lässt das Licht sie völlig gleichgültig. Der Instinkt stirbt ab. Er hat seinen Dienst getan und die Raupe wendet sich jetzt anderen Wegen und anderen Nährstoffen zu.

Es ist nicht so, dass die Raupe für das Licht unempfänglich, also im physiologischen Sinne blind geworden wäre; aber sie beachtet es nicht mehr.

Eine andere Periode veränderter Empfänglichkeit verwandelt die Schmetterlingslarven, die eben noch gefräßig alle Pflanzen ringsum verschlungen hatten, in eine Art von Hungerkünstlern. Während ihrer Fastenzeit bauen sie sich ein sargähnliches Gebilde, in dem sie sich gleich leblosen Wesen begraben. Wieder haben wir es hier mit einer intensiven und unausweichlichen Arbeit zu tun, denn in diesem Grab wird die endgültige

Phase, der Schmetterling in seiner geflügelten Schönheit, vorbereitet.

Es ist bekannt, dass die Bienenlarven durch ein Stadium hindurchgehen, in dem eine jede von ihnen, soweit sie weiblich ist, zur Königin werden kann. Doch die Gemeinschaft erwählt eine einzige dieser Larven und nur für sie erzeugen die Arbeiterbienen eine besondere Nährsubstanz, die von den Zoologen »Königinnenbrei« genannt wird. So wird die Erwählte, indem sie königliche Nahrung zu sich nimmt, zur Königin der Gemeinschaft. Wollte das Bienenvolk nach einiger Zeit eine andere Larve zur Königin machen, so wäre das nicht mehr möglich, denn die Zeitspanne der Gefräßigkeit ist bereits vorbei und der Larvenkörper besitzt nicht mehr die Fähigkeit der Entwicklung.

Von hier aus eröffnet sich der Weg zum Verständnis für das, was in Bezug auf das Menschenkind von entscheidender Wichtigkeit ist: Auf der einen Seite haben wir es mit einem inneren Anstoß zu tun, der zu den bewunderungswürdigsten Leistungen führt, auf der anderen mit Perioden einer Gleichgültigkeit, die blind und leistungsunfähig macht.

Auf diese grundsätzlichen Entwicklungsstadien vermag der Erwachsene in keiner Weise von außen her einzuwirken.

Hat das Kind aber nicht die Möglichkeit gehabt, gemäß den inneren Direktiven seiner Empfänglichkeitsperioden zu handeln, so hat es die Gelegenheit versäumt, sich auf natürliche Weise eine bestimmte Fähigkeit anzueignen; und diese Gelegenheit ist für immer vorbei.

Was das Kind während seiner psychischen Entwicklung vollbringt, gleicht einem Wunder, und nur darum, weil wir gewohnt sind, dieses Wunder unter unseren Augen sich vollziehen zu sehen, stehen wir ihm ohne Ergriffenheit gegenüber. Wie bringt es das aus dem Nichts gekommene Kind fertig, sich in dieser komplizierten Welt zurechtzufinden? Wie gelangt es dahin, Gegenstand von Gegenstand zu unterscheiden und ohne Lehrer, einfach indem es lebt, eine Sprache mit allen ihren winzigen Besonderheiten zu erlernen? Dies alles vollbringt das Kind, indem es schlicht und froh in den Tag hinein lebt, während der Erwachsene, der sich in einer ihm neuen Umwelt zurechtfinden soll, zahlreicher Hilfen bedarf. Das Erlernen einer neuen Sprache nötigt den Erwachsenen zu harter Arbeit, und dennoch erreicht er niemals die Vollendung, mit der er seine in der Kindheit erworbene Muttersprache beherrscht.

Das Kind macht seine Erwerbungen in seinen Empfänglichkeitsperioden. Diese sind einem Scheinwerfer vergleichbar, der einen bestimmten Bezirk des Inneren taghell erleuchtet, vielleicht auch einem Zustand elektrischer Aufladung. Auf Grund dieser Empfänglichkeit vermag das Kind einen außerordentlich intensiven Zusammenhang zwischen sich und der Außenwelt herzustellen und von diesem Augenblick an wird ihm alles leicht, begeisternd, lebendig. Jede Anstrengung verwandelt sich in einen Machtzuwachs. Erst wenn während einer solchen Empfänglichkeitsperiode die entsprechende Fähigkeit errungen worden ist, senkt sich ein Schleier der Gleichgültigkeit und Müdigkeit über die Seele des Kindes.

Kaum ist jedoch eine dieser seelischen Leidenschaften erloschen, da entzünden sich auch schon andere Flammen, und so schreitet das Kind von einer Eroberung zur nächsten fort, in einem unablässigen Vibrieren von Lebenskraft, das wir alle kennen und als »Freude und Glück der Kindheit« bezeichnen. In dieser herrlichen Geistesflamme, die brennt, ohne zu verzehren, vollzieht sich das Schöpfungswerk des geistigen Menschen. Ist hingegen die Empfänglichkeitsperiode vorbei, so können weitere Errungenschaften nur mit reflektierender Tätigkeit, mit Aufwand von Willenskraft, mit Mühe und Anstrengung gemacht werden; und unter der Stumpfheit wird die Arbeit zu etwas Ermüdendem. Hierin besteht der grundlegende, wesensmäßige Unterschied zwischen der Psychologie des Kindes und der des Erwachsenen. Es gibt also eine besondere innere Lebenskraft, welche die wunderbaren natürlichen Errungenschaften des Kindes erklärt. Stößt das Kind jedoch während einer Empfänglichkeitsperiode auf ein Hindernis für seine Arbeit, so erfolgt in der Seele des Kindes eine Art Zusammenbruch, eine Verbildung. Die Folge ist ein geistiges Martyrium, von dem wir noch so gut wie nichts verstehen, dessen Wundmale jedoch beinahe alle Menschen unwissentlich in sich tragen.

Die mit dem Wachstum verbundene innere Arbeit, d. h. das Erwerben der Charaktermerkmale, hat bisher nicht unsere volle Beachtung gefunden; aber eine lange Erfahrung hat uns gezeigt, wie schmerzhaft und heftig das Kind reagiert, sobald äußere Hindernisse sich seiner Lebensbetätigung in den Weg stellen. Da wir die Ursachen solcher Reaktionen nicht kennen, halten wir sie kurzerhand für unbegründet und begreifen den Widerstand nicht, den das Kind allen unseren Beruhigungsversuchen entgegensetzt. Das unbestimmte Wort »Launen« dient dazu, sehr verschiedenartige Erscheinungen zu bezeichnen: Für uns ist alles das »Laune«, was keine erkennbare Ursache hat, was uns unlogisch erscheint und sich doch nicht bezähmen lässt. Auch haben wir feststellen müssen, dass manche dieser »Launen« die Tendenz aufweisen, sich mit der Zeit immer weiter zu verstärken – ein klares Anzeichen für das Vorhandensein weiterwirkender Ursachen, für die wir offenbar die Heilmittel nicht gefunden haben.

Mit dem Wissen um die sensiblen Perioden werden uns viele dieser Launen plötzlich verständlich; nicht alle freilich, denn es gibt verschiedene Ursachen für die inneren Kämpfe, und nicht wenige Launen sind ihrerseits bereits Folgen von Abweichungen von der Norm, die durch irrige Behandlung nur immer schlimmer werden. Diejenigen Launen, deren Ursache in den durch die Empfänglichkeitsperioden bewirkten inneren Konflikten zu suchen sind, gehen ebenso rasch vorüber wie jene Empfänglichkeitsperioden selbst und hinterlassen im Charakter des Kindes keine nachhaltigen Spuren. Dagegen ziehen sie die weit schwerwiegendere Folge einer Unvollständigkeit in der

Entwicklung nach sich und das Versäumte lässt sich späterhin bei der endgültigen Festlegung des Charakters nicht mehr nachholen.

Die Launen im Zusammenhang mit einer Empfänglichkeitsperiode stellen den Ausdruck unbefriedigter Bedürfnisse dar und bilden das Alarmzeichen für eine falsche, gefährliche Seelenlage. Sie verschwinden sofort, wenn es uns gelingt, sie zu verstehen und die hinter ihnen verborgenen Bedürfnisse zu befriedigen. Man beobachtet dann eine plötzlich einsetzende Ruhe, die nach den vorausgegangenen Aufregungszuständen geradezu einen krankhaften Eindruck machen kann. Hinter jeder Kundgebung des Kindes, die wir als Laune bezeichnen, muss also eine wirkende Ursache gesucht werden. Diese kann uns, einmal erkannt, dahin führen, tiefer in die geheimnisvollen Gründe der Kinderseele einzudringen und kann so zur Schaffung eines friedlichen Vertrauensverhältnisses zwischen uns und dem Kinde beitragen.

EINSICHT IN DAS WIRKEN DER SENSIBLEN PERIODEN

Wie durch eine Ritze vermögen wir während der Empfänglichkeitsperiode des Kindes in dessen werdendes Seelenleben hineinzublicken. Wir sehen dann sozusagen die inneren Organe dieser Seele am Werk, psychisches Wachstum hervorzubringen. Dabei zeigt es sich, dass die seelische Entwicklung nicht zufällig erfolgt und nicht von äußeren Eindrücken verursacht wird, sondern von dem Wechsel der Empfänglichkeiten, das heißt von vorübergehend auftretenden Instinkten, mit denen die Erwerbung verschiedener Fähigkeiten verbunden ist. Zwar dient die Umwelt hierbei als Material, aber sie hat für sich allein keine aufbauende Kraft. Sie liefert nur die erforderlichen Mittel, vergleichbar den lebenswichtigen Stoffen, die der Körper durch Verdauung und Atmung von außen her aufnimmt.

Die innere Empfänglichkeit bestimmt, was aus der Vielfalt der Umwelt jeweils aufgenommen werden soll und welche Situationen für das augenblickliche Entwicklungsstadium die vorteilhaftesten sind. Sie ist es, die bewirkt, dass das Kind auf gewisse Dinge achtet und auf andere nicht. Sobald eine solche Empfänglichkeit in der Seele des Kindes aufleuchtet, ist es, als ob ein Lichtstrahl von ihr ausginge, der nur bestimmte Gegenstände erhellt, andere hingegen im Dunkel lässt. Die ganze Wahrnehmungswelt des Kindes beschränkt sich dann mit einem Male auf diesen einen hell erleuchteten Bezirk. Nicht nur, dass das Kind jetzt das lebhafte Bedürfnis empfindet, sich in bestimmte Situationen zu versetzen und bestimmte Dinge um sich zu haben; es entwickelt auch eine besondere, ja einzigartige Fähigkeit, diese Elemente seinem seelischen Wachstum dienstbar zu machen. Während solcher Empfänglichkeitsperioden lernt es etwa, sich in seiner Umwelt zurechtzufinden oder sein motorisches Muskelsystem bis in die feinsten Einzelheiten zu beherrschen.

Hier, in diesen Empfänglichkeitsbeziehungen zwischen Kind und Umwelt, liegt der Schlüssel zu der geheimnisvollen Tiefenschicht, in der sich das wunderbare Wachstum des geistigen Embryos vollzieht.

Wir können uns diese großartige Schöpfertätigkeit als eine Aufeinanderfolge von aus dem Unbewussten auftauchenden, starken Emotionen vorstellen, die bei ihrer Berührung mit der Umwelt zur Bildung des menschlichen Bewusstseins führen. Ihr Weg führt von der Unbestimmtheit über die Bestimmtheit zur Tätigkeit, wie wir dies am Beispiel der Erwerbung des Sprechvermögens gut beobachten können.

Zuerst bilden die Geräusche, die aus der Umwelt auf das Kind eindringen, ein wirres, unfassbares Durcheinander. Dann aber wird das Kind mit einem Male gerade von jenen Lauten, die der ihm noch unverständlichen artikulierten Sprache angehören, bezaubert und angezogen; seine Seele, in der noch kein Gedanke ist, lauscht ihnen wie einer Art Musik und füllt sich damit an. Wie ein elektrischer Schlag geht es durch die kindlichen Muskeln – nicht durch alle, sondern nur durch jene, die bisher nichts anderes hervorgebracht haben als ungeformtes Geschrei. Diese Muskelgruppen erwachen nun plötzlich und beginnen, sich geregelt und diszipliniert zu bewegen, und mit der neu erworbenen Ordnung ihrer Tätigkeit verändern sich auch die von ihnen hervorgebrachten Laute. Dies wird für die Zukunft des geistigen Embryos von weittragender Bedeutung sein, doch das Kind lebt nur in seiner Gegenwart und konzentriert sich ausschließlich auf diese. Noch weiß es nicht, zu welchen glorreichen Errungenschaften es weiterhin berufen sein wird.

Sein Ohr beginnt zu unterscheiden, seine Zunge bewegt sich nach neuen Impulsen. Diese Zunge, die bisher nur gesaugt hat, wird unwiderstehlich dazu genötigt, die Berührung der Kehle, der Lippen, der Wangen zu suchen. Noch scheint dies alles keinen Zweck zu haben, zu nichts nütze zu sein. Das Kind führt diese Bewegungen nur darum aus, weil es dabei ein unaussprechliches Wonnegefühl empfindet.

Dieses ihm eingeborene Wonnegefühl drückt es mit seinem ganzen Körper aus, wenn es mit angespannten Gliedmaßen, geschlossenen Fäusten und aufgerichtetem Kopf dasitzt und den Blick auf die sich bewegenden Lippen des redenden Erwachsenen heftet.

So scheint jede Empfänglichkeitsperiode einem göttlichen Anhauch zu entsprechen, der die tote Materie durch den Geist belebt.

Ein Drama spielt sich im Inneren des Kindes ab und es ist ein Drama der Liebe; es stellt die einzige, große Wirklichkeit des kindlichen Seelenlebens dar und erfüllt dieses völlig. Diese großartige Aufbautätigkeit des Kindes jedoch, die ihre unaustilgbaren Spuren hinterlässt und das künftige Leben des Menschen vorherbestimmt, vollzieht sich in der Demut des Schweigens.

Ruhig und unbeachtet geht alles vor sich, so lange, bis die Gegebenheiten der Umwelt hinlänglich mit den inneren Bedürfnissen des Kindes übereinstimmen. Nehmen wir nochmals den Fall der Sprache, dieser schwierigsten unter den Errungenschaften des Kindes, die auch der wichtigsten Empfänglichkeitsperiode entspricht: Hier bleibt die ganze Vorbereitungsarbeit im Dunkel, denn das Kind ist ja immer von Menschen umgeben, die sprechen und die ihm damit die Elemente für den Aufbau seines Sprachvermögens liefern. Das einzige Anzeichen, an dem sich das Einsetzen der sensiblen Periode für die Sprache von außen her erkennen lässt, ist das Lächeln des Kindes, seine offenbare Freude, wenn ihm kurze Wörter klar und erkennbar vorgesprochen werden oder wenn ihm der Erwachsene beim Schlafengehen ein Schlummerlied mit immer denselben Worten vorsingt. In einem Zustand seligen Friedens verlässt das Kind dann die Welt seines Bewusstseins, um in die Ruhe des Traumes hinüberzugleiten. Wir wissen dies sehr wohl und bedenken das Kind deshalb mit kleinen Koseworten, um von ihm als Gegengabe sein lebensvolles Lächeln zu erhalten; und seit Menschengedenken suchen die Eltern deshalb des Abends das Bett des Kindes auf, das so gierig nach Wort und Musik verlangt wie der Sterbende nach tröstendem Zuspruch.

Dies sind sozusagen die positiven Anzeichen für das Eintreten einer Empfänglichkeitsperiode. Aber es gibt auch andere, weit augenfälligere Anzeichen negativer Art. Sie treten dann auf, wenn in der Umwelt sich dem inneren Funktionieren ein Hindernis entgegenstellt. Das Vorhandensein einer Empfänglichkeitsperiode kann dann heftige Ausbrüche und eine Verzweiflung bewirken, die wir für grundlos halten und daher Launen nennen. Launen sind der Ausdruck einer seelischen Störung, eines unbefriedigten Bedürfnisses, das einen Spannungszustand hervorruft; sie stellen einen Versuch der Seele dar, das ihr Zukommende zu fordern und sich gegen einen ihr unerträglichen Zustand zur Wehr zu setzen.

Wir bemerken jetzt eine Zunahme nutzloser, unkoordinierter Tätigkeit, vergleichbar jenem hohen Fieber, das die Kinder unvermittelt befällt, ohne dass ihm eine entsprechende pathologische Ursache zugrunde liegt. Man weiß, dass kleine gesundheitliche Störungen, bei denen der Erwachsene nahezu normal bleiben würde, bei kleinen Kindern oft beängstigende Temperaturerhöhungen bewirken. Es handelt sich dabei um eine Art von phantastischem Fieber, das ebenso rasch verschwindet, wie es aufgetreten ist. In ähnlicher Weise lösen auch im kindlichen Seelenleben nicht selten geringfügige Ursachen heftige Aufregungszustände aus, und zwar dann, wenn die gesteigerte Empfänglichkeit des Kindes betroffen ist. Man hat diese Reaktionen immer beobachtet; ja, die kindlichen Launen, die fast unmittelbar nach der Geburt aufzutreten beginnen, sind sogar als Beweise für die eingeborene Verderbtheit des Menschengeschlechtes angesehen worden. Nun, wenn wir jede Funktionsstörung des Körpers als Krankheit ansprechen, so müssen auch die Störungen seelischer Funktionen als Krankheit bewertet werden und in diesem Sinne sind die ersten Launen des Kindes nichts anderes als die ersten Krankheiten der Seele.

Man hat gerade die Launen stets beachtet, weil alles Krankhafte immer zuerst ins Auge fällt. Nie ist es der Ruhezustand, der Probleme aufwirft und zum Nachdenken herausfordert, sondern immer der Umsturz, die Unruhen. Was in der Natur am deutlichsten hervortritt, sind nicht ihre Gesetze, sondern ihre Irrtümer. Daher achtet denn auch niemand auf die fast unmerklichen äußeren Anzeichen, die das Schöpfungswerk des Lebens begleiten, und auf die Funktionen, die seiner Erhaltung dienen. Alles, was der Schöpfung und Erhaltung dient, bleibt zumeist im Verborgenen.

Es geht mit den Dingen des Lebens ähnlich wie mit den Gegenständen, die der Mensch erzeugt: Sie werden ins Schaufenster gelegt, wenn sie bereits fix und fertig sind; die Werkstätten aber, in denen sie entstehen, bleiben dem Publikum verschlossen, obwohl sie das Interessanteste wären. Was am lebendigen Körper am meisten Bewunderung verdient, ist ohne Zweifel das Funktionieren der verschiedenen inneren Organe; die jedoch bekommt niemand zu sehen, ja wir fühlen sie nicht einmal. Das Individuum selbst, das sie besitzt und durch sie lebt, merkt nicht ihre erstaunliche Organisation. Die Natur arbeitet und lässt dabei, gemäß der christlichen Vorschrift, »die Rechte nicht wissen, was die Linke tut«. Wir nennen das harmonische Gleichgewicht zusammenwirkender Energien »Gesundheit« oder »Normalität«. Gesundheit ist der Sieg des Ganzen über das Einzelne, des Zwecks über die Ursachen.

Wir achten auf jede Einzelheit der Krankheiten, während das wunderbare Wirken der Gesundheit oft unbeachtet und unerkannt bleibt. Die Geschichte der Medizin zeigt uns in der Tat, dass man bereits in den frühesten Zeiten Krankheiten gekannt hat. Der prähistorische Mensch weist Spuren chirurgischer Behandlung auf und die Wurzeln der Heilkunde reichen in die ägyptische und griechische Kultur zurück. Hingegen ist die Entdeckung der Funktionsweise der inneren Organe ganz jungen Datums. Die des Blutkreislaufes fällt ins siebzehnte Jahrhundert unserer Zeitrechnung. Die erste anatomische Sektion eines Menschenkörpers zum Studium der inneren Organe wurde um das Jahr 1600 vorgenommen und noch in der Folgezeit war es jedes Mal die Pathologie, das heißt die Krankheit, die indirekt zur Entdeckung der Geheimnisse der Physiologie, das heißt der normalen Organfunktionen führte.

Es ist daher nicht zu verwundern, wenn auch am Kinde vorwiegend die seelischen Krankheiten hervorgehoben wurden, während das normale Funktionieren der kindlichen Seele in tiefstes Dunkel gehüllt bleibt. Das ist umso verständlicher angesichts der besonders zarten Natur dieser seelischen Funktionen, die sich im Schatten, im Geheimnis heranbilden und sich lange Zeit in keiner Weise kundgeben können.

Die Behauptung ist etwas überraschend, aber keineswegs unsinnig: Der Erwachsene hat nur die Krankheiten der Kinderseele kennengelernt, nicht jedoch deren Gesundheit. Die Seele blieb verborgen wie die vielen unentdeckten Energien im Weltall.

Das gesunde Kind gleicht dem mythischen Menschen, von dem es heißt, Gott habe ihn nach seinem Ebenbild geschaffen. Diesen Menschen hat nie jemand gesehen, denn was wir kennen, ist nur seine von allem Anbeginn verderbte Nachkommenschaft.

Wenn dem Kind keine Hilfe zuteil wird, wenn es nicht in einer dafür vorbereiteten Umwelt empfangen wird, dann befindet sich sein seelisches Leben in steter Gefahr. Das Kind wird gleichsam ins Leben ausgesetzt und im Stich gelassen. Es ist verderblichen Zusammenstößen und Kämpfen um sein seelisches Dasein ausgesetzt, die sich zwar im Unterbewussten abspielen, nichtsdestoweniger aber real sind und für den endgültigen Aufbau des Individuums verhängnisvolle Folgen haben.

Der Erwachsene hilft dem Kinde nicht, weil er von dem Kraftaufwand nichts ahnt, den es zu vollbringen hat, und daher auch nichts von dem *Wunder* merkt, das sich hier verwirklicht. Es ist das Wunder der Schöpfung, vollbracht von einem Wesen, das scheinbar gar kein Seelenleben besitzt.

Was nottut, ist somit eine neue Behandlungsweise des Kindes, das bisher als ein vegetativer, lediglich hygienischer Fürsorge bedürftiger kleiner Körper angesehen worden ist. Wir müssen lernen, den Kundgebungen des kindlichen Seelenlebens den Vorrang einzuräumen und damit dem Werdenden beizustehen, nicht bloß dem bereits Gewordenen. Der Erwachsene darf nicht länger blind bleiben angesichts der seelischen Realität, die sich im Neugeborenen verwirklicht. Er kann ihm freilich nicht dabei helfen, sich selbst aufzubauen, denn das besorgt die Natur allein; aber er muss die Kundgebungen dieser Aufbauarbeit respektieren und die dafür erforderlichen Mittel bereitstellen, jene Mittel, die sich das Kind aus eigener Kraft nicht verschaffen kann.

Wenn dies so ist, wenn das kleine Kind mit seinen verborgenen Kräften noch ein Geheimnis für uns ist und wenn das kindliche Seelenleben sich auf einem Hintergrund von Funktionsstörungen, von Krankheiten abspielt, so muss sich mit Notwendigkeit eine große Zahl von seelisch verbildeten Individuen ergeben. Als es noch keine Kinderhygiene gab, war vor allem die hohe Zahl der Todesfälle bestürzend; aber dies war nicht die einzige Folge der damaligen Zustände, vielmehr gab es unter den Überlebenden eine Unmenge von Blinden, Rachitikern, Krüppeln, Gelähmten, von Missgeburten und organisch geschwächten, für Tuberkulose, Lepra, die Skrofeln und andere Ansteckungskrankheiten prädisponierten Individuen.

Nicht viel anders ist das Bild, das sich uns in seelischer Hinsicht heute noch bietet. Wir haben keine seelische Kinderhygiene, wir verstehen es nicht, den Neugeborenen eine schützende und rettende Umwelt zu bereiten, ja wir wissen nichts von den verborgenen Funktionen des kindlichen Seelenlebens und seinen Bemühungen, zur geistigen Harmonie zu gelangen.

Die Folge hiervon sind vor allem tote Seelen, aber auch verkrüppelte, blinde, schwache, in der Entwicklung gehemmte Seelen in großer Zahl, und obendrein Hochmut, Machtgier, Geiz, Jähzorn, Wirrköpfigkeit, alles Charakterzüge, die sich dann entwickeln, wenn die seelischen Funktionen durcheinandergeraten sind. Dieses Bild ist nicht eine rednerische Floskel, ein Vergleich: Es ist nicht mehr und nicht weniger als die fürchterliche Wirklichkeit eines seelischen Zustandes von heute, dargestellt mit den Ausdrücken eines physischen Zustandes von gestern.

Kleine Ursachen, die dort wirksam sind, wo der Ursprung des Lebens liegt, können die weitreichendsten Wirkungen haben. Der Mensch wächst und reift dann in einer geistigen Umwelt heran, die nicht die ihm gemäße ist. Er hat, mit den Worten der Überlieferung, das Paradies seines Lebens verloren.

BEOBACHTUNGEN UND BEISPIELE

Es ist nicht möglich, für den Nachweis des Seelenlebens im ganz kleinen Kind seine Zuflucht zu wissenschaftlichen Experimenten zu nehmen, wie die Experimentalpsychologie sie anzustellen pflegt. Ähnliches gilt von den Versuchen einiger moderner Psychologen, die mit Hilfe von Reizen die Aufmerksamkeit des Kindes wecken und eine gewisse motorische Reaktion erwarten, die eine psychische Antwort darstellen soll.

Nichts lässt sich überhaupt beweisen bis zu einem Alter (noch vor dem beendeten ersten Jahre), wo bereits ein Zusammenhang zwischen Geist und Bewegungsorganen besteht, die Beseelung oder Inkarnation also schon in der Entwicklung ist. In jedem Falle aber muss ein, sei es auch embryonales, Seelenleben früher da sein als jegliche Art willentlicher Bewegung.

Schon der erste Bewegungsimpuls des Kindes wird durch ein Gefühl veranlasst. So hat Lewin mittels seiner psychologischen Lehrfilme gezeigt, wie schon ein ganz kleines Kind, das einen Gegenstand begehrt, diesem unter Anspannung aller seiner Körpermuskeln zustrebt. Erst viel später wird es imstande sein, dank seinem vorgeschrittenen motorischen Koordinierungsvermögen, die verschiedenen Muskelgruppen voneinander zu trennen und bloß die Hand nach dem begehrten Gegenstand auszustrecken.

Ein vier Monate altes Kind betrachtet bereits aufmerksam den Mund des sprechenden Erwachsenen, vollführt dabei unbestimmte Lippenbewegungen und hält den Kopf ganz steif und aufrecht, offensichtlich angezogen von diesem interessanten Phänomen. Erst mit sechs Monaten wird dieses Kind anfangen, selbst ein paar Silben zu artikulieren, aber schon ehe das laute Artikulieren beginnt, ist ein merkliches Interesse für Lautverbindungen bemerkbar und die verborgene Arbeit der Belebung der eigenen Sprachorgane setzt ein, was wiederum beweist, wie dem Akt ein seelischer Ansporn vorausgeht. Dergleichen Sensibilitäten lassen sich wohl beobachten, nicht aber durch Experimente erforschen. Solche Experimente, wie sie von den Anhängern der Experimentalpsychologie versucht worden sind, stellen nämlich ihrerseits äußere Faktoren dar, die zur unrechten Zeit bestimmte kindliche Energien wecken und dadurch die gesunde seelische Entwicklung gefährden können.

Die Beobachtung des kindlichen Seelenlebens muss in ähnlicher Weise erfolgen, wie Fabre die Insekten beobachtete, der nämlich in ihre natürliche Umwelt ging und sich dort versteckte, damit nichts den normalen Lebensablauf der beobachteten Lebewesen störe. Man kann damit beginnen, sobald die Sinne des Kindes, gleich Greiforganen, bewusste Außenwelt-Eindrücke erfassen und ansammeln und das Kind sein Leben aus Materialien seiner Umwelt aufbaut.

Hierbei sind weder komplizierte Vorrichtungen noch besondere Fähigkeiten erforderlich und es bedarf keiner scharfsinnigen Deutungsfähigkeit; es genügt die innere Bereitschaft, der Kinderseele zu Hilfe zu kommen, und unsere Logik reicht völlig dazu aus, uns in Verbündete des Kindes zu verwandeln.

Ein Beispiel möge zeigen, wie einfach diese Aufgabe ist, und wir wollen dabei von einer besonders augenfälligen Einzelheit ausgehen. Es gilt als ausgemacht, dass das Kleinkind stets liegen muss, weil es nicht imstande ist, sich auf den Beinen zu halten. Es soll seine ersten Sinneseindrücke aus der Umwelt beziehen, vom Himmel wie von der Erde, zugleich aber verwehrt man ihm den Anblick des Himmels. Was es zu sehen bekommt, ist bestenfalls die weiße und glatte Zimmerdecke oder der Baldachin über seinem Bettchen. Wie soll es da seinem hungrigen Geist Eindrücke zuführen?

Die Erkenntnis, dass das Kind etwas braucht, das es anschauen kann, hat dazu geführt, dass ihm gewisse Gegenstände gezeigt werden, die seine schädliche Isolierung von der Umwelt durchbrechen sollen. So bindet man also einen an einem Faden hängenden Ball oder einen anderen hin- und herschwingenden

Gegenstand an das Kinderbett, in der Absicht, den Säugling zu zerstreuen. Dieser, begierig, Bildeindrücke aus der Umwelt in sich aufzunehmen, folgt dem hin- und herschwingenden Gegenstand, und da er noch nicht imstande ist, den Kopf zu bewegen, muss er seinen Augen eine völlig unnatürliche Anstrengung zumuten. Diese schädliche Anstrengung ist eine Folge der unzweckmäßigen und künstlichen Lage, in der sich das Kind befindet.

Es würde genügen, das Kind ein wenig aufzurichten und ihm eine leicht geneigte, stützende Unterlage zu geben, und schon könnte sein Blick die ganze Umwelt erfassen. Besser noch wäre es, sein Bettchen befände sich in einem Garten, wo sein Auge die sanft sich wiegenden Bäume, Blumen und Vögel vor sich hätte.

Dabei ist es notwendig, dass sich längere Zeit hindurch stets dieselben Dinge im Blickfeld des Kindes befinden, denn erst dadurch lernt es, sie wiederzuerkennen, sie immer am gleichen Ort wiederzufinden und zwischen dem Ortswechsel verschobener Gegenstände und den Bewegungen lebendiger Wesen zu unterscheiden.

8. Kapitel

DER ORDNUNGSSINN

Eine der wichtigsten und geheimnisvollsten sensiblen Perioden ist jene, die das Kind überaus sensibel macht für Ordnung.

Schon im ersten Lebensjahr gibt sich diese Empfänglichkeit kund, und sie dauert auch während des zweiten an.

Es mag verwunderlich und verstiegen klingen, wenn wir behaupten, dass das Kind eine Empfänglichkeitsperiode für äußere Ordnung durchlebe; herrscht doch allgemein die Überzeugung, das Kind sei seiner Natur nach unordentlich.

Nun ist es jedoch sehr schwierig, eine so zarte Fähigkeit richtig zu beurteilen, wenn das Kind in einer geschlossenen Umwelt von der Art einer Stadtwohnung lebt, in einer Umwelt also voll großer und kleiner Gegenstände, die der Erwachsene aus Gründen, die dem Kinde völlig unbegreiflich bleiben, dauernd verschiebt und verstellt. Gerade wenn sich im Kinde ein starker Ordnungssinn entwickelt, stößt dieser in einer solchen Umgebung auf eine Fülle von Hindernissen und das ruft in der kindlichen Seele einen abnormen Zustand hervor.

Geschieht es nicht sehr oft, dass das Kind ohne erkennbare Ursache zu weinen beginnt und sich gar nicht beruhigen lässt?

Wie wenig weiß der Erwachsene von den tiefen Geheimnissen

in der Seele des kleinen Wesens, das in seiner nächsten Nähe lebt! Es genügt aber der Hinweis, dass das Kind einer uns unbekannten inneren Nötigung nachleben möchte, und der Erwachsene wird darauf aufmerksam und kann die besondere Art der Gefühle gewahren, die das Kind bei solchem Anlass an den Tag legt.

Kleine Kinder zeigen eine charakteristische Liebe für Ordnung. Im Alter von anderthalb bis zwei Jahren bringen sie bereits deutlich, wenn auch in verworrener Form, das Bedürfnis nach Ordnung in ihrer Umwelt zum Ausdruck. Das Kind kann nicht in Unordnung leben, sie verursacht ihm Pein und diese Pein wieder äußert sich in verzweifeltem Weinen, unter Umständen in einem dauernden Aufregungszustand, der den Anschein einer richtigen Krankheit erwecken kann. Das Kleinkind bemerkt sofort eine Ordnungswidrigkeit, die der Erwachsene und das größere Kind leicht übersehen können. Ganz offenkundig besitzt es eine Empfänglichkeit für Ordnung, die mit zunehmendem Alter wieder verschwindet, eine jener zeitweisen, für das in Entwicklung begriffene Wesen bezeichnenden Empfänglichkeiten, von denen wir genügend gesprochen haben; es handelt sich hierbei um eine der wichtigsten und geheimnisvollsten sensiblen Perioden.

Ist die Umwelt den Bedürfnissen des Kindes in dieser Phase nicht angepasst und lebt das Kind inmitten von Erwachsenen, können die so ungemein interessanten Kundgebungen dieser Empfänglichkeit, statt eine friedliche Entwicklung zu nehmen, in Angstzustände, rätselhaftes Verhalten und Launenhaftigkeit umschlagen?

Der Erwachsene, der bei einem Kind eine positive Kundgebung dieser Empfänglichkeit, also einen Ausdruck von Begeisterung und Freude im Zusammenhang mit einer Befriedigung des Ordnungsbedürfnisses feststellen will, muss ein offenes Auge für dergleichen kinderpsychologische Studien besitzen, dies umso mehr, als sich die Empfänglichkeitsperiode für Ordnung bereits in den ersten Monaten einstellt. Nur Pflegerinnen, die mit unseren Grundsätzen vertraut sind, werden von Beispielen dieser Art zu berichten wissen. So fiel es einer solchen Pflegerin auf, dass das fünf Monate alte Kind, das sie in einem Privatgarten langsam im Wägelchen spazieren fuhr, Interesse und Freude beim Anblick einer in die gelbe Mauer eingelassenen weißen Marmorplatte bekundete. Obgleich der Garten mit schönsten Blumen angefüllt war, geriet das Kind gerade beim Vorbeifahren an der Marmorplatte in freudige Erregung. Die Pflegerin hielt daher das Wägelchen jeden Tag vor diesem Gegenstand an, von dem niemand vermutet hätte, dass er einem fünf Monate alten Kind ein dauerndes Vergnügen bereiten könne.

Handelte es sich in diesem Falle offenbar um die Freude, denselben Gegenstand immer an demselben Platz wiederzufinden, so lässt sich die Wirksamkeit dieser sensiblen Periode meist am deutlichsten an der Reaktion des Kindes auf Störungen einer gewohnten Ordnung erkennen. Das nachfolgende Beispiel hat sich tatsächlich ereignet: Es handelt sich um eine kleine Familienszene mit einem sechs Monate alten Kind als Hauptperson. Im Kinderzimmer erscheint eines Tages eine Dame zu Besuch und legt ihren Sonnenschirm auf einen Tisch. Das Kind gerät in Erregung, aber offenkundig nicht über die Dame, sondern über den Schirm, denn es starrt ihn zuerst eine Weile an und beginnt dann zu weinen. Die Dame deutet dies als Wunsch nach dem Schirm und reicht ihn der Kleinen eiligst unter Lächeln und den üblichen Koseworten. Doch die Kleine stößt den Schirm von sich und schreit weiter. Was tun? Hier zeichnet sich offenbar eine jener Launen ab, die sich bei kleinen Kindern fast von Geburt an einzustellen pflegen. Mit einem Male nimmt die Mutter, die etwas von den besprochenen Kundgebungen kindlicher Seelenzustände versteht, den Schirm vom Tisch und trägt ihn ins Nebenzimmer. Schlagartig beruhigt sich das Kind. Ursache für seinen Kummer war der Schirm auf dem Tisch gewesen, das heißt ein dort nicht hingehörender Gegenstand, der das Bild der übrigen Dinge in der Lage und Ordnung, wie das Kind sie gewohnt war, auf das Empfindlichste gestört hatte.

In einem anderen Falle handelte es sich um ein bereits anderthalbjähriges Kind und ich selber nahm an der Szene aktiven Anteil. Ich befand mich mit einer kleinen Gesellschaft in Neapel beim Durchschreiten der Grotte des Nero. Unter uns war eine junge Frau und führte an der Hand ein Kind, das eigentlich zu klein war, um diesen langen unterirdischen Weg zu Fuß zurückzulegen.

Tatsächlich wurde das Kind nach einer Weile müde, worauf die Mutter es auf den Arm nahm. Doch sie selber hatte ihre Kräfte nicht richtig eingeschätzt. Ihr wurde heiß und sie blieb stehen, um ihren Mantel auszuziehen und über den Arm zu legen. Als sie darauf das Kind wieder aufnehmen wollte, begann dieses zu weinen und immer heftiger zu schreien. Vergebens bemühte sich die Mutter, es zu beruhigen. Sie war erschöpft und wurde sichtlich nervös. Das Gebrüll des Kindes ging der ganzen Gesellschaft auf die Nerven und man suchte der Mutter zu Hilfe zu kommen. Das Kind wanderte also von Arm zu Arm und wurde dabei nur immer aufgeregter. Jeder suchte ihm gut zuzureden oder schalt es aus, was die Situation nur noch weiter verschlimmerte. Es blieb nichts übrig, als dass die Mutter den Jungen wieder zu sich nahm. Jetzt aber war dessen sogenannte Laune schon so weit gediehen, dass die Lage hoffnungslos erschien.

An diesem Punkte griff der Führer ein und nahm mit seiner männlichen Energie das Kind in seine kräftigen Arme. Die Reaktion des Jungen war von außerordentlicher Heftigkeit. Ich überlegte, dass dergleichen Reaktionen stets eine psychologische Ursache haben, die mit einer Sensibilität des Kindes zusammenhängt, und beschloss, einen Versuch zu wagen. Ich trat also auf die Mutter zu und sagte: »Gestatten Sie, dass ich Ihnen helfe, Ihren Mantel wieder anzuziehen?« Sie sah mich verdutzt an, denn ihr war heiß, aber in ihrer Ratlosigkeit gehorchte sie mir. Sofort beruhigte sich das Kind, hörte auf zu weinen und sagte mehrmals: »To palda«, was wohl so viel heißen sollte wie »Auf Schulter«, also: »Ja, die Mutter soll den Mantel über den Schultern tragen.« Es war, als dächte es: »Endlich habt ihr mich begriffen!« Die Hände nach der Mutter ausgestreckt, lächelte es ihr zu und der Rest der Wanderung verlief völlig friedlich. Der Mantel war nach Ansicht des Kindes eben dazu da, über den Schultern und nicht wie ein nutzloser Fetzen auf dem Arm getragen zu werden. Diese Unordnung an der Person der Mutter hatte in der Seele des Kindes einen quälenden Konflikt hervorgerufen.

Eine andere Familienszene, der ich ebenfalls beiwohnte, war nicht minder aufschlussreich. Die Mutter eines fast zweijährigen Mädchens war krank und ruhte in einem Lehnsessel, auf den das Dienstmädchen zwei Kissen gelegt hatte. Die Kleine kam heran und verlangte nach »einer Geschichte«. Welche Mutter lässt sich zweimal bitten, wenn sie ihrem Kind ein Märchen erzählen soll? Also begann auch die Dame zu erzählen, obwohl sie sich unwohl fühlte, und die Kleine folgte mit größter Aufmerksamkeit. Doch die Schmerzen der Mutter verstärkten sich dermaßen, dass sie nicht fortfahren konnte und sich im Nebenzimmer zu Bett bringen lassen musste. Das kleine Mädchen blieb bei dem Sessel zurück und begann zu weinen. Es schien klar, dass sie deswegen weinte, weil die Mutter krank war, und man bemühte sich, sie zu beruhigen. Als jedoch das Dienstmädchen kam und die beiden Kissen aus dem Lehnsessel nehmen und ins Schlafzimmer tragen wollte, begann die Kleine zu schreien »Nein, die Kissen nicht! ...«, so als wollte sie sagen: »Lasst doch wenigstens etwas an seinem Platz!«

Unter Liebkosungen und Schmeichelworten wurde die Kleine hierauf an das Bett der Mutter geführt, die trotz ihrer Schmerzen das Märchen weiterzuerzählen begann, in der Annahme, die geweckte Neugier des Kindes verlange nach Befriedigung. Doch schluchzend und mit tränennassem Gesicht sagte die

Kleine: »Mama, Lehnsessel!« Die Mutter sollte also weiterhin im Lehnsessel sitzen.

Das Märchen interessierte das Kind jetzt nicht mehr: Die Mutter und die Kissen hatten den Platz gewechselt, das in einem Zimmer begonnene Märchen war in einem anderen fortgesetzt worden und die Folge war ein dramatischer, nicht so bald wiedergutzumachender Konflikt in der kindlichen Seele.

Diese Beispiele zeigen die Stärke des Ordnungsinstinktes. Was daran besonders überraschen muss, ist das frühzeitige Auftreten seiner Kundgebung, denn beim Zweijährigen wird das Ordnungsbedürfnis bereits zu einem Beweggrund für praktisches Handeln, womit seine störende Wirkung auf das Seelenleben abzuklingen beginnt. Man kann in unseren Kinderhäusern eine außerordentlich interessante Erscheinung beobachten: Befindet sich ein Gegenstand nicht an der ihm zukommenden Stelle, so bemerkt das zweijährige Kind dies sofort und bringt die Sache in Ordnung. Es bemerkt Unordnung selbst in kleinen Einzelheiten, an denen Erwachsene und auch ältere Kinder achtlos vorübergehen – wenn etwa ein Stückchen Seife auf dem Waschtisch liegt und nicht in der Seifenschüssel. Ein Stuhl steht ein wenig schief und schon rückt ihn das zweijährige Kind zurecht. Auf einer Ausstellung in San Francisco im Eröffnungsjahr des Panamakanals konnte jedermann Vorfälle dieser Art in dem Glaspavillon unserer Schule beobachten. Ein Zweijähriger beschäftigte sich nach Beendigung der täglichen Schularbeit aus eigenem Antrieb damit, alle Stühle längs der Wand genau ausgerichtet aufzustellen. Bei dieser Beschäftigung schien er über etwas nachzudenken. Während er eines Tages einen großen Sessel an Ort und Stelle rückte, hielt er plötzlich unentschlossen inne, kehrte nochmals um und stellte den Sessel schräg. Und so sollte dieser Sessel auch tatsächlich stehen.

Man möchte sagen, die Ordnung stellt für das Kind einen Anreiz, eine Aufforderung zum Handeln dar. Aber darüber hinaus ist sie fraglos eines von den Bedürfnissen des Lebens, deren Befriedigung wirklichen Genuss bereitet. Immer wieder können wir in unseren Schulen beobachten, wie die Kinder auch in der Altersstufe von drei und vier Jahren nach jeder Übung freiwillig und freudig die dabei benutzten Dinge wieder aufräumen. Ordnung bedeutet, die Lage der Gegenstände im Raum kennen, sich an die Stelle erinnern, wo jedes Ding sich befindet. Das wieder bedeutet, sich in seiner Umwelt zurechtzufinden und sie in allen ihren Einzelheiten zu besitzen. Besitz der Seele ist nur diejenige Umwelt, die man kennt, in der man sich mit geschlossenen Augen bewegen und jeden gesuchten Gegenstand wiederfinden kann. Nur wenn es seine Umwelt auf diese Weise besitzt, ist das Kind ruhig und glücklich. Offenbar also ist die Ordnungsliebe, wie Kinder sie verstehen und empfinden, etwas, das weit über den kalten und trockenen Begriff hinausgeht, den wir Erwachsenen uns davon machen.

Für den Erwachsenen handelt es sich hierbei um eine äußerliche Annehmlichkeit, die uns im Übrigen mehr oder minder gleichgültig lässt. Das Kind aber formt sich mit Hilfe seiner Umwelt und solch ein innerer Aufbau kann nicht nach unbestimmten Formeln vor sich gehen, erfordert vielmehr eine genaue und bestimmte Führung.

Für das Kind ist die Ordnung das, was für uns der Boden ist, auf dem wir stehen, was für den Fisch das Wasser ist, in dem er schwimmt. Im frühen Kindesalter entnimmt der Menschengeist seiner Umwelt die Orientierungselemente, deren er für seine späteren Eroberungen bedürfen wird.

Dass alles dies sich in einer vitalen Freude widerspiegelt, ist aus verschiedenen Spielen sehr kleiner Kinder zu ersehen, deren Unlogik uns in Erstaunen versetzt und die ausschließlich auf dem Vergnügen beruhen, Gegenstände an dem ihnen zukommenden Platz vorzufinden. Ehe ich jedoch solche Spiele anführe, möchte ich von einem Erlebnis des Professors Piaget in Genf mit seinem Kind erzählen. Der Vater versteckte einen Gegenstand zuerst unter dem Kissen eines Sessels und dann, in

Abwesenheit des Kindes, unter dem Kissen eines zweiten, gegenüber befindlichen Sessels. Das Kind sollte den Gegenstand dort suchen, wo es ihn zuletzt gesehen hatte, und dann, da er sich nicht mehr dort befand, anderswo; und um ihm die Aufgabe zu erleichtern, hatte der Professor den Gegenstand wieder unter einem Sesselkissen verborgen. Das Kind jedoch beschränkte sich darauf, das Kissen des ersten Sessels abzuheben. Ohne weiterzusuchen, sagte es einfach: »Es ist nicht da!« Darauf wiederholte der Professor das Experiment, indem er vor den Augen des Kindes den Gegenstand von dem einen Sessel zum anderen trug. Aber auch diesmal wiederholte das Kind sein Betragen und die Worte: »Es ist nicht da!« Ärgerlich über so viel Unverstand, hob der Professor etwas ungeduldig das Kissen von dem zweiten Sessel und sagte: »Hast du denn nicht gesehen, dass ich's hierher gelegt habe?« – »Ja«, entgegnete das Kind, »aber es soll da sein!« Und es deutete dabei auf den ersten Sessel.

Es kam dem Kind gar nicht darauf an, den Gegenstand zu finden, sondern darauf, dass dieser Gegenstand wieder an seine richtige Stelle gelangte. Zweifellos war es der Meinung, sein Vater habe das Spiel nicht begriffen. Bestand denn dieses Spiel nicht eben darin, ein Ding dort zu finden, wo es hingehörte? Wenn also der Gegenstand nicht wieder unter das Kissen des ersten Sessels zurückkehrte, was für einen Sinn sollte dann das ganze Spiel haben?

Ich selbst war sehr verwundert, als ich anfing, das sogenannte Versteckenspielen zwei- bis dreijähriger Kinder zu beobachten. Die Kinder schienen bei solchen Gelegenheiten erregt, glücklich und höchst erwartungsvoll, ihr Versteckenspiel aber bestand in Folgendem: In Gegenwart der anderen hockte sich ein Kind unter ein Tischchen, das von einem bis zum Boden herabhängenden Tuch bedeckt war. Dann liefen alle übrigen aus dem Zimmer, kehrten alsbald wieder, hoben das Tuch auf und »fanden« unter Jubelgeschrei den darunter »versteckten« Spielkameraden. Das wiederholte sich viele Male. Der Reihe nach sagte jedes der Kinder: »Jetzt verstecke ich mich« und setzte sich unter das Tischchen. Ein andermal sah ich, wie größere Kinder zusammen mit einem kleinen Verstecken spielten. Das kleine Kind versteckte sich hinter einem Möbelstück und die Größeren taten so, als sähen sie es nicht, in der Annahme, ihm damit eine Freude zu machen. Doch das Kleine schrie alsbald: »Da bin ich!« mit einem Ausdruck, als wollte es sagen: »Habt ihr denn nicht gesehen, wo ich bin?«

Eines Tages nahm ich selber an einem dieser Spiele teil. Ich traf auf eine Gruppe von Kleinen, die freudig schrien und in die Hände klatschten, weil sie einen ihrer Spielkameraden hinter der Tür versteckt gefunden hatten. Sie kamen auf mich zu und forderten mich auf: »Spiel mit uns, versteck dich!« Ich sagte zu und alle liefen getreulich aus dem Zimmer, damit ich mich verstecken könne. Statt mich jedoch hinter die Tür zu stellen, verbarg ich mich in einem Winkel hinter einem Schrank. Als die Kleinen das Zimmer wieder betraten, suchten sie mich alle zusammen hinter der Tür. Ich wartete eine Weile, doch als ich dann bemerkte, dass sie gar nicht weitersuchten, kam ich aus meinem Versteck hervor. Die Kinder waren enttäuscht und traurig. »Warum hast du nicht mit uns gespielt?«, fragten sie. »Warum hast du dich nicht versteckt?«

Wenn es wahr ist, dass das Spiel dazu dient, Freude zu wecken (und die Kinder waren bei ihrem absurden Spiel sehr vergnügt), dann besteht die Freude bei Kindern eines bestimmten Alters einfach darin, alles dort zu finden, wo es hingehört. Sie deuten den Sinn des Versteckenspiels also dahin, dass es gelte, etwas aufzufinden, das man zwar nicht sieht, von dem man aber genau weiß, wo es sich befindet. Sie sagen sich offenbar: »Obwohl es unsichtbar ist, weiß ich doch, wo ich es finden kann, sogar mit geschlossenen Augen; denn ich bin ganz sicher, wo es versteckt ist.«

Alles das zeigt, dass die Natur dem Kinde die Sensibilität für Ordnung einpflanzt, um einen inneren Sinn aufzubauen, der nicht so sehr Unterscheidung zwischen den Dingen ist, als vielmehr das Erkennen der Beziehungen zwischen den Dingen. Dieser Sinn macht die ganze Umwelt des Kindes zu einem Ganzen, dessen Teile in einem Abhängigkeitsverhältnis zueinander stehen. In einer solchen, in ihren Zusammenhängen bekannten Umwelt vermag das Kind sich zu orientieren, sich zu bewegen und seine Zwecke zu erreichen. Ohne diese Fähigkeit, Beziehungen herzustellen, würde ihm jede Grundlage fehlen und es befände sich gleichsam in der Lage eines Menschen, der zwar Möbel besitzt, aber keine Wohnung, um sie darin aufzustellen. Wozu diente dem Kind eine Menge angehäufter Bildeindrücke ohne jene Ordnung, wodurch diese erst zu einem sinnvollen Ganzen werden? Würde der Mensch nur die ihn umgebenden Dinge kennen, nicht aber die Beziehungen zwischen ihnen, so fände er sich in einem ausweglosen Chaos. Das Kind leistet somit jene Vorbereitungsarbeit, auf Grund deren der Erwachsene dann imstande sein wird, sich im Leben zurechtzufinden und seinen Weg zu suchen. Während der sensiblen Perioden für Ordnung erteilt die Natur dem Menschen gleichsam eine erste Lektion; und sie verfährt dabei ähnlich wie der Lehrer, der den Schüler dazu anhält, einen Plan des Schulzimmers zu zeichnen, und ihn damit auf das Studium jener Landkarten vorbereitet, die die ganze Erdoberfläche darstellen. Man könnte auch sagen, die Natur händige dem Kind in dieser Periode einen Kompass aus, mit dessen Hilfe es sich in der Welt zurechtfinden kann. Es ist dies kaum weniger wichtig als jenes andere Geschenk – die Fähigkeit des kleinen Kindes, die Laute genau nachzuahmen, aus denen sich die Sprache zusammensetzt, jene Sprache mit ihren unendlichen Entwicklungsmöglichkeiten, die der Erwachsene im Laufe der Jahrhunderte immer weiter ausbaut. Die Intelligenz des Menschen taucht nicht plötzlich aus dem Nichts empor; sie baut auf Grundlagen auf, die das Kind während seiner sensiblen Perioden gelegt hat.

DIE INNERE ORDNUNG

Die Sensibilität für Ordnung tritt im Kinde gleichzeitig unter zwei Gesichtspunkten in Erscheinung: als Sinn für äußere Ordnung, welche die Beziehungen zwischen den Bestandteilen der Umwelt betrifft, und als Sinn für die innere Ordnung, die man auch den inneren Orientierungssinn nennen könnte. Er besteht im Innewerden und in der Lokalisierung der körperlichen Funktionen, die bei dem Entstehen der Körperbewegungen zusammenwirken.

Der innere Orientierungssinn ist von der Experimentalpsychologie studiert worden und man hat dabei das Bestehen eines »Muskelsinnes« festgestellt, der es uns gestattet, uns stets über die Lage unserer verschiedenen Gliedmaßen Rechenschaft abzulegen. Mit ihm geht eine besondere Art des Gedächtnisses Hand in Hand, das sogenannte Muskelgedächtnis.

Man ist auf diesem Weg zu einer völlig mechanischen Theorie gelangt, die sich auf Versuche mit bewusst ausgeführten Bewegungen gründet. Hat das Individuum etwa einen Arm bewegt, um einen Gegenstand zu ergreifen, so wird diese Bewegung vom Muskelsinn aufgenommen, geht in das Muskelgedächtnis über und kann jederzeit reproduziert werden. Der Mensch erarbeitet sich auf diese Weise schließlich jene vollständige innere Orientierung, die es ihm ermöglicht, nach Belieben den rechten oder den linken Arm zu bewegen, sich dahin oder dorthin zu wenden – alles auf Grund von Erfahrungen, die er mit der Zeit bei vernunft- und willensgemäß vorgenommenen Einzelbewegungen angesammelt hat.

Mit dieser Erklärung steht jedoch die Tatsache im Widerspruch, dass sich beim Kinde das Vorhandensein einer sehr entwickelten sensiblen Periode für die Lagen seines Körpers nachweisen lässt, noch ehe das Kind sich frei bewegen und somit Erfahrungen sammeln kann. Das heißt, die Natur bereitet eine besondere Sensibilität für die Haltungen und Stellungen des Körpers vor.

Die alten Theorien betrafen rein mechanische Zusammenhänge im Nervensystem; hingegen handelt es sich bei den sensiblen Perioden um seelische Vorgänge, das heißt um geistige Erleuchtungen und Schwingungen, die das Bewusstsein vorbereiten. Es sind die Energien, die vom Nicht-Existierenden ausgehen, um die grundlegenden Elemente zur Existenz zu bringen, mit deren Hilfe sich der zukünftige seelische Aufbau vollziehen wird. Den Anfang bildet somit ein Geschenk der Natur und die bewussten Erfahrungen können diesen Anfang nur weiter entwickeln. Den negativen Beweis, nicht nur für das Vorhandensein, sondern auch für die Heftigkeit dieser sensiblen Perioden liefern jene Fälle, in denen sich in der Umwelt des Kindes Hindernisse der ruhigen Entfaltung seiner schöpferischen Eroberungen in den Weg stellen. Dann tritt eine oft sehr heftige Erregung auf, die nicht nur alle Kennzeichen der wohlbekannten unverbesserlichen »Laune« aufweist, sondern den Anschein einer Krankheit erwecken kann. Diese Krankheit widersetzt sich jeder Kur, solange die sie verursachenden Umstände andauern.

Kaum ist hingegen das Hindernis beseitigt, so verschwinden sofort »Laune« wie Krankheit, womit deren wirklicher Grund überzeugend klargestellt erscheint.

Interessant durch seine besondere Klarheit ist der Fall, den eine englische Kinderpflegerin berichtete, die für einige Zeit die Familie des ihr anvertrauten Jungen verlassen musste und sich durch eine andere, ebenso fähige Pflegerin vertreten ließ. Diese stieß auf keinerlei Schwierigkeiten, bis es sich darum handelte, das Kind zu baden. Da nämlich geriet es in Aufregung und Verzweiflung. Es schrie nicht nur; es wehrte sich mit Händen und Füßen und suchte der Pflegerin zu entweichen, die sich vergebens bemühte, das Bad in jeder Beziehung einwandfrei zu bereiten. Schließlich begann der Kleine die Aushilfspflegerin zu hassen; er wurde erst wieder sanft und freundlich, als die erste Pflegerin zurückkehrte. Von dieser ließ er sich sogleich anstandslos baden und legte dabei sogar Freude an den Tag. Die Pflegerin gehörte unserer Schule an und bemühte sich, den seelischen Umstand ausfindig zu machen, der dem seltsamen Verhalten des Kindes zugrunde liegen mochte. Mit großer Geduld suchte sie aus den dürftigen Erklärungen klug zu werden, die das kleine Kind von sich gab.

Auf diese Weise vermochte sie zwei Dinge herauszubekommen: Der Kleine sah die Aushilfspflegerin als »böse« an, und zwar warum? Weil sie ihn »verkehrt« gebadet habe. Als die beiden Pflegerinnen sich besprachen, mussten sie feststellen, dass die eine das Kind beim Baden mit der rechten Hand am Kopf und mit der linken an den Füßen gehalten hatte, während die zweite gewohnt war, es umgekehrt zu machen.

In einem anderen Fall, von dem ich erzählen will, kam es zu ernsteren Erregungszuständen, die krankhafte Formen annahmen und deren Ursache nicht so leicht herauszufinden war. Ich hatte mit der Sache zwar nicht als Ärztin zu tun, konnte jedoch zur Lösung des Konflikts beitragen. Das Kind, um das es sich dabei handelte, war noch nicht anderthalb Jahre alt. Seine Familie war von einer sehr weiten Reise zurückgekehrt, deren Strapazen nach der allgemeinen Ansicht für das kleine Kind zu groß gewesen waren. Die Eltern berichteten jedoch, dass es während der Reise keine Zwischenfälle gegeben habe. Die Familie hatte Nacht für Nacht in erstklassigen Hotels mit vorausbestellten Zimmern gewohnt und überall war ein richtiges Bettchen und Nahrung für das Kind vorbereitet gewesen. Jetzt befand sich die Familie in einer bequemen möblierten Wohnung. Es gab hier kein Kinderbett, das Kind schlief zusammen mit der Mutter in einem großen Bett. Die Krankheit des Kleinen hatte mit nächtlichen Aufregungszuständen und Verdauungsstörungen begonnen. Man musste ihn des Nachts herumtragen und sein Weinen wurde Leibschmerzen zugeschrieben. Einige Kinderärzte waren hinzugezogen worden, von denen einer eine mit größter Sorgfalt zubereitete Vitamin-Kost verschrieben hatte. Doch weder dies noch Sonnenbäder, Spazierfahrten und die modernsten Behandlungsmethoden hatten den mindesten Erfolg gezeigt. Der Zustand des Kindes verschlechterte sich weiter und jede Nacht wurde für die Familie zu einer aufreibenden Wache. Schließlich traten noch Konvulsionen hinzu und das Kind wand sich im Bett in besorgniserregenden Krämpfen. Solche Anfälle stellten sich manchmal zwei- bis dreimal täglich ein. Es wurde daher beschlossen, den berühmtesten Facharzt für nervöse Kinderkrankheiten zu konsultieren. An diesem Punkte griff ich ein. Das Kind machte einen gesunden Eindruck und nach der Erzählung der Eltern war es während der ganzen Reise gesund und ruhig gewesen. Es konnte sich also bei den Symptomen sehr wohl um eine seelische Ursache handeln. Als ich zu dieser Überzeugung gelangte, lag das Kind auf dem Bett und hatte eben wieder einen seiner Erregungszustände. Ich nahm zwei Lehnsessel und stellte sie so gegeneinander, dass sie zusammen eine Art von gepolstertem Bettchen bildeten. Darauf stattete ich dieses Bettchen mit Wäsche und Decken aus und stellte das Ganze wortlos neben das große Bett. Das Kind schaute, hörte auf zu schreien, rollte sich bis an den Bettrand, ließ sich in die improvisierte Wiege fallen und schlief augenblicklich ein. Die Krankheitssymptome kehrten nicht wieder.

Offenbar war das Kind daran gewöhnt, in einem kleinen Bett zu schlafen, das seinen Körper von allen Seiten umschloss und an dem seine Glieder eine Stütze fanden. Das große Bett bot ihm keine solche Stütze und die hieraus sich ergebende Verwirrung seiner inneren Orientierung war die Ursache eines leidvollen Konfliktes, gegen den so viele Ärzte vergeblich ein Mittel gesucht hatten. Man ersieht daraus, wie mächtig die sensiblen Perioden sind. In ihnen schießt die schöpferische Natur ihre Pfeile nach ganz bestimmten Zielen ab.

Das Kind empfindet die Ordnung nicht so, wie wir sie empfinden. Wir sind bereits reich an Eindrücken und daher abgestumpft; das Kind aber kommt aus dem Nichts und ist noch arm. Alles, was es schafft, schafft es aus dem Nichts; ganz allein nimmt es die Mühsal dieser Schöpfung auf sich und macht uns zu seinen Erben.

Wir gleichen den Kindern eines Mannes, der im Schweiße seines Angesichts Reichtümer erworben hat und von dessen Mühen und Kämpfen wir nichts mehr wissen und verstehen. Wir sind kalt und undankbar und gefallen uns in einer Haltung der Überlegenheit, weil wir mit allem bereits wohl versorgt sind. Wir brauchen ja nichts weiter zu tun, als den Verstand zu gebrauchen, den das Kind uns vorbereitet hat, den Willen zu gebrauchen, den es uns aufgebaut hat, die Muskeln, die es mit Leben erfüllt hat, auf dass wir sie gebrauchen können; und wir finden uns in der Welt zurecht, weil das Kind uns die hierfür erforderliche Fähigkeit auf den Weg mitgegeben hat. Wir sind uns unserer selbst bewusst, weil das Kind diese Sensibilität vorbereitete. Wir sind darum reich, weil wir die Erben des Kindes sind, das alle Grundlagen unseres Daseins aus dem Nichts hervorgebracht hat. Das Kind vollzieht den ungeheuren ersten Schritt – den Schritt vom Nichts zum Anfang. So nahe ist es den Urquellen des Lebens, dass es handelt, um zu handeln, und so geschieht, was es nach dem Schöpfungsplan vollbringen soll, ohne Aufhebens davon zu machen, ja ohne dass auch nur eine Erinnerung daran im Gehirn des Erwachsenen verbliebe.

9. Kapitel

DIE INTELLIGENZ

Die Beobachtung des Kindes lehrt uns, dass es sich seine Intelligenz nicht langsam und von außen her aufbaut, wie dies eine mechanistische Psychologie annimmt, die noch immer in der reinen Wissenschaft wie auch in der Erziehung und demgemäß in der Behandlung der Kinder die vorherrschende Rolle spielt. Nach dieser mechanistischen Lehre pochen die Bilder der Außenwelt gleichsam an die Tore der Sinne, rennen diese gewissermaßen ein, dringen hierauf in das Innere der Psyche, setzen sich dort fest, verknüpfen sich miteinander und führen so allmählich zur Organisation und zum Aufbau der Intelligenz.

Dieser Sachverhalt lässt sich mehr oder weniger in den uralten Satz zusammenfassen: »Nihil est in intellectu quod prius non fuerit in sensu.« Nach dieser Auffassung ist die Seele des Kindes passiv, den von außen kommenden Einflüssen preisgegeben und daher völlig von der Leitung durch die Erwachsenen abhängig. Hierzu kommt noch die andere, weitverbreitete Ansicht, die Seele des Kindes sei nicht nur passiv, sondern, nach der Ausdrucksweise der alten Erzieher, ein leeres Gefäß, also ein Gegenstand, der erst mit einem Inhalt erfüllt werden muss.

Unsere eigenen Erfahrungen sind gewiss nicht danach angetan, die Wichtigkeit der Umwelt für den Aufbau des Geistes gering zu achten. Man weiß ja, dass gerade unsere Erziehungsmethode die Umwelteinflüsse zum Angelpunkt des ganzen pädagogischen Aufbaus macht, und es ist auch bekannt, dass wir die Sinneseindrücke in einer so grundlegenden und systematischen Weise berücksichtigt haben, wie dies in keinem anderen Erziehungssystem der Fall ist. Der Unterschied zwischen den veralteten Vorstellungen von der Passivität des Kindes und dem wahren Sachverhalt liegt jedoch in der inneren Empfänglichkeit des Kindes. Eine sehr lange, fast bis zum fünften Lebensjahr reichende sensible Periode verleiht dem Kind eine wahrhaft wunderbare Fähigkeit, sich Bilder aus der Umwelt anzueignen. Das Kind ist ein aktiver Beobachter und nimmt mittels seiner Sinne Eindrücke von außen in sich auf. Das aber ist etwas wesentlich anderes als die Behauptung, es empfange diese Eindrücke teilnahmslos wie ein Spiegel. Wer beobachtet, tut dies aus einem inneren Antrieb, aus einem Gefühl, auf Grund einer besonderen Vorliebe, und er wählt somit unter zahllosen Eindrücken ganz bestimmte aus. Von James stammt der Satz, wonach niemand jemals ein Ding in allen seinen Einzelheiten sehe. Jedes Individuum sieht immer nur einen Teil davon, je nach seinen eigenen Gefühlen und Interessen. Daher kommt es, dass verschiedene Personen, die eine und dieselbe Sache gesehen haben, sie auf völlig verschiedene Weise beschreiben. James hat hierfür einige überzeugende Beispiele gegeben, etwa indem er schrieb: »Wenn Sie einen neuen Anzug tragen, der Ihnen sehr gefällt, werden Sie auf der Straße ganz besonders auf die Kleidung der eleganten Leute achten und Sie laufen dabei Gefahr, unter einem Auto zu enden.«

Nun könnte man fragen: Was veranlasst das kleine Kind, unter den ungezählten und gemischten Eindrücken, auf die es in seiner Umwelt trifft, gerade diese oder jene Auswahl zu treffen? Der Anstoß zu dieser Wahl kann nicht, wie dies in den Beispielen von James der Fall ist, von außen her kommen, denn noch fehlen ihm alle Erfahrungen. Der Ausgangspunkt des Kindes ist das Nichts; es ist ein aktives Wesen, das ganz allein vorwärtsschreitet. Die Mitte, um die seine sensitive Periode ihre innere Wirkung entfaltet, ist die Vernunft. Das vernünftige Denken keimt und entfaltet sich in ihm als eine natürliche schöpferische Funktion, es wächst und nährt sich von den Sinneseindrücken, die es der Umwelt entnimmt.

Hier ist die unwiderstehliche Kraft, die ursprüngliche Energie des Kindes. Bilder ordnen sich sogleich im Dienst der Vernunft und im Dienst des vernünftigen Denkens nimmt das Kind von allem Anfang gierig, ja geradezu unersättlich Bilder in sich auf. Man hat immer beachtet, wie stark Kinder von Licht, Farben und Tönen angezogen werden und welchen sichtlichen Genuss sie daran finden. Wir aber wollen hierbei auf den inneren Vorgang achten, das heißt auf die Rolle der Vernunft als erster Ursache, einer Vernunft freilich, die sich erst im Zustande des Keimens befindet. Es braucht nicht gesagt zu werden, welche Bewunderung dies in uns wecken muss: Indem das Kind den Schritt vom Nichts zum Anfang tut, verwirklicht es bereits jene erhabene Gabe, auf der die Überlegenheit des Menschengeschlechts über die Natur beruht – die Vernunft. Und auf diesem Wege beginnt es voranzuschreiten, noch lange bevor seine kleinen Beine die ersten Schritte tun und den Körper vorwärtsbewegen.

Besser als jede Darlegung mag ein Beispiel begreiflich machen, was wir meinen, und ich möchte zu diesem Zweck einen besonders eindrucksvollen Fall zitieren. Es handelte sich um einen Jungen von vier Wochen, der noch nie das Haus verlassen hatte. Die Pflegerin hielt ihn im Arm, als der Vater zusammen mit einem im Hause lebenden Onkel vor ihn hintrat. Die beiden Männer waren ungefähr von gleichem Wuchs und gleichem Alter. Der Kleine vollführte eine Bewegung heftigen Erstaunens, beinahe des Schreckens. Die beiden Herren, die etwas von unserer Kinderpsychologie wussten, bemühten sich hierauf, dem

Kleinen zu Hilfe zu kommen und ihn zu beruhigen. Sie blieben in seinem Gesichtsfeld, traten jedoch auseinander, der eine nach rechts, der andere nach links. Sichtlich beruhigt, wandte sich das Kind einem von beiden zu, starrte ihn an und begann hierauf zu lächeln.

Plötzlich aber zeigte es von Neuem den früheren beängstigten Gesichtsausdruck und mit einem Ruck des Kopfes sah es zu dem anderen Herrn hinüber. Es fixierte ihn längere Zeit, um schließlich auch ihm zuzulächeln.

Etwa zehnmal wiederholte sich der Wechsel von Beängstigung und Lächeln, stets begleitet von Kopfbewegungen nach links und rechts, bis das Kind begriffen hatte, dass es sich hier um zwei Männer handelte. Es waren die einzigen Männer, die es bisher überhaupt gesehen hatte, und jeder von ihnen hatte es bereits des Öfteren auf den Arm genommen und mit Liebkosungen und zärtlichen Worten bedacht. So hatte der Kleine begriffen, dass es ein von der Mutter, der Pflegerin und den anderen ihm bekannten Frauen verschiedenes Wesen gab; doch da er die beiden Männer noch nie gleichzeitig vor sich gehabt hatte, hatte er gemeint, es gebe nur einen einzigen Mann. Daher sein Schreck, als er sehen musste, dass dieses Wesen, das er mit so viel Mühe aus dem Chaos herausgelöst und in seine Welt eingeordnet hatte, plötzlich in verdoppelter Gestalt auftrat.

Das Kind hatte zum ersten Mal entdeckt, dass es einen Irrtum begangen hatte. Im Alter von vier Wochen hatte sich vor seinem um die Menschwerdung kämpfenden Geist die Fehlbarkeit der menschlichen Vernunft gezeigt.

Hätten die Erwachsenen in jenem Hause nicht gewisse Kenntnisse davon besessen, dass auch ein vier Wochen altes Kind ein Seelenleben hat, so wäre diesem Kleinen nicht die ungeheure Hilfe zuteil geworden, die Vater und Onkel ihm durch ihr Verhalten leisteten und die es dabei unterstützte, einen wichtigen Schritt zu der so notwendigen Bewusstheit zu tun.

Als Gegenbeispiel könnte folgender kleiner Vorfall dienen, bei dem es sich um ein etwas älteres Kind handelte, nämlich um ein Mädchen von sieben Monaten, das auf dem Fußboden saß und mit einem Kissen spielte. Der Stoff des Kissens war mit Blumen und Kindern bedruckt und die Kleine küsste mit sichtlicher Begeisterung die Kinder und roch an den Blumen. Eine unwissende Dienstperson, der die Kleine anvertraut war, schloss aus diesem Verhalten, dass es dem Kinde Freude mache, an allen möglichen Dingen zu riechen und sie zu küssen. Sie beeilte sich also, die verschiedensten Gegenstände herbeizuschleppen und dabei auf das Kind einzureden: »Küsse das, rieche daran!« Die Folge war, dass dieser Kindergeist, der damit beschäftigt war, sich zu organisieren, indem er Bilder erkannte und durch Bewegung seinem Gedächtnis aneignete, der heiter und ruhig eine innere Arbeit vollzog, in Verwirrung geriet. Sein geheimnisvolles Bemühen um eine innere Ordnung wurde von einer verständnislosen Erwachsenenseele zunichte gemacht, wie Meereswellen die Sandburgen und Zeichnungen auf dem Strand fortspülen.

Die Erwachsenen können die innere Arbeit schon dadurch behindern und geradezu unmöglich machen, dass sie die Kinder aus ihren Gedankengängen reißen und sie in verständnisloser Weise zu »zerstreuen« suchen. Da wird ein Händchen des Kindes ergriffen und geküsst oder man verlangt, das Kind solle schlafen, ohne auf die innere Arbeit Rücksicht zu nehmen, die sich vielleicht in diesem Augenblick in der kleinen Seele vollzieht.

Es ist unbedingt erforderlich, dass das Kind die Bilder, deren es habhaft geworden ist, in voller Klarheit bewahren kann, denn nur in solcher Klarheit vermag es Eindruck von Eindruck zu unterscheiden und seine Intelligenz auszuformen.

Ein Kinderarzt, der Fachmann für Kinderernährung im ersten Lebensjahr war, machte einmal eine sehr interessante Erfahrung. Er hatte eine berühmte und bedeutende Klinik gegründet und seine Studien hatten ihn zu der Erkenntnis geführt, dass außer der Ernährung im Allgemeinen auch gewisse individuelle Faktoren berücksichtigt werden müssen. So kann man beispielsweise keines der vielen im Handel befindlichen Milchpräparate schlechthin als »ausgezeichnete« Kindernahrung empfehlen, wenigstens unterhalb einer gewissen Altersgrenze, denn jede Nahrung kann für das eine Kind geeignet, für ein anderes aber ungeeignet sein. Die Klinik dieses Facharztes war vom medizinischen wie vom ästhetischen Gesichtspunkt vorbildlich, doch der Erfolg seiner Methoden befriedigte nur, soweit es sich um Säuglinge bis zum Alter von einem halben Jahre handelte. Danach hingegen gediehen die Kinder trotz aller Diätfürsorge nicht mehr recht, was umso rätselhafter war, als es im Allgemeinen viel leichter ist, ein Kind nach den ersten sechs Monaten zu ernähren als vorher. Der Professor hatte in seiner Klinik eine Beratungsstelle für arme Mütter eingerichtet, die ihre Kinder nicht selbst stillen konnten. Bald stellte sich heraus, dass die Kinder dieser armen Frauen auch nach den ersten sechs Monaten keine von den Störungen aufwiesen, die sich bei den Pfleglingen der Klinik einzustellen pflegten. Allmählich gelangte der Professor zu der Erkenntnis, dass bei dieser unerklärlichen Erscheinung seelische Umstände im Spiel sein müssten, und nachdem er einmal diesen Gedanken gefasst hatte, vermochte er in der Tat festzustellen, dass die über sechs Monate alten Patienten seiner Klinik an »Langeweile mangels seelischer Nahrung« litten. Er sorgte also dafür, dass die Kinder Zerstreuung und Unterhaltung erhielten, indem er sie nicht mehr bloß auf der Terrasse der Klinik spazieren fahren ließ, sondern an anderen, für sie neuen Orten, und tatsächlich gesundeten sie sogleich.

Durch sehr zahlreiche Versuche ist mit völliger Sicherheit nachgewiesen worden, dass alle Kinder während des ersten Lebensjahres bereits die Sinneseindrücke aus ihrer Umwelt mit solcher Deutlichkeit in sich aufnehmen, dass sie diese auch in flächenhaften wie perspektivischen bildlichen Darstellungen ohne Weiteres wiedererkennen. Darüber hinaus lässt sich sogar behaupten, diese Eindrücke seien mit dem Ende des ersten Jahres bereits überwunden, das heißt, sie interessieren das Kind nicht mehr sehr lebhaft.

Vom Beginn des zweiten Lebensjahres an wird das Kind nicht mehr von den augenfälligen, lebhaft gefärbten Dingen in der für sensible Perioden charakteristischen Weise angezogen, sondern eher von solchen Kleinigkeiten, die uns Erwachsenen meist entgehen. Man könnte sagen, das kindliche Interesse habe sich den kaum mehr sichtbaren Dingen an den Grenzen der Wahrnehmung zugewendet.

Ich konnte diese Empfänglichkeit zum ersten Mal bei einem Mädchen von fünfzehn Monaten feststellen. Ich hörte es vom Garten her lachen, so laut, wie dies bei Kindern dieses Alters eher ungewohnt ist. Die Kleine war allein hinausgelaufen und saß auf den Steinplatten der Terrasse. In der Nähe befand sich ein Spalier herrlicher, unter einer fast tropischen Sonne erblühter Geranien. Doch die Kleine sah nicht die Blumen an, sondern hielt den Blick starr auf den Boden geheftet, auf dem nichts zu sehen war. Hier zeigte sich also ein anderes von den Geheimnissen kindlichen Lebens. Angezogen von ihrem rätselhaften Verhalten, trat ich vorsichtig näher und schaute, ohne das Mindeste bemerken zu können. Da erklärte mir das Kind mit stark betonten Worten: »Hier bewegt sich etwas Kleines.« Erst auf Grund dieses Hinweises vermochte ich ein winziges, nahezu unsichtbares Insekt von der Farbe der Steinplatten zu erkennen, das mit großer Geschwindigkeit hin- und herlief. Was auf das Kind Eindruck gemacht hatte, war gerade dies: dass es ein so kleines Wesen gab, dass es sich bewegte, dass es umherlief! Das Staunen hierüber erfüllte die Kleine mit einer Freude, die sich lärmend äußerte und die größer war, als man sie gemeinhin bei Kindern findet; und es war nicht die Freude über den Sonnenschein, die Blumen und Farben.

Einen ähnlichen Eindruck verdankte ich einem etwa ebenso

alten Jungen. Seine Mutter hatte für ihn eine Sammlung farbiger Ansichtskarten angelegt. Der Junge wollte mir diese Sammlung zeigen und brachte das ganze, umfangreiche Paket. »Das Auto«, sagte er, wobei er in seiner Kindersprache den Ausdruck »Bamban« gebrauchte. Ich begriff, dass er die Absicht hatte, mir die Abbildung eines Autos zu zeigen.

Es gab da eine Vielfalt hübscher Abbildungen, so dass die Absicht der Mutter deutlich erkennbar wurde, den Jungen mit dieser Sammlung nicht nur zu unterhalten, sondern auch zu belehren. Auf den Karten waren exotische Tiere, Giraffen, Löwen, Bären, Affen, Vögel dargestellt, Haustiere, die ein kleines Kind interessieren konnten wie Schafe, Katzen, Esel, Pferde, Kühe und kleine Szenen und Landschaften mit Tieren, Häusern und Personen. Das Sonderbare aber war, dass in dieser reichen Sammlung gerade ein Auto fehlte. »Ich sehe kein Auto«, sagte ich zu dem Jungen. Da suchte er eine Karte hervor und erwiderte triumphierend: »Da ist es doch!« Es handelte sich um eine Jagdszene, deren Mittelpunkt ein wunderschöner Hund war. Weiter im Hintergrund stand der Jäger mit dem Gewehr auf der Schulter. In einer Ecke, ganz in der Ferne, waren ein Häuschen und eine geschwungene Linie gezeichnet, die wohl eine Straße andeuten sollte, und auf dieser Linie gab es einen kleinen Punkt. Das Kind deutete auf diesen Punkt und sagte: »Auto!« Wirklich ergab sich bei genauem Zusehen, dass dieser scheinbare Punkt nichts anderes war als ein winziges Auto. Was diese Darstellung für das Kind interessant machte und weshalb es sie für würdig befand, vorgezeigt zu werden, war somit gerade die Schwierigkeit, das Auto zu erkennen, und die Tatsache, dass es sich in so winzigen Proportionen abbilden ließ.

Ich dachte mir: »Vielleicht hat noch niemand dem Kleinen diese reiche Vielfalt schöner und nützlicher Dinge richtig erklärt.« Ich wählte also die Karte mit dem überlangen Hals und Kopf einer Giraffe und begann zu erklären: »Sieh doch, was für ein komischer Hals! So lang!« »Affa«, erwiderte der Junge ernsthaft. Er wusste also sehr genau, dass dies eine Giraffe war, und ich gab es auf, ihn weiter belehren zu wollen.

Man könnte sagen, während des zweiten Lebensjahres entwickle die Natur durch aufeinanderfolgende Stadien die Intelligenz des Kindes dahin weiter, dass es seine Umwelt vollständig bis in alle Einzelheiten zur Kenntnis nimmt.

Einmal zeigte ich einem etwa zwanzig Monate alten Jungen ein schönes Buch, ein Buch für Erwachsene. Es handelte sich um ein Evangelium, illustriert von Gustav Doré, der hierbei Reproduktionen von klassischen Gemälden wie der »Transfiguration« des Raffael herangezogen hatte. Ich wähle eine Darstellung von Jesus, der die Kindlein zu sich kommen lässt, und beginne zu erklären:

»Jesus trägt ein Kind im Arm, andere Kinder lehnen ihre Köpfe an ihn, sehen ihn an und er liebt sie ...«

Die Miene des Kleinen verriet nicht das geringste Interesse. Ich tat so, als bemerkte ich das nicht, und blätterte auf der Suche nach anderen Darstellungen weiter in dem Buche. Plötzlich sagte der Junge: »Er schläft.«

Wieder einmal trat mir die Rätselhaftigkeit der kindlichen Seele in fast bestürzender Weise entgegen.

»Wer schläft?«, fragte ich.

»Jesus!«, erwiderte der Kleine energisch. »Jesus schläft!« Und er versuchte zurückzublättern, um mir zu zeigen, dass dem wirklich so sei.

Der hochgewachsene Christus blickte auf die Kinder, daher waren seine Augenlider gesenkt, als wären die Augen im Schlaf geschlossen. Der kleine Junge hatte somit eine Einzelheit beachtet, die keinem Erwachsenen aufgefallen wäre.

Ich setzte hierauf meine Erklärung fort und gelangte zur Darstellung der Himmelfahrt Christi. »Siehst du«, sagte ich, »Jesus erhebt sich von der Erde und die Leute, die das sehen, erschrecken. Hier verdreht ein Junge die Augen, diese Frau streckt die Arme aus ...« Natürlich war diese Erläuterung für ein so kleines

Kind wenig geeignet und überhaupt das Bild schlecht gewählt. Aber was ich jetzt beabsichtigte, war, dem Kleinen noch eine rätselhafte Anmerkung zu entlocken und gewissermaßen einen Vergleich zwischen dem anzustellen, was ein Erwachsener auf einem komplizierten Gemälde sieht, und dem, was ein kleines Kind darauf bemerkt. Diesmal aber kam aus dem Näschen des Kleinen bloß eine Art Grunzen, das wohl besagen wollte: »Weiter, weiter!«, und sein Gesicht zeigte keinerlei Interesse. Während ich die Seiten umwendete, berührte er ein kleines Spielzeug, das er am Halse trug und das ein Kaninchen darstellte. »Kaninchen«, sagte er schließlich. Ich glaubte natürlich, der Junge denke bloß an sein Spielzeug, er aber verlangte sofort und mit Energie, dass ich zurückblätterte. Und wirklich, auf dem Gemälde der »Transfiguration« befand sich in einer Ecke ein kleines Kaninchen. Wer hätte je darauf geachtet? Offenbar haben die Kinder und wir zwei verschiedene Arten der psychischen Persönlichkeit und es handelt sich hier nicht um eine schrittweise vor sich gehende Entwicklung von einem Minimum zu einem Maximum.

Die Lehrkräfte in den Kindergärten und in den ersten Elementarschulklassen, die sich solche Mühe geben, Gegenstände zu erklären, mit denen ein drei- oder vierjähriges Kind bereits durchaus vertraut ist, die mit einem Wort ihre Schutzbefohlenen so behandeln, als hätten diese noch nie das Mindeste gesehen und seien gerade erst zur Welt gekommen, müssen auf die Kinder einen ähnlichen Eindruck machen wie ein Mensch, der einen Vollsinnigen für schwerhörig hält. Der schreit auf diesen ein, betont jede Silbe und sagt ihm immer wieder Dinge, die jener bereits weiß. Schließlich wird der Betroffene, statt jeder anderen Antwort, protestieren: »Ich bin doch nicht taub!«

Lange Zeit haben die Erwachsenen geglaubt, Kinder reagierten nur auf auffallende, lebhaft gefärbte Gegenstände, auf laute Geräusche und man suchte daher durch starke Reize auf sie einzuwirken. Wir alle haben ja Gelegenheit gehabt festzustellen, welche Anziehungskraft singende Personen, läutende Glocken und Glöckchen, flatternde Fahnen, lebhafte Lichter usw. auf Kinder ausüben. Aber diese heftig wirkenden Anregungen von außen spielen nur eine vorübergehende Rolle. Sie lenken die Aufmerksamkeit ab, nötigen dem kindlichen Bewusstsein gewaltsam äußere Eindrücke auf und stören damit die feineren, auf die Sinne wirkenden Reize. Ein freilich nicht völlig zutreffender Vergleich wäre etwa dieser: Wenn wir in die Lektüre eines interessanten Buches vertieft sind und plötzlich tönt von der Straße lärmende Musik herauf, so werden wir uns erheben und neugierig zum Fenster eilen. Ein Beobachter, der zusieht, wie ein lesender Mensch plötzlich, von einem Geräusch angezogen, aufspringt und zum Fenster läuft, würde hieraus den Schluss ziehen, Geräusche übten eine ganz besondere Reizwirkung auf diesen Menschen aus. Ähnlich steht es mit unserem Urteil über die Kinder. Ein heftiger äußerer Reiz kann wohl die Aufmerksamkeit des Kindes auf sich ziehen, aber dies bleibt ein Zwischenfall ohne Beziehung zu dem tieferen, formenden Teil kindlichen Geistes, der zu seinem Innenleben gehört. Wir können die Kundgebungen dieser inneren Formung sehen, wenn wir beobachten, wie die Kinder sich in die sorgfältige Betrachtung ganz kleiner, scheinbar völlig uninteressanter Dinge vertiefen. Wer die Winzigkeit eines Gegenstandes beachtet und sein ganzes Interesse in dessen Beobachtung versenkt, empfindet diesen Gegenstand nicht bloß als Sinneseindruck. Sein ganzes Verhalten beweist, dass es sich hier um ein Verstehen der Liebe handelt.

Der Geist des Kindes bleibt dem Erwachsenen im Grunde verborgen und rätselhaft, weil er nur nach seiner praktischen Ohnmacht in Bezug auf Reaktion beurteilt wird, nicht aber nach der gewaltigen in ihm liegenden psychischen Energie. Man sollte bedenken, dass alles, was ein Kind tut, eine rationale Ursache hat, die entzifferbar ist. Es gibt kein Phänomen, das nicht seine Motive, seine Daseinsberechtigung besäße. Es ist sehr einfach, über jede unverständliche Reaktion, jedes schwierige Betragen des Kindes mit der Erklärung hinwegzugehen: »Launen!« Diese Laune sollte für uns die Wichtigkeit einer zu lösenden Aufgabe, eines zu entziffernden Rätsels annehmen. Das ist gewiss schwierig, aber auch äußerst interessant; vor allem aber bedeutet es eine neue und höhere sittliche Haltung des Erwachsenen und macht aus ihm einen Forscher anstelle des blinden Bändigers, des tyrannischen Richters, der er dem Kinde gegenüber für gewöhnlich ist.

In diesem Zusammenhang entsinne ich mich einer Szene in einem Salon, in dem einige Damen plaudernd beisammen saßen. Die Hausfrau hatte ihren achtzehn Monate alten Jungen neben sich, der für sich allein und ganz still spielte. Man sprach von Kinderbüchern. »Es gibt viele dumme Bücher mit grotesken Illustrationen«, sagte die junge Mutter. »Da habe ich eines mit dem Titel *Sambo.* Dieser Sambo ist ein kleiner Negerjunge, dem die Eltern zum Geburtstag verschiedene Geschenke bringen: ein Mützchen, Schuhe, Strümpfe, ein Kleidchen in hübschen Farben. Während sie ihm ein ausgezeichnetes Essen bereiten, läuft Sambo, von niemand bemerkt, aus dem Hause, weil er sich in seinen neuen Kleidern bewundern lassen möchte. Unterwegs trifft er mit etlichen wilden Tieren zusammen, und um sie zu besänftigen, muss er jedem ein Stück seiner Garderobe überlassen, der Giraffe das Mützchen, dem Tiger die Schuhe und so fort. So kehrt der arme Sambo schließlich nackt und in Tränen nach Hause zurück. Aber das Ganze endet in Freuden damit, dass die Eltern ihm verzeihen und dass Sambo sich vergnügt an die reich geschmückte Festtafel setzt, wie es das letzte Bild zeigt.«

Und die Dame wies das Bilderbuch vor, das von Hand zu Hand ging. Mit einem Mal sagte der kleine Junge: »Nein, Lola!« Allgemeine Überraschung über diesen rätselhaften Ausspruch. Der Kleine wiederholte energisch seine Behauptung: »Nein, Lola!«

»Lola«, sagte die Mutter, »ist der Name des neuen Fräuleins, das seit einigen Tagen bei dem Jungen ist.« Aber das Kind rief mit stets zunehmender Energie sein »Lola!«, so dass es den Anschein hatte, als handle es sich hier um eine völlig sinnlose Laune. Schließlich zeigten wir ihm das Bilderbuch und sogleich deutete der Junge auf die letzte Zeichnung, nicht im Text, sondern auf dem Einbanddeckel, die den armen Sambo weinend darstellte. Jetzt endlich begriffen wir: »Lola« sollte in der kindlichen Ausdrucksweise des Jungen das spanische Wort *llora* bedeuten, das so viel heißt wie »er weint«.

Der kleine Junge hatte Recht, denn das letzte Bild des Buches war nicht das letzte Textblatt mit der Darstellung des fröhlichen Mahles, sondern jene Vignette auf der Außenseite des Einbandes, die den weinenden Sambo zeigte und der niemand Beachtung geschenkt hatte. Der Protest des Kindes erwies sich somit als völlig logisch, da die Mutter fälschlicherweise erklärt hatte: »Alles endet in Freuden.«

Für ihn endete das Buch offenbar mit dem weinenden Sambo, denn er hatte das Buch genauer angesehen als die Mutter – bis zur letzten Zeichnung. Das Erstaunlichste an der ganzen Szene aber war, dass der Kleine eine so zutreffende Bemerkung machen konnte, ohne dass er imstande gewesen wäre, dem komplizierten Gespräch zu folgen. Ein neuer Beleg dafür, wie verschieden die psychische Persönlichkeit eines Kindes von der unseren ist und dass es sich hier nicht bloß um gradmäßige Unterschiede handelt.

Das Kind, das die kleinen, tatsächlichen Einzelheiten der Dinge beobachtet, muss uns Erwachsene in dieser Beziehung für minderwertig halten, denn wir sehen in bildlichen Darstellungen nur geistige Zusammenfassungen, die wiederum dem Kinde unzugänglich bleiben; so muss es uns für unfähig halten, richtig zu sehen. Gemessen an seiner eigenen Art zu beobachten, fehlt uns jede Genauigkeit und es stellt immer wieder fest, mit welcher Gleichgültigkeit wir uns höchst interessante Einzelheiten entgehen lassen. Wenn es sich richtig ausdrücken könnte, würde das Kind uns wohl erklären, dass es im Grunde seiner Seele keinerlei Zutrauen zu unseren Fähigkeiten hat – genauso wenig, wie wir zu den seinen –, denn unsere Art des Denkens ist ihm unbegreiflich. So kommt es, dass Erwachsener und Kind einander nicht verstehen können.

10. Kapitel

DIE KÄMPFE AUF DEM WEG
DES WACHSTUMS – SCHLAFEN

Der Konflikt zwischen dem Erwachsenen und dem Kind beginnt, sobald sich das Kind so weit entwickelt hat, dass es sich zu betätigen vermag. Bis dahin konnte niemand es völlig daran hindern zu sehen und zu hören, also seine Welt mit seinen Sinnen zu erobern.

Sobald das Kind jedoch anfängt, sich zu betätigen, zu gehen, nach Gegenständen zu greifen, verändert sich das Bild. Mag der Erwachsene das Kind noch so sehr lieben, in ihm wird doch ein unwiderstehlicher Instinkt erwachen, der ihn dazu treibt, sich gegen das Kind zu verteidigen. Die beiden Seelenzustände – der des Kindes und der des Erwachsenen – sind voneinander so verschieden, dass ein Zusammenleben des Erwachsenen mit dem Kinde so gut wie unmöglich wird, wenn man nicht zu Anpassungen seine Zuflucht nimmt. Es ist nicht schwer einzusehen, wie sehr diese Anpassungen zum Nachteil des Kindes ausfallen werden, das ja eine sozial völlig untergeordnete Stellung einnimmt. Diese Unterdrückung der dem Erwachsenen unbequemen Tätigkeiten des Kindes ist in einer Umgebung, wo der Erwachsene herrscht, umso unausbleiblicher, als der Erwachsene sich seiner eigenen Abwehrhaltung keineswegs bewusst wird, sondern ehrlich von seiner Liebe und Opferbereitschaft überzeugt ist. Der unbewusste Abwehrinstinkt bedient sich einer Maske und so wandelt sich der Geiz, der jeden dem Erwachsenen nützlichen oder teuren Gegenstand vor dem Zugriff des Kindes zu schützen sucht, alsbald zu der »Pflicht, das Kind so zu erziehen, dass es lernt, sich ordentlich zu betragen«. Aus der Angst vor dem kleinen Störenfried des eigenen Behagens wird »die Notwendigkeit, das Kind im Interesse seiner Gesundheit viel ruhen zu lassen«.

Die Mutter aus dem Volk verteidigt sich in ihrer Einfachheit offen gegen ihr Kind mit Ohrfeigen, Geschrei und Beschimpfungen und indem sie es aus dem Haus auf die Straße jagt. Zwischendurch überhäuft sie es dann wieder mit Küssen und Liebkosungen, womit sie ihre Zärtlichkeitsbedürfnisse befriedigt. In den höheren Gesellschaftsschichten hingegen verdeckt man solche Instinkte unter der Maske einer gewissen Förmlichkeit und man hält hier ganz bestimmte Gefühle für gegeben und schätzbar: Liebe, Opfer, Pflicht, Selbstbeherrschung. Des ungeachtet wissen sich die Mütter aus solchen Schichten ihre unbequemen Kinder ebenso, ja noch gründlicher vom Halse zu schaffen als die Frauen aus dem Volk, indem sie sie einer Kinderpflegerin überantworten, die sie spazieren führen und recht viel schlafen lassen muss.

Die Geduld, Liebenswürdigkeit, ja Unterwürfigkeit der Mutter aus den gehobenen Ständen gegenüber den Kinderfrauen sind der Ausdruck eines stillschweigenden Übereinkommens, allerlei zu dulden und zu vergeben, wenn nur der Störenfried Kind weit genug von den Eltern und deren Besitztümern ferngehalten wird.

Sobald das Kind aus dem Gefängnis eines hilflosen Leibes tritt und den Sieg des eigenen Ichs zu genießen beginnt, das sich die Bewegungsorgane, diese wunderbaren Werkzeuge seines Tatendranges, unterworfen hat, tritt ihm auch schon eine Schar von

Riesen entgegen, die ihm den Eintritt in die Welt verwehren wollen. Die Situation erinnert in ihrer Dramatik an den Auszug früher Urvölker, die der Sklaverei entfliehen wollten und in ungastliche, unbekannte Gegenden vordrangen, wie es das jüdische Volk unter Moses tat. Eröffnete sich dann endlich nach den Leiden der Wüstenwanderschaft der Ausblick auf eine Oase des Wohlstandes, in der andere Völker friedlich hausten, so wurden die Irrenden nicht mit Gastfreundschaft, sondern mit blanken Waffen empfangen.

Es liegt in der menschlichen Natur, dass jeder seine eigene Umwelt gegen Eindringlinge zu verteidigen sucht. Sobald es sich um ganze Völker handelt, ist dies augenfällig und vollzieht sich in kriegerischen Formen; aber der Beweggrund zu solchen Phänomenen liegt in den unbekannten Tiefen jedes Einzelnen verborgen und die erste, am wenigsten beachtete Erscheinung solchen Kampfes ist der des Erwachsenenvolkes, das seine Ordnung, seine Ruhe und seinen Besitz gegen das Invasorenvolk der neuen Generationen zu verteidigen sucht. Das Invasorenvolk wiederum lässt sich dadurch nicht aufhalten. Es kämpft mit dem Mute der Verzweiflung, denn es kämpft um sein Dasein.

Unter der Maske und dem Schirm der Unbewusstheit vollzieht sich dieser Kampf zwischen liebenden Eltern und unschuldigen Kindern.

Es ist für den Erwachsenen sehr bequem zu sagen: »Das Kind darf sich nicht bewegen, es darf unsere Gegenstände nicht anrühren, es darf nicht reden und nicht schreien, es muss viel ausgestreckt liegen, essen und schlafen. Oder es muss aus dem Hause gehen, sogar in Begleitung von Personen, die nicht zur Familie gehören und die es nicht wirklich lieben.« Aus Trägheit wählt der Erwachsene mit Vorliebe den für ihn einfachsten Weg, sich des lästigen Kindes zu entledigen, indem er es nötigt, dann zu schlafen, wenn es die »Großen« wollen.

Wer wollte daran zweifeln, dass Schlafen eine Notwendigkeit für das Kind darstellt?

Aber das Kind ist ein ungemein waches, scharf beobachtendes Wesen und seiner Natur nach alles andere als schläfrig. Es braucht gewiss normalen Schlaf und wir müssen ihm dazu verhelfen, dass es ihn findet. Doch dieser normale Schlaf ist etwas durchaus anderes als der künstliche, den wir selber hervorrufen wollen. Es ist bekannt, dass das willensstärkere Wesen das schwächere beeinflussen kann und dass die Suggestion in der Regel mit der Einschläferung des Versuchsobjekts beginnt. So bringt der Erwachsene das Kind durch Suggestion zum Schlafen, wenn er dies auch unbewusst tut.

Der Erwachsene, sei er nun durch unwissende oder durch gebildete Mütter oder gar durch geschulte Kinderpflegerinnen vertreten, verurteilt dieses durch und durch lebendige Wesen zu dauerndem Schlaf. Nicht nur der Säugling von etlichen Monaten, nein, auch das bereits herangewachsene Kind von zwei, drei oder vier Jahren und mehr ist dazu verdammt, dauernd über sein Bedürfnis hinaus zu schlafen. Für die Kinder aus dem Volk gilt das freilich nicht, denn die treiben sich den ganzen Tag auf der Straße herum, belästigen daher ihre Mütter nicht und entgehen so dieser Gefahr. Nun ist es wohlbekannt, dass die Kinder aus dem Volk weniger nervös sind als die aus »feinen Häusern«. Trotzdem empfiehlt die Kinderhygiene noch immer den überlangen Schlaf als wichtiges Mittel zur Erhaltung der Gesundheit. Ich entsinne mich eines siebenjährigen Jungen, der mir gestand, er habe nie die Sterne gesehen, weil man ihn immer ins Bett steckte, bevor die Nacht angebrochen war. Er sagte mir: »Ich möchte einmal bei Nacht auf einen Berg steigen und mich dort niederlegen, um die Sterne anzuschauen!«

Viele Eltern rühmen sich geradezu dessen, dass sie ihre Kinder an das frühe Einschlafen am Abend gewöhnt haben und so stets nach Belieben ausgehen können.

Schon das moderne Kinderbett, in dem die Kleinen untergebracht werden, ist eine bezeichnende Erfindung! Es ist verschieden von der Wiege, die in ihrer Art formschön und weich ist, und es ist verschieden von dem Bett des Erwachsenen, in dem man sich bequem ausstrecken und schlafen kann. Was sich Kinderbett nennt, ist in Wirklichkeit nichts anderes als das erste grausame Gefängnis, das die Familie dem um sein seelisches Dasein ringenden Wesen zu bieten weiß. Diese Kinder sind Gefangene in einem hohen Eisenkäfig, in den sie von den Eltern gesteckt werden, und ihr Zwangslager ist eine Realität und ein Symbol zugleich. Sie sind die Gefangenen einer Zivilisation, die in ihrer Entwicklung ausschließlich von Erwachsenen und für Erwachsene geschaffen worden ist, die sich immer mehr einengt und dem Kinde immer weniger Raum für seine freie Entwicklung übriglässt.

Das Kinderbett ist ein Käfig, so hoch, dass der Erwachsene sich nicht nach dem Kinde zu bücken braucht, und so eingerichtet, dass er es darin seinem Schicksal überlassen kann. Mag es weinen! Es kann sich ja nicht wehtun!

Und rings um das Kind wird alles verdunkelt, damit das Licht des neuen Tages nicht bis zu ihm dringen und es aufwecken kann.

Wollen wir dem Seelenleben des Kindes zu Hilfe kommen, so heißt es vor allem, das Kinderbett und den Brauch des erzwungenen unnatürlich langen Schlafes abzuschaffen. Das Kind muss das Recht haben zu schlafen, wenn es schläfrig ist, aufzuwachen, wenn es ausgeschlafen ist, und aufzustehen, wenn es will. Wir empfehlen daher – und viele Familien sind diesem Rate bereits gefolgt – die Abschaffung des klassischen Kinderbettes; es soll durch ein sehr niedriges Lager, fast in der Höhe des Fußbodens, ersetzt werden, auf dem das Kind sich nach Belieben niederlegen und aufstehen kann.

Ein solches kleines, niedriges Bett ist billig wie alle Reformen, die dem Seelenleben des Kindes nützen; denn was das Kind braucht, sind einfache Dinge. Die wenigen Gegenstände aber, die das Kind überhaupt besitzt, sind häufig so kompliziert, dass sie es schwer behindern. In zahlreichen Familien ist diese Reform verwirklicht worden, indem man eine kleine Matratze mit einer Decke darüber auf den Fußboden legte. Die Kinder gehen dann vergnügt des Abends ganz von selbst schlafen und stehen in der Frühe ebenso vergnügt auf, ohne irgendwen zu stören. Dies zeigt, wie grundfalsch wir das kindliche Leben einzurichten pflegen und wie der Erwachsene, in dem Bemühen, dem Kind Gutes zu tun, in Wirklichkeit gegen dessen Bedürfnisse handelt, wobei er unbewusst seinen Abwehrinstinkten folgt, statt sie mit einiger Anstrengung zu überwinden.

Aus alledem geht hervor, dass der Erwachsene versuchen soll, die Bedürfnisse des Kindes zu verstehen und ihnen durch entsprechende Vorkehrungen in einer wirklich geeigneten Umgebung behilflich zu sein. Nur so können wir zu jener neuen Erziehung gelangen, die darin bestehen sollte, dem Kinde zu seinem Leben zu helfen. Das wäre gleichbedeutend mit dem Ende einer Epoche, in der der Erwachsene das Kind als einen Gegenstand ansah, den man, solange er noch sehr klein ist, nimmt und nach Belieben dahin und dorthin trägt und der später nur gehorchen und sich dem Erwachsenen anpassen darf. Der Erwachsene muss endlich einsehen, dass er selber eine zweite Stelle einnehmen muss, und lernen, das Kind zu verstehen und sich zu seinem Helfer zu machen. Diese erzieherische Orientierung gilt für die Mütter wie für alle anderen Erziehungspersonen, die sich dem Kinde nähern. Die kindliche Persönlichkeit, die in ihrer Entwicklung gefördert werden soll, ist die schwächere; daher muss die überlegene Persönlichkeit, die des Erwachsenen, zurücktreten, sich der Führung durch das Kind überlassen und seine Ehre darein setzen, das Kind zu verstehen und ihm zu folgen.

11. Kapitel

DAS GEHEN

Den Bedürfnissen des unreifen Wesens entgegenkommen, sich dessen Notwendigkeiten anpassen, auf die eigenen Wünsche verzichten: Das sollte das Verhalten des Erwachsenen dem Kinde gegenüber bestimmen.

Etwas dieser Art tun die höheren Tiere aus Instinkt: Sie passen sich den Lebensbedingungen ihrer Jungen an. Höchst interessant ist, was geschieht, wenn eine Elefantenmutter ihr Junges der Herde zuführt. Die ganze Masse der riesigen Dickhäuter verlangsamt sofort ihre Marschgeschwindigkeit, so dass das Junge mühelos mitkommen kann, und wenn es müde wird und stehen bleibt, hält die ganze Herde an.

Es gibt auch menschliche Kulturen, in die etwas von dieser Opferbereitschaft dem Kinde gegenüber eingedrungen ist. So konnte ich eines Tages einen japanischen Vater beobachten, der seinen anderthalb- bis zweijährigen Jungen spazieren führte. Plötzlich umklammerte der Kleine das Bein des Vaters. Dieser hielt inne und sah ruhig zu, wie das Kind eine Weile rings um sein Bein im Kreis zu laufen begann. Als das Kind davon genug hatte, setzten die beiden ihren langsamen Spaziergang fort. Nach einer Weile ließ sich der Junge auf den Rand des Gehsteiges nieder. Der Vater blieb mit ernstem, ruhigem Gesicht neben ihm stehen. Was er tat, war nichts Besonderes; er war einfach ein Vater, der seinen Jungen spazieren führte.

So sollte man sich verhalten, um dem Kinde die höchst wichtige Übung des *Gehens* zu ermöglichen, in einem Entwicklungsabschnitt, in dem der Organismus die vielen komplizierten Muskelkoordinierungen festlegen muss, auf denen das Gleichgewicht beim aufrechten Gang beruht. Auf nur zwei Beinen aufrecht zu gehen, ist ja eine höchst schwierige Aufgabe, die die Natur dem Menschen vorbehalten hat.

Zwar besteht der menschliche Körper aus Gliedern, die denen der Säugetiere entsprechen, aber er muss auf zwei, statt auf vier Gliedmaßen gehen. Selbst die Affen haben noch sehr lange Vordergliedmaßen, mit denen sie nach Bedarf auf dem Boden einen Halt finden können. Nur der Mensch ist genötigt, alle Funktionen eines »Ganges im Gleichgewicht« ausschließlich zwei Gliedmaßen anzuvertrauen und auf das Gehen mit Unterstützung endgültig zu verzichten. Die Säugetiere heben außerdem im Gehen stets zwei Beine diagonal zu gleicher Zeit, so dass ihr Körper stets auf zwei Stützen ruht. Dagegen stützt der gehende Mensch sich abwechselnd immer nur auf einen einzigen Fuß. Die Natur vermag diese Schwierigkeit zu lösen, doch nur durch zwei Hilfsmittel: Das eine ist der Instinkt, das andere ein individueller Willensaufwand.

Das Kind entwickelt die Fähigkeit, aufrecht zu gehen, nicht, indem es darauf wartet, sondern indem es geht. Der berühmte, von der Familie mit solcher Freude begrüßte »erste Schritt« stellt tatsächlich einen Triumph dar und kennzeichnet den Übergang vom ersten zum zweiten Lebensjahr. Er bedeutet sozusagen die Geburt des aktiven Menschen, der an die Stelle des untätigen tritt. Mit ihm hebt für das Kind ein neues Leben an. Die Physiologie zählt das Eintreten dieser Gehfunktion unter die wichtigsten Merkmale einer normalen Entwicklung. Doch mit diesem Augenblick tritt die *Übung* in ihre Rechte. Nur durch lange Übung kann die Sicherheit des Ganges und der Gleichge-wichtserhaltung gewonnen werden und so kommt es hier auf das individuelle Bemühen des Kindes an. Man weiß, mit wel-chem unwiderstehlichen Schwung und Mut sich das Kind in seine Gehversuche stürzt. Es will gehen, kühn, um jeden Preis, und es gleicht darin dem Soldaten, der ohne Rücksicht auf die Gefahr dem Sieg entgegeneilt. Der Erwachsene sucht das Kind vor der Gefahr zu beschützen und umgibt es daher mit Schutz-vorrichtungen, die richtige Hindernisse darstellen. Da wird das Kind ins Laufställchen eingeschlossen oder im Kinderwagen festgeschnallt und herumgefahren, obwohl es schon längst stramme Beine hat.

Das geschieht deshalb, weil der Schritt des Kindes kürzer ist als der des Erwachsenen und weil es auf längeren Spaziergän-gen weniger Ausdauer besitzt. Der Erwachsene aber ist nicht imstande, auf seinen eigenen Gehrhythmus zu verzichten. Selbst wenn es sich um eine Kinderpflegerin handelt, also um eine Person, die dazu ausgebildet ist, sich ausschließlich dem Wohl des Kindes zu widmen, muss sich das Kind der Gangart der Pflegerin anpassen und nicht umgekehrt. Die Pflegerin wird mit ihrem gewohnten Schritt geradewegs dem Ziel zustreben, das sie sich für den Spaziergang gesetzt hat und dabei den Kin-derwagen vor sich her schieben, als ob sie ein Handwägelchen mit Obst zum Markt brächte. Erst wenn die Pflegerin ihr Ziel - etwa einen schönen Park - erreicht hat, wird sie sich nieder-setzen, das Kind aus dem Wagen nehmen und auf der Wiese herumlaufen lassen. Diese ganze Behandlungsweise hat den Körper des Kindes, sein vegetatives Dasein, im Auge und sucht dieses vor allen möglichen Gefahren zu behüten, vernachlässigt jedoch völlig die lebenswichtigen Bedürfnisse der psychophysi-schen kindlichen Entwicklung.

Im Alter von anderthalb bis drei Jahren vermag ein Kind kilo-meterweit zu Fuß zu laufen und dabei schwierige Strecken, Stei-gungen und Treppen zu überwinden. Nur ist der Zweck seines

Gehensvon dem unseren völlig verschieden. Der Erwachsene geht, um ein äußeres Ziel zu erreichen, und strebt diesem unentwegt zu. Überdies hat er bei seinem Schritt einen feststehenden Rhythmus, der ihn nahezu mechanisch vorwärtsbewegt. Hingegen geht das Kind, um seine Gehfunktion zu entwickeln, und sein Zweck liegt somit im Gehen selber. Es ist langsam, es hat weder einen Schrittrhythmus noch ein Ziel. Die Dinge ringsum ziehen es von Fall zu Fall an und treiben es weiter. Die Hilfe, die ihm der Erwachsene zu gewähren hat, besteht darin, dass er auf den eigenen Rhythmus, auf die gewohnte Zielstrebigkeit ein für allemal verzichtet.

In Neapel kannte ich eine kleine Familie, deren Jüngster anderthalb Jahre alt war. Um im Sommer den Meeresstrand zu erreichen, mussten diese Leute einen Weg von etwa anderthalb Kilometern auf einer abschüssigen, für Wagen und Kinderwagen nahezu unbefahrbaren Straße zurücklegen. Die jungen Eltern wollten das Kind bei sich haben, aber es wäre zu mühsam gewesen, es den ganzen Weg auf dem Arm zu tragen. Da kam ihnen das Kind selbst zu Hilfe, indem es die lange Strecke zu Fuß zurücklegte. Da und dort hielt der Kleine bei einer Blume an, setzte sich auf einen Wiesenrand oder blieb, in die Betrachtung eines Tieres versunken, stehen. Einmal verbrachte er eine volle Viertelstunde damit, einem grasenden Esel zuzusehen. So lief das Kind täglich den langen und mühsamen Weg hinunter und wieder hinauf, ohne zu sehr zu ermüden.

In Spanien kannte ich zwei Kinder im Alter zwischen zwei und drei Jahren, die Spaziergänge von zwei Kilometern Länge unternahmen, und viele andere, die mehr als eine Stunde damit verbrachten, steile Treppen mit sehr schmalen Stufen zu erklimmen und wieder hinabzusteigen.

Es gibt Mütter, die auch in diesem Zusammenhang von »Launen« ihrer Kinder sprechen.

So fragte mich einmal eine Dame wegen gewisser »Launen« ihres Töchterchens um Rat. Die Kleine konnte erst seit einigen

Tagen ohne fremde Hilfe gehen. Jedes Mal, wenn sie auf den Arm genommen und eine Treppe hinauf- oder hinuntergetragen wurde, bekam sie richtige Tobsuchtsanfälle.

Die Mutter fürchtete, falsch beobachtet zu haben, denn es erschien ihr unlogisch, dass das Kind gerade dann in Aufregung geraten und weinen sollte, wenn es über eine Treppe getragen wurde. Sie war geneigt, dies für ein zufälliges Zusammentreffen zu halten. Aber es war klar, dass die Kleine »allein« die Treppe hinauf- und hinuntersteigen wollte. Dieser interessante Weg voll von Gelegenheiten, sich festzuhalten und niederzusetzen, lockte sie offenbar mehr als die Wiese des Parks, in der ihre Füßchen in dem hohen Gras versanken und ihre Hände keinen Stützpunkt fanden. Doch die Wiese war der einzige Ort, wo sie sich aufhalten durfte, ohne sich in den Armen eines Erwachsenen oder im Innern eines Kinderwagens zu finden.

Es ist leicht zu beobachten, dass die Kinder immer eine Gelegenheit suchen, sich zu bewegen und zu gehen; und eine allgemein zugängliche Treppe wird stets mit Kindern angefüllt sein, die hinaufklettern, herunterhüpfen, sich auf die Stufen setzen, wieder aufstehen, sich heruntergleiten lassen. Die Geschicklichkeit eines Gassenjungen im Sich-Bewegen zwischen Hindernissen, im Vermeiden von Gefahren, im Laufen, im Sich-Anhängen an fahrende Vehikel verrät, welche gewaltigen Möglichkeiten in jedem kleinen Kinde beschlossen liegen; wie anders wirken solche Kinder als die verängstigten und zu guter Letzt faul gewordenen Kinder der begüterten Klassen! Weder den einen noch den anderen ist eine wirkliche Entwicklungshilfe zuteil geworden. Die einen blieben der für sie wenig geeigneten und gefahrenreichen Umwelt ausgeliefert, in der die Erwachsenen leben, und die anderen wurden vor dieser Umwelt behütet, indem man sie unterdrückte und sie zwischen schützenden Hindernissen einschloss.

Das Kind, dieses wesentlichste Element der Erhaltung und des Aufbaus des Menschen, gleicht dem Messias, von dem die

Propheten berichten, dass er »nicht hat, wohin sein Haupt zu betten«.

12. Kapitel

DIE HAND

Es ist ein bemerkenswerter Umstand, dass von den drei großen Etappen, die die Physiologie in der normalen Entwicklung des Kindes als einschneidend ansieht, zwei sich auf die Bewegung beziehen. Es sind dies der Beginn des Gehens und der des Sprechens. Die Wissenschaft erkennt somit in diesen beiden Bewegungsfunktionen eine Art von Horoskop, das die Zukunft des Menschen vorausahnen lässt. Tatsächlich zeigen diese zwei komplizierten Errungenschaften an, dass der Mensch (das Kind) den ersten Sieg seines Ichs über die Werkzeuge des Ausdrucks oder der Tätigkeit davongetragen hat. Nun ist wohl die Sprache ein wirkliches Kennzeichen des Menschen, stellt sie doch den Ausdruck von Gedanken dar, nicht aber ebenso das Gehen, das ja allen Tieren gemeinsam ist.

Zum Unterschied von der Pflanze nimmt das Tier »Ortsveränderungen in seiner Umwelt« vor, und wenn diese Ortsveränderungen mit Hilfe besonderer Organe, der Gliedmaßen, vorgenommen werden, so ergibt sich das charakteristische Kennzeichen des Gehvermögens. Der Mensch hingegen ist zwar dank seiner Fähigkeit, »Ortsveränderungen in seiner Umwelt« zu vollziehen, zum Eroberer der gesamten Erde geworden, aber für ihn als denkendes Wesen ist nicht der Gang das eigentlich charakteristische Merkmal.

Was ihn vor allen anderen Lebewesen auszeichnet, ist vielmehr neben der Sprache die Fähigkeit, die Hand als ausführendes Werkzeug seiner Intelligenz zu gebrauchen. Wie man weiß, verrät sich das früheste Auftreten des Menschen in prähistorischen Epochen durch Funde von geglätteten und zersplitterten Steinen, die ihm als erste Arbeitswerkzeuge gedient haben. Diese Steine sind es, die eine neue Spur in der biologischen Geschichte der irdischen Lebewesen zeichnen. Und jedes Mal, wenn die frühe Geschichte des Menschengeschlechtes sich aus verwehendem Laut in bleibende, dem Stein eingemeißelte Denkmäler verwandelt, haben wir es mit Leistungen der Hand zu tun. Schon in der Morphologie des menschlichen Körpers und in der Eigentümlichkeit des aufrechten Ganges liegt die Tendenz, die Hand freizumachen, damit sie sich andern Tätigkeiten zuwenden könne als bloß der Fortbewegung und zum Ausführungsorgan der Intelligenz werde. So nimmt der Mensch in der Entwicklungsreihe der Lebewesen eine neue Stellung ein und zeigt die funktionale Einheit zwischen Psyche und Bewegung auf.

Die Hand ist jenes feine, komplizierte Organ, das es der Intelligenz gestattet, sich nicht bloß kundzugeben, sondern in ganz bestimmte Beziehungen zur Umwelt zu treten. Man kann sagen, der Mensch »ergreife« mit seiner Hand Besitz von dieser Umwelt. Indem er sie dazu unter der Leitung seiner Intelligenz umwandelt, vollzieht er seine Mission im großen Weltenplan.

Es wäre somit logisch, bei der Beurteilung der seelischen Entwicklung des Kindes den Beginn jener Ausdrucksbewegungen ins Auge zu fassen, die man als die »intellektuellen« bezeichnen könnte: das Auftreten des Sprechvermögens und das Auftreten einer nach sinnvoller Tätigkeit strebenden Bewegung der Hand.

Aus einem unbewussten Instinkt haben die Menschen seit uralten Zeiten Sprache und Handbewegungen als zusammen-

gehörig empfunden und diesen beiden ausschließlich menschlichen Kundgebungen der Intelligenz eine besondere Bedeutung zugeschrieben, freilich nur bei bestimmten, mit dem
Leben der Erwachsenen zusammenhängenden Symbolhand-
lungen. Wenn etwa ein Mann und eine Frau sich vermählen, so
reichen sie einander die Hände und sprechen ein Wort. Man
sagt von der Braut, sie sei »versprochen«, der Bewerber »hält um
ihre Hand an«. Wer einen Eid leistet, spricht ein Wort und vollführt eine Handbewegung. Auch in jenen Riten, in denen das
Ich stark zum Ausdruck kommt, tritt die Hand in Erscheinung.
Pilatus lehnte jede Verantwortung für die Kreuzigung Christi
ab, indem er die rituelle Redewendung gebrauchte, er wasche
seine Hände, und dies auch wirklich vor versammeltem Volke
tat. Ehe der katholische Priester den bedeutsamsten Teil der
Messe zelebriert, verkündet er, er wasche seine Hände in Unschuld, und tut dies auch, obgleich er sich bereits gereinigt hat,
ehe er sich überhaupt dem Altar näherte.

Alles das zeigt, wie stark das Unbewusste im Menschen die
Hand als Kundgebung des inneren Ichs empfindet. Was könnte
es daher Heiligeres und Wunderbareres geben als das Auftreten
dieser »menschlichen Bewegung« beim Kinde! Mehr als jede
andere Kundgebung sollte sie von Seiten der Erwachsenen feierlich erwartet und aufgenommen werden.

Zum ersten Mal streckt diese kleine Hand sich nach einem
Ding aus und diese Bewegung stellt die Kraft des kindlichen
Ichs dar, in die Welt einzudringen. Der Erwachsene, statt dies
zu bewundern und zu achten, *fürchtet sich* vor diesen Händchen,
die nach den das Kind umgebenden, wertlosen und unwichti-
gen Dingen greifen, und alsbald wird er zum Verteidiger der
Gegenstände wider das Kind. Er beeilt sich, dem Kinde einzu-
schärfen: »Rühr das nicht an!«, so wie er ihm befiehlt, sich
nicht zu bewegen und nicht zu sprechen.

Diese Abwehrhaltung im Unterbewusstsein des Erwachsenen
führt ihn dahin, bei anderen Menschen Hilfe zu suchen, als

handle es sich darum, einen heimlichen Kampf gegen eine Macht zu führen, die sein Behagen und seinen Besitz bedroht.

Das Kind, das seiner Umwelt die Elemente zu entnehmen sucht, die es zu seinem geistigen Aufbau braucht, muss diese Elemente in seinen Besitz bringen können. Wenn das Kind sich also in einer konstruktiven Art benehmen soll und seine Hände zu einer Arbeit gebraucht, so muss es rings um sich Gegenstände finden, die es zu solcher Arbeit anregen. Aber in der häuslichen Umgebung nimmt auf dieses sein Bedürfnis niemand Rücksicht. Die Dinge, die das Kind umgeben, gehören alle den Erwachsenen und sind für deren Gebrauch bestimmt; für das Kind sind sie verboten, »tabu«. So versucht der Erwachsene, ein für die kindliche Entwicklung lebenswichtiges Problem durch Verbote zu lösen. Gelingt es dem Kinde dann, einen Gegenstand, der ihm in die Hände fällt, auch wirklich zu ergreifen, so benimmt es sich fast so wie ein verhungerter Hund, der einen Knochen findet und in einem Winkel benagt, in dem Bemühen, sich mit einem Ding zu nähren, das ihn nicht ausreichend nähren kann, und voll Angst, man könnte es ihm wieder entreißen.

Die Bewegungen, die das Kind vollführt, sind nicht etwa zufällig, sondern geschehen unter der Leitung seines Ichs und dienen dem Ausbau der für die Bewegung nötigen Muskelkoordinierungen. Dieses Ich ist der große Organisator und Koordinator, der mit Hilfe unausgesetzter Übung und Erfahrung die innere Einheit zwischen der seelischen Willensquelle und den körperlichen Ausdrucksorganen schafft. Es ist ungemein wichtig, dass es dem Kind überlassen bleibt, spontan die Handlungen zu wählen und auszuführen. Charakteristisch für diese Handlungen ist es, dass sie nicht nach ungeordneten, zufälligen Impulsen vor sich gehen. Wir haben es hierbei nicht mit planlosem Laufen, Springen und Ergreifen zu tun, das bloß Unordnung schafft und seine Objekte zerstört. Die konstruktive Bewegung nimmt ihren Ausgang von Handlungen, die das Kind in seiner Umgebung beobachtet hat. Immer sucht es solche Handlungen nachzuahmen, die sich auf den Gebrauch irgendeines Gegenstandes beziehen. Das Kind versucht, mit denselben Gegenständen dasselbe zu tun, was es bei den Erwachsenen gesehen hat. Daher hängen diese seine Tätigkeiten von den Gewohnheiten der Erwachsenen in seiner Umwelt ab. Das Kind will die Stube fegen, Geschirr oder Wäsche waschen, Wasser umgießen, sich waschen, sich frisieren, sich ankleiden usw. Diese Tatsache ist allgemein bekannt, man nennt sie in der Regel »Nachahmungstrieb« und erklärt: »Das Kind tut das, was es beobachtet hat.« Diese Deutung ist jedoch insofern nicht exakt, als sich die Nachahmung des Kindes wesentlich von jener unmittelbaren Nachahmung unterscheidet, wie man sie etwa bei Affen beobachtet. Die aufbauenden Bewegungen des Kindes gehen von einem psychischen Bild aus, das seinerseits auf einer Erkenntnis beruht. Das Seelenleben, dem eine Leitfunktion zufällt, geht immer den mit ihm zusammenhängenden Ausdrucksbewegungen voraus. Wenn das Kind sich also bewegen will, weiß es zuerst, was es tun will; und es will etwas tun, was es kennt, das heißt, was es bereits hat ausführen sehen. Dasselbe lässt sich von der Sprache sagen. Das Kind nimmt die Sprache an, die es rings um sich sprechen hört, und wenn es ein Wort sagt, so sagt es dieses Wort, weil es dieses im Hören gelernt und in seinem Gedächtnis bereit hat. Aber es gebraucht dieses Wort gemäß seinen eigenen augenblicklichen Bedürfnissen.

Dieses Erlernen und dieser Gebrauch des gehörten Wortes sind somit keineswegs Nachahmung in dem Sinne, wie ein redender Papagei Wörter nachplappert. Es handelt sich hierbei nicht um eine unmittelbare Imitation, sondern um den Gebrauch aufgespeicherter, zur Kenntnis genommener Beobachtungen. Der Akt des Sprechens ist von dem des Hörens völlig getrennt. Dieser Unterschied ist sehr wichtig, denn er führt zum besseren Verständnis des kindlichen Tuns, indem er eine wesentliche Seite der Beziehungen zwischen dem Erwachsenen und dem Kind erhellt.

ELEMENTARE HANDLUNGEN

Ehe noch das Kind so weit ist, dass es klar und logisch motivierte Handlungen auszuführen vermag, wie es solche bei den Erwachsenen beobachtet hat, beginnt es, gemäß seinen eigenen Zwecken zu handeln, und macht dabei von den Gegenständen einen Gebrauch, der den Erwachsenen oft unverständlich bleibt. Das geschieht häufig bei Kindern im Alter zwischen anderthalb und etwa drei Jahren. So sah ich zum Beispiel einmal einen anderthalbjährigen Jungen, der in einem Zimmer einen Stoß frisch gebügelter, sorgfältig übereinandergelegter Servietten liegen sah. Er nahm eine von diesen, trug sie vorsichtig, um sie nicht zu zerknittern, in die schräg gegenüberliegende Zimmerecke, legte sie dort auf den Fußboden und sagte: »Eins!« Dann kehrte er in derselben schrägen Richtung zurück und bewies dabei ein besonders fein entwickeltes Orientierungsvermögen. Er ergriff hierauf eine zweite Serviette, trug sie wieder denselben Weg hinüber, legte sie auf die erste und wiederholte das Wort »Eins!«. Dieses Spiel setzte sich fort, bis sämtliche Servietten drüben gelandet waren. Hierauf beförderte er sie in gleicher Weise wieder an ihren ursprünglichen Ort. Der Serviettenstoß war zwar jetzt nicht mehr so genau geschichtet, wie das Dienstmädchen ihn zurückgelassen hatte, aber alle waren noch halbwegs richtig gefaltet, und das Ganze sah wohl leicht havariert, aber keineswegs in seinen Grundfesten erschüttert aus. Zum Glück für das Kind hatte sich während dieser ganzen, lange währenden Operation kein Familienmitglied in der Nähe befunden. Wie oft hingegen taucht hinter dem Rücken des Kindes ein Erwachsener auf und ruft: »Halt! Halt! Lass das in Ruhe!« Und wie oft werden diese kleinen, verehrungswürdigen Händchen geschlagen, damit sie sich daran gewöhnen, nichts anzurühren!

Eine andere »elementare« Tätigkeit, die Kinder bezaubert, besteht darin, einen Korken aus einer Flasche zu ziehen und ihn dann wieder aufzusetzen; besonders beliebt ist dieses Spiel mit geschliffenen Glasstöpseln, die in allen Regenbogenfarben leuchten. Dieses Handhaben von Flaschenverschlüssen gehört zu den bevorzugtesten Beschäftigungen. Fast ebenso anziehend wirkt auf Kinder der Deckel eines Tintenfasses oder einer Schachtel, der abgenommen und aufgesetzt werden kann, oder das Öffnen und Schließen einer Schranktür. Oft kommt es über diesen Dingen, die das Kind begehrt, jedoch nicht berühren darf, weil sie der Mama gehören oder auf Papas Schreibtisch oder im Salon stehen, zum Krieg zwischen dem Kinde und den Erwachsenen und das hat dann meist zur Folge, dass das Kind mit »Launen« reagiert. Dabei kommt es ihm gar nicht auf dieses Fläschchen, auf dieses Tintenfass an; es wäre restlos glücklich, gäbe man ihm andere Gegenstände in die Hand, die ihm dieselben Übungen ermöglichten.

Solche und ähnliche Elementarhandlungen ohne logischen Zweck mögen als das erste Stammeln des arbeitenden Menschen angesehen werden. Einige der von uns ausgearbeiteten Materialien für ganz kleine Kinder sind für diese Vorbereitungsstadien gedacht, so zum Beispiel unsere Einsatzzylinder, die allenthalben solchen Erfolg erzielt haben.

Man sieht in der Theorie unschwer ein, dass das Kind sich betätigen muss; in der Praxis aber stößt dies auf komplizierte Hindernisse, deren Wurzeln tief in der Seele des Erwachsenen liegen. Oft ist der Erwachsene zwar besten Willens, das Kind nach Belieben Dinge berühren und hin- und herrücken zu lassen, bringt es jedoch auf die Dauer nicht fertig, gewisse unklare, in ihm aufsteigende Impulse zu unterdrücken.

Eine junge Dame in New York, die mit meinen Ideen vertraut war, wollte diese bei ihrem hübschen, zweieinhalbjährigen Jungen in die Praxis umsetzen. Eines Tages sah sie, wie das Kind ohne jeden erkennbaren Grund einen gefüllten Wasserkrug aus dem Schlafzimmer in den Salon trug. Sie beobachtete, mit welch angespannter Anstrengung der Kleine sich mühsam vorwärtsbewegte und sagte sich selber unentwegt vor: »*Be careful, be careful!*« (Sei vorsichtig!) Der Krug war schwer und schließlich hielt es die Mutter nicht länger aus. Sie eilte dem Kind zu Hilfe, nahm ihm den Krug ab und trug ihn dorthin, wo ihn das Kind haben wollte. Der Junge war sichtlich beschämt und begann zu heulen. Der Mutter tat es leid, das Kind gekränkt zu haben, doch rechtfertigte sie sich mit der Erklärung, sie hätte zwar verstanden, dass der Junge aus einer inneren Notwendigkeit gehandelt habe, doch habe sie es einfach nicht über sich gebracht zuzusehen, wie er sich abmühte und eine Menge Zeit mit etwas verlor, das sie in einem Augenblick besorgen konnte.

»Ich sehe ein, dass ich falsch gehandelt habe«, sagte mir jene Dame und bat mich um einen Rat. Ich dachte an die andere Seite der Sache, an jenes typische Erwachsenengefühl, das man »Geiz gegenüber dem Kinde« nennen könnte. So sagte ich ihr: »Haben Sie ein feines Porzellanservice, wertvolle Tassen? Lassen Sie das Kind ein paar von diesen leichten Gegenständen tragen und sehen Sie, was geschieht.« Die Dame folgte meinem Rat und erzählte mir später, ihr Junge habe diese zerbrechlichen Tassen eine nach der anderen mit größter Sorgfalt Schritt für Schritt heil und unversehrt an ihren Bestimmungsort gebracht. Die Mutter war dabei von zwei widerstreitenden Gefühlen erfüllt gewesen: von der Freude über die Geschicklichkeit des Kindes und von der Angst um ihre Tassen. Trotz dieser Angst ließ sie das Kind gewähren und gestattete von da ab, dass es die Arbeit verrichtete, für die es sich begeisterte – ein Umstand, der nicht ohne Einfluss auf seine seelische Gesundheit geblieben ist.

In einem anderen Fall gab ich einem Mädchen von vierzehn Monaten einen Staublappen in die Hände und das Kind begann sofort mit größter Freude eine Anzahl leuchtender kleiner Gegenstände abzustauben. Aber in der Mutter der Kleinen erwachte eine Art Abwehrinstinkt und sie brachte es nicht über sich, ihrem Töchterchen einen Gegenstand zu überlassen, der ihrer Ansicht nach nichts mit den Bedürfnissen eines so kleinen Kindes zu tun habe.

Für den Erwachsenen, der die Bedeutung des Vorganges richtig erfasst, gibt es kaum eine überraschendere Enthüllung als die erste Kundgebung des kindlichen Arbeitstriebes. Er beginnt zu ahnen, dass er manchen großen Verzicht wird leisten müssen. Es ist, als müsse er seine Persönlichkeit abtöten, seine ganze bisherige Lebensweise aufgeben. Dies aber ist unvereinbar mit dem sozialen Leben, wie es ist. Zweifellos steht das Kind außerhalb der Erwachsenen-Gesellschaft; es aber, wie dies bisher geschehen ist, einfach auszuschließen, bedeutet eine Unterdrückung seines Wachstums, nicht viel anders, als wenn man das Kind dazu verurteilte, für immer stumm zu bleiben.

Die Lösung dieses Konflikts besteht darin, dass man für die höheren Lebensäußerungen des Kindes eine geeignete Umwelt vorbereitet. Wenn das Kind das erste Wort ausspricht, bedarf es keinerlei Vorbereitung, erfüllt doch seine stammelnde Sprache das Haus als ein willkommenes Geräusch. Die Tätigkeit der Kinderhand hingegen, die man das Stammeln des arbeitenden Menschen nennen könnte, erfordert angepasste Gegenstände, die das Kind zur Tätigkeit auffordern. Sind solche vorhanden, dann sieht man die Kinder Leistungen vollbringen, die oft weit über alles hinausgehen, was man ihren Kräften zumuten würde. Ich besitze die Fotografie eines kleinen englischen Mädchens, das eines der für dieses Land typischen Kastenbrote trägt. Das Brot ist so groß, dass die beiden Kinderhändchen nicht ausreichen, es zu umspannen, und dass die Kleine es gegen ihren Körper stützen muss. So ist sie genötigt, weit zurückgebeugt zu gehen, und sie kann nicht einmal sehen, wohin sie ihre Füße setzt. Die Aufnahme zeigt überdies den Hund, der das Kind begleitet, nicht einen Blick von ihm wendet und mit gespannten Muskeln darauf wartet, dass er seiner kleinen Herrin vielleicht zu Hilfe kommen muss. In größerer Entfernung verfolgten Erwachsene das Kind mit den Augen und mussten sich zurückhalten, um nicht hinzuzulaufen und ihm das Brot aus den Armen zu nehmen. So vollbringen oft ganz kleine Kinder, eine richtig bereitete Umwelt vorausgesetzt, Leistungen, die uns durch ihre Geschicklichkeit und frühreife Präzision in helles Erstaunen versetzen.

13. Kapitel

DER RHYTHMUS

Der Erwachsene, der noch nicht begriffen hat, dass für das Kind die Tätigkeit der Hand ein Lebensbedürfnis, die erste Kundgebung seines Arbeitstriebes darstellt, hindert es am Arbeiten. Dabei müssen wir nicht immer an den Abwehrinstinkt des Erwachsenen denken; es gibt auch andere Gründe für ein solches Verhalten. Einer dieser Gründe besteht darin, dass der Erwachsene den äußeren Zweck aller Handlungen im Auge hat und sein eigenes Tun seiner geistigen Konstitution anpasst. Dass es gelte, ein Ziel auf dem direktesten Wege und somit in der kürzestmöglichen Zeit zu erreichen, bedeutet für ihn eine Art Naturgesetz, für das er denn auch den Ausdruck vom »Gesetz des geringsten Aufwandes« geprägt hat. Wenn er also sieht, wie das Kind große Anstrengungen macht, um eine nutzlose Handlung auszuführen, die er selber in einem Augenblick viel vollkommener ausführen könnte, ist er versucht, dem Kind zu Hilfe zu kommen und damit einem Schauspiel ein Ende zu bereiten, das ihm unerträglich ist.

Die Begeisterung des Kindes für unbedeutende Dinge wirkt auf den Erwachsenen grotesk und unverständlich. Sieht das Kind, dass eine Tischdecke anders aufgelegt ist als gewöhnlich, so empfindet es den Wunsch, sie so zu legen, wie es sie immer gesehen hat; und wenn irgend möglich, wird es dies auch tun, langsam zwar, doch immer mit dem Aufwand aller Energie und Begeisterung, deren es fähig ist, einzig aus dem Grunde, weil »sich erinnern« die Hauptleistung seines Geistes ist. Einen Gegenstand in die Lage zu bringen, die er früher bereits eingenommen hat, bedeutet somit für sein Entwicklungsstadium eine triumphale Tat. Dazu wird es allerdings meist nur dann Gelegenheit finden, wenn kein Erwachsener in der Nähe ist und auf sein Tun achtet.

Versucht das Kind, sich zu kämmen, so sieht der Erwachsene diesem bewundernswerten Bemühen nicht etwa beglückt zu, sondern er empfindet es als einen Angriff auf seine eigenen Wesensgesetze. Er sieht, dass das Kind sich weder gut noch schnell kämmt und nie eine ordentliche Frisur zuwege bringen wird, während er, der Erwachsene, das alles viel rascher und besser besorgen kann. Das Kind, das freudig eine für den Aufbau seiner Persönlichkeit wichtige Handlung vollführt, muss also erleben, wie der Erwachsene, dieser fast bis an die Decke reichende, über jeden Begriff mächtige Riese, gegen den jeder Widerstand vergebens ist, herankommt, ihm den Kamm aus den Händen windet und erklärt, er werde das Kind kämmen. Ähnliches spielt sich ab, sobald das Kind sich bemüht, sich anzukleiden oder seine Schuhe zuzuschnüren. Jeder Versuch des Kindes wird vorzeitig unterbrochen. Was den Erwachsenen nervös macht, ist nicht nur das Unnütze der kindlichen Versuche, sondern auch der Rhythmus, die von der seinen verschiedene Art, in der die Bewegungen des Kindes sich vollziehen.

Man kann seinen persönlichen Rhythmus nicht einfach ablegen wie ein unmodern gewordenes Kleid und durch einen neuen ersetzen. Der Bewegungsrhythmus ist ein Teil der Persönlichkeit, einer ihrer Charakterzüge, fast wie die Form des Körpers, und der Zwang, sich einem fremden Rhythmus anpassen zu müssen, ist sehr einschneidend.

Müssen wir etwa neben einem Gelähmten einhergehen, so empfinden wir alsbald eine Art Beklemmung; und wenn wir zusehen, wie ein Gelähmter langsam ein Glas zum Munde führt und dabei die darin enthaltene Flüssigkeit zu verschütten droht, verursacht uns der unerträgliche Zusammenstoß zweier Bewegungsrhythmen ein Unbehagen, das wir abzuschütteln suchen, indem wir unseren eigenen Rhythmus einschalten, was man dann »ihm zu Hilfe kommen« nennt.

Nicht viel anders verhält sich der Erwachsene gegenüber dem Kind. Unbewusst sucht er zu verhindern, dass das Kind die ihm eigenen langsamen Bewegungen ausführt, ganz so wie er instinktiv ein lästiges, wenn auch völlig harmloses Insekt verscheuchen würde.

Hingegen vermag der Erwachsene schnelle Bewegungen des Kindes zu ertragen und in diesem Falle ist er sogar bereit, sich mit der Unordnung und Verwirrung abzufinden, die ein lebhaftes Kind in seine Umwelt bringt. Das sind die Fälle, in denen der Erwachsene es fertig bringt, »sich mit Geduld zu wappnen«, denn es handelt sich hier um klare, äußere Störungen, und was bewusst ist, kann vom Willen beherrscht werden. Vollführt das Kind aber langsame Bewegungen, dann kann der Erwachsene gar nicht anders als einzugreifen und sich an die Stelle *des Kindes* zu setzen. Statt dem Kinde also bei seinen wichtigsten seelischen Bedürfnissen zu Hilfe zu kommen, ersetzt der Erwachsene die kindlichen Übungen durch seine eigene Fertigkeit, wann immer das Kind versucht, Handlungen zu erlernen. Er versperrt damit dem Kind jeden Weg zur Betätigung und wird selbst zum gewichtigsten Hindernis für dessen innere Entwicklung. Das verzweifelte Weinen des »launenhaften« Kindes, das sich nicht waschen, kämmen, ankleiden lassen will, legt Zeugnis ab von einem der ersten dramatischen Kämpfe des werdenden Menschen. Wer hätte je vermutet, dass jenes törichte »dem Kind zu Hilfe kommen« die erste Wurzel aller *Verdrängungen* und damit der gefährlichsten Schädigungen ist, die der Erwachsene dem Kinde zufügen kann?

Das japanische Volk hat eine eigentümliche Vorstellung von der Kinderhölle. Es gehört zu den japanischen Totenriten, in die Gräber der Kinder eine Menge Steinchen oder ähnlicher kleiner Gegenstände zu legen, die dazu dienen sollen, die Qualen abzuwenden, welche die bösen Geister im Jenseits den kleinen Abgeschiedenen zuzufügen trachten. Jedes Mal, wenn das Kind etwas aufgebaut hat, kommt ein Dämon, stürzt sich darauf und reißt es wieder ein. Die Steinchen, welche die Angehörigen ihm mitgeben, sollen es ihm gestatten, wieder neu aufzubauen.

Es ist das eines der eindrucksvollsten Beispiele für die Projektion des Unbewussten in ein jenseitiges Leben.

14. Kapitel

DIE SUBSTITUTION DER PERSÖNLICHKEIT

Der Erwachsene substituiert sich dem Kinde nicht nur dadurch, dass er Tätigkeiten an seiner Stelle ausführt, sondern oft auch, indem er dem Kind seinen Willen einflößt und diesen an die Stelle des kindlichen Willens setzt. Es ist dann nicht mehr das Kind, das handelt, sondern der Erwachsene handelt durch dieses hindurch.

Als Charcot[1] in seinem berühmten psychiatrischen Institut die Substitution der Persönlichkeit bei Hysterikern mittels Suggestion vorführte, erzielte er damit einen außerordentlich starken Eindruck, weil seine Versuche eine der grundlegenden Anschauungen erschütterten, die bis dahin für völlig gesichert gegolten hatten, nämlich, dass der Mensch Herr seiner Handlungen sei. Demgegenüber ließ sich jetzt experimentell nachweisen, dass eine Versuchsperson durch Suggestion dahingebracht werden konnte, ihre eigene Persönlichkeit zu unterdrücken und eine fremde an deren Stelle treten zu lassen – die Persönlichkeit des Hypnotiseurs.

Obwohl auf das klinische Feld und auf sehr eng begrenzte Versuche beschränkt, öffneten diese Experimente doch den Weg zu völlig neuen Forschungen und Entdeckungen. Von ihnen nahmen die Studien über die Doppelpersönlichkeit, über das Unterbewusstsein, über die höheren psychischen Zustände und schließlich die vertieften Erkenntnisse der Psychoanalyse in Bezug auf das Unbewusste ihren Ausgang.

Nun gibt es aber einen für die Suggestion besonders zugänglichen Lebensabschnitt: jene Kindheit, in der das Bewusstsein in Formung begriffen ist und in ihm eine schöpferische Empfänglichkeit gegenüber den von außen kommenden Eindrücken vorherrscht. In diesem Stadium kann der Erwachsene sich in die Kinderseele einschleichen und mit seinem Willen den noch in Formung befindlichen kindlichen Willen beeinflussen.

Es ist in unseren Schulen vorgekommen, dass dem Kinde die Ausführung einer Übung zu temperamentvoll erklärt wurde, dass die Lehrerin dabei übertrieben energische Bewegungen vollführte oder alles zu genau machte. Dann sahen wir, wie in dem Kinde die Fähigkeit erlosch, gemäß seiner eigenen Persönlichkeit zu urteilen und zu handeln. Es führte dann Bewegungen aus, die sichtlich von seinem eigenen Ich abgelöst waren; dieses Ich wurde aus seiner Herrscherrolle verdrängt durch die Persönlichkeit der Lehrerin, deren Handlungsweise eine solche suggestive Kraft ausübte, dass die zarte Persönlichkeit des Kindes dadurch gewissermaßen ihrer ausführenden Organe beraubt wurde. Der Erwachsene nötigt dem Kind nicht nur bewusst, sondern auch unwillentlich und unwissentlich, ja, ohne dass er sich überhaupt des Problems bewusst wird, seinen eigenen Willen auf. Das nachstehende Beispiel erlebte ich selbst: Ich sah, wie ein etwa zweijähriges Kind ein Paar gebrauchte Schuhe auf die weiße Decke eines frisch gemachten Bettes stellte. Mit einer spontanen, ich möchte sagen zufälligen und unbeabsichtigten Bewegung ergriff ich die Schuhe, stellte sie in einer Ecke auf den Boden und sagte: »Die sind schmutzig.« Hierauf putzte ich mit der Hand die Bettdecke dort ab, wo die Schuhe gestanden hatten. Seit diesem Zwischenfall lief der kleine Junge auf jedes Paar Schuhe zu, dessen er ansichtig wurde, stellte es fort, sagte: »Die sind schmutzig« und strich mit der Hand über das Bett, obgleich die Schuhe es nie berührt hatten.

Ein anderes Beispiel: Eine Mutter erhielt zu ihrer Freude ein Paket, öffnete es und fand darin ein Stück Seide, das sie ihrem Töchterchen reichte, und eine Spielzeugtrompete, die sie selber zum Mund führte und ertönen ließ. Das Kind rief fröhlich: »Musik!« Und noch geraume Zeit nachher strahlte das Kind vor Glück und rief »Musik!«, so oft es Gelegenheit hatte, ein Stück Stoff zu berühren.

Verbote stellen einen besonders günstigen Boden für das Eindringen eines fremden Willens in die Handlungen des Kindes dar, wenn das Verhalten des Erwachsenen nicht so heftig ist, dass es eine Reaktion des Widerstandes auslöst. Dergleichen ereignet sich häufig in gebildeten Familien, in denen Selbstbeherrschung geübt wird, und bei kultivierten Kinderpflegerinnen. Recht bezeichnend ist der Fall eines etwa vierjährigen Mädchens, das mit seiner Großmutter in der Villa seiner Eltern allein zurückgeblieben war. Die Kleine wollte offensichtlich den Hahn eines Wasserbeckens im Garten öffnen und den Springbrunnen in Tätigkeit setzen, doch im letzten Moment zog sie die Hand wieder zurück. Die Großmutter gestattete ihr, den Hahn zu öffnen, das Kind jedoch antwortete: »Nein, das Fräulein hat's verboten.« Nun versuchte die Großmutter, das Kind davon zu überzeugen, dass sie nichts dagegen habe, und erinnerte es daran, dass man sich ja in der eigenen Villa befinde. Das kleine Mädchen lächelte, war sichtlich erfreut und befriedigt und hatte unverkennbar den Wunsch, den Springbrunnen zu sehen. Aber obwohl es erneut die Hand nach dem Hahn ausstreckte, zog es sie unverrichteter Dinge wieder zurück. Sein Gehorsam gegenüber dem Verbot des abwesenden Fräuleins war in ihm so mächtig, dass das Zureden der Großmutter dagegen nichts vermochte.

In einem ähnlichen Fall handelte es sich um ein älteres Kind von ungefähr sieben Jahren. Wenn dieser Junge saß und aufspringen wollte, um auf etwas zuzueilen, das ihn aus der Ferne lockte, musste er umkehren und sich wieder niedersetzen, als werde er von unüberwindlichen Schwankungen der Willensrichtung beherrscht. Welcher »Herr« solchermaßen in seinem Inneren befahl, war nicht herauszubekommen, denn dessen Gestalt hatte sich in der Erinnerung des Kindes bereits völlig verwischt.

DIE LIEBE ZUR UMWELT

Man kann sagen, die leichte Beeinflussbarkeit der Kinder sei eine Übersteigerung einer bestimmten aufbauenden Seelenfunktion, und zwar jener charakteristischen inneren Empfänglichkeit, für die wir die Bezeichnung »Liebe zur Umwelt« geprägt haben. Das Kind beobachtet die Dinge seiner Umgebung mit leidenschaftlichem Eifer und wird von ihnen angezogen; ganz besonders aber wird es von den Handlungen der Erwachsenen fasziniert, die es kennenlernen und nachahmen möchte. Nun könnte dem Erwachsenen in dieser Beziehung eine Art Mission zufallen, nämlich die, das Kind bei seinem Tun anzuregen und wie ein offenes Buch zu sein, aus welchem das Kind Führung für seine eigenen Bewegungen gewinnen und lernen könne, was es lernen muss, um richtig zu handeln. Um jedoch dieser Rolle gerecht zu werden, müsste der Erwachsene stets ruhig sein und seine Handlungen *langsam* ausführen, damit jede Bewegung dem beobachtenden Kinde in allen Einzelheiten klar werde.

Gibt sich der Erwachsene hingegen seinen eigenen, schnellen und gewaltsamen Rhythmen hin, so hat dies leicht zur Folge, dass er auf dem Wege der Suggestion seinen eigenen Willen an die Stelle des kindlichen setzt.

Auch die Gegenstände selbst können durch ihren sinnlichen

Anreiz eine Art suggestiver Gewalt über das Kind gewinnen und dessen Tätigkeit magnetisch anziehen. Ich möchte in diesem Zusammenhang ein interessantes Experiment anführen, das Professor Lewin durchgeführt und auf einem Filmstreifen festgehalten hat. Zweck dieses Experimentes war es, das unterschiedliche Verhalten normaler und geistesschwacher Kinder in unseren Schulen (bei gleichem Alter und gleichen äußeren Bedingungen) vor denselben Gegenständen aufzuzeigen.

Auf einem langen Tisch befinden sich die verschiedensten Dinge, darunter einiges von unserem Lehrmaterial. Zuerst tritt eine Gruppe von Kindern ein. Sie werden sichtlich von den Gegenständen angezogen und interessieren sich dafür. Sie sind lebhaft, lächeln und scheinen glücklich über die Fülle der vor ihnen ausgebreiteten Dinge.

Jedes von ihnen sucht sich einen Gegenstand aus, tut etwas damit, greift dann nach einem anderen und so fort. Der erste Teil des Films ist damit zu Ende.

Dann erscheint auf der Leinwand eine zweite Kindergruppe. Diesmal handelt es sich um Kinder, die sich langsam bewegen, stehen bleiben, schauen, kaum nach einem Gegenstand greifen und in scheinbarer Trägheit verharren. Die zweite Aufnahme ist zu Ende.

Welche von den beiden Gruppen bestand aus geistesschwachen und welche aus normalen Kindern? Die geistesschwachen waren die lebhaften, fröhlichen Kinder, die sich viel bewegten, die von einem Gegenstand zum andern übergingen und alles ausprobieren wollten. Auf das Publikum, das den Film ansieht, machen sie den Eindruck der größeren Intelligenz, weil jedermann gewohnt ist, lebhafte, fröhliche, von einem Gegenstand zum anderen eilende Kinder für intelligent zu halten.

In Wirklichkeit aber bewegen sich normale Kinder ruhig, sie stehen gern lange an einer Stelle und starren ein Objekt an, so als ob sie tiefe Betrachtungen darüber anstellten. Ruhe, sparsame, gemessene Bewegungen, Neigung zur Nachdenklichkeit – das sind also die wahren Kennzeichen eines normalen Kindes.

Das eben zitierte Experiment scheint im Gegensatz zu allen vorherrschenden Ansichten zu stehen, denn in der gewöhnlichen Umwelt benehmen sich die intelligenten Kinder so, wie in jenem Film die geistesschwachen. Das normale Kind, das langsam und nachdenklich ist, stellt einen neuen Typus dar; aber es ist sogleich zu erkennen, dass bei diesem Kind die langsamen, kontrollierten Bewegungen wirklich vom eigenen Ich beherrscht werden und der Vernunft unterworfen sind. Es ist Herr über die Suggestion, die von den Dingen ausgeht, und verfährt mit diesen Dingen nach freiem Ermessen. Worauf es ankommt, ist also nicht die Lebhaftigkeit der Bewegungen, sondern die Beherrschung seiner selbst. Es ist nicht wichtig, dass das Individuum sich auf irgendwelche Art und in irgendwelcher Richtung bewegt, sondern dass es dahin gelangt ist, die eigenen motorischen Organe zu beherrschen. Die Fähigkeit, sich gemäß der Leitung durch sein Ich zu bewegen und nicht nur gemäß der von den äußeren Dingen ausgehenden Anziehungskraft, führt das Kind dazu, sich auf ein einziges Ding zu konzentrieren, und diese Konzentration hat ihren Ursprung in seinem Innenleben.

Wahrhaft normal ist eine vorsichtige, nachdenkliche Art, Bewegungen auszuführen, und in ihr drückt sich eine Ordnung aus, die man innere Disziplin nennen darf. Die Diszipliniertheit der äußeren Handlung ist der Ausdruck einer inneren Disziplin, die sich rings um ein Ordnungsgefühl gebildet hat. Fehlt diese innere Disziplin, dann entgleiten die Bewegungen den von der Persönlichkeit gesetzten Richtlinien, sie werden zum Spielball jedes fremden Willens und aller äußeren Eindrücke, gleich einem steuerlos dahintreibenden Boot.

Von außen kommende Willenseinflüsse werden schwerlich zu einer Disziplin der Handlungen führen, denn sie schaffen keine innere Organisation. Man kann dann von einer Spaltung der Individualität sprechen. Das Kind hat in einem solchen Falle die Gelegenheit versäumt, sich gemäß seiner eigenen Natur zu entwickeln, und man könnte es mit einem Menschen vergleichen, der mit einem Luftballon inmitten einer Wüste gelandet ist. Er sieht, wie der Wind den Ballon fortträgt und wie er allein zurückbleibt. Er kann nichts tun, um den Ballon wieder in seine Gewalt zu bringen, und er findet rings um sich nichts, das ihn ersetzen könnte. So sieht der Mensch aus, der aus dem Kampf zwischen dem Erwachsenen und dem Kinde hervorgehen kann. Seine Intelligenz ist verdunkelt, ungenügend entwickelt und von ihren Ausdrucksmitteln getrennt, die ihrerseits regellos umherschweifen und den Elementen preisgegeben sind.

15. Kapitel

DIE BEWEGUNG

Immer wieder muss auf die Wichtigkeit hingewiesen werden, die der Bewegung beim Aufbau der Seele zukommt. Man hat einen schweren Irrtum begangen, die Bewegung einfach den verschiedenen Körperfunktionen zuzurechnen, ohne hinlänglich zwischen dem Wesentlichen dieser einen Funktion und allen anderen – wie Verdauung, Atmung usw. – zu unterscheiden. In der Praxis pflegt man in der Bewegung nichts anderes zu sehen als eine Betätigung, die zum normalen Funktionieren des Körpers beiträgt, indem sie die Atmung, die Verdauung und den Blutkreislauf fördert.

Nun ist aber die Bewegung eine wichtige und charakteristische Eigenschaft des animalischen Daseins und übt als solche auch einen Einfluss auf das vegetative Leben aus. Es handelt sich sozusagen um ein Charakteristikum, das früher da ist als alle anderen Funktionen und sie an Bedeutsamkeit überragt. Wie falsch es wäre, die Bewegung lediglich von körperlichen Gesichtspunkten aus zu beurteilen, zeigt uns der Sport: Dieser hat nicht nur eine günstige Wirkung auf den körperlichen Zustand, sondern erfüllt seine Anhänger auch mit Mut und Selbstvertrauen, hebt ihre Moral und weckt enorme Begeisterung bei den

Massen. Das jedoch bedeutet, dass seine seelischen Auswirkungen weit bedeutsamer sind als die rein körperlichen.

Die Entwicklung des Kindes, bestimmt durch individuelle Anstrengung und Übung, ist nicht nur das Ergebnis einer einfachen vom Lebensalter abhängigen Naturerscheinung, sondern sie hängt ebenso sehr von seelischen Kundgebungen ab. Es ist sehr wichtig, dass das Kind in die Lage kommt, Eindrücke zu sammeln und klar und geordnet zu behalten, denn das Ich baut die eigene Intelligenz mittels der sensitiven Kräfte auf, die seine Energie leiten. Diese dauernde innere und verborgene Bemühung führt zur Herausbildung der Vernunft, das heißt jenes Vermögens, das letztlich den Menschen als vernunftbegabtes, denkendes, urteilendes, wollendes und gemäß seinem Willen sich bewegendes Wesen auszeichnet.

Der Erwachsene wartet einfach, dass sich die Vernunft des Kindes mit der Zeit, das heißt mit zunehmendem Alter, entwickle. Er bemerkt die Anstrengungen des Kindes, das kraft seiner eigenen Bemühungen wächst, unternimmt aber nichts, um ihm dabei zu Hilfe zu kommen. Sobald dann das vernunftbegabte Wesen im Kinde zutage tritt, stellt er der kindlichen seine eigene Vernunft entgegen. Vor allem aber hindert er das Kind immer dann an der Betätigung seines Willens, wenn dieser sich in Bewegungen auszudrücken sucht. Um den Wesenskern der kindlichen Bewegung zu begreifen, müssen wir diese als Verkörperung der schöpferischen Kraft auffassen, die den Menschen auf die Höhe seiner Gattung bringt. Erst der von der Seele beherrschte Bewegungsapparat stellt das Werkzeug dar, mit dessen Hilfe der Mensch auf eine äußere Umwelt einzuwirken, seine Persönlichkeit auszudrücken und seine Mission zu erfüllen vermag. Die Bewegung ist nicht nur Ausdruck des Ichs, sondern ein unerlässlicher Faktor für den Aufbau des Bewusstseins; bildet sie doch das einzige greifbare Mittel zur Herstellung klar bestimmter Beziehungen zwischen Ich und äußerer Realität. Die Bewegung ist somit ein wesentlicher Faktor beim

Aufbau der Intelligenz, die zu ihrer Nahrung und Erhaltung der Eindrücke aus der Umwelt bedarf. Sogar die abstrakten Vorstellungen reifen ja aus den Kontakten mit der Wirklichkeit und die Wirklichkeit kann nur durch Bewegung aufgenommen werden. Abstrakteste Vorstellungen, wie die des Raumes und der Zeit, erwachsen aus der Bewegung, die den Geist mit der Außenwelt verbindet. Aber das geistige Organ vollführt seine Tätigkeit in zweifachem Sinne, als innere Wahrnehmung und als äußere Ausführung. Nichts ist komplizierter als der Aufbau der menschlichen Bewegungsorgane. Die Zahl der hierfür vorgesehenen Muskeln ist so groß, dass wir gar nicht alle gebrauchen können, so dass man sagen kann, der Mensch verfüge jederzeit über eine Reserve nicht betätigter Organe. Wer berufsmäßig schwierige Handarbeiten auszuführen hat, betätigt und gebraucht gewisse Muskeln, die etwa bei einem Tänzer nie in Aktion treten, und umgekehrt. Man kann sagen, dass die Persönlichkeit bei ihrer Entwicklung stets nur einen Teil ihrer selbst verwendet.

Eine gewisse Muskeltätigkeit ist erforderlich, damit der Mensch sich in normalem Zustand erhalte. Diese bei jedem Menschen funktionierenden Muskeln stellen die Grundlage dar, worauf sich dann die ungezählten individuellen Möglichkeiten aufbauen. Bleibt diese normale Anzahl von Muskeln nicht regelmäßig in Tätigkeit, so führt das zu einer Herabminderung der individuellen Energien.

Bleiben in unserem Körper solche Muskeln unbenützt, die normalerweise in Funktion sein sollten, so bewirkt dies nicht nur eine körperliche, sondern auch eine moralische Niedergeschlagenheit. So sind bei der Muskeltätigkeit immer auch geistige Energien mit im Spiel.

Am besten lernen wir die Bedeutung der Bewegung verstehen, wenn wir die direkte Verbindung ins Auge fassen, die zwischen den Bewegungsfunktionen und dem Willen besteht. Alle vegetativen Funktionen des Körpers hängen wohl mit dem Nervensystem zusammen, unterstehen aber nicht der Einwirkung des Willens. Jedes Organ hat seine eigene, festgelegte Funktion, die es dauernd erfüllt, und die Gewebe weisen die ihren Funktionen entsprechende Struktur auf, ähnlich den spezialisierten Fachleuten und Arbeitern, die schließlich nichts mehr tun können, was nicht in ihr Fach fällt. Der grundlegende Unterschied zwischen diesen Geweben und den Muskelfibern besteht darin, dass die Muskelzellen zwar auch für ihre spezialisierte Aufgabe bestens geeignet sind, jedoch nicht dauernd und selbsttätig arbeiten. Sie brauchen einen Befehl, um in Aktion zu treten und tun nichts ohne einen solchen. Man könnte sie mit Soldaten vergleichen, die den Befehl ihrer Vorgesetzten erwarten und sich einstweilen nur mit Disziplin und eifriger Zucht auf die ihnen bevorstehende Aufgabe vorbereiten.

Die vegetativen Körperzellen haben fest umrissene Funktionen, wie etwa die, Milch oder Speichel zu erzeugen, Sauerstoff zu binden, schädliche Stoffe auszuscheiden oder Mikroorganismen zu bekämpfen. In ihrer Gesamtheit erhalten sie durch beständige Arbeit die Ökonomie des Körpers aufrecht, nicht viel anders als die Arbeitsorganisationen im Gefüge der menschlichen Gesellschaft. Ihre Eignung für eine bestimmte Arbeit ist wesentlich für das Funktionieren des Ganzen.

Die große Menge der Muskelzellen hingegen muss frei, beweglich und schnell sein, um jederzeit einem gegebenen Befehl gehorchen zu können.

Hierzu jedoch bedarf es der Schulung, und da diese nur durch lange Betätigung erworben werden kann, ist es unerlässlich, dass es zu einer solchen auch wirklich kommt. Nur so kann die Koordination zwischen den verschiedenen Gruppen erzielt werden, die gemeinsam in Tätigkeit treten und die empfangenen Befehle genauestens ausführen sollen.

Diese vollkommene Organisation gründet sich auf eine Disziplin, die es möglich macht, dass ein vom Mittelpunkt ausgehender Befehl an jeden beliebigen Punkt der Peripherie und zu jedem betroffenen Individuum gelangt. Nur in solcher Verfassung ist der Organismus in seiner Gesamtheit imstande, wunderbare Leistungen zu vollbringen.

Wozu wäre der Wille nütze ohne sein Werkzeug?

Die Bewegung ist das Mittel, wodurch der Wille alle Fibern zu durchdringen und sich selbst zu verwirklichen vermag. Wir können beobachten, welche Anstrengung das Kind aufwendet und welche Kämpfe es besteht, um dieses Ziel zu erreichen. Sein Wunsch, besser gesagt sein Impuls, treibt es dazu an, die Beherrschung des Organs immer weiter zu vervollkommnen, ohne die es nichts weiter wäre als das Schattenbild eines Menschen ohne Willen. Es wäre in solchem Falle nicht nur unfähig, die Früchte seiner Intelligenz nach außen hin kundzugeben, sondern diese Intelligenz würde gar keine Früchte tragen. Das Organ der Willensfunktion ist nicht bloß ein ausführendes Werkzeug, sondern auch ein Werkzeug des Aufbaus.

Eine der am wenigsten erwarteten und daher überraschendsten Kundgebungen der Kinder, die in unseren Schulen die Möglichkeit fanden, sich frei zu betätigen, bestand in der liebevollen Genauigkeit, mit der sie ihre Arbeiten ausführten. Bei dem Kinde, das ein freies Leben führen darf, beobachten wir Handlungen, aus denen nicht nur das Bestreben spricht, Außeneindrücke in sich aufzunehmen, sondern auch die Liebe zur Genauigkeit in der Auffassung seiner Handlungen. Man erhält von solchen Kindern den Eindruck, als treibe eine innere Kraft ihren Geist der Verwirklichung seiner selbst entgegen. Das Kind ist ein Entdecker: ein Mensch, geboren aus einem gestaltlosen Nebel, auf der Suche nach seiner eigenen, strahlenden Form begriffen.

16. Kapitel

DIE VERSTÄNDNISLOSIGKEIT

Der Erwachsene, der von der Wichtigkeit der Bewegungstätigkeit beim Kinde keine Ahnung hat, sucht diese Aktivität einzuschränken, als könnte sie Störungen verursachen.

Sogar den Männern der Wissenschaft und den Erziehern war die große Bedeutung der Tätigkeit für den Aufbau des Menschen entgangen. Dabei enthält doch bereits das Wort »animalisch« in sich den Begriff *animatio,* Bewegung, und der Unterschied zwischen Pflanzen und Tieren besteht darin, dass die ersteren an ihren Standort gebunden sind, während die letzteren sich bewegen können. Wie kann man da daran denken, der Bewegung des Kindes Beschränkungen aufzuerlegen?

Aus dem Unterbewusstsein des Erwachsenen kommen Ausdrücke wie: »Das Kind ist eine Pflanze, eine Blume«, was so viel bedeutet wie: »Es hat still zu bleiben.« Man sagt auch: »Ein Engel!« Das heißt, man macht aus dem Kind ein Wesen, das sich zwar bewegen und sogar fliegen kann, aber außerhalb der Welt, in der die Menschen leben.

Man sieht, die menschliche Seele ist in geheimnisvoller Weise mit Blindheit geschlagen, und zwar in einem Ausmaß, das über die engen Grenzen dessen hinausgeht, was die Psychoanalyse als »Teilblindheit« im Unbewussten des Menschengeschlechtes bezeichnet.

Diese Blindheit hat sehr tiefe Wurzeln, denn nur so kann es erklärt werden, dass sogar die Wissenschaft mit ihren präzisen Methoden zur Entdeckung des Unbekannten an einer so augenfälligen Erscheinung achtlos vorbeigegangen ist. Niemand bestreitet die Wichtigkeit der Sinnesorgane für den Aufbau der Intelligenz, und da der Wert der Intelligenz selbst allgemein anerkannt wird, ist es allen klar, dass Taubstumme und Blinde in ihrer Entwicklung auf unüberwindliche Schwierigkeiten stoßen müssen; sind doch Gehör und Gesicht die Pforten der Intelligenz, intellektive Sinne. Allgemein ist man der Ansicht, dass unter sonst gleichen Bedingungen Taubstumme und Blinde an Intelligenz hinter Vollsinnigen zurückbleiben. Da die Leiden, denen Taubstumme und Blinde unterworfen sind, nach allgemeiner Auffassung besonderer Art sein müssen, sind sie mit perfekter körperlicher Gesundheit durchaus vereinbar. Nun würde wohl niemand auf den absurden Gedanken verfallen, ein Kind dadurch zur rascheren Aufnahme intellektueller Kultur und gesellschaftlicher Moral zu veranlassen, dass man es der Sehkraft und des Gehörs beraubt. Nie würde man auch daran denken, zur Verbesserung der Kultur auf Blinde und Taubstumme zurückzugreifen.

Dagegen ist es äußerst schwierig, der großen Menge der Menschen begreiflich zu machen, wie wichtig die Bewegung für den geistigen und moralischen Aufbau des Menschen ist. Ein Mensch, dessen Tätigkeitsorgane in der Zeit seines Aufbaues künstlich verkrüppelt würden, wäre dazu verurteilt, unweigerlich zurückzubleiben und in einen Zustand der Minderwertigkeit zu verfallen, schlimmer als der durch das Fehlen eines intellektiven Sinnes verursachte.

Der Mensch, der »Gefangener seines Fleisches« bleibt, leidet anders, tragischer und tiefer als der Blinde oder der Taubstumme. Denn diesem fehlen zwar einige Elemente der Umwelt und somit bestimmte äußere Entwicklungsmöglichkeiten, aber ihr Geist besitzt eine solche Anpassungsfähigkeit, dass die gesteigerte Empfindlichkeit eines ihrer Sinne den Ausfall des anderen wenigstens bis zu einem erheblichen Grade wettmachen kann. Die Bewegung aber ist mit der Persönlichkeit selbst verknüpft und kann durch nichts ersetzt werden. Der Mensch, der sich nicht bewegt, verletzt sich selbst in seinem tiefsten Wesen, verzichtet auf sein Leben, stürzt in einen ausweglosen Abgrund, verwandelt sich lebenslang in einen Gefangenen und gleicht den biblischen Gestalten der ersten Menschen nach der Vertreibung aus dem Paradies, die voll Scham und Schmerz den unbekannten Leiden einer unbekannten Welt entgegenwandern.

Wenn von »Muskeln« die Rede ist, denkt man meist an etwas Mechanisches, an eine Art Bewegungsmaschinerie. So könnte es scheinen, als entfernten wir uns von dem Begriff, den wir uns vom Geist als Gegensatz der Materie und somit aller Mechanismen gemacht hatten.

Indem wir der Bewegung größere Bedeutung für die Entwicklung der Intelligenz und damit des ganzen Menschen beimessen als den intellektiven Sinnen, stürzen wir scheinbar grundlegende Ideen um.

Auch im Auge und im Ohr gibt es Mechanismen. Nichts könnte vollkommener sein als der »lebende Fotoapparat«, das Auge; und die Konstruktion des Ohres ist ein bewunderungswürdiges Ganzes aus schwingenden Bändern und Membranen, eine Jazzkapelle, in der nicht einmal die Trommel fehlt.

Aber wenn wir von der Bedeutung dieser großartigen Instrumente für den Aufbau der menschlichen Intelligenz sprechen, denken wir an sie nicht in ihrer Eigenschaft als mechanische Apparate, sondern an den Gebrauch, den der Mensch von ihnen macht. Durch diese Apparate setzt er sich mit der Welt in Verbindung, und er benutzt sie gemäß seinen seelischen Notwendigkeiten. Der Anblick der Natur und ihrer Schauspiele, eines Sonnenunterganges oder eines Kunstwerkes, die äußeren

Klangeindrücke, die Stimme sprechender Menschen, Musik – alle diese vielfältigen, unablässigen Wahrnehmungen verschaffen dem inneren Ich den Genuss seelischen Lebens und die erforderliche Nahrung für die Seele. Das Ich ist es, das allein aus den Sinneseindrücken Gewinn zu ziehen vermag, sie beurteilt und bewertet.

Welchen Zweck hätten die Mechanismen unserer Sinnesorgane, gäbe es nicht das Ich, das fähig ist, zu sehen und zu genießen?

An und für sich bleiben Sehen und Hören ganz unwichtig, aber die Persönlichkeit des Ichs bildet und erhält sich, genießt und wächst während des Sehens und Hörens.

Analoge Überlegungen lassen sich für die Bewegung anstellen. Zweifellos erfolgt auch sie mittels mechanischer Organe, wenngleich sie nicht starre und feste Mechanismen sind wie die Membran des Trommelfelles oder die Linse des Auges. Aber das Grundproblem des menschlichen Lebens, und folglich der Erziehung, besteht auch hier darin, dass es dem Ich gelinge, seine Bewegungsorgane zu beleben und zu besitzen, um in seinen Handlungen jenem Element gehorchen zu können, das über alle gemeinen Wirklichkeiten und Funktionen des vegetativen Daseins erhaben ist. Jenem Element, das im Allgemeinen der Instinkt ist, beim Menschen aber die Intelligenz und in dieser Form der Schöpfergeist selbst.

Das Ich, das nicht imstande ist, diese grundlegenden Bedingungen zu erfüllen, zerfällt, gleich einem Instinkt, der, losgelöst von dem Körper, den er beleben sollte, in der Welt kein Ziel mehr hätte.

17. Kapitel

DIE SCHAUKRAFT DER LIEBE

Alle jene Strebungen des Lebens, die, nach ihren eigenen Gesetzen verlaufend, auf die Herstellung harmonischer Beziehungen zwischen den Lebewesen abzielen, gelangen unter der Form der *Liebe* zu unserem Bewusstsein. Man könnte sagen, die Liebe sei der Maßstab für das Heil und die Gesundheit der Seele.

Ohne Zweifel ist sie nicht selbst der bewegende Motor, sondern eine Art Reflex, gleich dem Licht, das die Sterne von einem größeren Himmelskörper empfangen. Der Impuls ist der Instinkt, der den schöpferischen Anstoß zum Leben gibt. Bei dieser seiner Verwirklichung der Schöpfung aber sucht der Instinkt Liebe zu wecken. So kommt es, dass das Bewusstsein des Kindes von Liebe erfüllt ist, ja dass das Kind erst durch die Liebe zur Selbstverwirklichung findet.

Schon der unwiderstehliche Trieb, der während der »sensitiven Perioden« das Kind mit den Dingen seiner Umgebung verbindet, kann als Liebe zu seiner Umwelt angesprochen werden. Offenbar handelt es sich hier um etwas, das von den allgemein verbreiteten Vorstellungen von der Liebe abweicht. Man versteht darunter in der Regel ein Gefühl; doch die kindliche Liebe kommt aus der Intelligenz und sie baut auf, indem sie liebevoll sieht und beobachtet. Die Eingebung, die das Kind dazu drängt zu beobachten, ließe sich mit einem Wort Dantes »*intelletto d'amore* (Intelligenz, Schaukraft der Liebe)« nennen.

Die Fähigkeit, lebhaft und genau solche Züge der Umwelt zu beobachten, die für uns Erwachsene, denen jene Lebendigkeit bereits abhanden gekommen ist, völlig unwichtig erscheinen, ist zweifellos eine Form von Liebe. Ist nicht gerade die Empfänglichkeit, die uns an einer Erscheinung Züge bemerken lässt, die andere nicht sehen, nicht schätzen, nicht entdecken, ein charakteristisches Kennzeichen der Liebe? Der Intelligenz des Kindes entgeht auch das Verborgene nicht, eben weil es mit Liebe beobachtet, nie aber mit Gleichgültigkeit. Dieses aktive, brennende, eingehende und dauernde Sichversenken in Liebe ist ein Merkmal des Kindesalters.

Der Erwachsene sieht in der Lebhaftigkeit und Fröhlichkeit Kundgebungen eines intensiven Lebens und somit ein typisches Kennzeichen des Kindesalters; er lässt dabei die Liebe, das heißt die geistige Energie, außer Acht und verwendet keinen Blick auf die moralische Schönheit, die das Schöpfungswerk des werdenden Menschen begleitet.

Im Kinde ist die Liebe noch frei von Widersprüchen. Es liebt, weil es die Welt in sich aufnimmt, weil die Natur ihm dies gebietet. Und es absorbiert alles, was es aufnimmt, um es dem eigenen Leben, der eigenen Persönlichkeit einzuverleiben.

Innerhalb der kindlichen Umwelt bildet der Erwachsene den wichtigsten Gegenstand der Liebe; von ihm erhält das Kind die materiellen Hilfen, von ihm nimmt es, mit intensiver Liebe, das, was es zur eigenen Formung benötigt. Für das Kind ist der Erwachsene ein verehrungswürdiges Wesen; von seinen Lippen strömen, wie aus einer unerschöpflichen Quelle, die Worte, deren das Kind für sein eigenes Sprechvermögen bedarf und die es bei seinem weiteren Tun leiten werden. Die Worte des Erwachsenen wirken auf das Kind gleich Anregungen aus einer höheren Welt.

Mit seinen Handlungen zeigt der Erwachsene dem aus dem Nichts gekommenen Kind, wie Menschen sich zu bewegen haben. Ihn nachahmen bedeutet für das Kind ins Leben eintreten. Worte und Handlungen des Erwachsenen bezaubern und faszinieren das Kind dermaßen, dass sie suggestive Kraft über seine Seele erlangen. Die Sensibilität des Kindes dem Erwachsenen gegenüber ist so groß, dass der Erwachsene im Kinde selbst zu leben und zu handeln vermag. Die Episode des Jungen, der die Schuhe auf die Bettdecke gestellt hatte, verrät, bis zu welchem Punkt der Gehorsam des Kindes und die Suggestivkraft des Erwachsenen gehen kann. Was der Erwachsene dem Kind sagt, bleibt diesem eingeprägt, als wäre es mit einem Meißel in Marmor gehauen. Man erinnere sich an das Beispiel des kleinen Mädchens, dessen Mutter ein Paket mit Stoff und mit einer Trompete erhalten hatte. Darum sollte der Erwachsene jedes Wort, das er in Gegenwart von Kindern spricht, sorgfältig abwägen, denn das Kind dürstet danach, zu lernen und Liebe in sich aufzuspeichern.

Dem Erwachsenen gegenüber neigt das Kind zu einem Gehorsam, der bis an die Wurzeln seines Geistes reicht. Verlangt der Erwachsene jedoch, dass das Kind ihm zuliebe auf Betätigungen verzichte, die jedes Geschöpf nach unabänderlichen inneren Regeln und Gesetzen vollführen muss, dann kann das Kind einfach nicht gehorchen. Man könnte ihm ebenso gut befehlen, mit dem Wachstum seiner Zähne innezuhalten. Die Launen und Anfälle von Ungehorsam beim Kinde sind nichts anderes als der Ausdruck eines vitalen Konfliktes zwischen schöpferischem Impuls und der Liebe zu dem Erwachsenen, der das Kind nicht versteht. Jedes Mal, wenn der Erwachsene statt auf Gehorsam auf eine Laune des Kindes stößt, sollte er an diesen Konflikt denken und einsehen, dass das Kind etwas verteidigt, was für seine Entwicklung lebensnotwendig ist.

Nie dürfen wir vergessen, dass das Kind gehorchen möchte und dass es liebt. Das Kind liebt den Erwachsenen über alles, während wir für gewöhnlich bloß sagen: »Wie doch die Eltern das Kind lieben!« Auch von den Lehrern heißt es: »Wie sie die Kinder lieben!« Man glaubt gemeinhin, es sei nötig, den Kindern die Liebe zu den Eltern, zu Mutter, Vater, Lehrern, den Menschen im Allgemeinen, den Tieren, den Pflanzen, den Dingen erst von außen her beizubringen.

Wer aber lehrt die Kinder lieben? Etwa der Erwachsene, der alle Lebensäußerungen des Kindes Launen nennt und sich und all seine Habe gegen das Kind zu verteidigen sucht? Ein solcher Mensch kann nicht Lehrer der Liebe sein, denn er besitzt nicht jenes Feingefühl, das wir oben »Schaukraft der Liebe« genannt haben.

Wer wirklich liebt, ist das Kind, das den Erwachsenen bei sich haben will und immer wieder seine Aufmerksamkeit auf sich zu ziehen sucht: »Sieh mich an, bleib bei mir!«

Abends, wenn es zu Bett geht, ruft das Kind den geliebten Menschen zu sich und will nicht dulden, dass er es verlasse. Wenn wir uns zu Tisch setzen, will bereits der Säugling mit uns kommen, nicht um gleichfalls zu essen, sondern um uns zuzusehen und uns nahe zu sein. An dieser mystischen Liebe geht der Erwachsene meist achtlos vorbei. Doch wohlgemerkt: Dieses kleine Wesen, das euch liebt, wird heranwachsen und wird eines Tages verschwunden sein. Wer wird euch dann beim Schlafengehen zu sich rufen und zärtlich sagen: »Bleib bei mir!« statt sich mit einem gleichgültigen »Gute Nacht« zu verabschieden? Wer wird noch einmal mit solcher Leidenschaft in eurer Nähe sein wollen, während ihr esst, nur um euch zuzusehen? Wir wehren diese Liebe ab und werden doch nimmer ihresgleichen finden. Nervös sagen wir: »Ich habe keine Zeit, ich kann nicht, ich habe zu tun!« Und auf dem Grund unserer Seele denken wir: »Man muss diesen Kindern Manieren beibringen, sonst werden wir noch zu ihren Sklaven.« Wir wollen uns von ihnen befreien, um nicht auf unsere Bequemlichkeit verzichten zu müssen.

Eine schreckliche Gewohnheit des Kindes besteht darin, dass es des Morgens Vater und Mutter aufweckt. Und das Fräulein sollte diese Missetat unbedingt verhindern und so den Schutzengel für den Morgenschlaf der Eltern spielen.

Was aber, wenn nicht die Liebe, treibt das Kind, alsbald nach seinem Erwachen zu den Eltern zu laufen?

Sobald es früh, bei Sonnenaufgang, gleich allen reinen Wesen, von seinem Lager aufspringt, macht das Kind sich auf die Suche nach den Eltern, als wolle es ihnen sagen: »Lernt doch, heilig zu leben! Es ist schon hell, der Morgen ist da!« Aber es kommt nicht als Lehrmeister, sondern einzig getrieben von dem Wunsch, die Wesen wiederzusehen, die es liebt.

Das Zimmer ist vielleicht noch finster und gut abgeschlossen, damit kein störendes Licht von außen eindringt. Zögernd und voll Angst vor der Dunkelheit nähert sich das Kind; bald aber hat es diese Angst überwunden und berührt nun zärtlich die Eltern. Vater und Mutter schelten: »Haben wir dir denn nicht tausendmal gesagt, dass du uns nicht so früh wecken darfst?« »Ich wecke euch ja nicht«, mag das Kind antworten, »ich wollte euch nur einen Kuss geben!«

Das bedeutet so viel, wie wenn es sagte: »Nicht körperlich wollte ich euch wecken – ich wollte euren Geist wachrufen!«

Ja, die Liebe des Kindes ist für uns von unermesslicher Wichtigkeit. Vater und Mutter verschlafen ihr ganzes Leben, neigen dazu, über allem und jedem einzuschlafen, und brauchen ein junges Wesen, das sie weckt und mit der frischen, lebendigen Energie belebt, die sie selber nicht mehr besitzen – ein Wesen, das sich anders verhält als sie und ihnen Morgen für Morgen zuruft: »Erwacht zu einem anderen Leben! Lernt, besser zu leben!«

Jawohl, besser zu leben: den Atemhauch der Liebe zu verspüren.

Ohne das Kind, das ihm hilft, sich ständig zu erneuern, würde der Mensch degenerieren. Wenn der Erwachsene sich nicht um Erneuerung bemüht, bildet sich rings um seinen Geist ein harter Panzer, der ihn gefühllos werden lässt, und damit verliert er schließlich sogar sein Herz. Man ist versucht, an die Worte des Jüngsten Gerichtes zu denken, mit denen Christus sich an die Verdammten wendet und sie verflucht – jene Verdammten, die nie von den Mitteln zur inneren Neugeburt, die das Leben ihnen bot, Gebrauch machen wollten!

»Hinweg, ihr Verfluchten, denn ich bin krank gewesen, und ihr habt mich nicht gepflegt!«

Sie aber antworten:

»Herr, wann haben wir dich krank gesehen?«

»Alles, was ihr einem von diesen, den Geringsten, getan habt, das habt ihr mir getan. Hinweg, ihr Verfluchten, denn ich lag im Gefängnis und ihr habt mich nicht besucht!«

»Oh Herr, wann lagst du im Gefängnis?«

»In jedem Gefangenen war ich selbst.«

Diese dramatische Szene des Evangeliums lehrt, dass es Pflicht des Menschen ist, dem in jedem Armen, in jedem Gefangenen, in jedem Leidenden verborgenen Christus beizustehen. Wollte man die wunderbare biblische Szene auf den Fall des Kindes anwenden, so käme man zu der Erkenntnis, dass Christus in Gestalt des Kindes zu allen Menschen kommt.

»Ich habe dich geliebt, ich bin des Morgens zu dir gekommen, um dich zu erwecken, doch du hast mich zurückgestoßen!«

»Wann, o Herr, bist du des Morgens in mein Haus gekommen, mich zu erwecken, und ich habe dich zurückgestoßen?«

»Die Frucht deines Leibes, die kam und dich rief, war ich. Wer dich bat, ihn nicht allein zu lassen, war ich!«

Wir Toren! Er war der Messias, der kam, uns zu erwecken und uns die Liebe zu lehren! Wir aber meinten, es mit einer Kinderlaune zu tun zu haben, und so überantworteten wir unser Herz der Verdammnis!

ZWEITER TEIL

18. Kapitel

DIE ERZIEHUNG DES KINDES

Es gilt, der eindrucksvollsten Tatsache ins Auge zu sehen, dass das Kind ein Seelenleben hat, dessen zarte Ausdrucksformen unbemerkt bleiben, und dass der Erwachsene, ohne es zu wollen, den Aufbauplan der Kinderseele zunichte machen kann.

Die Umgebung des Erwachsenen ist keine Leben bringende Umwelt für das Kind, sondern eher eine Anhäufung von Hindernissen, zwischen denen das Kind Abwehrkräfte entwickelt, zu verbildenden Anpassungen genötigt wird und allerlei Suggestionseinflüssen unterliegt. Von dieser äußeren Wirklichkeit her ist bis heute die kindliche Psyche studiert worden und von da her hat man seine Eigenschaften abgeleitet, die zur Basis der Erziehung gemacht wurden. Somit erweist sich eine grundlegende Revision der Kinderpsychologie als Notwendigkeit. So viel haben wir bereits erkannt: Hinter jeder überraschenden Antwort eines Kindes verbirgt sich ein Geheimnis und jede kindliche Laune ist Ausdruck einer tief sitzenden Ursache, die nicht bloß als oberflächlicher Zusammenstoß kindlicher Abwehrkräfte mit einer ungeeigneten Umwelt gedeutet werden darf. Hier gibt sich vielmehr ein höherer, wesentlicher Charakterzug des Kindes kund, der um seine Ausdrucksform ringt. Es ist, als ob ein Unwetter die Seele des Kindes hindere, aus ihrem verborgenen Zufluchtsort hervorzutreten und sich nach außen zu zeigen.

Nun ist es jedoch klar, dass alle diese Episoden, unter denen sich die Bemühungen der Kinderseele um ihre Selbstverwirklichung verbergen – alle diese Launen, Kämpfe und Verbildungen – nicht geeignet sind, uns die Idee einer Persönlichkeit zu geben. Sie stellen nichts weiter dar als eine Summe von Charakterzügen. Trotzdem muss diese Persönlichkeit vorhanden sein, da doch jener geistige Embryo, das Kind, in seiner Seelenentwicklung unverkennbar einem konstruktiven Aufbauplan folgt. So steckt also in dem Kind, wie wir es zu sehen vermögen, ein verborgener Mensch, ein unbekanntes Kind, ein lebendiges Wesen in einer Art Gefangenschaft, das es zu befreien gilt.

Hierin besteht die erste dringende Aufgabe der Erziehung, wobei befreien gleichbedeutend ist mit kennenlernen, entdecken von etwas Unbekanntem.

Wenn zwischen den Forschungen der Psychoanalyse und dieser Psychologie des »unbekannten Kindes« ein wesentlicher Unterschied besteht, so liegt er in Folgendem: Was im Erwachsenen verborgen liegt, wurde vom Individuum selbst verdrängt; somit muss sich der Arzt an das Individuum wenden und ihm helfen, ein Geflecht zu entwirren, das unter komplizierten Anpassungen, unter Symbolen und Verstellungen, wie sie sich während eines ganzen Lebens herausgebildet haben, begraben liegt. Das Verborgene im Kinde hingegen wird nur durch die Umwelt verdeckt und daher gilt es auf diese Umwelt einzuwirken, um dem Kind einen freien Ausdruck seines Wesens zu ermöglichen. Das Kind befindet sich in einer Periode der Schöpfung und Ausweitung und man braucht nichts anderes zu tun, als ihm die Tür zu öffnen. Was hier sich schafft, was aus dem Nichtsein ins Dasein tritt, aus dem Stand des Potenziellen in den des Aktuellen übergeht, kann in diesem Augenblick noch keine Komplikationen haben; und die expansive Energie, die hier am Werk ist, kann selbst in ihrer Kundgebung keine Schwierigkeiten bieten.

Bereiten wir also dem Kind eine offene, seinem Lebensmoment angepasste Umwelt, so wird sich die kindliche Seele spontan offenbaren; das Geheimnis des Kindes muss sich enthüllen. Wäre dem nicht so, alle Anstrengungen der Erziehung müssten in einem ausweglosen Labyrinth steckenbleiben.

Hierin also besteht die wahre neue Erziehung: in der Entdeckung zuerst und dann in der Befreiung des Kindes. Hierin besteht ja das Problem der Existenz schlechthin: im Existieren. Dann erst folgt das zweite Kapitel, das so lang ist wie die Entwicklung bis zum Erwachsenendasein: das Problem der Hilfen, die dem Kinde geboten werden müssen.

Für beide Kapitel aber bildet die Grundlage eine Umwelt, die das Wachstum des Kindes begünstigt, indem sie alle Hindernisse auf ein Mindestmaß reduziert. Gerade auf diese Umwelt wirken sich die kindlichen Energien aus und sie liefert alle die Mittel, deren diese Energien zu ihrer Betätigung bedürfen. Zu dieser Umwelt aber gehört auch der Erwachsene. Er muss sich den Bedürfnissen des Kindes anpassen, muss ihm zu seiner Unabhängigkeit verhelfen, darf ihm nicht zum Hindernis werden und darf sich ihm nicht bei den für sein Heranreifen wesentlichen Tätigkeiten substituieren.

So ist denn auch unsere Erziehungsmethode durch die zentrale Stellung gekennzeichnet, die ihr in der Umgebung eingeräumt wird.

Auch die Figur des Lehrers in unserer Methode stellte eine Neuerung dar, die viel Interesse und Diskussionen hervorgerufen hat: Wir sprechen von dem passiven Lehrer, der sich bemüht, das Hindernis beiseite zu räumen, das seine eigene Tätigkeit und Autorität darstellen könnte, und der somit bewirkt, dass das Kind von sich aus tätig werden kann. Wir meinen den Lehrer, der erst dann zufrieden ist, wenn er sieht, wie das Kind ganz aus sich heraus handelt und Fortschritte macht und der nicht selbst das Verdienst dafür in Anspruch nimmt. Dieser Lehrer soll sich die Haltung Johannes des Täufers zum Vorbild nehmen, der sagte: »Er muss wachsen, ich aber muss abnehmen.« Bekannt ist auch ein anderer von den Hauptgrundsätzen unserer Methode: die Achtung vor der Persönlichkeit des Kindes, die nie zuvor so entschieden gefordert worden ist.

Diese drei Hauptpunkte fanden ihre Verwirklichung in besonderen Erziehungsanstalten, die zunächst »Kinderhäuser« genannt wurden, welche Bezeichnung unsere Vorstellung von einem Familienmilieu gut ausdrückte.

Wer diese Erziehungsbewegung verfolgt hat, weiß, dass sie stets umstritten war und es noch heute ist. Was daran besonders zum Widerspruch reizte, war die Umwälzung im Verhältnis zwischen Erwachsenen und Kindern: der Lehrer ohne Katheder, ohne die gewohnte Autorität, fast ohne Unterrichtsfunktion, und das Kind als Mittelpunkt des ganzen Betriebes, das allein lernt, das frei ist in der Wahl seiner Beschäftigung und Bewegung. Wenn man dergleichen schon nicht für utopisch hielt, so sah man darin doch vielfach eine tolle Übertreibung.

Allgemeinen Beifall hingegen fand jene andere Idee, die darin bestand, die materielle Umwelt der kindlichen Körpergröße anzupassen. Unsere hellen, lichtdurchfluteten Räume mit niedrigen, blumengeschmückten Fenstern, mit ihren kleinen Möbeln jeglicher Form, die ganz der Einrichtung eines modernen Wohnhauses glichen, die Tischchen, die Sesselchen, die bunten Vorhänge, die niedrigen Schränke in Reichweite der Kinder, die dort nach Belieben Dinge aufstellen oder fortnehmen konnten – all das erschien wirklich als eine praktisch bedeutsame Verbesserung des Kinderdaseins. Und ich glaube, der größte Teil der »Kinderhäuser« hat dieses äußerliche Merkmal bis heute als Hauptkennzeichen beibehalten.

Nach langen Jahren und Jahrzehnten der Forschungen und Erfahrungen empfinden wir das Bedürfnis, nochmals auf das ganze Anliegen zurückzukommen und insbesondere von den Ursprüngen unserer Methode zu erzählen.

Es wäre ein großer Irrtum anzunehmen, die mögliche Beobachtung von Kindern hätte uns zu der kühnen Idee geführt, im Kinde eine geheime Natur zu vermuten, und aus dieser Intuition sei dann der Gedanke einer neuen Schule und Erziehungsmethode hervorgewachsen. Unbekanntes lässt sich nicht beobachten. Unmöglich konnte jemand aus einer unklaren Ahnung heraus auf den Gedanken kommen, das Kind habe zwei Naturen, und sagen: »Jetzt will ich versuchen, das auch experimentell zu beweisen.«

Das Neue muss sozusagen kraft seiner eigenen Energie zum Vorschein kommen und oft genug ist gerade der, vor dessen Augen es sich kundgibt, ungläubiger als ein Blinder. Er lehnt das Neue einfach ab, wie es die übrige Welt auch tut, und dieses Neue muss sich beharrlich immer wieder in sein Blickfeld drängen, bis er es endlich sieht, erkennt und stürmisch begrüßt. Aber wie gewaltig ist die Freude dessen, dem das neue Licht schließlich doch aufgegangen ist! Mit welcher Beglückung nimmt er es in sich auf und widmet ihm sein Leben! Sein Enthusiasmus lässt vermuten, er selbst habe jenes neue Licht geschaffen, während er doch nichts anderes getan hat, als für seine Manifestationen offen zu sein. Er wird dann an den Punkt gelangen, zu erkennen und zu tun, wie es im Evangelium geschrieben steht: »Das Himmelreich ist einem Kaufmann gleich, der auszog, schöne Perlen zu suchen. Und als er eine kostbare Perle fand, ging er hin und verkaufte alles, was er besaß, und kaufte sie.« Das Schwierigste ist für uns stets, das Neue zu bemerken und sich davon zu überzeugen; denn gerade vor dem Neuen verschließen sich die Pforten unserer Wahrnehmung.

Das Reich des Geistes gleicht einem vornehmen Salon, der dem Unbekannten verschlossen ist. Wer ihn betreten will, muss durch jemanden eingeführt sein, der dort schon bekannt ist, muss »vom Bekannten zum Unbekannten gehen«. Das *Neue* hingegen muss entweder die Türen einrennen oder sich heimlich einschleichen. Dann verursacht es in jenem Salon Überraschung und Verwirrung. Nicht ohne Erregung und Ungläubigkeit dürfte Volta beobachtet haben, wie ein toter, abgehäuteter Froschschenkel zu zucken begann; aber er hielt diese Tatsache fest und isolierte aus ihr die Elektrizität. Mitunter genügt eine winzige Kleinigkeit, um unbegrenzte Ausblicke aufzureißen, denn der Mensch ist seiner Natur nach ein Sucher, ein Forscher. Aber kein Fortschritt wäre möglich ohne die Entdeckung und Kenntnisnahme jener winzigen Kleinigkeiten.

In der Physik und in der Medizin haben wir strenge Regeln dafür, was als ein neues Phänomen anzusehen ist. Ein neues Phänomen ist die Entdeckung einer Tatsache, die bis dahin unbekannt gewesen und nicht vermutet worden ist, die also für uns nicht existiert hat. Eine Tatsache ist immer objektiv und hängt daher nicht von Eingebungen ab. Wenn es sich darum handelt, die Existenz einer neuen Tatsache zu beweisen, so muss bewiesen werden, dass sie für sich besteht, d. h., sie muss isoliert werden. Der zweite Schritt besteht dann in der Erforschung der Umstände, unter denen das Phänomen in Erscheinung tritt. Erst nach der Lösung dieses grundlegenden Problems kann man darangehen, mit dem Studium des Phänomens, mit seiner eigentlichen Erforschung, zu beginnen. Das Auftreten des Phänomens ist somit das Vorzimmer seiner Erforschung. So gibt es denn eine Form des Studiums, die sich ausschließlich darauf beschränkt, ein Phänomen wieder und wieder hervorzubringen, es festzuhalten, sich seiner zu bemächtigen, damit es sich nicht, gleich einer Vision, wiederum in nichts auflöse, sondern zu einer greifbaren Wirklichkeit, zu einem festen Besitz und damit zu einem realen Wert werde.

Unser erstes »Kinderhaus« liefert das Beispiel einer Entdeckung, die ursprünglich von winzigen Tatsachen ihren Ausgang nahm, jedoch alsbald ungeahnte Horizonte eröffnet.

DIE URSPRÜNGE UNSERER METHODE

Gewisse Aufzeichnungen, die ich unter meinen alten Papieren gefunden habe, beschreiben die Ursprünge unserer Methode in folgender Weise:

Wer seid ihr?

Es war der sechste Januar 1907, als unsere erste Schule für geistig normale Kinder von drei bis sechs Jahren eröffnet wurde. Ich kann nicht sagen, dies sei die erste nach meiner Methode geführte Schule gewesen, denn es gab diese Methode damals noch nicht; doch sollte sie sich sehr bald daraus entwickeln. An jenem Tag war nicht viel mehr zu sehen als ein halbes Hundert allerärmster, ungepflegter, sichtlich verschüchterter Kinder, viele von ihnen heulend, fast alle von analphabetischen Eltern. Sie waren nun also meiner Obhut anvertraut.

Ursprünglich hatte man nichts weiter beabsichtigt als die kleineren Kinder der Arbeiter in einem Volkswohnhaus in einem Raum beisammenzuhalten, damit sie nicht auf den Treppen sich selbst überlassen blieben, die Wände beschmutzten und überhaupt Unfug stifteten. Zu diesem Zweck wurde in dem Gebäude ein Zimmer bereitgestellt und mir wurde die Sorge für diese Einrichtung übertragen, der man »eine vielversprechende Zukunft« voraussagte.

Ein undefinierbares Gefühl sagte mir, dass hier ein großartiges Werk im Entstehen war.

Die Worte der Liturgie, die an jenem Dreikönigstag in der Kirche gelesen wurden, schienen mir von prophetischer Vorbedeutung: »Finsternis liegt über der Erde ... aber der Herr wird über dir aufgehen ... und Völker werden in deinem Lichte wandeln.«

Alle Teilnehmer an der Eröffnungszeremonie wunderten sich und fragten sich: »Warum übertreibt nur die Montessori dermaßen die Bedeutung eines einfachen Armenasyls?«

Ich begann meine Arbeit wie ein Bauer, der brauchbares Saatgut besitzt und dem man einen fruchtbaren Acker zur Verfügung gestellt hat, auf dem er nun nach Belieben säen kann. Aber so war es nicht: Sobald ich an die Schollen jenes Ackers rührte, fand ich Gold statt Korn: Diese Schollen verbargen einen kostbaren Schatz. Es zeigte sich, dass ich gar nicht der Bauer war, der ich zu sein vermeint hatte: Ich war Aladin und hielt, ohne es zu wissen, die Wunderlampe in den Händen, die mir den Zugang zu verborgenen Schätzen erschloss.

Kaum hatte ich meine Arbeit mit geistig normalen Kindern begonnen, als mir eine Reihe von Überraschungen zuteil wurde.

Es war nur logisch anzunehmen, dass die Hilfsmittel, die bei der Erziehung von geistig zurückgebliebenen Kindern bedeutende Ergebnisse geliefert hatten, sich als wahrer Schlüssel für die Erziehung normaler Kinder erweisen würden und dass alles, was dazu gedient hatte, schwache Geisteskräfte zu stärken und fehlgeleitete Intelligenzen auf den rechten Weg zu führen, Grundsätze einer Geisteshygiene enthalten müsse, die auch normalen Geistern zu einem gesunden und richtigen Wachstum verhelfen würden. An alledem ist nichts Wunderbares und die Erziehungstheorie, die schließlich aus unseren Erfahrungen hervorgegangen ist, hat denn auch durchaus positiven und wissenschaftlichen Charakter und vermag ausgeglichene und kluge Geister zu überzeugen. Das ändert jedoch nichts daran, dass die ersten Ergebnisse mich mit größtem Staunen und oft mit Ungläubigkeit erfüllten.

Das Unterrichtsmaterial, das ich den normalen Kindern darbot, hatte auf sie nicht dieselbe Wirkung, die es auf geistesschwache Kinder ausgeübt hatte. Wenn der betreffende Gegenstand das normale Kind anzog, so heftete es sogleich seine ganze Aufmerksamkeit darauf. Es arbeitete damit und arbeitete pausenlos, in einer bewunderungswürdigen Konzentration. Nachdem es gearbeitet hatte, *dann erst* schien das Kind befriedigt, ausgeruht und glücklich. Ausgeruhtsein war in diesen kleinen, heiteren Gesichtern, in diesen zufrieden leuchtenden Kinderaugen zu lesen, nachdem eine freiwillig übernommene Arbeit verrichtet war. Mein Unterrichtsmaterial schien dem Schlüssel zum Aufziehen einer Uhr zu gleichen: Man dreht ihn ein paarmal und die Uhr läuft lange Zeit von selber; hier aber war das Kind, das, nachdem es gearbeitet hatte, stärker und geistig gesunder war als vorher. Es dauerte eine ganze Weile, ehe ich mich davon überzeugte, dass dies keine Illusion war. Vor jeder neuen Erfahrung dieser Art verharrte ich lange ungläubig, zugleich aber betroffen, ergriffen, bebend. Wie oft geschah es, dass ich der Lehrerin Vorwürfe machte, wenn sie mir erzählte, was die Kleinen getan hatten:

»Erzählen Sie mir doch nicht solche Hirngespinste!«, sagte ich streng. Und ich entsinne mich noch, wie sie, ohne gekränkt zu sein, mit Tränen der Rührung in den Augen antwortete: »Sie haben recht. Manchmal, wenn ich diese Dinge sehe, ist mir, als gäben die Engel den Kindern das alles ein.«

Eines Tages endlich legte ich tief bewegt die Hand aufs Herz, um es in seinem Glauben zu bestärken, und bei dem ehrfürchtigen Gedanken an jene Kinder stellte ich mir die Frage: »Wer seid ihr?« War ich am Ende jenen Kleinen begegnet, die Christus auf den Arm genommen und die ihn zu den göttlichen Worten begeistert hatten: »Wer eines dieser Kinder aufnimmt in meinem Namen, der nimmt mich auf« – »Wenn ihr nicht werdet wie die Kleinen, werdet ihr nicht in das Himmelreich kommen«?

So führte der Zufall mich mit ihnen zusammen. Es waren weinende, angsterfüllte Kinder, so verschüchtert, dass sie nicht zum Sprechen zu bringen waren; ihre Gesichter waren ausdruckslos, ihre Augen leer, so als hätten sie noch nie im Leben etwas gesehen. Es waren in der Tat arme, sich selbst überlassene Kinder, aufgewachsen in elenden, finsteren Häusern, ohne jede seelische Anregung, ohne Fürsorge. Schon für den Laienblick waren sie unterernährt; man musste nicht Arzt sein, um zu erkennen, dass sie dringend der Nahrung, der Sonne und frischen Luft bedurften. Geschlossene Knospen waren sie alle,

doch ohne deren Frische – Seelen, die sich in einer engen Um-
hüllung verborgen hielten.

Diese Kinder nun machten alsbald eine eindrucksvolle Verwandlung durch, so dass man hätte meinen können, *ganz andere
Kinder* vor sich zu haben, und ihre Seelen gaben sich in Kürze
dermaßen strahlend kund, dass gleichsam ihre ganze Umgebung dadurch erhellt wurde.

Welche Umstände bewirkten eine so wunderbare Veränderung? Es mussten besonders günstige Umstände sein, die zu
dieser »Befreiung der kindlichen Seele« führten. Alle Hemmnisse, die das Aufblühen ihrer Seelen bis dahin behindert hatten, waren offenbar jetzt weggefallen. Aber wer hätte je vermutet, um welche Hemmnisse es sich dabei handelte, welche
günstigen Gegebenheiten erforderlich seien, damit eine verschüttete Seele nach außen hin aufblühen konnte? Es handelte
sich vielfach um Faktoren, denen man zunächst eine gegentei-
lige Wirkung zugeschrieben hätte.

Beginnen wir mit den Familienverhältnissen dieser Kinder.
Sie alle gehörten den niedrigsten Gesellschaftsschichten an,
denn ihre Eltern waren nicht einmal richtige Arbeiter, sondern
Leute, die von Tag zu Tag auf der Suche nach irgendeiner Au-
genblicksbeschäftigung waren und sich daher nicht um ihre
Kinder kümmern konnten. Nahezu alle diese Eltern waren An-
alphabeten.

Eine richtige Lehrerin für diese wenig versprechende Stellung
zu finden, war nicht möglich gewesen. Es wurde also eine Person genommen, die zwar eine Zeitlang eine Lehrerbildungs-
schule besucht hatte, dann aber Arbeiterin geworden war. Sie
hatte daher weder die Schulung noch die Vorurteile, die bei jeder wirklichen Lehrerin zweifellos zur Geltung gekommen wären. Die besondere Situation unseres ganzen Unternehmens
bestand darin, dass es sich hier nicht um ein soziales Hilfswerk
im eigentlichen Sinne handelte, sondern um die Schöpfung
einer Baugesellschaft, die die Unkosten der Schule als einen Teil

der Ausgaben zur Erhaltung des Gebäudekomplexes ansah. Man nahm die Kinder in diese Schule auf, damit die Wände des Hauses unbeschädigt blieben und der ganze Bau nicht dauernd frisch getüncht werden musste. An Hilfsmaßregeln wie Heilbehandlung kranker Kinder und kostenlose Schulspeisung war unter solchen Umständen nicht zu denken. Die einzigen möglichen Ausgaben waren die wie für ein gewöhnliches Büro, d. h. für Möbel und Zubehör. Das war der Grund, warum die Möbel eigens angefertigt werden konnten und wir nicht einfach Schulbänke zugewiesen bekamen. Ohne diese eigenartigen Voraussetzungen wäre es nicht möglich gewesen, den psychologischen Faktor rein zu isolieren und seinen Einfluss auf die Verwandlung der Kinder nachzuweisen. Dieses »Kinderhaus« war somit keine Schule, sondern ein Art Messapparat, der zu Beginn der Arbeit auf Null eingestellt war. Statt der Schulbänke, des Katheders und der übrigen in Schulen gebräuchlichen Dinge wurde ein Mobiliar angefertigt, das dem eines Büros oder einer Wohnung glich. Zugleich ließ ich wissenschaftliches Material anfertigen, das völlig dem von mir bereits in einem Schwachsinnigen-Institut benützten glich und von dem niemand gedacht hätte, dass man es auch für normale Schulzwecke verwenden könnte.

Man darf nicht glauben, dieses erste »Kinderhaus« sei so freundlich und heiter gewesen wie die heute bestehenden. Die wichtigsten Möbel waren: ein fester Tisch für die Lehrerin, mehr oder weniger wie ein Katheder, und ein riesiger, hoher und massiver Schrank, in dem alle möglichen Dinge untergebracht werden konnten. Seine soliden Flügeltüren waren versperrt und der Schlüssel befand sich in der Verwahrung der Lehrerin. Die Tische für die Kinder waren nach dem Gesichtspunkt der Solidität und Dauerhaftigkeit angefertigt worden. Sie waren so lang, dass je drei Kinder daran nebeneinander sitzen konnten, und wir stellten sie hintereinander auf gleich Schulbänken. Das einzig Neuartige waren die sehr einfachen Stühlchen und Sesselchen – eines für jedes Kind. Sogar die Blumen fehlten dort, die doch später zu einem Kennzeichen unserer Schulen geworden sind; denn in dem Gartenhof gab es nur Bäumchen und Rasenflächen. In ihrer Gesamtheit konnte mich diese Schule also nicht mit dem schmeichelhaften Bewusstsein erfüllen, als hätte ich hier ein wichtiges Experiment begonnen. Was ich mir vorgenommen hatte, war einfach dies: eine systematische Erziehung der Sinne zu versuchen und die allfälligen verschiedenen Reaktionen normaler und schwachsinniger Kinder zu studieren; vor allem aber schien es mir interessant, mögliche Übereinstimmungen zwischen den Reaktionen jüngerer Normaler und älterer Schwachsinniger festzustellen. Ich legte der Lehrerin keinerlei Beschränkungen noch sonderliche Verpflichtungen auf. Ich unterwies sie lediglich im Gebrauch einiger der von mir ausgearbeiteten Unterrichtsmaterialien, damit sie imstande sei, diese den Kindern richtig vorzuführen. Dies schien ihr einfach und interessant und ließ im Übrigen ihrer eigenen Initiative genug Spielraum.

In der Tat fand ich bald, dass sie selbst andere Dinge hergestellt hatte: es waren vergoldete, mit Papierornamenten verzierte Kreuze, die ihrer Absicht nach dazu dienen sollten, die fleißigsten Kinder zu belohnen; und ich sah auch öfters Kinder mit diesen harmlosen Anhängern auf der Brust. Die Lehrerin war auch auf den Gedanken verfallen, den Kindern militärisches Salutieren beizubringen, obwohl der älteste unserer Schüler bloß fünf Jahre zählte. Ihr schien dies Genugtuung zu bereiten und ich fand die Sache ebenso komisch wie harmlos.

So begann unser Leben des Friedens und der Abgeschlossenheit. Lange Zeit wurde niemand auf uns aufmerksam. Ich möchte im Folgenden die wichtigsten Ereignisse jener Zeitspanne zusammenfassen, obwohl es sich durchweg um Kleinigkeiten handelt, würdig jener Kindergeschichtchen, die mit den Worten beginnen: »Es war einmal ...« Nichts, was großartig genug gewesen wäre, feierlich dargestellt zu werden. Auch meine eigenen Eingriffe waren dermaßen einfach und sogar kindlich, dass niemand sie nach wissenschaftlichen Gesichtspunkten bewertet hätte. Und doch würde eine vollständige Aufzählung dieser Kleinigkeiten einen Band voll von Beobachtungen oder, besser gesagt, von psychologischen Entdeckungen füllen.

19. Kapitel

DIE WIEDERHOLUNG
DER ÜBUNGEN

Die erste Erscheinung, die meine Aufmerksamkeit auf sich zog, zeigte sich bei einem etwa dreijährigen Mädchen, das damit beschäftigt war, die Serie unserer Holzzylinder in die entsprechenden Öffnungen zu stecken und wieder herauszunehmen. Diese Zylinder ähneln Flaschenkorken, nur haben sie genau abgestufte Größen, und jedem von ihnen entspricht eine passende Öffnung in einem Block. Ich erstaunte, als ich ein so kleines Kind eine Übung wieder und wieder mit tiefem Interesse wiederholen sah. Dabei war keinerlei Fortschritt in der Schnelligkeit und Genauigkeit der Ausführung feststellbar. Alles ging in einer Art unablässiger, gleichmäßiger Bewegung vor sich. Gewohnt, derlei Dinge zu beobachten, begann ich die Übungen des kleinen Mädchens zu zählen. Auch wollte ich feststellen, bis zu welchem Punkt die eigentümliche Konzentration der Kleinen gehe, und ich ersuchte daher die Lehrerin, alle übrigen Kinder singen und herumlaufen zu lassen. Das geschah auch, ohne dass das kleine Mädchen sich in seiner Tätigkeit hätte stören lassen. Darauf ergriff ich vorsichtig das Sesselchen, auf dem die Kleine saß, und stellte es mitsamt dem Kinde auf einen

Tisch. Die Kleine hatte mit rascher Bewegung ihre Zylinder an sich genommen und machte nun, das Material auf den Knien, ihre Übung unbeirrt weiter. Seit ich zu zählen begonnen hatte, hatte die Kleine ihre Übung zweiundvierzigmal wiederholt. Jetzt hielt sie inne, so als erwachte sie aus einem Traum, und lächelte mit dem Ausdruck eines glücklichen Menschen. Ihre leuchtenden Augen sahen vergnügt in die Runde. Offenbar hatte sie alle jene Manöver, die sie hätten ablenken sollen, überhaupt nicht bemerkt. Jetzt aber, ohne jeden äußeren Grund, war ihre Arbeit beendet. Was war beendet und warum?

Es war dies der erste Spalt, der sich aus den unerforschten Tiefen der Kinderseele auftat. Da saß ein kleines Mädchen in dem Alter, in dem die Aufmerksamkeit für gewöhnlich ruhelos von einem Gegenstand zum anderen abirrt, ohne sich auf etwas Bestimmtes konzentrieren zu können; und doch hatte sich bei ihm eine solche Konzentration ereignet, war sein Ich für jeden äußeren Reiz unzugänglich geworden. Diese Konzentration war begleitet von einer rhythmischen Bewegung der Hand im Spiel mit genau und wissenschaftlich abgestuften Gegenständen. Ähnliche Vorfälle wiederholten sich und jedes Mal gingen die Kinder daraus wie erfrischt und ausgeruht, voll Lebenskraft und mit dem Gesichtsausdruck von Menschen, die eine große Freude erlebt haben.

Die Fälle einer solchen beinahe bis zur völligen Abschließung von der Außenwelt gehenden Konzentration bildeten zwar nicht die Regel, doch bemerkte ich bald eine seltsame Verhaltensweise, die allen Kindern gemeinsam war und ungefähr gleichmäßig bei jeder Übung auftrat. Es handelte sich um jenen Wesenszug kindlicher Betätigung, den ich später »Wiederholung der Übungen« genannt habe.

Ich sah diese schmutzigen Händchen arbeiten und ich kam eines Tages auf den Gedanken, die Kinder etwas Nützliches zu lehren: das Händewaschen. Da beobachtete ich, dass sie sich unermüdlich weiterwuschen, auch wenn ihre Hände bereits rein waren. Sie verließen die Schule und wuschen sich sofort wieder die Hände. Einige Mütter erzählten mir, wie ihre Kinder des Morgens verschwunden waren und in der Waschküche beim Händewaschen gefunden wurden. So stolz waren sie auf ihre sauberen Hände, dass sie diese jedermann vorwiesen und sogar einmal mit Bettelkindern verwechselt wurden, weil sie die Hände einem Fremden entgegengestreckt hatten. Die Übung wurde immer von Neuem wiederholt, obwohl sie längst keinen praktischen Zweck mehr hatte. Dasselbe ereignete sich bei vielen anderen Gelegenheiten; und je genauer eine Übung den Kindern in allen Einzelheiten der Ausführung erklärt wurde, desto mehr hatte es den Anschein, als würde sie zum Ansporn für unermüdliche Wiederholungen.

20. Kapitel

DIE FREIE WAHL

Eine andere Beobachtung deckte zum ersten Mal eine höchst einfache Tatsache auf. Die Kinder benutzten das Unterrichtsmaterial, aber die Lehrerin verteilte es und räumte es am Ende der Stunde wieder fort. Nun erzählte sie mir, dass bei dieser Verteilung die Kinder von ihren Plätzen aufsprangen und sich an sie herandrängten. Sooft die Lehrerin sie auch zurückschickte, sie näherten sich ihr immer wieder. Daraus hatte die Lehrerin den Schluss gezogen, die Kinder seien ungehorsam.

Als ich mir die Sache selbst ansah, begriff ich, dass die Kinder den Wunsch hatten, die Gegenstände selber wieder an ihren Platz zu bringen, und ich ließ sie gewähren. Das führte zu einer Art von neuem Leben: Die Gegenstände in Ordnung zu bringen, Unordnung zu beheben, erwies sich als ungemein anziehende Beschäftigung. Wenn ein Kind ein Glas mit Wasser fallen ließ, eilten sogleich andere herbei, die Scherben aufzulesen und den Fußboden trocken zu wischen.

Eines Tages aber entglitt der Lehrerin eine Schachtel, in der sich etwa achtzig Täfelchen in verschieden abgestuften Farbenschattierungen befanden. Ich sehe noch ihre Verlegenheit vor mir, denn es war schwierig, diese vielen Abstufungen von Farben wieder in die richtige Reihenfolge zu bringen. Doch schon eilten die Kinder herbei und brachten zu unserem großen Staunen alle Täfelchen schleunigst wieder in Ordnung, wobei sie eine wunderbare, der unseren weit überlegene Sensibilität für Farbennuancen bewiesen.

Eines Tages kam die Lehrerin verspätet zur Schule. Sie hatte vergessen, den Schrank mit den Lehrmitteln abzuschließen, und fand jetzt, dass die Kinder ihn geöffnet hatten und sich davor drängten. Einige von ihnen hatten bestimmte Gegenstände ergriffen und fortgetragen. Dieses Verhalten erschien der Lehrerin als Ausdruck diebischer Instinkte. Sie meinte, Kinder, die Dinge wegtragen, die es an Respekt gegenüber der Schule und der Lehrerin fehlen lassen, müssten mit Strenge und moralischen Ermahnungen behandelt werden. Ich hingegen glaubte die Sache so deuten zu sollen, dass die Kinder diese Gegenstände nun bereits gut genug kannten, um selber ihre Wahl unter ihnen treffen zu können. Und so war es auch.

Damit begann eine lebhafte und interessante Tätigkeit. Die Kinder legten verschiedene Wünsche an den Tag und wählten dementsprechend ihre Beschäftigungen. Seit damals sind wir zu den niedrigen Schränken übergegangen, in denen das Material in Reichweite der Kinder und zu deren Verfügung bleibt, so dass sie es gemäß ihren inneren Bedürfnissen selber wählen können. So fügte sich an den Grundsatz der Wiederholung der Übungen der weitere Grundsatz der freien Wahl.

Aus dieser freien Wahl haben sich allerlei Beobachtungen über die Tendenzen und seelischen Bedürfnisse der Kinder ergeben. Eines der ersten interessanten Ergebnisse bestand darin, dass die Kinder sich nicht für das ganze von mir vorbereitete Material interessierten, sondern nur für einzelne Stücke daraus. Mehr oder weniger wählten sie alle dasselbe: Einige Objekte wurden sichtlich bevorzugt, während andere unberührt liegen blieben und allmählich verstaubten.

Ich zeigte den Kindern das gesamte Material und sorgte dafür, dass die Lehrerin ihnen den Gebrauch eines jeden Stückes genau erklärte; aber gewisse Gegenstände wurden von ihnen nicht wieder freiwillig zur Hand genommen.

Mit der Zeit begriff ich dann, dass *alles* in der Umwelt des Kindes nicht nur Ordnung, sondern ein bestimmtes *Maß haben muss,* und dass Interesse und Konzentration in dem Grade wachsen, wie Verwirrendes und Überflüssiges ausgeschieden wird.

21. Kapitel

DIE SPIELSACHEN

Obwohl in unserer Schule den Kindern wahrhaftig prächtige Spielsachen zur Verfügung standen, kümmerte sich keines der Kinder darum. Das überraschte mich dermaßen, dass ich selber eingriff, die Spielsachen mit den Kindern benützte, ihnen zeigte, wie mit dem kleinen Küchengeschirr umzugehen sei, wie der Herd in der Puppenküche angezündet werden konnte. Die Kinder interessierten sich einen Augenblick lang, entfernten sich dann und wählten diese Dinge niemals spontan als Spielzeug. Das brachte mich auf den Gedanken, im Leben des Kindes sei Spielen vielleicht etwas Untergeordnetes, zu dem es nur dann seine Zuflucht nimmt, wenn ihm nichts Besseres, von ihm höher Bewertetes zur Verfügung steht. Uns selber ergeht es ja nicht viel anders: Schach oder Bridge spielen ist ein angenehmer Zeitvertreib für Mußestunden, aber es wäre das nicht mehr, wenn wir gezwungen wären, nichts anderes im Leben zu tun. Wer eine hohe und wichtige Beschäftigung hat, vergisst das Bridgespiel; und das Kind hat immer hohe und wichtige Aufgaben vor sich. Denn jede Minute, die verstreicht, ist kostbar für das Kind, indem sie den Übergang von einer niedrigen zu einer höheren Stufe darstellt. Das Kind ist ja in unausgesetztem

Wachstum begriffen und alles, was sich auf die Mittel seiner Entwicklung bezieht, fasziniert es und macht es unempfindlich für jede müßige Tändelei.

22. Kapitel

BELOHNUNGEN UND STRAFEN

Als ich einmal die Schule betrat, sah ich einen kleinen Jungen mitten im Zimmer ganz allein und untätig auf seinem Stühlchen sitzen. Auf der Brust trug er das von der Lehrerin für Belohnungen angefertigte pompöse Goldkreuz. Von der Lehrerin erfuhr ich, dass der Junge zur Strafe dort sitze. Kurz vorher hatte die Lehrerin einen anderen Jungen belohnt und ihm die Dekoration umgehängt. Der also Ausgezeichnete aber hatte das Kreuz im Vorbeigehen dem Bestraften übergeben, so als handelte es sich um etwas Nutzloses und Hinderliches für ihn, der doch arbeiten wollte.

Der bestrafte Junge sah das Ding an seiner Brust gleichgültig an und blickte ruhig um sich, so als sei er sich der Strafe überhaupt nicht bewusst. Das ganze System der Belohnungen und Strafen war mit diesem einen Vorfall eigentlich bereits erledigt. Wir wollten jedoch noch längere Beobachtungen anstellen und in sehr langer Erfahrung fanden wir eine so beharrliche Wiederholung derselben Reaktion, dass die Lehrerin sich schließlich geradezu schämte, Kinder belohnen oder strafen zu sollen, die gegen das eine genau so gleichgültig blieben wie gegen das andere.

Von da an gab es bei uns keine Belohnungen und keine Strafen mehr. Was uns aber bis dahin am meisten überraschte, war die Häufigkeit, mit der die Kinder Belohnungen zurückwiesen. Offenbar war in ihnen ein Bewusstsein und Gefühl der Würde erwacht, das sie vorher nicht gekannt hatten.

23. Kapitel

DIE STILLE

Eines Tages betrat ich das Schulzimmer, auf dem Arm ein vier Monate altes Mädchen, das ich der Mutter auf dem Hof aus den Armen genommen hatte. Nach dem Brauch des Volkes war die Kleine ganz in Windeln gewickelt, ihr Gesicht war dick und rosig und sie weinte nicht. Die Stille dieses Geschöpfes machte mir großen Eindruck und ich suchte mein Gefühl auch den Kindern mitzuteilen. »Es macht gar keinen Lärm«, sagte ich und scherzend fügte ich hinzu: »Niemand von euch könnte ebenso still sein.« Verblüfft beobachtete ich, wie sich der Kinder rings umher eine intensive Spannung bemächtigte. Es war, als hingen sie an meinen Lippen und fühlten aufs Tiefste, was ich sagte. »Sein Atem geht ganz leise«, fuhr ich fort. »Niemand von euch könnte so leise atmen.« Erstaunt und regungslos hielten die Kinder den Atem an. Eine eindrucksvolle Stille verbreitete sich in diesem Augenblick. Man hörte plötzlich das Ticktack der Uhr, das sonst nie vernehmbar war.

Es schien, als hätte der Säugling eine Atmosphäre von Stille in dieses Zimmer gebracht, wie sie im gewöhnlichen Leben sonst nie besteht.

Niemand machte auch nur die leiseste wahrnehmbare Bewegung, und als ich die Kinder später aufforderte, diese Übung der Stille zu wiederholen, gingen sie sogleich darauf ein – ich will nicht sagen mit Begeisterung, denn die Begeisterung hat etwas Impulsives an sich, das sich nach außen hin kundtut.

Was sich hingegen hier kundgab, war eine innere Übereinstimmung, geboren aus einem tiefinneren Wunsch. Die Kinder saßen still bis zur Regungslosigkeit, beherrschten sogar ihre Atemzüge und hatten dabei heiter-angespannte Züge, so als seien sie in Meditation versunken. Inmitten der eindrucksvollen Stille wurden allmählich selbst die schwächsten Geräusche vernehmbar: das ferne Tropfen von Wasser, das Zirpen eines Vogels draußen im Garten.

Auf diese Weise entstand unsere »Übung der Stille«.

Eines Tages kam ich auf den Gedanken, diese Stille zu Versuchen über die Gehörschärfe der Kinder zu benützen. Ich rief die Kinder also aus größerer Entfernung mit Flüsterstimme beim Namen. Das jeweils aufgerufene Kind musste zu mir kommen und sollte dabei unterwegs kein Geräusch machen. Bei vierzig Kindern erforderte diese Übung des geduldigen Wartens einen Aufwand an Selbstbeherrschung, den ich für unmöglich gehalten hätte. Deshalb hatte ich Süßigkeiten und Schokolade mitgebracht, um jedes Kind zu belohnen, das richtig bei mir anlangte. Aber die Kinder weigerten sich, diese Geschenke anzunehmen. Es war, als wollten sie sagen: »Verdirb doch nicht unsere schöne Erfahrung! Wir genießen noch unsere geistige Freude – lenke uns nicht ab!«

Ich begriff, dass die Kinder nicht nur für die Stille empfänglich waren, sondern auch für eine Stimme, die sie ganz leise aus dieser Stille rief. Sie kamen langsam auf mich zu, gingen dabei auf den Zehenspitzen und achteten sorgfältig darauf, nirgends anzustoßen und unhörbar aufzutreten.

Später ergab sich dann, wie sehr eine Bewegungsübung wie diese, bei der jeder Fehler sogleich durch das hierbei verursachte Geräusch festgestellt wird, dazu beiträgt, die Fähigkeiten der

Kinder zu vervollkommnen. Die Wiederholung dieser Übung führt schließlich zu einer so feinen Beherrschung der Handlungen, wie sie durch rein äußerlichen Unterricht niemals erreicht werden könnte.

Unsere Kinder lernten, sich zwischen einer Menge von Gegenständen zu bewegen, ohne anzustoßen, leicht und geräuschlos zu laufen, und sie wurden dabei achtsam und geschickt. Sie genossen die Vollkommenheit ihrer Leistungen, waren lebhaft daran interessiert, ihre eigenen Möglichkeiten zu entdecken und zu üben.

Viel Zeit musste noch verstreichen, ehe ich mich davon überzeugte, dass die Zurückweisung der Süßigkeiten einen Grund für sich hatte. Diese als Belohnung ausgeteilten geringfügigen Leckereien stellten eine nicht notwendige und regelwidrige Speise dar. Mir schien dies alles so außergewöhnlich, dass ich das Experiment beharrlich immer aufs Neue wiederholte, denn man weiß ja, wie gierig Kinder nach Süßigkeiten sind. Ich brachte also Bonbons mit, doch die Kinder wiesen sie entweder zurück oder steckten sie in ihre Schürzentaschen. Ich dachte mir, dass diese ganz armen Kinder wohl die Leckerbissen heimbringen wollten, und sagte daher: »Diese da sind für dich und diese anderen kannst du nach Hause mitnehmen.« Die Kinder nahmen die Bonbons, steckten sie jedoch alle in die Schürzen und aßen selber nichts davon. Dass sie die Gabe dennoch schätzten, erwies sich, als einmal die Lehrerin ein erkranktes Kind besuchte. Da öffnete es nämlich eine Schublade neben dem Bett, entnahm ihm ein großes Bonbon, das es in der Schule erhalten hatte, und bot es der Lehrerin aus Dankbarkeit für den Besuch an. Dieses Bonbon hatte Wochen hindurch als ständige Versuchung dort gelegen und das Kind hatte es nicht angerührt. Dieses Verhalten wurde bei unseren Kindern so allgemein, dass in unseren späteren Schulen nicht wenige Besucher eigens zu dem Zweck kamen, dieses Phänomen, über das zu jener Zeit in vielen Büchern geschrieben wurde, mit eigenen Augen festzustellen.

Es handelte sich um eine spontane und natürliche Erscheinung, denn niemandem wäre es je eingefallen, diesen Kindern irgendwelche Bußübungen und den Verzicht auf Süßigkeiten beibringen zu wollen, und niemand wäre auf den seltsamen Einfall gekommen zu erklären: »Die Kinder sollen nicht spielen und sollen keine Süßigkeiten essen!« Ganz von selber wiesen die Kinder unnütze äußere Annehmlichkeiten zurück, während sie im Begriff waren, in ihrer geistigen Entwicklung Fortschritte zu machen. Einmal verteilte eine bedeutende Persönlichkeit Biskuits in geometrischen Formen unter die Kinder. Statt sie zu essen, betrachteten die Kinder diese Biskuits mit großem Interesse und riefen: »Das ist ein Kreis! Das ist ein Rechteck!« Hübsch ist auch die Anekdote von dem Kind aus dem Volke, das seiner Mutter in der Küche zusah. Die Mutter ergriff ein Stück Butter und das Kind sagte: »Das ist ein Rechteck!« Die Mutter schnitt eine Ecke davon ab, worauf das Kind sagte: »Jetzt hast du ein Dreieck weggenommen!« und hinzufügte: »Was übrig bleibt, ist ein Trapez!« Was das Kind jedoch nicht sagte, war der übliche Satz: »Gib mir ein Butterbrot!«

24. Kapitel

DIE WÜRDE

Einmal kam es mir in den Sinn, eine Art humoristischer Unterrichtsstunde darüber abzuhalten, wie man sich die Nase putzt. Nachdem ich verschiedene Arten der Benutzung des Taschentuches nachgeahmt hatte, zeigte ich den Kindern zuletzt, wie man es anzustellen habe, um möglichst wenig Lärm zu verursachen und das Taschentuch unauffällig zur Nase zu führen. Die Kinder hörten und sahen mir mit größter Aufmerksamkeit zu und lachten nicht; ich aber fragte mich, warum ich mit dieser seltsamen Lektion solchen Erfolg gehabt hatte. Kaum war ich am Ende angelangt, da brach ein Applaus los, der an ein begeistertes Theaterpublikum denken ließ. Noch nie hatte ich davon sprechen gehört, dass eine Anzahl so kleiner Kinder sich in eine applaudierende Menge verwandeln könne, noch dass diese winzigen Hände solche Kraft des Ausdrucks entwickeln könnten. Vielleicht, so sagte ich mir, hatte ich einen empfindlichen Punkt im sozialen Leben dieser kleinen Menschenschar berührt. Die Kinder befinden sich, was die erwähnte Frage des Naseputzens angeht, in einem erniedrigenden Zustand und sind gewissermaßen dauernder Geringschätzung ausgesetzt. Unablässig werden sie wegen ihrer schmutzigen Nasen ausgezankt und, besonders in den unteren Volksschichten, mit hierauf bezüglichen Schimpfworten bedacht. Jeder schreit sie an, jeder beleidigt sie, niemand aber lehrt sie, wie sie es eigentlich richtig machen sollen. Man muss verstehen, dass Kinder für die verächtliche Weise, in der die Erwachsenen sie behandeln, ungemein empfindlich sind. Meine Lektion ließ den Schülern Gerechtigkeit zuteil werden und ermöglichte ihnen einen Schritt aufwärts in der Gesellschaft.

Diese Deutung musste sich mir aufdrängen, als ich mir in langer Erfahrung darüber klar wurde, dass Kinder einen tiefen Sinn für persönliche Würde besitzen und dass ihr Gemüt in einem Maße verletzt und eiterig werden kann, wie der Erwachsene sich dies nie vorzustellen vermöchte.

An jenem Tag war noch nicht alles zu Ende. Als ich nämlich fortgehen wollte, riefen die Kinder wie auf Verabredung: »Danke, danke für den Unterricht!« und auf der Straße folgten sie mir längs des Gehsteiges in schweigender Prozession, bis ich ihnen sagte: »Auf dem Weg zurück lauft auf den Zehenspitzen und achtet darauf, an der Mauerecke nicht anzustoßen.« Da kehrten sie bereitwillig um und verschwanden im Tor des Hauses, als ob sie Flügel hätten. Ich hatte diese armen kleinen Kinder wirklich in ihrer sozialen Würde angerührt.

Wann immer wir in der Schule Besuch erhielten, betrugen sich die Kinder mit Würde und Selbstachtung und verstanden es, ihre Arbeiten zu verrichten und die Gäste mit herzlicher Begeisterung zu empfangen.

Einmal wurde uns der Besuch einer wichtigen Persönlichkeit angekündigt, die mit den Kindern allein zu bleiben und ihre eigenen Beobachtungen anzustellen wünschte. Ich sagte zu der Lehrerin: »Lassen Sie die Kinder ganz aus eigenem Antrieb handeln.« Und zu den Kindern selbst gewendet, fügte ich hinzu: »Morgen bekommt ihr Besuch. Ich möchte, dass er sich denkt: Das sind die nettesten Kinder der Welt.« Später erkundigte ich mich nach dem Ausgang der Sache. »Ein großer Erfolg«, berichtete die Lehrerin. »Ein paar Kinder ergriffen einen Sessel und sagten liebenswürdig zu dem Besucher: ›Bitte nehmen Sie Platz‹. Andere sagten ›Guten Tag‹ zu ihm. Und als er wegging, standen sie alle am Fenster und riefen ihm nach: ›Vielen Dank für den Besuch, auf Wiedersehn!‹« »Aber warum haben Sie sich solche Mühe gegeben, den Kindern alles das beizubringen?«, fragte ich. »Ich habe Ihnen doch gesagt, Sie sollten nichts Ungewöhnliches unternehmen und den Dingen ihren Lauf lassen!« »Ich habe den Kindern kein Wort gesagt«, erwiderte die Lehrerin. Und sie erzählte mir auch, die Kinder hätten mit größerem Eifer als sonst gearbeitet, jedes an einem anderen Gegenstand, und alles sei wunderbar gut abgegangen, zum großen Staunen des sichtlich ergriffenen Besuchers.

Ich zweifelte lange Zeit und quälte in meinem Unglauben die Lehrerin mit Vorhaltungen, weil ich stets befürchtete, sie veranstalte sozusagen Paraden mit den Kindern und bereite sie auf Besuche vor. Schließlich aber erkannte ich die Wahrheit: Die Kinder hatten ihre Würde, ehrten ihre Gäste und waren stolz darauf, sich von ihrer besten Seite zeigen zu können. Hatte ich nicht zu ihnen gesagt: »Ich möchte, dass er sich denkt: Das sind die nettesten Kinder der Welt?« Aber dieser meiner Ermahnung hätte es gar nicht bedurft. Es genügte zu sagen: »Wir bekommen Besuch«, so wie man einen Ankömmling in einem Salon ankündigt, und schon war das ganze kleine Volk bereit – voll Würde und Anmut und der Situation völlig gewachsen. Ich begriff, dass diese Kinder *nicht schüchtern waren.* Zwischen ihrem Gemüt und ihrer Umwelt gab es keine Hindernisse. Frei und natürlich konnten sie aus sich herausgehen, gleich einer Lotosblume, die ihre weißen Blütenblätter bis zu den Staubgefäßen öffnet, um die Sonnenstrahlen aufzunehmen, und dabei einen zarten Duft ausströmt. *Kein Hindernis:* Das war der entscheidende Punkt. Sie brauchten nichts zu verheimlichen, nichts zu verschließen, nichts zu befürchten. Das war alles. Die Unbefangenheit ergab sich sozusagen aus einer unmittelbaren und vollkommenen Anpassung der Kinder an die Umgebung.

In ihnen wirkte eine lebhafte, tätige Seele, die sich behaglich fühlte und ein warmes, geistiges Licht ausströmte. Dieses Licht löste alle Wirrnisse, die auf den Seelen der Erwachsenen lasteten, sobald diese Erwachsenen mit den Kindern in Berührung kamen. Die Kinder nahmen jedermann liebevoll auf. So wurde es allmählich üblich, dass sie besuchte, wer Sehnsucht nach einem neuen, belebenden Eindruck empfand.

Es war seltsam zu beobachten, wie diese Begegnungen in den Gemütern der Besucher ganz ungewohnte Gefühle auslösten. So genossen hochelegant gekleidete, mit kostbaren Juwelen geschmückte Damen, die aussahen, als gingen sie zu einem Empfang, die unschuldige, völlig neidlose Bewunderung, mit der die Kinder sie ansahen, und waren beglückt darüber, wie die Kleinen ihr Staunen äußerten.

Sie streichelten die schönen Stoffe und die feinen, parfümierten Hände der Damen. Einmal trat ein kleiner Junge auf eine Dame in Trauer zu, lehnte sein Köpfchen an ihre Brust, ergriff ihre Hand und hielt sie zwischen den seinen. Ergriffen sagte jene Dame später, noch niemand habe ihr einen solchen Trost gewährt wie diese Kleinen.

Eines Tages wollte die Tochter unseres Ministerpräsidenten den Botschafter der Argentinischen Republik bei einem Besuch unseres »Kinderhauses« begleiten. Der Botschafter hatte sich ausgebeten, dass der Besuch nicht vorher angekündigt werde, damit er die viel gerühmte Unbefangenheit der Kinder aus eigenem Augenschein kennenlernen könne. Als er jedoch an Ort und Stelle ankam, musste er hören, dass gerade ein schulfreier Tag und die Schule geschlossen sei. Im Hof des Hauses standen einige Kinder, die sogleich näherkamen. »Das macht nichts, dass schulfrei ist«, sagte ein kleiner Junge mit größter Natürlichkeit, »wir wohnen ja alle hier im Haus und die Schlüssel hat der Portier.«

Sogleich machten sie sich zu schaffen, riefen ihre Kameraden zusammen, ließen das Schulzimmer aufschließen und fingen allesamt zu arbeiten an. So wurde die wunderbare Spontaneität ihres Verhaltens bei dieser Gelegenheit in unbestreitbarer Weise offenbar.

Auch die Mütter der Kinder empfanden dies alles und begannen ihrerseits, mir allerlei aus der Intimität ihres Familienlebens zu erzählen.

»Diese kleinen Drei- und Vierjährigen«, berichteten sie, »sagen Dinge zu uns, die uns beleidigen müssten, wenn es sich nicht um unsere eigenen Kinder handelte. Zum Beispiel sagen sie: Ihr habt schmutzige Hände, ihr müsst euch waschen – oder: Putz doch die Flecken aus dem Kleid! Wenn wir diese Dinge aus dem Mund unserer Kinder hören, kränkt uns das nicht.«

Es kam dahin, dass diese einfachen Leute ordentlicher und sauberer wurden. Die zerbrochenen Kochtöpfe verschwanden von den Fensterbrettern, nach und nach begannen die Fensterscheiben zu glänzen und an den Hoffenstern erschienen da und dort Geranienstöcke.

25. Kapitel

DIE DISZIPLIN

So gelöst und unbefangen sich unsere Kinder auch betrugen, so machten sie zusammen doch den Eindruck außerordentlicher Diszipliniertheit. Sie arbeiteten ruhig, jedes ganz mit seiner eigenen Aufgabe beschäftigt. Leichten Schrittes gingen sie hin und her, um ihr Material auszutauschen und ihre Arbeiten in Ordnung zu bringen. Sie verließen das Klassenzimmer, warfen einen Blick in den Hof und kamen sogleich wieder. Die Wünsche der Lehrerin wurden mit erstaunlicher Schnelligkeit ausgeführt. Die Lehrerin erklärte: »Die Kinder tun alles, was ich sage, so dass ich bei jedem Wort, das ich ausspreche, bereits ein Gefühl der Verantwortung habe.«

Wenn die Lehrerin die Übung der Stille anordnete, so war sie noch nicht mit dem Satz zu Ende und schon erstarrten die Kinder zur Reglosigkeit.

Diese scheinbare Abhängigkeit von den Worten der Lehrerin hinderte sie aber in keiner Weise daran, aus eigenem Antrieb zu handeln, über ihre Zeit und ihren Tag nach eigenem Ermessen zu verfügen. Sie nahmen sich selber die Gegenstände, mit denen sie sich beschäftigen wollten, brachten das Schulzimmer in Ordnung, und wenn die Lehrerin sich verspätete oder fortging und die Kinder allein ließ, ging alles ebenso gut vor sich. Auf alle Beobachter übte gerade dies die hauptsächlichste Anziehung aus: das gleichzeitige Zusammenbestehen von Ordnung, Disziplin und Spontaneität. Woher stammte diese vollkommene Disziplin, die noch im tiefen Schweigen vibrierte, dieser Gehorsam, der im Voraus erriet, was er ausführen sollte?

Die Ruhe in den Klassen, in denen die Kinder an der Arbeit waren, wirkte erstaunlich und ergreifend. *Niemand hatte sie angeordnet, ja es wäre nie möglich gewesen, sie von außen her zu erzielen.*

Hatten diese Kinder etwa die ihnen angemessene Bahn gefunden, gleich den Sternen, die unermüdlich umlaufen, dabei nie aus ihrer Ordnung heraustreten und in alle Ewigkeit weiterstrahlen? Von diesen Sternen spricht die Bibel in einer Sprache, die auf diese Kundgebungen der Kinder angewandt werden kann: »Und die Sterne sagten, als man sie rief: ›Hier sind wir‹. Und mit Fröhlichkeit leuchteten sie Ihm, der sie schuf.« Eine natürliche Disziplin dieser Art scheint über die naheliegenden Dinge hinauszugehen und erscheint als Bestandteil einer großen Universaldisziplin, die die Welt zusammenhält. Es handelt sich um jene Disziplin, von der die alten biblischen Psalmen singen und die, nach jenen Worten, den Menschen verlorengegangen ist. Und man gewinnt den Eindruck, als müsse auf dieser natürlichen Disziplin jede andere, äußerlich motivierte Disziplin wie die des geselligen Beisammenlebens sich aufbauen.

Das war es ja gerade, was bei unseren Kindern am meisten Verwunderung erregte, zur Nachdenklichkeit herausforderte und etwas Geheimnisvolles zu enthalten schien: In diesem ihrem engen Zusammenwirken führten Ordnung und Disziplin zur Freiheit.

26. Kapitel

DER BEGINN DES UNTERRICHTS
SCHREIBEN – LESEN

Einmal kam eine Abordnung von zwei oder drei Müttern mit der Bitte zu mir, ich möge ihren Kindern Lesen und Schreiben beibringen. Diese Mütter waren Analphabetinnen; und als ich ablehnte (dergleichen lag zu weit von meinem Aufgabenkreis ab), beschworen sie mich beharrlich weiter.

Von da an ereigneten sich die überraschendsten Dinge. Ich beschränkte mich darauf, den Kindern von vier und fünf Jahren ein paar Buchstaben des Alphabets zu zeigen, die ich von der Lehrerin in Karton ausschneiden ließ. Ferner ließ ich diese Buchstaben auch aus Schmirgelpapier schneiden, damit die Kinder ihre Form mit den Fingerspitzen befühlen konnten, und schließlich legte ich einige Tabellen an, auf denen ich die Lettern nach ihrer Ähnlichkeit gruppierte, damit die Bewegung der sie abtastenden Kinderhände möglichst gleichförmig erfolge. Die Lehrerin war mit diesen primitiven Anfängen durchaus zufrieden und hielt sich daran.

Was wir nicht begriffen, war die Begeisterung der Kinder. Sie veranstalteten richtige Prozessionen, trugen dabei die ausgeschnittenen Buchstaben wie Standarten voran und stießen Freudenschreie aus. Warum?

Einmal überraschte ich einen kleinen Jungen dabei, wie er im Gehen vor sich hinsprach: »Für Sofia braucht man ein S, ein O, ein F, ein I und ein A«, womit er also die Buchstaben des Wortes einzeln aufzählte. Offenbar war er damit beschäftigt, im Geiste ein Wort in seine Bestandteile zu zerlegen: Mit dem tiefen Interesse eines Menschen, der eine wichtige Entdeckung gemacht hat, hatte er festgestellt, dass jeder dieser Laute einem Buchstaben des Alphabets entsprach. Und in der Tat, was ist denn die Buchstabenschrift anderes als die Herstellung einer Korrespondenz zwischen Zeichen und Lauten? Die Sprache an sich ist die gesprochene und die geschriebene ist nichts weiter als eine wahrhaft »buchstäbliche« Übersetzung. Jeder wesentliche Fortschritt in der Kunst des Schreibens beruht darauf, dass sich diese beiden »Sprachen« von einem bestimmten Punkt an parallel entwickeln. Die geschriebene Sprache träufelt zunächst gleichsam in einzelnen Tropfen aus der gesprochenen, bis sich schließlich ein zusammenhängender Wasserlauf von Worten und Sätzen bildet.

Schreiben ist ein geheimnisvoller Schlüssel, der, einmal entdeckt, doppelten Reichtum gewährt: Es erlaubt der Hand, eine fast unbewusste vitale Arbeit zu meistern, die der gesprochenen Sprache, und eine neue Sprache zu schaffen, die jene in allen Einzelheiten spiegelt. Hand und Geist werden so in gleichem Maße bereichert. Die Hand gibt einen kräftigen Anstoß und jene Tropfen werden zum Wasserfall. Das ganze Sprachvermögen nimmt dann eine geradezu überstürzte Entwicklung, es ist wie ein Wasserlauf, ja ein Wasserfall von Worten.

Steht erst einmal ein Alphabet fest, so ergibt sich so die geschriebene Sprache logisch daraus als eine natürliche Folge. Daher muss die Hand lernen, die Schriftzeichen nachzuziehen. Da die Buchstaben des Alphabets einfache Symbole sind und nie Figürliches darstellen, sind sie sehr leicht zu zeichnen. Über dies alles hatte ich jedoch nicht nachgedacht, als sich in unserem »Kinderhaus« das größte Ereignis seiner Geschichte abspielte.

Eines Tages nämlich begann ein Kind zu schreiben. Es war darüber selber dermaßen erstaunt, dass es laut zu rufen begann: »Ich hab' geschrieben! Ich hab' geschrieben!« Und die anderen

Kinder liefen herbei, umdrängten das erste und bestaunten die Worte, die dieses mit einem Stückchen weißer Kreide auf den Fußboden geschrieben hatte. »Ich auch! Ich auch!«, riefen andere und liefen davon. Sie suchten nach Schreibmaterial, einige drängten sich um die Klassentafel, andere streckten sich der Länge nach auf dem Boden aus und so brach die geschriebene Sprache in einer Art Explosion hervor.

Die unermüdliche Tätigkeit dieser Kinder ließ wirklich an einen Wasserfall denken. Sie schrieben überall, auf die Türen, auf die Mauern und sogar daheim auf die Brotlaibe. Sie waren etwa vier Jahre alt. Dieses Aufbrechen des Schreibvermögens vollzog sich als unerwartetes Ereignis. Die Lehrerin sagte mir etwa: »Dieser Junge hat gestern um drei Uhr zu schreiben begonnen.«

Wir standen betroffen wie vor einem Wunder. Als wir den Kindern jedoch Bücher in die Hand gaben (und viele Leute, die von der Sache gehört hatten, brachten wunderschöne illustrierte Bücher), wurden diese mit Kälte aufgenommen. Gewiss, die Bilder darin waren schön, aber sie lenkten von der begeisternden Beschäftigung ab, auf die sich die Seelen dieser Kinder völlig konzentriert hatten: der Schrift. Vielleicht hatten sie nie zuvor Bücher gesehen und wir bemühten uns lange Zeit, ihr Interesse darauf zu lenken. Es war nicht einmal möglich, ihnen begreiflich zu machen, was Lesen sei. So räumten wir alle Bücher wieder weg und warteten auf günstigere Zeiten. Die Kinder lasen nicht einmal Handgeschriebenes. Nur selten interessierte eines sich dafür zu lesen, was ein anderes geschrieben hatte, ja es hatte den Anschein, als könnten sie dies gar nicht. Viele Kinder wandten sich erstaunt nach mir um, wenn ich laut die Worte las, die sie geschrieben hatten, so als wollten sie fragen: »Woher weißt du denn das?«

Erst etwa sechs Monate später begannen sie zu begreifen, was Lesen bedeutete, und auch dann nur in Verbindung mit dem Schreiben. Die Kinder mussten mit den Augen die Bewegung meiner Hand verfolgen, wenn ich Zeichen auf das weiße Papier schrieb, um sich die Vorstellung anzueignen, dass ich auf diese Weise meine Gedanken ausdrückte, ganz so, als ob ich spräche. Kaum aber war ihnen dies klar geworden, da bemächtigten sie sich der Blätter, auf denen ich geschrieben hatte, zogen sich damit in irgendeinen stillen Winkel zurück und versuchten zu lesen – im Geist, ohne einen einzigen Laut hervorzubringen. Wenn sie begriffen hatten, so sah man das an dem Lächeln, das sich über ihre vor Anstrengung verkrampften Gesichtchen breitete, und man sah es an dem kleinen Sprung, mit dem sie sich in Bewegung setzten und der durch eine verborgene Feder veranlasst zu sein schien. Denn jeder der von mir geschriebenen Sätze war ein Befehl, etwa »Mach das Fenster auf« oder »Komm zu mir«. So nahm das Lesen seinen Anfang und es entwickelte sich in der Folge bis zum Aufnehmen langer Sätze, die Befehle zu komplizierten Handlungen enthielten. Offenbar verstanden die Kinder jedoch die geschriebene Sprache lediglich als eine andere Art, sich auszudrücken, als eine andere Form der gesprochenen Sprache von Person zu Person.

Tatsächlich geschah es, wenn Besuche bei uns erschienen, dass viele von den Kindern, die früher mit gesprochenen Begrüßungen beinahe des Guten zu viel getan hatten, jetzt kein Wort sprachen. Dafür erhoben sie sich, gingen zur Tafel und schrieben darauf Sätze wie: »Bitte nehmen Sie Platz! Danke für den Besuch!« und dergleichen.

Einmal war in der Schule von der Erdbebenkatastrophe die Rede, die soeben die ganze Stadt Messina zerstört und Hunderttausende von Opfern gefordert hatte. Ein etwa fünfjähriger Junge erhob sich, trat an die Tafel und begann zu schreiben. Er fing mit den Worten an: »Ich bin traurig ...«, und wir vermuteten, er wolle seiner Betrübnis über das Unglück Ausdruck geben. Aber was er schließlich schrieb, war Folgendes: »Ich bin traurig, dass ich so klein bin.« Seltsamer Gedanke! Wie überrascht waren wir jedoch, als er fortfuhr: »Wenn ich groß wäre, würde ich hingehen und mithelfen.« Dieser kleine Junge hatte einen richtigen kleinen Aufsatz geschrieben und zugleich sein gutes Herz offenbart. Er war der Sohn einer Frau, die ihn unterhielt, indem sie mit einem Korb den Tag über auf der Straße herumzog und Kräuter verkaufte.

Später ereignete sich wieder etwas Überraschendes. Während wir noch dabei waren, Unterrichtsmaterial zur Einführung der Druckbuchstaben herzustellen und es nochmals mit den Büchern zu versuchen, fingen die Kinder an, alles Gedruckte zu lesen, was sie in der Schule finden konnten, darunter ein paar wirklich schwierige Texte, wie etwa den eines Kalenders in gotischen Lettern. Gleichzeitig kamen die Eltern zu uns und berichteten, die Kinder blieben auf der Straße stehen, um die Ladenschilder zu lesen, und man könne überhaupt nicht mehr mit ihnen spazieren gehen. Dabei interessierten sich die Kinder offenbar nur für das Entziffern der Schriftzeichen als solcher, nicht aber für die Worte. Sobald sie eine ihnen neue Schriftart sahen, wollten sie sie kennenlernen, indem sie den Sinn der Worte errieten. Es war dies eine Anstrengung der Intuition, vergleichbar der des Forschers, der in Stein gehauene prähistorische Schriftzeichen so lange studiert, bis ihm eine sinnvolle Textdeutung beweist, dass er die unbekannten Zeichen richtig verstanden hat. Damit zu vergleichen war wohl die Leidenschaft, die in unseren Kindern aufgebrochen war.

Eine allzu große Eile unsererseits im Erklären der Druckbuchstaben hätte dieses Interesse und diesen Eifer im Erraten nur dämpfen können. Auch unzeitgemäßes Bestehen auf Üben des Lesens von Wörtern in Büchern hätte eine negative Hilfe bedeutet und um eines nebensächlichen Zweckes willen die Energie dieser tatendurstigen Gemüter herabgemindert. So blieben die Bücher noch eine Zeit in den Schränken. Erst später traten die Kinder in Beziehung zu Büchern, und zwar begann dies mit einem interessanten Vorkommnis. Einmal erschien ein Kind sehr aufgeregt in der Schule und hielt in der Hand ein zerknittertes Stück Papier. »Rate einmal, was in diesem Stück Papier ist!«, sagte es zu einem Kameraden. »Nichts. Das ist ein Fetzen Papier.« – »Nein, das ist eine Geschichte!« – »Eine Geschichte? Da drin?« Diese Behauptung zog eine Schar von Kindern an. Der kleine Junge hatte das Blatt auf einem Abfallhaufen gefunden. Und er begann zu lesen, las die Erzählung vor ...

Damit begriffen die Kinder plötzlich die Bedeutung von Büchern und von jetzt an herrschte stürmische Nachfrage nach solchen. Viele Kinder freilich, die eine interessante Lektüre gefunden hatten, rissen das betreffende Blatt heraus, um es sich heimzutragen. Diese Bücher! Die Entdeckung ihres Wertes übte eine überwältigende Wirkung aus, die sogar die gewohnte friedliche Ordnung unseres Zusammenlebens zu gefährden drohte. Es war nicht ganz leicht, diese bebenden Händchen, die aus Liebe Zerstörungen anrichteten, wieder zu disziplinieren. Noch ehe sie dahin gelangten, Bücher zu lesen und zu respektieren, hatten es unsere Kinder mit einiger Nachhilfe bereits in der Rechtschreibung und im Schönschreiben so weit gebracht, dass sie mit Schülern der dritten Elementarschulklasse auf dieselbe Stufe gestellt wurden.

27. Kapitel

KÖRPERLICHE
PARALLELENTWICKLUNGEN

Während der gesamten, bis dahin im Kinderhaus verbrachten Zeit war nichts getan worden, um die körperlichen Lebensbedingungen der Kinder zu verbessern. Dennoch hätte jetzt niemand mehr in ihren leuchtenden Gesichtchen, in ihrem lebhaften Wesen die kleinen unterernährten und blutarmen Geschöpfe wiedererkannt, von denen man geglaubt hätte, sie brauchten dringend ärztliche Hilfe, Nahrung und stärkende Medizin. Sie waren gesund, so als hätten sie eine Sonnen- und Luftkur hinter sich.

In der Tat: Wenn niederdrückende seelische Faktoren einen Einfluss auf den Stoffwechsel haben und die Lebenskraft herabmindern können, so gilt auch der umgekehrte Fall, das heißt, freudige Seelenregungen beeinflussen den Stoffwechsel und alle übrigen Körperfunktionen in günstigem Sinne. Dafür hatten wir nun einen greifbaren Beweis. Heutzutage, da derlei körperlich-seelische Zusammenhänge weitgehend erforscht sind, würde dies keinen sonderlichen Eindruck mehr machen, damals aber rief das Phänomen allgemeines Staunen hervor.

Man sprach von einem »Wunder« und die Kunde von diesen

»Wunderkindern« verbreitete sich mit Windeseile. Die Presse entwickelte bei diesem Anlass große Beredsamkeit. Ganze Bücher wurden über meine Kinder geschrieben, ja sogar Romanautoren ließen sich von ihnen anregen und erzielten mit der genauen Beschreibung des bei uns Gesehenen eine Wirkung, als schilderten sie eine unbekannte Welt. Man sprach von der Entdeckung der menschlichen Seele, von Wundern, man beschrieb die Wandlung, die mit diesen Kindern vor sich gegangen war, und ein englisches Buch, das sich mit ihnen beschäftigte, betitelte sich geradezu »New Children« (Neue Kinder). Aus fernen Ländern, vornehmlich aus Amerika, kamen viele Personen, um diese überraschenden Tatsachen selbst festzustellen. Unsere Kinder hätten sehr wohl die Bibelworte sprechen können, die am Dreikönigstag, dem Tage unserer Schuleröffnung, in den Kirchen gelesen wurden: »Blicke auf und sieh um dich. Diese alle sind zu dir gekommen ... An dich wendet sich die Menge von jenseits des Meeres.«

28. Kapitel

FOLGERUNGEN

Die vorstehende kurze Aufzählung von Tatsachen und Eindrücken lässt die Frage nach der »Methode« unbeantwortet. Der Leser wird nicht recht begreifen, mit welcher Methode jene Ergebnisse erzielt worden sind.

Gerade das ist der springende Punkt.

Man sieht nicht die Methode: *Was man sieht, ist das Kind.* Man sieht die Seele des Kindes, die, von allen Hindernissen befreit, sich gemäß ihrer eigenen Natur kundgibt. Die kindlichen Eigenschaften, die hierbei zutage treten, gehören schlechthin *dem Leben* an, gleich den Farben der Vögel und den Gerüchen der Blumen; sie sind in keiner Weise die Folge einer »Erziehungsmethode«. Es ist jedoch klar, dass solche Naturtatsachen durch eine Erziehung beeinflusst werden können, deren Ziel es ist, sie in ihrer Entwicklung zu fördern und zu schützen.

Der Mensch vermag ja auch durch Pflege auf die Blumen, auf deren natürliche Farben und Düfte einzuwirken, das Auftreten gewisser Merkmale zu fördern und es dahin zu bringen, dass die ursprünglichen, von der Natur dargebotenen Eigenschaften sich in erhöhter Kraft und Schönheit weiterentwickeln.

Nun handelt es sich bei den in unserem »Kinderhaus« aufgetretenen Phänomenen um natürliche seelische Erscheinungen. Wenn diese für gewöhnlich nicht so klar zu bemerken sind wie die Vorgänge in der vegetativen Natur, so hat dies seinen Grund darin, dass das Seelenleben außerordentlich wandelbar ist. Seine Kennzeichen können unter ungünstigen Umweltbedingungen geradezu verschwinden und durch andere ersetzt werden. Für eine erfolgreiche Erziehungsarbeit ist es daher erforderlich, zunächst einmal Umweltbedingungen herzustellen, die das Aufblühen der verborgenen normalen seelischen Eigenschaften begünstigen. Zu diesem Zweck genügt es, Hindernisse hinwegzuräumen, und dies muss denn auch der erste Schritt und das Fundament der Erziehung sein. Deshalb handelt es nicht darum, die vorhandenen Eigenschaften zu entwickeln, sondern zuerst die Natur zu entdecken und dann erst die Entwicklung der Normalität zu fördern.

Untersucht man die Bedingungen näher, unter denen durchaus zufällig die normalen Charakterzüge der Kinder so überraschend aufblühten, so lassen sich einige Umstände von besonderer Wichtigkeit feststellen.

Da war zunächst einmal eine angenehme Umgebung, in der die Kinder keine Beschränkungen empfanden. Sie musste besonders erfreulich auf jene Kinder wirken, die in elenden Behausungen aufgewachsen waren; fanden sie doch hier einen weißen, sauberen Raum mit neuen Tischchen, eigens für sie gezimmerte kleine Sessel und Stühle und im Hof sonnige Rasenflächen.

Ein weiterer Faktor bestand in gewissen *negativen* Eigenschaften der Erwachsenen: Die Eltern dieser Kinder konnten nicht lesen und schreiben, die Lehrerin war eine Arbeiterin ohne Ehrgeiz und Vorurteile. Man könnte diese Situation als einen Zustand von »intellektueller Ruhe« bezeichnen.

Es ist von jeher bekannt, dass ein Erzieher *ruhig* sein soll. Dabei aber hat man immer mehr an eine Ruhe des Charakters, der nervösen Impulse gedacht, während es sich hier um eine Ruhe in einem viel tieferen Sinn handelte – um einen Zustand der Leere, besser gesagt, der geistigen Befreiung, der eine innere Klarheit zur Folge hat. Diese »geistige Demut«, die sich der geistigen Reinheit nähert, bereitet auf das Verstehen des Kindes vor und sollte daher die wesentliche Vorbereitung des Lehrers sein.

Bemerkenswert war schließlich die Tatsache, dass den Kindern hier ein geeignetes, anziehendes, für die Erziehung der Sinne förderliches Material zur Verfügung gestellt werden konnte, das ihnen eine Analyse und Verfeinerung ihrer Bewegungen gestattete und eine Konzentration der Aufmerksamkeit bewirkte, die niemals erzielt werden kann, wenn ein mündlicher Unterricht sich bemüht, von außen her die Energie der Kinder wachzurufen.

Wir fassen zusammen: Eine geeignete Umgebung, eine demütige Lehrperson und wissenschaftliches Material – das waren die drei wichtigsten äußeren Gegebenheiten. Wir wollen nun auf einige Äußerungen der Kinder selbst hinweisen.

Die wichtigste, die wie mit einem Zauberschlag den normalen Wesenszügen des Kindes zum Durchbruch verhilft, ist eine Tätigkeit, die sich mit vom Geiste geleiteten Bewegungen der Hände in Konzentration auf eine Arbeit an einem beliebigen äußeren Objekt vollzieht. Hierbei treten einige charakteristische Erscheinungen auf, deren Beweggründe unverkennbar innerer Art sind, wie etwa die Wiederholung der Übungen und die freie Wahl der Objekte. Dann erscheint das wahre Kind: vor Freude strahlend in unermüdlicher Tätigkeit begriffen, denn in seinem Leben ist Tätigkeit gleichbedeutend mit einer Art seelischen Stoffwechsels, womit alle Entwicklung eng zusammenhängt. Von jetzt an verläuft alles gemäß seiner eigenen Wahl: Es spricht stürmisch auf bestimmte Übungen an, wie etwa auf die der Stille, es begeistert sich für gewisse Anleitungen, die ihm den Weg zur Gerechtigkeit und Würde weisen. Eifrig nimmt es alles in sich auf, was der Entwicklung seines Denkens förderlich ist. Hingegen weist es andere Dinge zurück: Belohnung, Süßigkeiten, Spielsachen. Ferner gibt es zu erkennen, dass Ordnung und Disziplin ihm lebenswichtige Bedürfnisse und Kundgebungen sind. Zugleich bleibt es ein Kind: frisch, aufrichtig, heiter, ein Kind, das hüpft, das schreit, wenn es von etwas beglückt ist, das in die Hände klatscht, läuft, laut grüßt, überschwänglich dankt, zu allen zärtlich ist, sich allen nähert, alles bewundert, sich allem anpasst.

Wir wollen also die Dinge wählen, die das Kind gewählt hat, berücksichtigen wir seine spontanen Äußerungen, stellen wir eine Art Liste auf und verzeichnen wir darin, um Zeitverlust zu vermeiden, was das Kind will und was es nicht will.

1. *Individuelle Arbeit:*
- Wiederholung der Übung
- Freie Wahl
- Kontrolle des Irrtums
- Analyse der Bewegungen
- Übungen der Stille
- Gute Manieren im gesellschaftlichen Umgang
- Ordnung in der Umwelt
- Peinliche Sauberkeit der Person
- Erziehung der Sinne
- Schreiben, unabhängig vom Lesen
- Schreiben als Vorstufe des Lesens
- Lesen ohne Bücher
- Disziplin in freier Tätigkeit

Ferner:
2. *Abschaffung der Belohnungen und Strafen:*
- Abschaffung der Fibeln
- Abschaffung der gemeinsamen Lektionen
- Abschaffung der Lehrpläne und Prüfungen
- Abschaffung der Spielsachen und Leckereien
- Abschaffung des Katheders der unterrichtenden Lehrerin

Aus dieser Liste zeichnet sich unzweifelhaft bereits eine Erziehungsmethode ab. Mit einem Wort, das Kind selbst hat uns positive praktische Hinweise für den Aufbau einer Lehrmethode gegeben, bei der seine Wahl uns leitet und seine lebendige Kraft Fehlerkontrolle ist.

Es ist erstaunlich, wie weitgehend diese ursprünglichen, aus dem Nichts hervorgegangenen Richtlinien bei dem späteren, auf langen Erfahrungen beruhenden Ausbau einer richtiggehenden Erziehungsmethode beibehalten werden konnten. Man könnte dabei an den Embryo eines Wirbeltieres denken, bei dem zuerst eine Linie, die sogenannte Urlinie in Erscheinung tritt, eine Zeichnung ohne Substanz, aus der sich späterhin die Wirbelsäule bilden wird. Bei näherer Untersuchung dieses Vergleichsobjektes würden wir feststellen, dass das Ganze in drei Teile zerfällt: Kopf, Brustabschnitt, Bauchabschnitt; ferner bildet sich allmählich eine Anzahl bestimmter Knoten heraus, die schließlich zu Wirbeln erstarren. In ähnlicher Weise haben wir es bei unserer ersten Skizze einer Erziehungsmethode mit einem Ganzen, einer grundlegenden Linie zu tun. An ihr sind drei große Faktoren feststellbar – Umgebung, Lehrer und Material – und außerdem zeichnen sich mit der Zeit zahlreiche feste Punkte ab, ganz wie bei den Wirbeln.

Es wäre interessant, Schritt für Schritt zu verfolgen, wie dieses erste Werk, das in der menschlichen Gesellschaft unter Leitung des Kindes entstanden ist, sich entwickelt hat. So könnte man eine Idee von der Evolution jener Grundsätze erhalten, die sich zunächst als unerwartete Enthüllung darboten. *Evolution* ist in der Tat der Ausdruck, mit dem man die aufeinanderfolgenden Entwicklungen dieser eigentümlichen Methode bezeichnen möchte, denn alle neuen Einzelheiten gingen aus einem Leben hervor, das sich auf Kosten der Umwelt abspielt. Diese Umwelt aber ist ihrerseits eine durchaus besondere, stellt sie doch eine aktive und lebendige Antwort des Erwachsenen auf die neuen Entwürfe dar, die das kindliche Leben kundgibt, indem es sich entwickelt.

Die wunderbare Schnelligkeit, mit der unsere Methode in zahlreichen Schulen für Kinder jeder sozialen Stellung und jeder Rasse angewendet worden ist, hat zu einer solchen Erweiterung unserer Erfahrungen geführt, dass wir mit unbezweifelbarer Sicherheit gewisse feststehende Punkte und allgemein gültige Tendenzen herausarbeiten konnten – gewissermaßen *Naturgesetze*, auf die sich die Erziehung aufbauen muss.

Die Schulen, die unmittelbar auf das erste »Kinderhaus« folgten, waren darum besonders interessant, weil in ihnen unsere ursprüngliche Haltung beibehalten wurde. Diese Haltung bestand darin, spontane Äußerungen der Kinder abzuwarten, ohne dass sich bereits bestimmte Methoden und äußere Vorbereitungen genauer abgezeichnet hätten.

Ein eindrucksvolles Beispiel hatten wir an einem der ersten in Rom gegründeten »Kinderhäuser«. Die Umstände waren hier noch ungewöhnlicher als bei der ersten Schule, denn es handelte sich durchwegs um Waisenkinder, die eine gewaltige Katastrophe überlebt hatten: das Erdbeben von Messina. Es waren im Ganzen rund sechzig Kinder, die man unter den Trümmern gefunden hatte und von denen man weder wusste, wie sie hießen noch welcher sozialen Schicht sie entstammten. Ein ungeheurer Schock hatte sie alle nahezu ganz einförmig werden lassen: niedergeschlagen, stumm, geistesabwesend. Es war schwierig, ihnen Nahrung beizubringen und sie zum Schlafen zu veranlassen. Des Nachts gab es Geschrei und Wehklagen. Für diese Kinder wurde ein entzückender Aufenthaltsort geschaffen und die Königin von Italien beschäftigte sich in großherziger Weise mit ihnen. Man fertigte kleine, helle, leuchtende Möbel an, kleine Schränke mit Türen und farbigen Bespannungen, sehr niedrige, in lebhaften Farben gestrichene kreisrunde Tische neben anderen rechteckigen, höheren, weißen Tischen, Stühlen und Sesselchen. Überdies aber bekamen die Kinder reizendes Geschirr, kleine Teller und Bestecke, Servietten und sogar Seifenstücke und Handtücher, die Kinderhänden angepasst waren.

Allenthalben gab es eine liebevolle Ausschmückung: Bilder an den Wänden und gefüllte Blumenvasen. Die Schule befand sich in einem Kloster der Franziskanerinnen mit großen Gärten, breiten Wegen und vorzüglich gehaltenen Blumenbeeten. Es gab darin Goldfischteiche, Tauben ... In dieser Umgebung bewegten sich schweigend und geräuschlos die Schwestern in ihrer beinahe ganz weißen Tracht mit dem großen Schleier, der majestätisch anzusehen war.

Sie lehrten die Kinder gute Manieren mit einer Sorgfalt, die sich von Tag zu Tag vervollkommnete. Diesem Orden gehörten viele Schwestern aus der aristokratischen Gesellschaft an und sie übten mit den Kindern jede kleinste Regel des mondänen Lebens, das sie hinter sich gelassen hatten, wobei ihnen die Erinnerung an ihre früheren Gewohnheiten zugute kam. Die Kinder aber schienen unersättlich nach immer neuen Feinheiten dieser Art. Sie hatten gelernt, sich bei Tisch wie Prinzen zu betragen, hatten aber auch gelernt, bei Tisch zu bedienen wie Kammerdiener von hohem Rang. Die Mahlzeiten, die nicht mehr um der Nahrung willen anziehend wirkten, interessierten die Kinder, weil sie ihnen Gelegenheit gaben, sich in der Beherrschung ihrer Bewegungen und in allerlei Kenntnissen zu üben; und allmählich kam dann auch der richtige kindliche Appetit wieder und mit ihm der ruhige Schlaf. Die Veränderung, die sich mit diesen Kindern vollzog, war geeignet, tiefen Eindruck hervorzurufen. Man konnte ihnen jetzt zusehen, wie sie fröhlich Dinge in den Garten trugen, die Möbel aus dem Zimmer ins Freie unter die Bäume beförderten, dabei nichts zerbrachen, nirgends anstießen und vergnügte, lebensvolle Mienen zur Schau trugen.

Bei dieser Gelegenheit wurde zum ersten Mal der Ausdruck »Bekehrung« laut. »Diese Kinder machen mir den Eindruck von Bekehrten«, sagte eine der hervorragendsten italienischen

Schriftstellerinnen der Zeit. »Es gibt keine wunderbarere Bekehrung als die, bei der Kummer und Bedrücktheit überwunden werden und das Leben sich auf eine höhere Ebene erhebt.«

Diese Auffassung, die in den Augen aller eine unerklärliche und eindrucksvolle Erscheinung mit einer Art von religiösem Gehalt erfüllte, machte damals auf viele Menschen tiefen Eindruck, obwohl das Wort »Bekehrung« eigentlich etwas ganz anderes bedeutet. Scheint doch der damit ausgedrückte Vorgang im Gegensatz zu dem Stande der Unschuld zu stehen, in dem Kinder sich befinden. Aber es handelt sich in der Tat hier um eine Verwandlung, die diese Kinder von ihrem seelischen Schmerz und ihrer Verlassenheit befreite, um eine Wiedergeburt zur Freude.

Traurigkeit und Schuldgefühle sind beides Zustände, die auf eine Entfernung von den Quellen der Lebensenergien hinweisen, und unter diesem Gesichtspunkt bedeutet das Wiederfinden dieser Lebensenergien tatsächlich eine Art Bekehrung; verschwinden doch Traurigkeit und Schuldgefühle in der Freude einer seelischen Reinigung.

Das war es, was in unseren Kindern vor sich ging: Da gab es eine Art Auferstehung von der Traurigkeit zur Freude, und da verschwanden zugleich eine Menge von Charakterfehlern, von denen wir befürchtet hatten, sie würden sich als unverbesserlich erweisen. Zugleich aber verschwanden auch solche Eigenschaften, die gemeinhin als Vorzüge gelten, und damit verschafften uns diese Kinder wirklich eine Erleuchtung. Alles am Menschen ist verkehrt und alles muss von vorn begonnen werden; und dazu führt nur ein Weg, die Rückkehr zu den Quellen der schöpferischen Energien. Ohne die komplexen Vorgänge, die wir in unseren Schulen an Kindern aus den abnormsten Lebensbedingungen beobachten konnten, wäre es nicht möglich gewesen, zwischen dem Guten und dem Bösen in den kindlichen Charakteren zu unterscheiden; denn der Erwachsene hat sich nun einmal sein Urteil gebildet und lässt im Kinde alles das als gut gelten, was in seinen Augen für die Anpassung des Kindes an die Lebensweise des Erwachsenen zeugt und umgekehrt. Unter dieser Art der Beurteilung pflegen die natürlichen Charakterzüge des Kindes zu erlöschen. So ist das Kind hinter der Welt der Erwachsenen verschwunden und zu einem unbekannten Wesen geworden; und Gut wie Böse begraben es gleicherweise unter sich.

29. Kapitel

KINDER AUS BEVORZUGTEN GESELLSCHAFTSSCHICHTEN

Unter sozialen Sonderbedingungen wachsen auch die Kinder der Reichen auf. Es hat den Anschein, als müssten sie eigentlich viel leichter zu erziehen sein als die ganz armen Kinder der Volksschule oder die Waisen vom Erdbeben in Messina. Worin hätte wohl ihre Bekehrung zu bestehen? Die Kinder aus reichem Haus sind ja die wahren Privilegierten, sie erfreuen sich der erlesensten Fürsorge, die die Gesellschaft zu vergeben hat. Ich will aber, um diesem Vorurteil zu begegnen, hier ein paar Seiten aus einem meiner Bücher anführen, in welchem Leiterinnen unserer Schulen in Europa und Amerika ihre ersten Eindrücke von den hier auftretenden Schwierigkeiten aufrichtig dartun.

Schönheit in seiner Umgebung, die Pracht der Blumen üben auf das reiche Kind keinen Reiz aus; es fühlt sich nicht hinausgelockt auf die Spazierwege eines Gartens und es kommt kein Verhältnis zwischen ihm und dem Unterrichtsmaterial zustande. Der Lehrerin fällt auf, dass diese Kinder nicht, wie sie erwartet hat, sich auf die Gegenstände stürzen und diese dem eigenen Verlangen entsprechend auswählen.

Bei armen Kindern geschieht dies in unseren Schulen fast immer schon im ersten Augenblick, während Kinder aus reichen Familien, die schon mit seltenen Gegenständen und mit kostbarem Spielzeug bis zum Überdruss versehen sind, kaum noch auf derartige Reize ansprechen. Eine amerikanische Lehrerin, Miss G., berichtete aus Washington: »Die Kinder rissen einander die Gegenstände aus den Händen: Wollte ich einem Schüler einen Gegenstand zeigen, so ließen die anderen fallen, was sie in der Hand hatten, und scharten sich lärmend und ziellos um uns. Hatte ich einen Gegenstand zu Ende erklärt, so balgten sich alle um seinen Besitz. Die Kinder zeigten keinerlei Interesse am Unterrichtsmaterial: Sie gingen von einem Gegenstand zum andern, ohne bei irgendeinem zu bleiben. Ein Kind brachte es nicht einmal zustande, die wenigen Augenblicke stillzusitzen, die notwendig gewesen wären, um mit dem Finger einen der gezeigten Gegenstände zu umfahren. Oftmals war die Bewegung der Kinder völlig ziellos: sie rannten im Zimmer umher ohne jeden festen Richtungspunkt. Und dabei kümmerten sie sich nicht im Geringsten um die vorhandenen Gegenstände: Sie stießen gegen den Tisch, warfen Stühle um und traten rücksichtslos auf Lehrmitteln herum; manchmal begannen sie irgendwo die ihnen aufgegebene Arbeit, rannten aber dann wieder davon, nahmen einen anderen Gegenstand und ließen, wie es ihnen die Laune eingab, auch diesen bald wieder aus der Hand.«

Mlle D. schrieb aus Paris: »Ich muss gestehen, meine Erfahrungen waren wahrhaft entmutigend. Die Kinder konnten bei keiner Arbeit länger als ein paar Augenblicke verweilen. Keine Beharrlichkeit, keine eigene Initiative. Manchmal liefen sie einander nach und benahmen sich wie eine Schafherde. Wenn eins von ihnen einen Gegenstand ergriff, so wollten die andern dasselbe tun. Bisweilen wälzten sie sich auf dem Boden und warfen die Stühle um.«

Aus einer römischen Schule mit reichen Kindern erhielten

wir folgende lakonische Darstellung: »Hauptanliegen ist die Disziplin. Die Kinder sind ziellos in der Arbeit und widerspenstig, wenn man sie anweisen will.«

Und nun ein paar Berichte über die Anfänge der Disziplin: Miss G. teilte aus Washington mit: »In wenigen Tagen begann die nebelhafte Masse wirbelnder Teilchen festere Form anzunehmen. Die Kinder gewannen allmählich innere Richtung: Nach und nach bekamen sie Interesse an vielen Gegenständen, die sie anfänglich als dummen Spielkram zurückgewiesen hatten, und aus diesem Interesse heraus begannen sie als unabhängige, sehr ausgeprägte Einzelwesen zu handeln. So kam es vor, dass ein Gegenstand, der die ganze Aufmerksamkeit des einen Kindes in Anspruch nahm, auf das andere auch nicht den geringsten Reiz ausübte; die Kinder unterschieden sich stark in den Äußerungen ihrer Aufmerksamkeit. Das Spiel ist erst dann endgültig gewonnen, wenn das Kind irgendeinen besonderen Gegenstand entdeckt hat, der in ihm ein tiefes und spontanes Interesse erweckt. Bisweilen kommt diese Begeisterung unverhofft und verwunderlich schnell. Einmal versuchte ich mit fast sämtlichen Gegenständen unseres Materials, in einem Kind Interesse hervorzurufen, konnte aber auch nicht die geringste Aufmerksamkeit bewirken: Zufällig zeigte ich ihm schließlich auch das rote und das blaue Täfelchen und lenkte seine Aufmerksamkeit auf die Farbunterschiede. Das Kind griff hastig zu und lernte in einer einzigen Unterrichtsstunde die fünf Farben. An den folgenden Tagen griff es nach allen Gegenständen des Materials, die es zuerst zurückgewiesen hatte, und interessierte sich nach und nach für sämtliche.

Ein Kind, das anfangs nur ein geringes Konzentrationsvermögen hatte, gelangte aus diesem chaotischen Zustand dadurch heraus, dass es sich mit einem der schwierigsten Gegenstände beschäftigte: mit den sogenannten Längen. Es spielte eine Woche lang fortwährend damit und lernte dabei rechnen und einfache Additionen vornehmen. Dann kehrte es zu den einfacheren Gegenständen zurück, zu den Einsätzen und den Zylindern, und beschäftigte sich mit allen Teilen des Materials.

Kaum haben die Kinder einen Gegenstand gefunden, der sie interessiert, so verschwindet auch schon unversehens die Disziplinlosigkeit und die geistige Untätigkeit hört auf.«

Dieselbe Lehrerin schildert das Erwachen einer Persönlichkeit: »Wir hatten zwei Schwestern hier, die eine drei, die andere fünf Jahre alt. Die Dreijährige existierte als Eigenwesen nicht, sie folgte in allem getreulich der älteren Schwester: Die Ältere hatte einen blauen Bleistift, also war die Kleine nicht eher zufrieden, bis auch sie einen hatte; die Ältere aß nur Butterbrot, also auch die Jüngere usw. usw. Das kleine Mädchen nahm an nichts in der Schule Anteil, sondern ahmte nur in allem seine Schwester nach. Da interessierte sich die Kleine eines Tages plötzlich für die rosa Würfel: Sie baut ihren Turm, nimmt lebhaftesten Anteil, wiederholt des Öfteren diese Übung und vergisst völlig ihre Schwester. Die Ältere ist darüber so verwundert, dass sie die Jüngere ruft und sie fragt: ›Wie kommt es, dass du den Turm baust, wenn ich einen Kreis ausfülle?‹ Von jenem Tag an wurde die Kleine zur Persönlichkeit, begann sich selbstständig zu entwickeln und war nicht länger nur das Spiegelbild der Schwester.«

Mlle D. erzählt von einer Vierjährigen, die es um keinen Preis zustande brachte, auch nur ein halbgefülltes Glas Wasser zu tragen, ohne etwas zu verschütten; so scheute sich das Mädchen schließlich davor, weil es ja wusste, dass es ihm nicht gelingen würde. Es interessierte sich aber für eine Übung mit anderem Material, und als es hier mehr Erfolg hatte, konnte es plötzlich auch ohne Schwierigkeit Gläser voll Wasser tragen. Einige Kameraden malten mit Wasserfarben, so wurde es für die Kleine zum Sport, ihnen Wasser zu bringen, ohne einen Tropfen zu vergießen.

Eine andere, sehr bemerkenswerte Begebenheit wurde uns von einer australischen Lehrerin, Miss B., mitgeteilt. Sie hatte im Kinderhaus ein kleines Mädchen, das noch nicht sprechen konnte und nur unartikulierte Laute von sich gab, so dass die Eltern es bereits hatten ärztlich untersuchen lassen. Diese Kleine interessierte sich eines Tages für die Einsatzzylinder und unterhielt sich lange damit, die Holzzylinderchen aus deren Öffnungen herauszuholen und wieder hineinzustecken. Als sie ihre Arbeit noch einmal mit besonderem Nachdruck vorgenommen hatte, lief sie zur Lehrerin und rief: »Komm, schau!«

Mlle D. erzählt: »Als nach den Weihnachtsfeiern die Schule wieder begann, ging in der Klasse eine große Veränderung vor sich. Die Ordnung schien ganz von selbst zustande zu kommen, ohne dass ich einzugreifen brauchte. Die Kinder schienen zu sehr von ihrer Arbeit in Anspruch genommen, als dass bei ihnen die frühere Disziplinlosigkeit hätte wieder aufkommen können. Sie gingen nun von selbst zum Schrank und suchten sich dort Gegenstände heraus, die ihnen früher langweilig vorzukommen schienen. Es entstand eine richtige Arbeitsstimmung in der Klasse. Kinder, die bislang die Gegenstände nur aus momentaner Laune ergriffen hatten, hatten nun das Bedürfnis nach einer Art Regel, nach einer persönlichen und inneren Regel: Sie konzentrierten ihre Kraft auf sorgfältige und methodische Arbeit und hatten eine wahre Freude am Überwinden von Schwierigkeiten. Diese wertvolle Arbeit wirkte sich unmittelbar auf ihren Charakter aus. Sie gelangten zur Herrschaft über sich selbst.«

Mlle D. fiel ein vierjähriger Junge auf, bei dem die Einbildungskraft in außergewöhnlicher Weise entwickelt war: Zeigte man ihm einen Gegenstand, so beachtete er nicht dessen Form, sondern personifizierte ihn und führte mit ihm ein fortgesetztes Gespräch; dabei war es unmöglich, seine Aufmerksamkeit auf den Gegenstand selbst zu lenken. Seine Gedanken schweiften und er war zu jeder konkreten Handlung unfähig, selbst zum Zuknöpfen seiner Schuhe. Da plötzlich vollzog sich in ihm ein Wunder: »Ich stellte mit Erstaunen fest, dass in ihm eine

Veränderung vor sich ging; er machte zunächst *eine* unserer Übungen zu seiner Lieblingsbeschäftigung, dann nahm er alle anderen vor. Auf diese Weise kam er zur Ruhe.«

Diese Lehrerinnenberichte aus einer Zeit, da noch keine feste Methode sich herauskristallisiert hatte, ließen sich in unendlicher Gleichförmigkeit fortsetzen. Fast bei allen jenen glücklichen Kindern, für die eine intelligente, liebevolle Familie sorgt, treten ähnliche Tatsachen und ähnliche Schwierigkeiten, sei es auch in geringerem Grade, in Erscheinung. Mit dem, was wir Wohlstand heißen, sind geistige Schwierigkeiten verbunden: sie erklären uns, warum jene Worte der Bergpredigt solchen Widerhall in den Herzen fanden: »Selig sind die Armen im Geiste ..., selig, die da weinen.«

Aber alle sind aufgerufen und alle gelangen zum Ziel, wenn sie mit den eigenen Schwierigkeiten fertig werden. Die Erscheinung, die wir Bekehrung nannten, ist daher eine Eigentümlichkeit des Kindesalters. Es handelt sich dabei um eine rasche Änderung, die manchmal von einem Augenblick zum anderen eintritt und der immer dieselbe Ursache zugrunde liegt. Es ließe sich kein einziges Beispiel von Bekehrung anführen, das nicht zusammenhinge mit der Konzentration der Aktivität auf eine interessante Arbeit. Und es sind die verschiedensten Bekehrungen, die auf diese Art zustande kommen: Ob nun Erregte sich beruhigen oder Unterdrückte sich wieder aufrichten, immer geschieht dies auf demselben Weg der Arbeit und der Disziplin und darauf folgt dann der spontane Fortschritt, getragen von einer inneren Kraft, die zum Vorschein kommt, sobald sie ein Ausfallstor gefunden hat.

Alle die unverhofften Ereignisse, die die verlässlichen Vorboten einer nachfolgenden Entwicklung sind, haben etwas Explosives an sich. Von einem Tag auf den andern kommt beim Kind ein Zahn hervor und von einem Tag auf den andern tut es seinen ersten Schritt: Und ist der erste Zahn durchgestoßen, so folgt das ganze Gebiss; ist das erste Wort gesprochen, so entwickelt sich auch die Sprache überhaupt; ist der erste Schritt getan, so wird auch für immer die Gehfähigkeit erworben. So war denn die Entwicklung aufgehalten worden, oder, besser gesagt, sie hatte einen falschen Weg genommen, und dies bei allen Kindern, bei den Kindern aller Gesellschaftsschichten.

Als unsere Schulen sich überall auf der Erde einbürgerten, zeigte es sich, dass die Bekehrung beim Kind eine Erscheinung ist, die der ganzen Menschheit angehört. Wir konnten unzählige Charakterzüge studieren, die verschwanden und immer wieder von derselben Lebensform ersetzt wurden.

So gibt es schon am Anfang des Lebens, nämlich beim Kleinkind, ständig eine Art Irrung, die den natürlichen menschlichen Seelentyp entstellt und auf unbegrenzt viele »Abwege« führt. Das Einzigartige in der kindlichen Bekehrung ist eine seelische Heilung, eine Rückkehr zur Normallage. Das geistig frühreife Wunderkind, das heldenhafte Kind, das sich selbst überwindet und sich über den Schmerz zur Lebenskraft und zur Gelassenheit durchringt, das reiche Kind, das disziplinierte Arbeit oberflächlicheren Lebensformen vorzieht, sie alle sind *Normalkinder*. Was wir, solange es nur das Zutagetreten einer überraschenden Tatsache war, Bekehrung nannten, das muss nach all unseren ausgedehnten Erfahrungen als eine *Normalisierung* angesehen werden. Im Menschen liegt eine verschüttete und darum unbekannte Natur verborgen, die dennoch einfach die wahre ist, die Natur, die er bei der Schöpfung erhielt und die Gesundheit und Heil in einem bedeutet.

Durch eine solche Auslegung soll aber die Eigentümlichkeit der Bekehrung nicht in Frage gestellt werden, vielleicht vermag sogar der Erwachsene zur Umkehr gerufen zu werden, aber doch mit solcher Schwierigkeit, dass man eine derartige Wandlung nicht einfach als Rückkehr zur menschlichen Natur erkennen kann. Beim Kind können indessen die normalen seelischen Eigenschaften mit Leichtigkeit wieder zutage treten: Dann verschwindet in einem alles von der Norm Abweichende, wie bei der Rückkehr der Gesundheit sämtliche Krankheitssymptome verschwinden.

Wenn wir Kinder im Lichte dieser Einsicht beobachten, so können wir öfter und öfter ein spontanes Zutagetreten normaler Charakterzüge feststellen, sogar wo die Umweltbedingungen ungünstig sind. Und selbst wenn solches Nach-oben-Drängen dadurch zurückgedämmt wird, dass man es nicht beachtet und nicht fördert, wird es dennoch so wiederkehren und sich durchzusetzen versuchen, wie eben Lebensenergien sich allen Hindernissen zum Trotz ihren Weg bahnen und zu überwiegen suchen.

Man könnte sagen, dass die normalen Kräfte des Kindes uns ein Beispiel der Verzeihung geben im Sinne des Christuswortes: »Nicht siebenmal sollt ihr vergeben, sondern siebenmal siebzigmal.«

Auch die innerste Natur des Kindes vergibt und strebt trotz der Zurückdrängung durch Erwachsene erneut nach der Oberfläche. Es ist also keine vorübergehende Episode des kindlichen Lebens, dass die normalen Eigenschaften versenkt werden. Es handelt sich vielmehr um einen Kampf, der durch fortgesetzte Unterdrückung entfacht wird.

30. Kapitel

DIE INNERE VORBEREITUNG
DES LEHRERS

Der Lehrer wäre im Irrtum, der meinte, er könne sich auf seine Aufgabe ausschließlich durch Studium und Anhäufung von Wissen vorbereiten: In allererster Linie ist für ihn eine klare innere Haltung erforderlich.

Kern des Problems sind die Frage, wie das Kind beobachtet sein will, und die Tatsache, dass man sich nicht auf äußere Beobachtungen beschränken kann, wie dies möglich wäre, wenn es um die theoretische Erkenntnis einer Unterrichts- und Erziehungsweise ginge. Wir bestehen mit Nachdruck darauf, dass der Lehrer sich innerlich vorbereiten muss: Er muss mit Beharrlichkeit und Methode sich selber studieren, damit es ihm gelingt, seine hartnäckigsten Mängel zu beseitigen, eben die, die seiner Beziehung zum Kinde hinderlich sind. Um diese verborgenen Mängel zum Bewusstsein zu bringen, haben wir Hilfe von außen nötig, bedarf es einer gewissen Weisung; es ist unumgänglich, dass jemand uns auf das hinweist, was wir in uns erkennen sollen.

In diesem Zusammenhang sei erwähnt, dass der Lehrer einer »Einweihung« bedarf. Er kümmert sich zu sehr um die »Neigungen des Kindes«, um die Frage, wie man bei diesem gewisse Fehlerhaftigkeiten ausgleicht, um die »Belastung durch die Erbsünde«, wo er doch zunächst einmal den eigenen Fehlern und üblen Neigungen nachgehen müsste.

Nimm erst den Balken aus dem eigenen Auge, und du vermagst auch den Splitter aus den Augen des Kindes zu nehmen.

Die innere Vorbereitung ist allgemeiner Art. Sie ist nicht dasselbe wie das »Streben nach Selbstvervollkommnung« von Mitgliedern eines religiösen Ordens. Um Erzieher zu werden, braucht man nicht »vollkommen« und von Schwächen frei zu sein. Einer, der unablässig nach dem Weg zur Hebung seines inneren Lebens sucht, braucht noch lange nicht der Fehler innezuwerden, die ihm ein rechtes Verstehen des Kindes unmöglich machen. Es muss jemand da sein, der uns anweist, und wir müssen uns leiten lassen. Wir müssen erzogen sein, wenn wir erziehen wollen. Die Unterweisung, die wir den Lehrern geben, besteht darin, dass wir ihnen zeigen, welche innere Haltung ihrer Aufgabe am angemessensten ist, wie der Arzt dem Kranken angibt, an welchem Übel sein Organismus leidet.

Hier eine eindringliche Mahnung:

»Die Haupt- und Todsünde, die uns beherrscht und uns den Weg zum Verständnis des Kindes versperrt, ist der Zorn.« Und da ein Übel nie allein auftritt, sondern immer andere nach sich zieht, verbindet sich mit dem Zorn eine weitere Sünde, die auf den ersten Blick edel erscheinen mag, in Wirklichkeit aber teuflisch ist: der Hochmut.

Unsere üblen Neigungen können auf zweifache Weise korrigiert werden: innerlich dadurch, dass der Mensch seine Fehler klar erkennt und sie bekämpft; von außen her aber dadurch, dass die Äußerung unserer üblen Neigungen auf Widerstand stößt. Die Reaktion der äußeren Dinge ist von großer Wichtigkeit; denn sie deckt die vorhandenen inneren Mängel auf und regt damit zur Besinnung an. Die Meinung der Mitmenschen siegt über den Stolz des Einzelnen; die Lebensumstände zwingen den Geiz ins Joch; die Antwort des Starken bricht den Zorn; der Zwang zu arbeiten, um leben zu können, besiegt die Vorurteile; die gesellschaftliche Konvention steuert die Gier; die Schwierigkeit, zum Überfluss zu gelangen, beschwichtigt die Verschwendungssucht; das Bedürfnis nach persönlicher Würde schlägt den Neid nieder, kurz, all diese äußeren Umstände wirken unablässig als heilsame Warnung. Die sozialen Beziehungen dienen der Aufrechterhaltung unseres inneren Gleichgewichts.

Allerdings beugen wir uns sozialen Widerständen nicht mit der Reinheit, mit der wir Gott gehorchen. Wir finden uns zwar leicht und gutwillig dazu herbei, die selbst erkannten Fehler zu beseitigen, weniger leicht aber nehmen wir die demütigende Lehre der Mitmenschen an; es demütigt uns mehr, einen Fehler zuzugeben, als einen zu begehen. Müssen wir einmal unser Verhalten korrigieren, so treibt uns das Bedürfnis, die äußere Würde zu wahren, zu dem Vorwand, wir hätten selbst das Unvermeidliche gewollt. Zu den häufigsten Verstellungen zählt z. B., dass wir von Dingen, die wir nicht bekommen können, sagen, sie gefielen uns nicht. Indem wir diese kleine Verstellung dem äußeren Widerstand entgegensetzen, nehmen wir den Kampf auf, *statt* ein Leben der Vollkommenheit zu beginnen. Und da bei jeder Art Kampf der Mensch das Bedürfnis hat, sich zu organisieren, findet die Sache des Einzelnen im Kampf des Kollektivs ihre Verstärkung.

Haben einige den gleichen Fehler, so neigen sie instinktiv zu gegenseitiger Unterstützung; sie suchen die Kraft in der Vereinigung.

Wir verbergen unsere Fehler unter dem Vorwand hoher, unabdringlicher Pflichten, wie man im Krieg die Mittel der Zerstörung hinter harmloser Landschaftskulisse tarnt. Und je schwächere Kräfte von außen her unseren Fehlern begegnen, umso leichter können wir die schützende Vorstellung ins Werk setzen.

Wird einer von uns seiner Fehler wegen angegriffen, so wird die ganze Geschicklichkeit sichtbar, mit der das Übel sich unseren eigenen Blicken zu entziehen sucht. Was wir zu verteidigen haben, ist zwar noch nicht unser Leben, aber es sind unsere Fehler: Und wir sind bereit, sie mit Tarnkappen zu versehen, die wir »Notwendigkeit«, »Pflicht« u. Ä. nennen. Und nach und nach reden wir uns ein, was unser Gewissen als falsch erkannt hat, sei wahr, so dass eine Richtigstellung von Tag zu Tag schwieriger wird.

Der Lehrer und überhaupt alle, die Kinder erziehen möchten, müssen sich von diesem Zustand der Fehlerhaftigkeit befreien, der ihre Stellung den Kindern gegenüber beeinträchtigt. Der Grundfehler, die Kombination von Stolz und Zorn, muss dem Lehrer offen zum Bewusstsein kommen. Der Zorn ist das Grundübel und ihm setzt der Stolz eine verführerische Maske auf, ja legt ihm eine Honoratiorenrobe an, die Ehrerbietung fordert.

Der Zorn aber ist auch eine von den Sünden, die beim Mitmenschen am ehesten auf Widerstand stoßen. Darum muss er gezügelt werden; wer die Demütigung erlebt, dass er den Zorn verbergen muss, der schämt sich seiner schließlich.

Der Weg ist keineswegs schwierig, er ist klar und gangbar: Wir haben in den Kindern Geschöpfe vor uns, die unfähig sind, sich zu verteidigen und uns zu verstehen, und die alles hinnehmen, was ihnen gesagt wird. Nicht allein, dass sie Beleidigungen hinnehmen, sie fühlen sich auch in allem schuldig, was wir ihnen vorwerfen.

Der Lehrer sollte sich genauestens überlegen, was für Folgerungen aus dieser seelischen Lage des Kindes zu ziehen sind. Das Kind fasst eine Ungerechtigkeit nicht mit dem Verstand auf, aber es fühlt sie im Geist und wird niedergedrückt und innerlich verbogen. Reaktionen wie Schüchternheit, Lüge, Launenhaftigkeit, Weinen ohne sichtbaren Grund, Schlaflosigkeit, übertriebene Furcht, Launen stellen einen unbewussten Abwehrzustand des Kindes dar, dessen Verstand die tieferen Ursachen dafür in seinen Beziehungen zum Erwachsenen noch nicht zu durchblicken vermag.

Zorn bedeutet nicht äußere Gewalttätigkeit. Aus der rohen ursprünglichen Impulsivität sind andere Formen hervorgegangen, unter denen der seelisch verfeinerte Mensch seinen Affektzustand verbirgt.

In seinen einfacheren Formen ist der Zorn eine Reaktion auf den Widerstand des Kindes, aber angesichts der undurchsichtigen Äußerungen der Kinderseele verbindet er sich mit dem Stolz und bildet mit diesem zusammen ein komplexes Ganzes, wobei dann genau das entsteht, was man Tyrannei nennt. Diese verdient keine Erörterung: Sie versetzt den Erwachsenen in die uneinnehmbare Festung der anerkannten Autorität, die er ganz einfach deswegen besitzt, weil er Erwachsener ist. Dieses Recht in Zweifel ziehen, hieße, gegen eine feststehende und geheiligte Vormacht angehen wollen. Wenn im primitiven Gemeinwesen der Tyrann ein Vertreter Gottes ist, so stellt für das kleine Kind der Erwachsene die Gottheit selbst dar, die über jede Diskussion erhaben ist. Wer ungehorsam sein könnte, nämlich das Kind, hat zu schweigen und sich allem zu fügen.

Gelingt es ihm einmal aufzubegehren, so wird dies schwerlich eine unmittelbare und beabsichtigte Antwort auf die Handlung des Erwachsenen sein, vielmehr eine vitale Verteidigung des seelischen Eigenbereichs oder eine unbewusste Reaktion seines unterdrückten Geistes.

Wächst das Kind heran, so lernt es, die Reaktion unmittelbar gegen den Tyrannen zu richten; der Erwachsene versteht es dann, das Kind mit einer Art Rechenexempel, mit noch komplizierteren und gewundeneren Rechtfertigungen außer Gefecht zu setzen, er redet ihm nämlich ein, die Tyrannei wolle nur sein Bestes.

Auf einer Seite Ehrerbietung, auf der andern Recht zur *Beleidigung*: Der Erwachsene hat das Recht, das Kind abzuurteilen und zu beleidigen. Er kann je nach eigenem Gutdünken die Forderungen des Kindes lenken oder unterdrücken und dessen Aufbegehren kann als Ungehorsam, als bedenkliches und unzulässiges Verhalten ausgelegt werden.

Damit haben wir ein echtes Abbild einer primitiven Regierungsform, bei der der Untertan ohne das geringste Einspruchsrecht seinen Tribut entrichtet. Es gab Völker, die in dem Glauben lebten, jedes Ding sei ein Gnadengeschenk ihres Souveräns, und genau so geht es in der Welt der Kinder zu, die alles den Erwachsenen zu verdanken vermeinen. War es nicht der Erwachsene selbst, der diesen Glauben aufkommen ließ? Er hat sich die Rolle des Schöpfers angemaßt und sein überlegener Stolz oktroyiert dem Kind die Meinung auf, er habe alles geschaffen, was im Kind vorhanden ist. Er allein mache es intelligent, gut und fromm, er allein verschaffe ihm die Möglichkeit, mit Umwelt, Menschen und Gott in Fühlung zu kommen. Schwieriges Unterfangen! Und um das Bild zu vervollständigen, bestreitet der Erwachsene, dass er eine Tyrannei ausübt. Im Übrigen hat es ja nie einen Tyrannen gegeben, der eingestanden hätte, dass er die eigenen Untertanen opferte.

Die Vorbereitung, die unsere Methode vom Lehrer verlangt, besteht in Selbstprüfung und im Verzicht auf die Tyrannei. Er muss aus seinem Herzen Zorn und Stolz verbannen, muss lernen, demütig zu sein, und sich in Liebe kleiden. Das ist die innere Haltung, die er einnehmen muss, die Grundlage, auf der es sich zur Ausgewogenheit gelangen lässt, der unentbehrliche Stützpunkt für sein Gleichgewicht. Darin besteht die innere Vorbereitung: ihr Ausgangspunkt und ihr Ziel.

Dies soll andererseits natürlich nicht heißen, dass alle Handlungen des Kindes zu billigen seien, noch dass man jede Beurteilung unterlassen solle, und auch nicht, dass die Entwicklung von Verstand und Gefühl zu vernachlässigen sei: Im Gegenteil, der Lehrer soll nie vergessen, dass er Lehrer ist und dass seine Aufgabe eben ist, das Kind zu erziehen.

Doch ist ein Akt der Demut notwendig, es ist notwendig, dass

wir ein Vorurteil ausrotten, das sich in unserem Herzen einge-
nistet hat.

Wir sollen in uns nicht das auslöschen, was bei der Erziehung helfen kann und muss, wohl aber jene innere Haltung des
Erwachsenen überwinden, die uns am Verstehen der Kinder
hindert.

31. Kapitel

ABWEGIGKEITEN

Beobachtet man, welche Eigentümlichkeiten bei der Normalisierung verschwinden, so überrascht es, dass es fast sämtliche anerkannten Kindereigentümlichkeiten sind. Also nicht allein die, welche man als kindliche Charakterfehler ansprechen könnte, sondern auch die, welche für wertvoll gelten. Also nicht nur Unordentlichkeit, Ungehorsamkeit, Naschhaftigkeit, Egoismus, Streitsucht, Launenhaftigkeit, sondern auch die sogenannte schöpferische Einbildungskraft, die Freude am Erzählten, die Anhänglichkeit an Personen, die Unterwürfigkeit, der Spieltrieb usw. Ja, sogar solche Eigentümlichkeiten gehen verloren, die wissenschaftlich erforscht und bezeichnend für das Kindesalter erkannt wurden, etwa die Nachahmung, die Neugierde, die Unbeständigkeit, das Fluktuieren der Aufmerksamkeit. Das heißt: Die Natur des Kindes, wie man sie zunächst gekannt hatte, ist nur etwas Scheinbares, das eine andere ursprüngliche und normale Natur überlagert. Diese Feststellung ist umso eindrucksvoller, weil sie überall auf der Welt gemacht wurde, aber sie ist im Grunde nichts Neues, erkannte man schon in den frühesten Zeiten die Doppelnatur des Menschen: die des Menschen der Schöpfung und die des gefallenen Menschen; die Entartung wurde einem Sündenfall zugeschrieben, von dem die ganze Menschheit betroffen wurde, und man erkannte auch, dass dieser Sündenfall an sich unbedeutend ist im Verhältnis zum unendlichen Ausmaß seiner Folgen. Aber er bedeutet Entfernung vom Schöpfungsgeist, von den Gesetzen, die bei der Schöpfung angelegt wurden. Seitdem ist der Mensch zum Boot geworden, das flussabwärts treibt, vom Zufall gelenkt, schutzlos gegenüber den Hindernissen der Umgebung und den Trugbildern des Verstandes: Darum ist er verloren.

Diese lebensphilosophische Ansicht bestätigt sich eigentümlich und einleuchtend im Leben des Kindes.

Klein ist die Ursache, die die Kreatur vom rechten Weg abbringt: etwas Verborgenes, Subtiles, im verlockenden Gewand der Liebe oder Hilfe, aber im Grunde von seelischer Blindheit der Erwachsenen herrührend, von einer maskierten und unbewussten Eigensucht, die tatsächlich dem Kind gegenüber eine diabolische Macht darstellt. Aber das Kind wird stets aufs Neue geboren, trägt unangetastet in sich den Plan, nach dem der Mensch sich entwickeln sollte.

Wenn die Normalisierung von einem einzigen und bestimmten Sachverhalt ihren Ausgang nimmt, d. h. von der Konzentration in einer bewegungsreichen Aktivität, die eine Beziehung zur äußeren Wirklichkeit schafft, so ist anzunehmen, dass auch ein einziges Faktum am Anfang der sämtlichen Abwege steht, nämlich dieses: Das Kind konnte nicht den ursprünglichen Plan seiner Entwicklung verwirklichen, da die Umwelt auf das Kind in dem Alter einwirkte, das für die Persönlichkeitsbildung entscheidend ist, also zu der Zeit, in der sich seine potenzielle Energie durch die Fleischwerdung entwickeln sollte. Wenn man aber ein Vielfaches von Folgen auf ein einziges, einfaches und klares Faktum zurückführen kann, so zeigt dies bereits, dass dieses einer Periode des primitiven Lebens angehört, in der der Mensch noch geistiger Embryo ist und eine einzige und nicht wahrnehmbare Ursache alles spätere Wesen entstellen kann.

32. Kapitel

FLUCHTERSCHEINUNGEN

Bei der Erklärung der abwegigen Charakterzüge vermag einen also der Begriff der Fleischwerdung zu leiten: Die psychische Energie muss sich in der Bewegung inkarnieren und die Einheit der handelnden Persönlichkeit bewirken. Ist solche Einigung nicht gelungen (weil ein Erwachsener eingriff oder weil es in der Umwelt an Anlässen zur Aktivität fehlte), dann entwickeln sich psychische Energie und Bewegung getrennt und das Ergebnis ist der »gespaltene Mensch«. Weil in der Natur nichts neu geschaffen und nichts vernichtet wird und das sonderlich für die Energien zutrifft, so werden sich diese, wenn sie sich außerhalb der von der Natur vorgezeichneten Richtung entwickeln müssen, abwegig entwickeln; und zwar vor allem deshalb, weil sie ihr Objekt verloren haben und im Leeren, Vagen, im Chaos sich auswirken. Der Geist, der sich hätte durch die Erfahrungen der Bewegung aufbauen müssen, flüchtet sich in den Bereich der Phantasie.

Er hat gesucht, aber nicht gefunden, und nun vagabundiert er zwischen Bildern und Symbolen umher. Solche lebhaften Kinder sind in ständiger, ununterdrückbarer, zielloser, ungeordneter Bewegung; sie fangen viel an, führen aber nichts zu

Ende, weil ihre Energie durch die Dinge hindurchgeht, ohne irgendwo haften zu bleiben. Der Erwachsene bestraft zwar die Kinder ihrer zerfahrenen, zusammenhanglosen Handlungsweise wegen, bewundert und fördert aber ihre Phantasietätigkeit, die er als Anfang einer schöpferisch-fruchtbaren kindlichen Intelligenz ansieht. Bekanntlich hat z. B. Fröbel viele seiner Spiele gerade auf die Entwicklung dieses Symbolismus abgestimmt. Er verhilft dem Kind dazu, in unterschiedlich angeordneten Würfeln und Quadern bald Pferde, bald Burgen, bald Eisenbahnzüge zu sehen. Tatsächlich ermöglicht diese Neigung zum Symbolhaften dem Kind, irgendeinen Gegenstand zu benutzen, als sei er ein elektrischer Schalter, um die phantastischen Bilder seines Geistes zu beleuchten. Ein Stock wird zum Pferd, der Stuhl zum Thron, der Bleistift zum Flugzeug. So versteht man wohl, warum dem Kind Spielsachen gegeben werden, die zwar Tätigkeit ermöglichen, aber vor allem Illusion erzeugen und nur unvollkommene und unfruchtbare Abbilder der Wirklichkeit sind.

In der Tat scheinen die Spielsachen das Abbild einer nutzlosen Welt zu sein, die zu keiner geistigen Konzentration hinführt und kein Ziel in sich trägt: Einem das Reich der Illusion durchschweifenden Geist wird ein Geschenk gemacht: Spielsachen. Um sie entwickelt sich plötzlich die Aktivität des Kindes, wie wenn in einem Kohlenbecken der Wind unter der Asche eine kleine Flamme entfacht, aber mit einmal verlischt die kleine Flamme und das Spielzeug wird fortgeworfen. Die Spielsachen sind jedoch das Einzige, was der Erwachsene für das Kind als seelisches Wesen geschaffen hat. Damit schenkte er ihm ein Material, an dem es in freier Weise seine Aktivität entfalten kann. Tatsächlich lässt ja der Erwachsene dem Kind nur im Spiel, besser gesagt, nur im Zusammenhang mit seinem Spielzeug die Freiheit und er ist der Überzeugung, die Welt des Spielzeugs sei für das Kind die Welt des Glücks.

Aus solcher Überzeugung, die niemals ins Wanken geriet, obschon das Kind so schnell der Spielsachen überdrüssig wird und sie nur gar zu oft in Stücke schlägt, ist der Erwachsene in diesem Punkt großmütig geblieben und hat aus dem Spielzeugschenken geradezu einen Ritus gemacht. Hier liegt die einzige Freiheit, die die Welt dem Menschen in der Kindheit zugesteht, in jener wundersamen Zeit, in der höheres Leben Wurzeln schlagen sollte.

Diese zwiespältigen Kinder hält man, namentlich in der Schule, für besonders intelligent, aber für unordentlich und disziplinlos.

Bei uns jedoch stellen wir fest, dass sie plötzlich einmal bei einer Arbeit bleiben und dass dann Träumerei und Unordentlichkeit zugleich aufhören und ein ruhiges, gelassenes, der Wirklichkeit zugewandtes Kind sich durch Arbeit emporläutert. Die Normalisierung ist eingetreten. Die Organe der Bewegung sind in dem Augenblick dem Chaos entkommen, da es ihnen gelingt, sich einer inneren Führung anzuschließen: Von nun an sind es Werkzeuge eines Verstandes, den es danach dürstet, die umgebende Wirklichkeit zu erkennen und zu durchdringen. So wird, was schweifende Neugierde war, Kraft zur Eroberung der Wirklichkeit. Die Psychoanalyse hat die abnorme Seite der Phantasie und des Spiels erkannt und beide mit einleuchtender Erklärung unter die »psychischen Fluchterscheinungen« eingereiht.

Flucht heißt weglaufen, eine innere Kraft hat ihren natürlichen Ort verlassen, flieht, verbirgt sich; Flucht kann aber auch unbewussten Selbstschutz des Ichs bedeuten, das einem Schmerz oder einer Gefahr aus dem Weg geht oder sich hinter einer Maske versteckt.

33. Kapitel

HEMMUNGEN

In der Schule stellen die Lehrerinnen fest, dass phantasiebe-
gabte Kinder beim Lernen wider Erwarten keineswegs die Besten sind. Ja, sie kommen nur wenig oder gar nicht vorwärts.
Doch denkt niemand daran, dass hier gerade der Verstand auf
Abwege geraten ist, man ist vielmehr der Ansicht, dass eben
eine bedeutende schöpferische Intelligenz sich nicht praktischen Dingen zuwenden kann. Aber gerade daran zeigt es sich
am deutlichsten, dass beim abwegigen Kind eine Intelligenz-
verminderung vorliegt, weil es nicht Herr seines Verstandes ist
und ihn nicht zur vollen Entfaltung bringen kann. Dies kann
sich nicht nur in den Fällen wiederholen, in denen der Verstand
sich ins Reich der Illusion geflüchtet hat, sondern auch in den
vielen anderen, in denen ganz im Gegenteil der Verstand durch
Entmutigung mehr oder minder unterdrückt und ausgelöscht
wurde: wo er also, statt sich nach außen zu flüchten, sich im
Inneren eingekapselt hat. Intelligenzdurchschnitt ist bei den
gewöhnlichen Kindern niedrig im Verhältnis zu normalisierten
Kindern und dies leitet sich von Abwegigkeitsfaktoren her, die
man – vielleicht etwas unzulänglich – mit Gliederverrenkungen
vergleichen könnte. Man begreift, welche Behutsamkeit nötig

wäre, um das Kind zum Normalzustand zurückzuführen. Stattdessen geht man bei der intellektuellen Belehrung wie auch beim Beheben der Störungen gewöhnlich mit unvermitteltem Angriff zu Werke. Einen abwegigen Verstand kann man nicht mit Zwang zur Arbeit treiben, wenn man nicht eine als psychisches Phänomen recht interessante seelische Abwehrerscheinung feststellen oder, besser gesagt, hervorrufen will.

Es handelt sich dabei nicht um jene in der gewöhnlichen Psychologie bekannte Abwehrerscheinung, die mit äußeren Verhaltensweisen wie Ungehorsam oder Trotz in Zusammenhang gebracht wird. Es sind vielmehr eine seelische Abwehr, ganz außerhalb des Bereiches des Willens, und eine Hemmung, die sich unbewusst dem Aufnehmen und Verstehen von Gedanken widersetzt, die von außen her aufgedrängt werden.

Es ist jene Erscheinung, der die Psychoanalytiker den bezeichnenden Namen »Hemmung« gegeben haben. Die Lehrerinnen sollten diese ernst zu nehmenden Vorgänge erkennen. Über den kindlichen Verstand senkt sich eine Art Schleier herab und lässt in wachsendem Maße seelische Blindheit und Taubheit aufkommen. Bei dieser inneren Abwehr ist es, als sagte die Seele im Unterbewusstsein: Ihr redet, aber ich achte nicht darauf; ihr sagt es ein zweites Mal, ich aber höre euch nicht. Ich kann mir nicht meine Welt aufbauen, weil ich dabei bin, eine Schutzmauer zu errichten, damit ihr nicht hereinkommen könnt.

Diese langsame, sich hinziehende Abwehrtätigkeit führt schließlich dazu, dass das Kind handelt, als seien die natürlichen Funktionen verloren gegangen, und es geht dann nicht mehr um guten oder bösen Willen. Die Lehrerinnen, die es mit psychisch gehemmten Schülern zu tun haben, glauben, diese seien wenig intelligent oder von Natur aus unfähig, gewisse Dinge zu begreifen, z. B. die Mathematik, oder es sei ihnen einfach unmöglich, etwa sich ihre Orthographiefehler abzugewöhnen. Sind diese Hemmungen oder »Schranken« vielen Lehrfächern oder vielleicht sogar dem ganzen Lernstoff gegenüber wirksam, so kann es vorkommen, dass intelligente Kinder mit geistesschwachen verwechselt und, nachdem sie jahrelang sitzengeblieben sind, endgültig in die Hilfsschule verwiesen werden. Zumeist beinhaltet die Hemmung nicht nur Undurchdringlichkeit, sie verbindet sich auch mit Faktoren, die aus einem Abstand heraus wirken und die der Psychoanalytiker als Abneigung bezeichnet: Abneigung gegen ein bestimmtes Lehrfach, dann Abneigung gegen das Lernen überhaupt, gegen die Schule, gegen die Lehrerin, gegen die Kameraden. Da gibt es keine Liebe und keine Herzlichkeit mehr, bis das Kind schließlich dahin gelangt, dass es Angst vor der Schule bekommt; und dann hat es sich seelisch völlig abgesondert.

Nichts ist häufiger, als dass jemand sein Lebtag lang eine seelische Hemmung mit sich herumschleppt, die während der Kindheit zustande kam. Ein Beispiel dafür ist die charakteristische Abscheu vor der Mathematik, die vielen das ganze Leben hindurch bleibt: Es handelt sich da nicht bloß um die Unfähigkeit zu begreifen, nein, schon wenn das betreffende Wort fällt, wird eine innere Hemmung wirksam, sperrt jeden Zugang ab und schafft Müdigkeit, noch bevor man irgend tätig war. Genauso geht es mit der Sprachlehre. Ich kannte ein hochintelligentes italienisches Mädchen, das Sprach- und Schreibfehler machte, die bei seinem Alter und seiner Bildung einfach unbegreiflich waren. Und jeder Versuch einer Abhilfe war vergebens: ja, die Fehler schienen sich nur zu vervielfachen, je mehr geübt wurde. Auch durch Klassikerlektüre erzielte sie keinen Erfolg. Eines Tages jedoch sah ich sie gutes und reines Italienisch schreiben. Wie das kam, kann ich hier nicht weiter ausführen; gewiss ist aber das eine: dass die Fähigkeit zum rechten Ausdruck da war, aber eine verborgene Macht hielt sie tyrannisch in Haft und zum Vorschein kam nur eine wahre Flut von Fehlern.

34. Kapitel

HEILUNGEN

Man könnte fragen, welche von den beiden Abwegigkeiten nun die schwerere sei, die Flucht oder die Hemmung. In unseren normalisierenden Schulen hat sich erwiesen, dass jenes oben beschriebene Ausweichen in die Phantasie oder ins Spiel verhältnismäßig leicht zu heilen ist. Das lässt sich durch einen Vergleich erläutern. Wenn einer einen Ort verlässt, weil er dort nicht fand, was er brauchte, so kann man sich immerhin vorstellen, dass er sich zurückrufen lässt, wenn sich dort die Voraussetzungen geändert haben.

Tatsächlich ist eine der häufigen Beobachtungen, die wir in unseren Schulen machen, die, dass unordentliche und heftige Kinder sich mit einem Mal ändern, als seien sie aus einer entlegenen Welt zurückgekehrt. Ihre Wandlung besteht nicht nur im äußeren Übergang von der Unordentlichkeit zur Arbeit, es ist vielmehr eine viel tiefer gehende Veränderung, die sich in Seelenruhe und Zufriedenheit dartut. Die Abwegigkeit verschwindet spontan; es vollzieht sich eine natürliche Wandlung: Und doch bestand eine Abwegigkeit, die, in der Jugend nicht behoben, einen Menschen sein ganzes Leben lang begleiten kann. Viele Erwachsene, denen man reiche Phantasie zuspricht, haben in Wirklichkeit ihrer Umwelt gegenüber nur sehr vage Empfindungen und kommen nur durch die Sinneswahrnehmungen mit ihr in Berührung. Es sind die Menschen, die man Phantasten heißt: Sie sind unordentlich, schnell begeisterte Bewunderer der Gestirne, der Farben, der Blumen, der Landschaften, der Musik und alle Dinge des Lebens nehmen sie empfindsam auf wie einen Roman.

Aber sie lieben nicht das bewunderte Licht, sie wären nicht imstande, bei ihm zu verweilen, um es genauer kennenzulernen. Die Sterne, von denen sie so begeistert sind, könnten in ihnen niemals die geringste Aufmerksamkeit für astronomisches Wissen aufkommen lassen. Sie haben künstlerische Neigungen, aber sie produzieren nichts, weil sie keiner technischen Vervollkommnung fähig sind. Sie wissen nicht, was sie mit ihren Händen anfangen sollen. Sie können sie nicht stillhalten, aber auch nicht betätigen. Sie fassen alles mit Nervosität an, leicht passiert es, dass sie etwas zerschlagen, dass sie vor lauter Zerstreuung die Blume zerstören, die sie so bewundern. Sie vermögen nichts Schönes hervorzubringen, sie vermögen nicht, ihr Leben glücklich zu gestalten, nicht die wirkliche Poesie der Welt zu entdecken. Sie sind verloren, wenn sie nicht jemand rettet; denn sie verwechseln ihre Schwäche und Unfähigkeit mit einem höheren Zustand. Nun, diese innere Verfassung, die zu ausgesprochenen Seelenkrankheiten führen kann, hat ihren Ursprung in den Wurzeln des Lebens, in jenem Alter, da es infolge eines versperrten Weges zu Abwegigkeiten kommt, die anfangs nicht wahrzunehmen sind.

Die Hemmungen hingegen sind selbst bei Kleinkindern äußerst schwer zu beseitigen. Da ist eine wahre Apparatur, die das Innere abschließt und es verbirgt, um es vor der Welt zu schützen. Und ein geheimes Drama spielt sich hinter den mannigfaltigen Barrieren ab, die oft von allem Schönen, was es draußen gibt und was glücklich machen könnte, absperren. Das Lernen, die Geheimnisse der Mathematik und der Naturwissenschaft, die verlockenden Feinheiten einer unsterblichen Sprache, die Musik, all das gehört nur ins feindliche Lager, dem gegenüber man sich verschließen muss. Diese merkwürdige Energieumwandlung bringt Finsternis hervor, die alles bedeckt und verbirgt, was Liebes- und Lebensziel sein könnte. Das Lernen ist zur Plage geworden und hat zur Abneigung gegen die Welt geführt, statt Vorbereitung auf aktive Teilnahme am Leben dieser Welt zu sein.

Hemmungen – innere Schranken ... Erinnerungen werden wach an jene Absperrung, in welcher der Mensch seinen Körper gefangenhielt, bevor ihn die Hygiene auf eine gesündere Lebensweise hinwies. Die Menschen verteidigten sich gegen Sonne, Luft und Wasser; sie kapselten sich ein in ihre lichtundurchlässigen Wände; sie hielten bei Tag und Nacht die paar Fenster geschlossen, die ohnehin schon allzu wenig Luft hereinließen. Sie steckten sich in schwere Kleidungsstücke, die sich wie Zwiebelschalen übereinanderschichteten und den Hautporen die heilsame Atmung unmöglich machten. Die Körperwelt des Menschen war gegen das Leben abgeschirmt. Aber auch im Sozialleben gibt es Erscheinungen, die an Schranken erinnern. Warum nur kapseln sich die Menschen gegeneinander ab, warum isoliert sich jede Familiengemeinschaft voll Widerwillen und Partikularismus den anderen Gruppen gegenüber? Die Familie schließt sich nicht ab, um sich ihrer selbst zu erfreuen, sondern um sich von den anderen abzusondern. Das sind keine Schranken, die die Liebe schützen sollen. Die Familienschranken sind undurchdringlich und unübersteigbar, sie sind mächtiger als die Mauern der Häuser und ebenso ist es mit den Schranken, die Stände und Nationen voneinander trennen. Die Schranken zwischen den Völkern sind nicht geschaffen, um eine einheitliche Gruppe abzusondern, sie frei zu machen und vor Bedrohung zu schützen. Ein Drang nach Isolierung und Verteidigung verstärkt die zwischenvölkischen Schranken und behindert die Zirkulation der Individuen und dessen, was sie hervorbringen. Und warum dies, wo doch alle Kultur auf Austausch beruht? Vielleicht sind diese Schranken im Völkerleben eben auch eine seelische Erscheinung, hervorgerufen durch große Leiden und die vielen erfahrenen Gewalttaten. Der Schmerz hat sich organisiert und er war so ungeheuer, dass sich das Leben der Nationen hinter immer härtere und festere Schranken zurückzog.

35. Kapitel

DIE ABHÄNGIGEN

Es gibt folgsame Kinder, die nicht über so viel seelische Energie verfügen, dass sie dem Einfluss des Erwachsenen auszuweichen vermögen. Deshalb hängen sie sich ohne Unterlass an ihn, der die Stelle ihrer eigenen Aktivität einzunehmen trachtet, und werden von ihm außergewöhnlich abhängig. Der Mangel an Lebensenergie macht sie wehleidig, obschon sie sich dessen nicht bewusst sind. Es sind Kinder, die immer über etwas jammern, die wie kleine Märtyrer anmuten und für gefühlszarte, affektempfindliche Wesen gelten. Sie sind, ohne dies zu wissen, ständig gelangweilt und suchen bei den anderen, namentlich bei den Erwachsenen, Hilfe, weil sie allein aus der bedrückenden Langeweile nicht herauskommen. Sie hängen sich immer an irgendjemanden, wie wenn sie in ihrer Lebensfähigkeit auf die anderen angewiesen wären. Sie verlangen, dass der Erwachsene ihnen helfe, dass er mit ihnen spiele, dass er ihnen Geschichten erzähle, dass er immer bei ihnen bleibe. Bei diesen Kindern wird der Erwachsene zum Sklaven. Eine verborgene Wechselbeziehung lässt beide nicht froh werden; aber dem Anschein nach könnte man glauben, es verbinde sie Liebe und tiefes Verstehen. Das sind die Kinder, die unablässig nach dem

Warum fragen, als seien sie voll ungeduldigen Erkenntnisdrangs: Hört man aber genau hin, so merkt man, dass sie, noch ehe sie die Antwort zu Ende gehört haben, schon eine neue Frage stellen. Was wie Wissbegierde aussieht, ist in Wahrheit nur das Mittel, die Person in Atem zu halten, die ihnen als Stütze notwendig ist.

Sie verzichten gern auf ihre eigenen Regungen und gehorchen einem jeden Einhalt gebietenden Wort, das vom Erwachsenen kommt; diesem wird es sehr leicht, seinen eigenen Willen an die Stelle treten zu lassen, die zuvor der Wille des unschwer nachgebenden Kindes eingenommen hat. So entsteht die große Gefahr, dass das Kind der Apathie anheimfällt und diese Apathie nennt man dann Trägheit und Faulenzerei. Diese seelische Lage, die dem Erwachsenen willkommen ist, weil sie seine eigene Aktivität nicht hemmt, stellt in Wirklichkeit das letzte Extrem dar, bei dem die Abwegigkeit anlangen kann.

Was ist diese Trägheit? Sie ist Depression des geistig-seelischen Organismus, im körperlichen Bereich ist ihr der Kräfteverfall bei schwerer Krankheit zu vergleichen, im seelischen ist sie das Darniederliegen der vitalen und schöpferischen Kräfte. Die christliche Religion rechnet die Trägheit (lateinisch *acidia*) zu den sieben Hauptsünden, d. h. zu jenen Sünden, die die Seele in Lebensgefahr bringen.

Der Erwachsene hat die Seele des Kindes verdrängt, hat sich an deren Stelle gesetzt, hat seine unnötige Hilfe und seine Suggestionen über die Seele des Kindes ausgeschüttet und sie erdrückt; und er hat dies nicht bemerkt.

36. Kapitel

DER BESITZTRIEB

Beim ganz kleinen Kind und beim normalisierten gibt es einen
Drang, die inneren Kräfte zu entfalten, um mit ihnen wirken
zu können. Die Bewegung auf die Umwelt zu geschieht keineswegs gleichgültig: Im Gegenteil, es handelt sich da um eine
intensive Liebe, um eine Lebensäußerung, die sich mit dem
Hunger vergleichen lässt. Der Hungrige hat in sich einen Trieb,
der ihn dazu anstachelt, nach Nahrung zu suchen. Eine Verbindung zu logischem Denken besteht dabei nicht. Man hört einen
Hungrigen wohl kaum sagen: Ich habe schon seit langem nichts
mehr gegessen; wenn man aber nicht isst, kann man auch
nicht kräftig werden und kann nicht leben; darum muss ich
mich nach Essbarem umsehen und es verzehren. Nein, der
Hunger ist ein Leiden, das unwiderstehlich zum Essen hintreibt. Das Kind aber hat eine Art Hunger, der es zur Umwelt
hintreibt, damit es dort Dinge suche, die seinem Geist Nahrung
zu geben vermögen, und damit es sich nähre durch Tätigkeit.

»Neugeborenen Kindern gleich lasst uns die Milch des Geistes
lieben.« In diesem Impuls, d. h. in der Liebe zur Umwelt, besteht das Charakteristikum des Menschen. Es wäre unrichtig zu
behaupten, es sei eine Leidenschaft, die das Kind zur Umwelt

hinzieht; denn das Wort Leidenschaft deutet auf etwas Impulsives und Vorübergehendes hin, auf einen Impuls, der nur zu einer Episode hindrängt. Der innere Drang hingegen, der das Kind dazu bringt, die Umwelt zu lieben, treibt es zu unablässiger Aktivität, unterhält in ihm ein ständiges Feuer, vergleichbar jenem Verbrennungsprozess, der sich unter der Einwirkung des Sauerstoffs fortwährend im menschlichen und tierischen Körper abspielt und dessen natürliche Wärme erzeugt. Das aktive Kind zeigt die Lebensäußerungen eines Geschöpfes, das in der geeigneten Umwelt lebt, d. h. in der einzigen, in der dieses Geschöpf es selbst werden kann. Muss das Seelenleben diese Umwelt entbehren, so bleibt im Kind alles schwächlich, abwegig, verschlossen; es wird zum undurchdringlichen, rätselhaften, leeren, launischen, gelangweilten, außerhalb der Gesellschaft stehenden Wesen. Wenn nun das Kind jene Motive für seine Entfaltung nicht findet, sieht es nur »Sachen« und will sie *besitzen*. Nehmen, besitzen: Das ist etwas Leichtes und Einsicht und Liebe werden dabei überflüssig. Die Energie schafft sich auf anderem Wege Luft. »Die möchte ich«, sagt das Kind, wenn es eine goldene Uhr sieht, von der es nicht einmal die Zeit abzulesen versteht. »Nein, *ich* möchte sie!«, sagt ein anderes Kind, das im Übrigen durchaus bereit ist, die Uhr zu beschädigen und unbrauchbar zu machen, wenn es sie nur besitzt. Und so beginnt die Rivalität zwischen den Menschen und der zerstörerische Kampf um die Dinge.

Fast sämtliche seelischen Abwege sind Folgen dieses ersten Schrittes, der zwischen Liebe und Besitz entscheidet und auf dem einen oder auf dem andern Wege mit allen Lebensenergien vorwärtsführen kann. Die aktive Wesenskomponente des Kindes drängt nach außen wie die Fangarme einer Qualle und umschlingt und erdrückt alle Dinge, die sie mit Leidenschaft ergriffen hat. Der Eigentumstrieb bewirkt, dass das Kind sich aufs Heftigste zu den Dingen hingezogen fühlt und sie verteidigt, wie es sich selbst verteidigen würde.

So verteidigen ja auch die stärkeren und aktiveren Kinder in regelrechtem Kampf ihre Dinge den andern gegenüber, die sie gerne in Besitz nähmen; sie liegen ständig miteinander im Streit, weil sie denselben Gegenstand wollen und weil der eine den des andern will. Und so kommt es zu Handlungsweisen, die alles andere als liebevoll sind: vielmehr der Ausbruch nichtbrüderlicher Gefühle, Beginn von Streit und Krieg um irgendeine Nichtigkeit. Aber in Wirklichkeit steht durchaus kein Nichts im Hintergrund, sondern etwas recht Ernstes: Es ist eine Verrückung, eine Verdunkelung dessen eingetreten, was eigentlich hätte sein sollen, und zwar darum, weil eine innere Kraft auf Abwege geraten ist. So ist denn nicht der Gegenstand, sondern ein inneres Übel der eigentliche Motor des Besitzanspruches.

Bekanntlich bemüht man sich, die Kinder moralisch zu erziehen, indem man sie ermahnt, nicht an den äußeren Dingen zu hängen: Grundlage dieser Unterweisung ist die Achtung vor dem Eigentum des andern. Ist aber das Kind schon einmal so weit gekommen, so ist bereits eine Grenze überschritten, über die hinweg der Mensch sich von der Würde seines inneren Lebens entfernt, und darum wendet sich das Kind mit seinen Wünschen den äußeren Dingen zu. Der Keim hat sich so tief in die Seele des Kindes eingesenkt, dass man dies als eine Eigenart der menschlichen Natur anspricht.

Auch die Kinder mit nachgiebigem Charakter lenken ihre Aufmerksamkeit auf Äußeres, Materielles, Wertloses. Doch haben diese Kinder eine andere Art von Besitztrieb: Es fehlt das streitsüchtige Element und damit unter anderem auch der Rivalitätskampf. Sie neigen vielmehr dazu, Gegenstände zu sammeln und zu verstecken, so dass man sie gern für Sammlertypen hält. Und doch unterscheiden sie sich von den echten Sammlern, die Dinge auf Grund einer bestimmten Erkenntnis ordnen. Es handelt sich hier vielmehr um Kinder, die die verschiedensten Gegenstände aufstapeln, die gar nichts miteinander zu tun haben und an sich keinerlei Reiz ausüben. Die Ärzte kennen ein leeres, sinnloses Sammlertum; es beruht auf seelischer Anomalie und man findet es nicht nur bei Geisteskranken, sondern auch bei kindlichen Delinquenten, die oftmals die Taschen wahllos mit den verschiedensten gänzlich unnötigen Gegenständen vollgestopft haben. Ähnlich ist das Sammlertum jener charakterschwachen, nachgiebigen Kinder, die man jedoch als völlig normal anspricht. Nimmt ihnen einer die zusammengetragenen Gegenstände, so ergreifen sie jede nur mögliche Abwehr.

Der Psychologe Alfred Adler hat zu diesen Symptomen eine interessante Erklärung gegeben. Er hat sie mit dem Geiz verglichen, mit jener Eigenschaft, die man bei den Erwachsenen antrifft und deren Keime man schon im Kindesalter erkennen kann, jener Eigenschaft, die den Menschen an die Dinge kettet und nicht zugibt, dass er von ihnen lässt, selbst, wenn sie ihm gar nichts nützen, jener tödlich giftigen Blüte, die aufsprießt aus einem fundamentalen Mangel an Gleichgewicht. Den Eltern gefällt es, dass ihre Kinder das Eigentum zu verteidigen verstehen: sie sehen darin etwas in der menschlichen Natur Liegendes und eine Verbindung zum sozialen Leben. Auch die Besitz anhäufenden und bewahrenden Kinder sind Menschentypen, die in der Gesellschaft Verständnis finden.

37. Kapitel

DIE BEGIERDE NACH MACHT

Eine andere Abwegigkeit, die mit Besitz verbunden ist, ist der Machthunger. Es gibt einerseits die instinktive Macht dessen, der Herr seiner Umwelt ist: die Macht, die über die Liebe zur Umwelt zur Besitznahme der äußeren Welt führt. Eine Entgleisung aber ist jener andere Machthunger, der nichts mit einer persönlichkeitsbildenden Umwelteroberung zu tun hat, sondern lediglich auf das Erraffen von Dingen ausgeht.

Nun steht das abwegige Kind dem Erwachsenen gegenüber, der in seinen Augen das Machtwesen schlechthin ist und über alle Dinge gebieten kann. Das Kind begreift, wie groß seine eigene Macht wäre, könnte sie durch den Erwachsenen wirksam werden. So leitet das Kind eine Ausnutzungsaktion ein, um durch den Erwachsenen viel mehr zu erreichen, als es jemals innerhalb seiner begrenzten Möglichkeiten erreichen könnte. Dieser Vorgang ist durchaus begreiflich; und fatalerweise werden nach und nach sämtliche Kinder von ihm ergriffen, so dass man ihn als eine sehr verbreitete, aber auch als eine sehr schwer korrigierbare Erscheinung ansprechen muss: klassische Kinderlaune, und nur zu logisch und natürlich; ein schwaches, unentwickeltes und unfreies Wesen, das weiß, dass es eine stets in seiner Nähe befindliche starke und freie Person dazu bringen kann, ihm Vorteile zu verschaffen, nützt diese Möglichkeit aus. Das Kind macht den Versuch, es beginnt etwas zu wollen und über die Grenzen hinaus zu wollen, die der Erwachsene für logisch richtig hält. Und doch kennt das Kind keine Grenzen: Es sieht in seiner Phantasterei den Erwachsenen als das allmächtige Wesen an, das seinen Wunschträumen Erfüllung verschaffen könnte. Und diese Erfüllung gibt es ja auch: in den Märchen, die man den Roman der kindlichen Seele nennen könnte. Darin findet das Kind seine unklaren Wünsche in der verlockendsten Form verwirklicht. Wer zur Fee kommt, dem lacht so viel Glück, so viel phantastischer Reichtum, wie sich durch Menschenmacht niemals erlangen lässt. Es gibt gute und böse Feen, schöne und hässliche, sie können das Aussehen von bösen und von reichen Leuten annehmen: Sie können in den Wäldern, aber auch in verwunschenen Palästen wohnen. Sie scheinen wirklich die idealisierte Projektion des Kindes zu sein, das zwischen Erwachsenen lebt.

Es gibt Feen, die alt sind wie Großmütter, und solche, die jung und schön sind wie Mama; es gibt solche, die sich in Goldgewänder, und solche, die sich in Lumpen kleiden, wie es ja auch arme Mütter gibt und reiche mit herrlichen Kleidern, alle aber verwöhnen die Kinder.

Der Erwachsene, mag er nun Bettler oder König sein, ist für das Kind immer ein mächtiges Wesen; so beginnt das Kind innerhalb der Lebenswirklichkeit jene Ausnutzung des Erwachsenen, die in einen Kampf ausmündet, zunächst aber in keinen erbitterten, denn der Erwachsene lässt sich besiegen und gibt nach, weil es ihm Freude bereitet, sein Kind glücklich zu sehen. So wird etwa der Erwachsene das Kind zwar daran hindern, sich allein die Hände zu waschen, er wird aber ganz gewiss dem Machthunger des Kindes Genüge tun. Das Kind aber will nach dem ersten Triumph einen zweiten; und je mehr der Erwachsene gewährt, desto mehr wünscht das Kind; und über die Illusion des Erwachsenen, er könne sein Kind zufrieden sehen, breitet sich Bitternis. Da es in der Wirklichkeit unerbittliche Schranken gibt, während die Phantasie in der Unendlichkeit zu wandern vermag, kommt der Augenblick des Zusammenstoßes, des heftigen Kampfes. Und die Laune des Kindes wird zu einer Strafe für den Erwachsenen. Denn der erkennt sich plötzlich schuldig und sagt: Ich habe mein Kind verwöhnt.

Auch das unterwürfige Kind hat seine Erfolgsmethode: Schmeicheln, Weinen, Betteln, Traurigsein, Schmollen. Der Erwachsene gibt nach, bis er nicht mehr kann, und es kommt schließlich zu jenem Unglück, das jedes Abweichen vom normalen Zustand im Leben mit sich bringt. Der Erwachsene denkt nach und schließlich merkt er, er hat das Kind falsch behandelt, hat das Aufkommen übler Charakterzüge gefördert, und er fragt sich, wie man das wiedergutmachen kann.

Aber es ist bekannt, dass sich da wenig tun lässt: Keine Ermahnung, keine Strafe fruchtet etwas; denn das wäre etwa so, wie wenn man einem delirierenden Fieberkranken einen langen Vortrag darüber hielte, wie gut ihm das Gesundsein täte, und ihm dann für den Fall, dass er nicht augenblicklich seine Temperatur herabdrückt, Prügel androht. Nein, der Erwachsene hat sein Kind nicht verdorben, als er ihm nachgab, sondern als er es daran hinderte, sein Leben zu leben, und es dadurch aus der natürlichen Entwicklung in die Abwegigkeit drängte.

38. Kapitel

DER MINDERWERTIGKEITS-
KOMPLEX

Dem Kind gegenüber hat der Erwachsene eine Art Geringschätzung, deren er sich selbst nicht bewusst wird; denn er glaubt an die Schönheit und Vollkommenheit seines Kindes und setzt in dieses all seinen Stolz und seine Zukunftshoffnung. Eine geheime dunkle Neigung aber wirkt in ihm, die mehr noch ist als die Überzeugung, das Kind sei inhaltlos, das Kind sei unartig, er müsse ihm Inhalt geben, es bessern. Es ist vielmehr ganz einfach die Geringschätzung des Kindes überhaupt. Das erklärt sich daraus, dass das schwache Wesen, das ihm gegenübersteht, ja das eigene Kind ist, und dem Kinde gegenüber ist der Erwachsene allmächtig; er hat hier sogar das Recht, unedle Gefühle zu äußern, die er anderen Erwachsenen gegenüber schamhaft verbergen würde. Dazu zählen Geiz und Herrschsucht; so kommt es in den vier Wänden des Elternhauses unter dem Deckmantel der väterlichen Autorität zur langsamen, aber stetigen Zerstörung des kindlichen Ichs. Sieht z. B. ein Erwachsener, dass ein Kind sich an einem Trinkglas zu schaffen macht, so denkt er gleich daran, dass das Glas in Scherben gehen könnte; in diesem Augenblick lässt der Geiz ihn in jenem Glas einen kostbaren Besitz erblicken, und um ihn zu retten, verbietet er dem Kind, daran zu rühren. Vielleicht ist der Erwachsene ein steinreicher Mann, der im Sinn hat, seinen Besitz zu verzehnfachen, damit sein Kind einmal noch reicher sei als er selbst: Eben in jenem bewussten Augenblick aber denkt er an nichts anderes als an den ungeheuren Wert, der in dem Glas steckt, und sucht ihn zu erhalten. Außerdem denkt er: Was hat das Kind dieses Glas von der Stelle zu entfernen, an die ich es gestellt habe? Besitze ich nicht die Autorität, die Dinge so aufzustellen, wie ich will? Andererseits wäre der nämliche Erwachsene im Grunde seines Herzens durchaus glücklich, seinem Kind zuliebe irgendeinen Verzicht zu leisten: Er träumt davon, es eines Tages triumphieren zu sehen; er möchte, dass es zu einem berühmten, einflussreichen Mann wird, aber in jenem bewussten Augenblick steigt in ihm das Tyrannische empor und er verliert sich an die Verteidigung eines ordinären Trinkglases. Würde etwa ein Dienstbote das Glas von der Stelle rücken, so würde dieser Vater nur lächeln, und zerbräche es irgendein Besucher, so würde er diesem schleunigst versichern, dass das wirklich nichts ausmache: Das Glas sei völlig wertlos.

Das Kind hingegen muss mit niederschmetternder Regelmäßigkeit feststellen, dass es und nur es allein als eine Gefahr für die Gegenstände angesehen wird und dass deswegen ihm allein die Berechtigung abgesprochen wird, sie anzurühren, und dass es darum ein Wesen minderen Wertes ist, ein Wesen, dessen Wert fast noch unter dem der Gegenstände steht.

Noch ein anderer Gedankengang muss im Zusammenhang mit dem Aufbau der kindlichen Persönlichkeit beachtet werden. Das Kind hat nicht nur das Bedürfnis, die Dinge zu berühren und mit ihnen zu arbeiten, es will auch die Reihenfolge der einzelnen Handlungen einhalten: Das ist von größter Wichtigkeit für den inneren Aufbau der Persönlichkeit. Der Erwachsene verfolgt nicht mehr bewusst den Ablauf der gewohnten täglichen Verrichtungen, denn er besitzt sie ja bereits als Teil seines

Daseins, als fraglose Seinsweisen. Wenn der Erwachsene morgens aufsteht, weiß er, das und das ist zu tun, und er tut es, als sei es das Einfachste von der Welt. Die Handlungen folgen fast automatisch aufeinander und man achtet nicht mehr darauf, wie man ja auch auf Atmung und Herzschlag nicht achtet. Das Kind dagegen muss sich diese Grundlage erst schaffen. Aber es kann niemals nach einem Plan verfahren; denn wenn es beim Spielen ist, kommt der Erwachsene, denkt, man könnte spazieren gehen, zieht das Kind an und nimmt es mit sich; oder: Das Kind macht eine kleine Arbeit, füllt etwa Kiesel in ein Eimerchen, da kommt eine Freundin der Mutter und die Mutter holt das Kind von der Arbeit weg, um es der Besucherin zu zeigen. In die Welt des Kindes greift fortwährend der machtvolle Erwachsene ein: Er verfügt über sein Leben, ohne es zu fragen, ohne irgendwelche Rücksicht zu nehmen, und beweist, dass die Handlungen des Kindes keinerlei Bedeutung haben; andererseits aber muss das Kind mitansehen, dass es zwischen Erwachsenen, und seien sie Herr und Diener, niemals ein unverhofftes An- oder Einsprechen oder gar ein Unterbrechen gibt ohne ein »Bitte!« oder ein »Gestatten Sie!«. Das Kind fühlt daher, dass es ein von andern verschiedenes Geschöpf ist und dass eine besondere Minderwertigkeit es hinter alle andern zurücksetzt.

Wie wir schon sagten: Die Reihenfolge der Handlungen in Verbindung mit einem vorgefassten Plan ist äußerst wichtig. Eines Tages wird der Erwachsene dem Kind erklären, dass man für seine Handlungen einzustehen hat. Grundvoraussetzung solcher Verantwortlichkeit ist aber das Vorhandensein eines planmäßigen Zusammenhangs der Handlungen untereinander und eines Urteils über deren Bedeutung. Aber das Kind bekommt nur zu fühlen, dass seine Handlungen unbedeutend sind. Der Erwachsene, etwa der Vater, der sich darüber ärgert, dass es ihm nicht gelingen will, in seinem Kind dieses Gefühl der Verantwortung und der Herrschaft über die eigenen Handlungen wachzurufen, dieser Erwachsene und kein anderer war es, der Stück um Stück im Kind den Sinn für Reihenfolge und Zusammenhang und das Gefühl für die eigene Würde abgetragen hat. Das Kind trägt nun die dunkle Überzeugung von seiner Ohnmacht und Minderwertigkeit in sich. Um aber irgendeine Verantwortung auf sich nehmen zu können, muss man der Überzeugung sein, dass man Herr seiner Handlungen ist, und man muss Selbstvertrauen haben.

Die *tiefste* Entmutigung entspringt der Überzeugung, dass man »nicht kann«. Nehmen wir an, ein lahmes Kind und ein sehr bewegliches wären zu einem Wettrennen aufgefordert: Natürlich wird das lahme nicht laufen wollen. Tritt im Boxring einem unbeholfenen Zwerg ein wendiger Riese gegenüber, so wird eben der unbeholfene Zwerg nicht boxen wollen. Die Möglichkeit, eine Anstrengung, einen Versuch zu unternehmen, verlischt, bevor überhaupt von ihr Gebrauch gemacht ist, und zurück bleibt ein Gefühl völliger Ohnmacht. Der Erwachsene nun bringt im Kinde fortwährend jede Initiative zum Erliegen, indem er es in seinem Kraftgefühl erniedrigt und von seiner Unfähigkeit überzeugt. Dem Erwachsenen genügt es nicht, dem Kind eine Handlung zu verbieten, er muss ihm auch noch sagen: Du kannst das nicht; jeder Versuch ist vergebens. Gröbere sagen vielleicht sogar: Dummkopf, warum willst du das tun? Du siehst doch, dass du dazu nicht fähig bist. Und das greift nicht nur Arbeit und Handlungsablauf an, sondern die Persönlichkeit des Kindes überhaupt.

Diese Verhaltensweise des Erwachsenen pflanzt dem Kind die Überzeugung ein, dass seine Handlungen ohne allen Wert sind und – was noch bedenklicher ist – dass seine Persönlichkeit zu nichts taugt, dass sie unfähig ist zu handeln. So kommt es zur Verzagtheit, zum Mangel an Selbstvertrauen. Denn wenn irgendein Stärkerer eine von uns beabsichtigte Handlung verhindert, so denken wir daran, dass vielleicht ein Schwächerer kommen wird, angesichts dessen wir sie ausführen können. Aber wenn der Erwachsene dem Kind einredet, dass die Unmöglichkeit in ihm, im Kind, liege, so senkt sich in dessen Innern eine Wolke herab, Schüchternheit stellt sich ein, Furcht und eine Art Apathie und diese drei werden schließlich Bestandteile der inneren Konstitution und bilden jene Hemmung, die der Psychoanalytiker den Minderwertigkeitskomplex nennt. Diese Hemmung wie auch das Gefühl, untauglich und den anderen unterlegen zu sein, kann dauernd bestehen bleiben. Sie macht es unmöglich, dass man soziale Prüfungen auf sich nimmt, wie es das Leben auf Schritt und Tritt verlangt.

Zu diesem Komplex gehören Schüchternheit, Unentschlossenheit, plötzlicher Rückzug, wenn Hindernisse auftreten oder Kritik geübt wird. Ventil der Verzweiflung aber ist das Weinen.

Die »normale« kindliche Natur hingegen beinhaltet das Selbstvertrauen als einer der wunderbarsten Züge, die Sicherheit in den eigenen Handlungen.

Wenn das Kind von S. Lorenzo den Besuchern, die enttäuscht sind, an einem Ferientag gekommen zu sein, sagt, dass sie, die Kinder, auch in Abwesenheit der Lehrerin das Schulzimmer öffnen und dort arbeiten können, so deutet dies auf völlig ausgeglichene charakterliche Energie, die zwar keineswegs mit sich selber prahlt, aber ihrer selbst bewusst ist und sich in der Gewalt hat. Das Kind weiß, was es unternimmt, und beherrscht die Reihenfolge der dafür nötigen Handlungen so gut, dass es diese mit Leichtigkeit auszuführen vermag und keineswegs das Gefühl hat, irgendetwas Besonderes getan zu haben.

Der Kleine, der mit dem beweglichen Alphabet Worte zusammenfügte, ließ sich nicht im Geringsten stören, als die Königin vor ihm stehenblieb und ihn aufforderte, »Viva l'Italia« zu legen. Nein, er räumte zuallererst die eben ausgelegten Lettern wieder zusammen, und dies mit ebensolcher Ruhe, wie wenn er allein gewesen wäre. Erwartet hätte man, dass er der Königin zu Ehren sogleich die Arbeit, an der er war, abgebrochen und sich der zugewandt hätte, die man von ihm verlangte. Er aber konnte seinem gewohnten Arbeitsgang nicht untreu werden:

Bevor man mit den Buchstaben neue Wörter zusammensetzte, mussten die schon ausgelegten aufgeräumt sein. Erst als das geschehen war, legte der kleine Knabe die Worte »Viva l'Italia«.

In ihm haben wir einen vor uns, der seiner Erregungen und seiner Handlungen Herr ist, ein Kerlchen von vier Jahren, das sich mit völliger Sicherheit in dem zurechtfindet, was sich um ihn abspielt.

39. Kapitel

DIE ANGST

Ein anderer Abweg ist die Angst, die man für eine natürliche Eigenart des Kindes hält. Sagt man »ängstliches Kind«, so denkt man dabei an jene Angst, die, mit tiefer Verstörung verbunden, von Umwelteinflüssen fast unabhängig ist und wie die Schüchternheit einen Teil des Charakters ausmacht. Es gibt unter den fügsamen Kindern solche, die gleichsam in eine beklemmende Atmosphäre von Angst gehüllt sind. Andere, charakterstärkere und aktivere, können, wenn sie sich in der Gefahr oft noch so mutig zeigen, geheimnisvolle, unlogische und unüberwindliche Angst an den Tag legen. Solche Seelenhaltung lässt sich von starken Eindrücken her erklären, die das Kind früher einmal empfing: wie etwa die Furcht beim Überqueren einer Straße, die Furcht, es könnten Katzen unterm Bett sein, die Furcht, sich einem Huhn gegenüberzusehen, d. h. also Zustände, die der Angstpsychose gleichen, die die Psychiatrie bei den Erwachsenen untersucht hat. Alle diese Formen der Angst treten besonders bei Kindern auf, die unter der Gewalt von Erwachsenen stehen, wobei der Erwachsene, um Gehorsam zu erzwingen, die unklare Bewusstseinsstufe des Kindes dazu ausnützt, um ihm etwa die Angst vor unbestimmten Wesen einzuimpfen, die in

der Dämmerung umgehen; das ist eine der gemeinsten Abwehr-
maßnahmen, die der Erwachsene dem Kind gegenüber trifft: Er
steigert damit die Furcht, die das Kind von Natur aus der Nacht
gegenüber empfindet, in die nun grauenerregende Erscheinungen hineinphantasiert werden.

Alles, was Beziehung zur Wirklichkeit herstellt, eine Erfahrung mit den Dingen der Umwelt ermöglicht und damit deren
Kenntnis fördert, wirkt dem verstörenden Angstzustand entgegen. In unseren normalisierenden Schulen stellten wir immer wieder fest, dass die unbewusste Angst entweder sehr bald
spurlos verschwand oder sich überhaupt gar nicht erst zeigte.

Zu einer spanischen Familie zählten drei junge Mädchen, darunter ein kleineres, das in eine unserer Schulen ging. Kam
nachts ein Gewitter, so war es unter den drei Schwestern diejenige, die keine Angst hatte, und sie führte die größeren durchs
Haus zum Zimmer der Eltern. Diese Kleine, die allen unerklärlichen Angstzuständen gegenüber immun war, war ein wirklicher Rückhalt für die größeren Schwestern. So rannten diese
z. B., wenn sie einmal nachts die Angst vor der Dunkelheit
packte, zu der jüngsten, um bei ihr das qualvolle Gefühl loszu-
werden.

Die zuständliche Angst unterscheidet sich von jener, die bei
Gefahr im Gefolge des normalen Selbsterhaltungstriebes auftritt. Doch ist diese normale Angst bei Kindern seltener als bei
Erwachsenen, und zwar nicht allein deshalb, weil die Kinder
weniger äußere Gefahren erlebt haben als die Erwachsenen.
Man könnte geradezu behaupten, dass beim Kind die Bereitschaft, einer Gefahr die Stirn zu bieten, sehr groß ist und entwi-
ckelter als beim Erwachsenen. Kinder setzen sich sogar immer
wieder derselben Gefahr aus, etwa in der Stadt, wenn sie sich
auf der Straße an ein Fahrzeug anhängen, oder auf dem Land,
wenn sie auf hohe Bäume steigen oder einen Abhang hinunter-
klettern; ja, sie springen sogar ins Meer oder in einen Fluss und
lernen oft ohne jede Hilfestellung schwimmen; unzählig sind

die Fälle, in denen Kinder ihre Kameraden retteten oder zu retten versuchten. In der Blindenabteilung eines kalifornischen Kinderheims war ein Brand ausgebrochen: Unter den Leichen fanden sich auch die einiger nichtblinder Kinder, die, obschon sie in einem ganz anderen Teil des Gebäudes wohnten, im Augenblick der Gefahr den Blinden zu Hilfe geeilt waren. In Kinderorganisationen von der Art der Pfadfinder sind täglich Beispiele von kindlichem Heldentum zu verzeichnen.

Man könnte sich fragen, ob durch die Normalisierung jene Anlage zum Heroismus, die sich recht oft bei Kindern findet, entwickelt wird. Wir haben in diesem Zusammenhang keine Erfahrung anzuführen, wenn man absieht von einigen Äußerungen edlen Begehrens, das jedoch noch weit von wirklichem Heldentum entfernt ist. Was wir bei unseren Kindern aber allgemein feststellen können, ist, dass hinter ihren Handlungen eine Umsicht steht, die es ihnen möglich macht, Gefahren zu meiden und doch in deren Mitte zu leben. Hierher gehört die Handhabung von Messern bei Tisch und in der Küche, der Umgang mit Streichhölzern und Beleuchtungskörpern, der unbeaufsichtigte Aufenthalt an Gartenteichen, das Überschreiten einer Straße in der Stadt. Kurzum, unsere Kinder haben ihre Handlungen und zugleich ihren Wagemut in der Kontrolle und so gelangen sie zu Ruhe und Überlegenheit. Normalisierung heißt also keineswegs, sich in Gefahr begeben, heißt vielmehr Entwicklung einer Umsicht, die das Handeln unter Gefahren ermöglicht, weil man diese kennt und in seiner Gewalt hat.

40. Kapitel

DIE LÜGE

Obschon die seelischen Abwegigkeiten in unzähligen Einzelformen auftreten, vergleichbar den Zweigen einer üppig aufgeschossenen Pflanze, so gehen sie doch stets von ein und derselben Wurzel aus. Diese letztere gilt es zu betrachten, will man hinter das Geheimnis der Normalisierung kommen. In der landläufigen Psychologie und Pädagogik sieht man jedoch die einzelnen Zweige als etwas Selbstständiges an und man untersucht die Problematik eines jeden von ihnen getrennt.

Zu den wichtigsten seelischen Abwegigkeiten zählt die Lüge. Man könnte sie eine Verkleidung der Seele nennen, und so viele Arten von Kleidern zur persönlichen Ausstattung zählen könnten, so viele Arten von Lügen gibt es, und deren jede hat ihre besondere Bedeutung. Es gibt durchaus normale und es gibt krankhafte Lügen. Die alte Psychiatrie kannte das *mendacium vesanum,* das hemmungslose, hysterisch bedingte Lügen, das zu einer solchen Überdeckung der eigentlichen Seele führt, dass die Sprache nurmehr ein Gewirr von Unwahrheiten ist. Die Psychiatrie war es auch, die auf die Lügen der Kinder bei Jugendgerichtsverfahren hinwies und ganz allgemein auf das unbewusste Lügen bei Kindern, die als Zeugen geladen sind. Großen

Eindruck machte hierbei die Feststellung, dass das Kind, dessen »unschuldiges Gemüt« geradezu als Inbegriff der Wahrhaftigkeit gilt (»die Wahrheit spricht aus Kindesmund«), aller ehrlichen Bemühung zum Trotz unwahre Aussagen zu machen vermöge. Die Kriminalpsychologie wurde auf diese überraschenden Tatsachen aufmerksam und man erkannte, dass solche Kinder im Grunde ehrlich sind und die Lüge nichts ist als Äußerung geistiger Verworrenheit, gefördert durch die Erregung des Augenblicks.

Diese Unterschiebung des Falschen an die Stelle des Wahren, mag sie nun ständig oder periodisch auftreten, unterscheidet sich zweifellos ganz erheblich von jener Lüge, hinter der das Kind aus Gründen der Selbsterhaltung Deckung nimmt. Doch begegnet man andererseits bei normalen Kindern und im gewöhnlichen Leben auch solchen Lügen, die mit Selbstschutz nicht das Geringste zu tun haben. Die Lüge kann ein reines Phantasieprodukt sein, das Zusammenfabeln von Sachverhalten, die bei alledem einen Schimmer von Glaubwürdigkeit an sich haben und keineswegs um des Betrugs oder um persönlicher Vorteile willen vorgebracht werden. Man kann hier geradezu von einer Art Künstlertum sprechen, wie beim Schauspieler, der irgendeine Persönlichkeit verkörpert. Ich bringe ein Beispiel: Einmal erzählten mir Kinder, ihre Mutter habe für einen Gast eine Mahlzeit zubereitet, die aus vitaminösen Pflanzensäften bestand und den Besucher vom Wert der Rohkost überzeugen sollte; dabei sei ihr die Herstellung eines solch hervorragenden Saftes geglückt, dass jener Herr überall sich lobend und empfehlend darüber geäußert habe. Diese Erzählung ging so sehr ins Einzelne und war so interessant, dass ich die Mutter der Kinder bat, mir ihr Rezept mitzuteilen. Die Dame aber sagte mir darauf, sie habe noch nie daran gedacht, derartige Säfte zuzubereiten. Da haben wir denn einen typischen Fall von kindlicher Phantasielüge, die zu nichts weiter dienen soll als zum Ausschmücken einer Romanhandlung.

Diesen Lügen stehen solche gegenüber, die der Bequemlichkeit entspringen: Das Kind möchte nicht darüber nachdenken, was nun eigentlich wahr sei.

Manchmal ist Lüge aber die Ausgeburt listiger Überlegung. Ich kannte einmal ein Kind von fünf Jahren, das von seiner Mutter zeitweise in eine Heimschule gegeben wurde. Die Leiterin der Gruppe, in die das Kind aufgenommen wurde, war besonders geeignet für ihr Amt und sie war voller Begeisterung für dieses eigenartige Kind. Nach einiger Zeit aber beklagte sich das Kind bei seiner Mutter gerade über diese Dame und stellte sie als übertrieben streng hin. Die Mutter bat die Direktorin des Heimes um Aufklärung und diese bewies ihr überzeugend, dass jene Erzieherin ihr Kind stets nur mit der allerliebevollsten Sorge umgeben hatte. Da stellte die Mutter ihren lügnerischen Sohn zur Rede. Ergebnis: »Ich durfte ja nicht sagen, dass die *Direktorin* die böse Person ist.« Dabei schien es dem Kind nicht an Mut zur Beschwerde über die Direktorin zu mangeln, sondern es empfand anscheinend die Macht der Konvention. Es ließe sich noch vieles sagen über all die Formen von schlauer Anpassung an die Umwelt, wie sie einem bei Kindern begegnen.

Eine Eigenheit der Kinder von schwachem, nachgiebigem Charakter sind dagegen jene eilig zurechtgezimmerten Lügen, in denen sich eine Art Schutzbedürfnis äußern dürfte und denen es an verstandesmäßig durchgearbeitetem Inhalt fehlt. Es sind harmlose, schlecht angelegte, improvisierte Lügen, die sich leicht durchschauen lassen. Die Erzieher kämpfen gegen sie an, übersehen jedoch, dass diese Lügen alle Merkmale eines Abwehrreflexes den Angriffen des Erwachsenen gegenüber an sich tragen. Der Vorwurf der Charakterschwäche, der schändlichen Minderwertigkeit und Unwürdigkeit, den der Erwachsene anlässlich solcher Lügen dem Kinde macht, bestätigt ihm, dass diese auf ein Wesen minderen Wertes hindeuten.

Die Lüge zählt zu den Erscheinungen des Verstandeslebens, die sich in der Kindheit erst herausbilden, mit zunehmendem

Alter festere Formen annehmen und schließlich in der menschlichen Gesellschaft zu so großer Bedeutung gelangen, dass sie ein unumgängliches Gebot des Anstands und der Ästhetik werden wie die Kleider für den Leib. In unseren normalisierenden Schulen legt das Kind die Auswüchse der bloßen Konvention ab und zeigt sich in aller Ehrlichkeit, wie es von Natur aus ist. Allerdings zählt die Lüge nicht zu jenen Abwegigkeiten, die wie durch ein Wunder verschwinden. Da ist eher innerer Umbau als Bekehrung erforderlich. Gedankliche Klarheit, Verbindung mit der Wirklichkeit, geistige Freiheit und lebendige Anteilnahme an wertvollen Gegenständen schaffen die Atmosphäre, in der die Seele wieder ehrlich werden kann.

Betrachtet man aber die menschliche Gesellschaft näher, so entdeckt man, sie lebt so tief in der Lüge, dass man kaum Abhilfe schaffen könnte, ohne alles Bestehende von Grund auf zu erschüttern. So wurden viele unserer Kinder, als sie in die allgemeine Sekundärschule übergingen, als unverschämt und widersetzlich getadelt, nur weil sie viel ehrlicher waren als die anderen und gewisse Formen notgedrungener Anpassung sich bei ihnen noch nicht entwickelt hatten. Die Lehrer überlegten sich dabei gar nicht, dass die Disziplin und die sozialen Beziehungen sich bereits auf der Voraussetzung der Lüge aufbauten, und die ungewohnte Aufrichtigkeit unserer Kinder schien ihnen den moralischen Unterbau über den Haufen zu werfen, der nun einmal der Erziehung zugrunde gelegt war.

Zum Hervorragendsten, das die Psychoanalyse zu der Geschichte der menschlichen Seele beitrug, gehört es, dass sie erstmals die Verstellung als einen Anpassungsvorgang des Unterbewussten gedeutet hat. Die Verstellungen des Erwachsenen, nicht die Lügen des Kindes, könnte man als einen mit dem wahren Leben nach und nach zusammengewachsenen schrecklichen Überzug bezeichnen, der dem Fell oder Gefieder der Tiere nicht unähnlich ist: eine Hülle, die den darunter sich verbergenden Lebensmechanismus verschönen und zugleich schützen soll. Und dieser Schutz besteht eben darin, dass man sich Empfindungen vorlügt, die man nicht hat: eine Lüge, die der Mensch im eigenen Inneren großzüchtet, um leben zu können oder, besser *gesagt*, um am Leben zu bleiben inmitten einer Welt, mit der seine unverfälschten und natürlichen Gefühle in Konflikt geraten müssten.

Einzigartig ist im Übrigen die Heuchelei, die der Erwachsene dem Kind gegenüber an den Tag legt. Er opfert die Belange des Kindes dem eigenen Vorteil auf, wird sich hierüber aber niemals Rechenschaft geben; denn das wäre ja unerträglich. Er redet sich ein, er übe ein naturgegebenes Recht aus, und was er tue, werde später einmal dem Kind von Nutzen sein. Wehrt sich das Kind, so ist der Erwachsene keineswegs bemüht, den wahren Sachverhalt zu erkennen, sondern nennt alles, was das Kind zur Rettung seines Eigenlebens unternimmt, Ungehorsam und üble Absicht. Nach und nach stirbt die ohnehin schon schwache Stimme der Wahrheit und der Gerechtigkeit und sie wird ersetzt durch einen äußerst dauerhaften Bestand an schillernden Phrasen wie Pflicht, Gerechtigkeit, Autorität, Vernunft usw. Ja, es gibt für die Seele wie für das Wasser einen flüssigen und einen festen Aggregatzustand, und Dante[5] verlegt nicht von ungefähr in jenen untersten Abgrund der Hölle, wo alle Liebe erloschen ist und nur Hass bleibt, eine Zone ewigen Eises. Die vorgeschützte Konvention ist die Lüge des menschlichen Geistes, die dem Individuum die Anpassung an die organisierten Abwegigkeiten der Gesellschaft ermöglicht und, was Liebe war, allmählich zu Hass erstarren lässt. Solcher Art ist die ungeheuerliche Lüge, die in den verborgenen Schlupfwinkeln des Unterbewussten haust.

41. Kapitel

SEELENLEBEN UND KÖRPER

Es gibt ein in der heutigen Medizin viel beachtetes Kapitel, nämlich das der vielen physischen Krankheiten, die ihre Ursache im Seelischen haben. Selbst bei gewissen Übeln, deren Körpergebundenheit über jeden Zweifel erhaben scheint, liegen die entfernteren Ursachen auf dem Gebiet des Psychischen. Zu diesen Übeln, soweit sie das Kindesalter betreffen, gehören die Ernährungsanomalien. Kräftige, aktive Kinder neigen zu einer Art Gefräßigkeit, der sich mit erzieherischen und hygienischen Maßnahmen schwerlich beikommen lässt. Diese Kinder essen mehr als nötig, und zwar aus einer unwiderstehlichen Gier, die oftmals aus Gutmütigkeit als gesunder Appetit ausgelegt wird, aber zu Verdauungsstörungen und Vergiftungszuständen führt, die fortgesetzte ärztliche Behandlung erfordern können.

Das unsinnige Verlangen des Körpers nach Nahrungsmengen, die ihm nicht notwendig sind, ja, ihm schädlich werden können, war bereits im Altertum bekannt und wurde als moralischer Defekt angesehen. In solcher Neigung ist wohl eine Störung der normalen Sensibilität für die Nahrung zu erblicken, einer Sensibilität, die normalerweise nicht nur zur Suche nach Nahrung drängt, sondern auch zum Maßhalten, wie dies ja auch auf die Tiere zutrifft, deren Gesundheit dem Selbsterhaltungstrieb anvertraut ist. Die Selbsterhaltung des Individuums hat zwei Seiten: eine umweltbezogene, die im Vermeiden äußerer Gefahren besteht; und eine subjektbezogene, die die Ernährung angeht. Bei den Tieren aber macht sich ein Instinkt bemerkbar, der nicht nur zur Nahrungsaufnahme, sondern auch zu deren Begrenzung hinleitet, und dieser Instinkt ist sogar eines der vorzüglichsten Charakteristika sämtlicher Arten von Tieren. Mag sie nun viel oder wenig Nahrung zu sich nehmen, so hält sich doch eine jede Art jenes Maß, das die Natur ihr durch den Instinkt bestimmt.

Nur beim Menschen kommt das Laster vor, dass eine sinnlose Menge Nahrung verschlungen wird, ja, dass man sogar Giftiges konsumiert. Es lässt sich also behaupten, dass beim Auftreten seelischer Abwegigkeiten die schützenden Sensibilitäten verloren gehen, die der Gesunderhaltung dienen. Dafür hat man den deutlichsten Beweis beim seelisch abwegigen Kind, bei dem sich sogleich Ernährungsstörungen einstellen. An der Speise verlockt nurmehr das Äußere, sie wird bloß noch mit dem Geschmackssinn aufgenommen, der innere Faktor aber, der hinzukommen müsste, nämlich die Sensibilität für die Erfordernisse der Selbsterhaltung, ist abgeschwächt oder verloren gegangen. Eine der eindrucksvollsten Erfahrungen, die wir in unseren Normalisierungsschulen machten, bestand darin, dass Kinder, die einmal von der Abwegigkeit zur Normalität zurückgefunden hatten, auch ihre Gefräßigkeit ablegten und nun ihr Augenmerk auf ein einwandfrei manierliches Benehmen beim Essen richteten. Solche Wiederkehr des vitalen Empfindungsvermögens wurde, als der Begriff der Bekehrung sich bildete, mit ungläubigem Staunen beobachtet und es entstanden minutiöse Berichte, um diese Erscheinung glaubhafter zu machen. Darin wurde etwa geschildert, dass Kinder angesichts einer einladenden Mahlzeit längere Zeit dabei verweilten, sich die Servietten richtig umzubinden oder durch eingehendes Beschauen des Essbestecks sich dessen vorschriftsmäßige Handhabung wieder ins Gedächtnis zu rufen, oder dass sie einem kleineren Gefährten halfen und dies alles manchmal mit solcher Gründlichkeit, dass darüber das Essen kalt wurde. Andere Kinder wiederum waren verstimmt, weil man sie nicht zum Servieren bei Tisch ausersehen hatte und so für sie nur die leichteste Aufgabe übrig geblieben war: das Essen.

Gegenbeweis für den Zusammenhang zwischen Seelenleben und Ernährung ist ein Vorgang, der umgekehrt zu dem eben dargestellten verläuft: Die charakterschwächeren Kinder haben eine merkwürdige und oftmals unüberwindliche Scheu vor der Nahrungsaufnahme. Manche von ihnen leisten so heftigen Widerstand, dass daraus zu Hause oder im Kinderheim ein richtiges Problem wird. Dieser Vorgang ist dann besonders aufsehenerregend, wenn er sich etwa in Anstalten abspielt, wo arme und schwächliche Kinder beisammen sind, die ja, sollte man denken, jede Gelegenheit zu reichlicher Nahrungsaufnahme ausnützen müssten. Solcher Mangel an Esslust kann manchmal beim Kind zu einem Verfall der körperlichen Kräfte führen, der jeder ärztlichen Behandlung trotzt. Im Übrigen darf diese Nahrungsverweigerung keineswegs mit jener Art Appetitlosigkeit verwechselt werden, die auf Dyspepsien, d. h. wirklichen Störungen des Verdauungsapparates, beruht. Nein, in unserem Fall will das Kind aus seelischen Gründen keine Nahrung zu sich nehmen. Manchmal handelt es sich um eine Abwehrhaltung: etwa dann, wenn sich das Kind dagegen sträubt, dass man ihm Bissen in den Mund schiebt, damit es Schritt halte mit dem Esstempo der Erwachsenen. Dabei hat das Kind doch sein eigenes, von dem der Erwachsenen völlig verschiedenes Tempo, eine Tatsache, die von den Kinderärzten allgemein anerkannt wird; lässt es sich doch beobachten, dass kleine Kinder nie die ganze erforderliche Nahrungsmenge auf einmal verzehren; sie essen langsam und legen große Pausen ein. Schon die Säuglinge haben die Eigenart, nicht aus Sättigkeitsgefühl, sondern aus Ruhebedürfnis von der Mutterbrust abzulassen: Ihre Nahrungsaufnahme vollzieht sich äußerst langsam und mit Unterbrechungen.

Werden Kinder gewaltsam dazu genötigt, in einer den natürlichen Gegebenheiten widersprechenden Weise Nahrung zu sich zu nehmen, so baut sich in ihnen etwas wie eine Schranke auf. Es gibt jedoch Fälle, für die diese innere Abwehr nicht in Frage kommt. Bei einem bestimmten Kind etwa ist die Appetitlosigkeit geradezu ein Konstitutionsmerkmal geworden: Es ist unheilbar blass und mit keinem Mittel, ob Luftkur, ob Sonnen- und Seebäder, ist dem hartnäckigen Übel beizukommen. Zur nächsten Umgebung des Kindes aber gehört ein Erwachsener, ein Gewaltherrscher, zu dem das Kind in einem selbstgewollten Hörigkeitsverhältnis steht. Da gibt es denn allerdings nur *einen* Weg, der zur Heilung führen kann: Das Kind muss fort aus der Nähe dieses Erwachsenen, in eine Umgebung, in der die Seele frei atmen, ihre Kräfte aktivieren und sich jener verbildenden Hörigkeit entledigen kann. Die Beziehung zwischen dem Seelenleben und gewissen ihm scheinbar sehr fern liegenden körperlichen Erscheinungen ist übrigens seit je bekannt. Man denke nur an jenen Esau des Alten Testaments, der aus Genusssucht seine Erstgeburt verkaufte, will sagen, sich gegen seine eigensten Anliegen verging und jegliche Vernunftgründe unbeachtet ließ. Die Theologie zählt diese Begierde zu den Lastern, die »den Verstand benebeln«. Mit welcher Schärfe stellt doch Thomas von Aquin die Beziehungen zwischen Essgier und Intellekt heraus. Er weist darauf hin, dass durch die Gefräßigkeit die Urteilskraft abgestumpft und somit im Menschen die Möglichkeit einer Erkenntnis der intelligiblen Realitäten herabgemindert wird. Beim Kind verläuft die Problemstellung umgekehrt: Hier ist die psychische Abwegigkeit die primäre, die Gier die sekundäre Erscheinung.

Für die christliche Religion ist dieses Laster so innig mit einer geistigen Entartung verbunden, dass sie es unter die sieben

Todsünden einreiht, das heißt unter diejenigen Verfehlungen, die den geistlichen Tod herbeiführen, ist doch den geheimnisvollen Gesetzen zuwidergehandelt worden, denen das Universum gehorcht. Von einem anderen Gesichtspunkt her, einem ganz modernen und wissenschaftlichen, gibt die Psychoanalyse unserer Auffassung vom Verlust des Leitinstinktes, also der Sensibilität den Geboten der Selbsterhaltung gegenüber, mittelbar Recht. Sie nimmt aber eine Deutung vor, die sich von der unseren unterscheidet, und spricht von einem »Todestrieb«. Das besagt, dass sie im Menschen eine natürliche Neigung erkennt, dem unvermeidlichen Tod die Bahn zu ebnen, seinen Schritt zu beschleunigen, ja ihm im Selbstmord zuvorzukommen. Der Mensch bekommt einen unüberwindlichen Hang zum Gift, mag es nun Alkohol, Opium oder Kokain heißen, und das bedeutet nichts anderes, als dass er sich an den Tod klammert, ihn herbeiruft, ihn zu sich hinführt, statt sich an das Leben und an die Erlösung zu halten. Aber scheint es denn nicht, dass dies alles gerade auf den Verlust einer vitalen, d. h. der Erhaltung des Individuums dienenden Sensibilität hindeute? Wäre die beschriebene Neigung in der Unvermeidlichkeit des Todes begründet, dann müsste sie bei sämtlichen Lebewesen festzustellen sein. Man wird also besser sagen: Es ist seelische Abwegigkeit, was den Menschen zur Straße des Todes hinlenkt und an der Zerstörung des eigenen Lebens arbeiten lässt; und diese schreckliche Neigung tritt in milderer Form und fast unmerklich bereits im Kindesalter auf.

Körperliche Krankheiten können stets von psychischen Momenten mitbestimmt sein; denn seelisches und körperliches Leben hängen zusammen: Die anomale Ernährung aber öffnet allen körperlichen Übeln die Tür. Manchmal ist die Krankheit nichts als eine äußere Erscheinung und ausschließlich seelisch bedingt und mutet eher als Bild denn als Wirklichkeit an. Mit der Darstellung der Flucht in die Krankheit hat die Psychoanalyse Aufschlüsse von größter Bedeutung gegeben. Die Flucht in die Krankheit ist keine Verstellung, vielmehr zeigen sich dabei echte Krankheitssymptome und es treten fiebrige Temperaturerhöhungen und wirkliche Funktionsstörungen auf, die zuweilen ernsten Charakter zu haben scheinen. Und doch sind es keine körperlichen Krankheiten, sie sind abhängig von gewissen Faktoren, die im Unterbewussten liegen und denen es gelingt, das Reich des Körperlichen in ihre Botmäßigkeit zu bringen. Das Ich vermag sich durch die Krankheit unangenehmen Situationen oder Obliegenheiten zu entziehen. Die Krankheit trotzt jeder Behandlung und verschwindet erst dann, wenn man das Ich aus der Lage erlöst, der es sich entziehen möchte. Bei den Kindern können nicht nur moralische Mängel, sondern auch zahlreiche körperliche Leiden verschwinden, wenn man für befreiende Umgebung und normalisierende Tätigkeitsentfaltung Sorge trägt. Heute sehen viele Kinderärzte in den von uns unterhaltenen Schulen wirkliche Heilstätten, wohin man Kinder schickt, wenn sie an funktionellen Erkrankungen leiden, die jedem gewöhnlichen Heilverfahren trotzen, und wo überraschende Erfolge erzielt werden können.

DRITTER TEIL

42. Kapitel

DER KAMPF ZWISCHEN KIND UND ERWACHSENEM

Der Konflikt zwischen Kindern und Erwachsenen hat Folgen, die sich endlos über das ganze menschliche Leben hin ausbreiten, den Wellen vergleichbar, die von der Einwurfstelle eines Steins sich bis an die äußersten Ränder des Wasserspiegels fortpflanzen. Im einen wie im anderen Fall handelt es sich um Schwingungen, die konzentrisch nach allen Richtungen hin auslaufen.

Das Gleiche haben Medizin und Psychoanalyse entdeckt, als sie dem Ursprung seelischer und geistiger Störungen nachgingen. Die Psychoanalytiker wagen sich beim Forschen nach den entferntesten Ursachen geistiger Störungen oftmals weit hinaus; auch die Forscher, die nach der Nilquelle suchten, mussten ungeheure Entfernungen durchmessen und stießen auf phantastische Wasserfälle, bevor sie sich der urväterlichen Ruhe der großen Seen gegenüber sahen. Als die Wissenschaft der inneren Schwäche und dem Mangel an Widerstandskraft auf den Grund gehen wollte und deshalb über die unmittelbaren Ursachen hinaus in die Tiefe dringen musste, gelangte sie schließlich durch das Reich der bewussten Ursachen hindurch zu den Ursprüngen, zu jenen heiteren Seen, denen Leib und Seele des Kindes gleichen.

Wollen wir die Straße zurückverfolgen, weil uns jene neue Geschichte des menschlichen Daseins interessiert, die im geheimnisvollen Aufbau seiner einzelnen Elemente zum Ausdruck kommt, so können wir ausgehen von den großen Seen der frühen Kindheit, müssen dann dem dramatischen Strom des Lebens entlangwandern, der rasch zwischen Bergen und Hemmnissen hindurchfließt, der Windungen und Umwege macht, wenn Schwierigkeiten auftreten, der in kühnem Wasserfall zur Tiefe stürzt, dem alles zu tun freisteht, nur dieses nicht: haltzumachen, nicht länger Abzug zu sein für die drängenden Wasser des Daseins.

Ja, die sattsam bekannten Übel des Erwachsenen – physische Krankheit ebenso wie nervöse und geistige Störungen – spiegeln sich im Kinde wider und im Kindesleben können deren erste Symptome sich ankündigen.

Darüber hinaus ist es angebracht, sich einer anderen Tatsache bewusst zu werden: Ein jegliches größeres und sichtbares Übel geht Hand in Hand mit einer Anzahl von kleineren. Bei einer Krankheit sind die Todesfälle selten im Verhältnis zu den Heilungen. Bedeutet Krankheit auch einen Zusammenbruch bestimmter physischer Widerstände, so sind doch noch viele andere schwache Stellen da, die nicht unmittelbar von ihr befallen sind.

Die anfällig machenden abnormen Voraussetzungen sind wie Wellen, die sich ins Unendliche fortpflanzen, sind wie Ätherschwingungen. Genauso, wie man aus dem Untersuchungsbefund eines einzigen Wassertropfens Rückschlüsse auf die Trinkbarkeit aller übrigen Tropfen desselben Wassers ziehen kann, lässt sich auch, wenn viele Leute an einer Krankheit sterben oder irgendwelchen Irrtümern erliegen, daraus unabdingbar folgern, dass die ganze Menschheit auf falscher Bahn ist.

Diese Überlegung ist nicht neu. Schon zu Zeiten des Moses hat man erkannt, dass am Ursprung eine Sünde steht, die die ganze Menschheit zu einer verdorbenen und verlorenen macht. Die Auffassung von der Erbsünde mutet unlogisch und ungerecht an; denn sie hält die grausame Verdammung unzähliger Unschuldiger, die dazu bestimmt sind, die Menschheit zu bilden, für möglich.

Wir aber sehen ja mit eigenen Augen, dass unschuldige Kinder dazu verurteilt sind, die verhängnisvollen Folgen einer auf jahrhundertealten Irrtümern beruhenden Fehlentwicklung zu tragen.

Die Ursachen, von denen wir hier sprechen, gehen auf einen folgenschweren Grundkonflikt im menschlichen Leben zurück, der bis jetzt noch nicht hinreichend ins Licht gerückt worden ist.

Der Erwachsene und das Kind, die einander lieben und miteinander leben sollen, befinden sich durch Missverständnis in einem Konflikt, der die Wurzeln des Lebens zerstört und sich in undurchdringlichem Geheimnis vollzieht.

43. Kapitel

DER ARBEITSINSTINKT

Vor diesen Neuentdeckungen hinsichtlich des Kindesalters waren die Gesetze, denen der Aufbau des Seelenlebens unterworfen ist, unerforschtes Gebiet. Fürderhin wird das Studium der »sensiblen Perioden« als Faktoren, von denen die Bildung des menschlichen Wesens abhängig ist, zu den wissenschaftlichen Aufgaben zählen, die für die Menschheit von größter Wichtigkeit sind.

Entwicklung und Wachstum gleichen einer schichtenweise vorgenommenen Grundlegung, bei der die Beziehungen zwischen Individuum und Umwelt immer inniger werden; denn die Persönlichkeitsbildung oder das, was man die Freiheit des Kindes nennt, kann nichts anderes sein als eine fortschreitende Lösung vom Erwachsenen, ermöglicht durch eine dem Kinde angemessene Umwelt, in der es finden kann, was ihm zur Entwicklung der eigenen Funktionen erforderlich ist. Dies alles ist ebenso einfach und klar, wie wenn man etwa sagt, dass ein Kind entwöhnt wird, indem man seine Ernährung auf Brei und Fruchtsäfte umstellt, d. h. die Erzeugnisse der Umwelt an die Stelle der Muttermilch treten lässt.

Der Irrtum, der in der Erziehung immer wieder hinsichtlich

der Befreiung des Kindes begangen wurde, besteht darin, dass man meinte, mit einer hypothetischen Unabhängigkeit dem Erwachsenen gegenüber sei es getan, und nicht an die entsprechende Vorbereitung der Umwelt dachte. Für Letzteres bedarf es einer wissenschaftlichen Pädagogik, mit der man auf dem Gebiet der Kinderernährung das Erforschen bestimmter hygienischer Vorschriften vergleichen könnte. Und doch ist schon vom Kinde selbst die innere Vorbereitung der Umwelt in ihren Grundrissen als Ausgangspunkt einer neuen Erziehung so klar und deutlich vorgezeichnet, dass sie ohne Weiteres zur praktischen Wirklichkeit werden könnte.

Unter den Erscheinungen des Seelenlebens, wie sie sich beim Kinde kundtun, ist eine von ganz besonderer Bedeutung: die Normalisierung durch Arbeit. Tausende von Beobachtungen, angestellt bei Kindern aller Völkerschichten der Erde, beweisen, dass es sich bei dieser Erscheinung um die sicherste Erfahrung handelt, die jemals auf dem Gebiet der Psychologie und der Pädagogik gewonnen worden ist. Es steht außer Zweifel, dass beim Kind die Haltung der Arbeit gegenüber von einem Naturtrieb bestimmt ist; denn ohne Arbeit kann sich die Persönlichkeit nicht bilden, es sei denn, sie entwickelte sich abwegig: *Der Mensch bildet sich durch Arbeit.* Und die Arbeit ist durch nichts anderes zu ersetzen: weder durch Wohlergehen noch durch zärtliche Liebe. Andererseits aber ist es nicht möglich, Abwegigkeiten mit Bestrafung oder mit gutem Beispiel zu beheben. Der Mensch bildet sich durch Arbeit, indem er Handarbeit ausführt, Arbeiten, bei denen eben die Hand das Instrument der Persönlichkeit ist, das Werkzeug des individuellen Verstandes und Willens, das der Umwelt gegenüber die eigene Existenz aufbaut. Der Instinkt der Kinder beweist, dass die Arbeit eine innere Neigung der menschlichen Natur ist, ein für das Menschengeschlecht eigentümlicher Instinkt.

Aus welchem Grund aber wird nun die Arbeit, welche die höchste Befriedigung und zugleich die wichtigste Grundlage für Gesundheit und innere Erholung sein müsste (wie dies für die Kinder zutrifft), vom Erwachsenen, der niemals an die von der Umwelt ihm auferlegte harte Notwendigkeit glauben will, innerlich abgelehnt? Weil die Arbeit der menschlichen Gesellschaft auf falschen Grundlagen ruht und weil jener tiefe Instinkt – in Besitzgier, Machthunger, Heuchlertum und Monopolstreben entartet – verborgen bleibt, als sei er ein zum Aussterben verurteilter Charakterzug. Unter diesen Bedingungen natürlich wird die Arbeit, da sie nur von äußeren Umständen oder vom Kampfe zwischen entgleisten Charakteren bestimmt ist, zur Zwangsarbeit und ruft stärkste innere Hemmungen hervor. Und darum ist die Arbeit hart und widerwärtig.

Geht aber die Arbeit ausnahmsweise einmal Hand in Hand mit einem instinktiven inneren Impuls, dann nimmt sie selbst beim Erwachsenen ganz andere Merkmale an. In einem solchen Fall wird die Arbeit reizvoll und unwiderstehlich und hebt den Menschen über alle Irrungen und Abwegigkeiten empor. So sieht etwa die Arbeit des Erfinders aus, die Arbeit des Künstlers und die Arbeit dessen, der unter heldenhaften Anstrengungen ein unbekanntes Gebiet der Erde erforscht. In solchen Fällen ist der Mensch von einer ungewöhnlichen Kraft erfüllt, die ihn den Instinkt seiner Gattung in der Anlage der eigenen Individualität wiederfinden lässt. Diese ist dann zu vergleichen mit einem mächtigen Wasserstrahl, der die harte Oberfläche der Erde sprengt, mit ungestümem Druck zum Himmel emporschnellt und dann als wohltätig erfrischender Regen auf die Menschheit herabrieselt.

Aus solchen Impulsen gehen die Fortschritte der menschlichen Kultur hervor, der es zu danken ist, wenn die charakteristischen Eigenschaften des normalen Arbeitsinstinktes, der ja dem Bau eines der Fundamente der menschlichen Gesellschaft dient, wieder zum Vorschein kommen.

Die Arbeit ist sicher das merkwürdigste Kennzeichen des Menschen: Der Fortschritt der Zivilisation ist gebunden an einen in unzähligen Formen sich äußernden Tätigkeitsdrang, der darauf abzielt, Umwelt zu schaffen und dem Menschen sein Dasein zu erleichtern.

Doch ist es seltsam, dass der Mensch ausschließlich in dieser Umwelt zu leben vermag und sich dabei immer weiter vom rein natürlichen Leben entfernt. Diese Welt des Menschen kann man nicht einfach als künstlich bezeichnen; sie ist vielmehr ein über der Natur errichteter Bau, den man »super-natürlich« nennen könnte, und der Mensch gewöhnt sich allmählich so innig an sie, dass sie zu seinem Lebenselement wird.

Man könnte die Geschichte der Menschheit einer jener langsamen Entwicklungen vergleichen, die zum Entstehen einer neuen und endgültigen Gattung führen wie etwa in der Geschichte des Tierreichs jener Übergang vom Wasserleben zum Landleben, der durch das Amphibium repräsentiert wird. Der Amphibium-Mensch hat, von der Natur lebend, sich nach und nach eine »Super-Natur« geschaffen und nimmt nun an beiden Lebensarten teil, zeigt aber die Tendenz, schließlich daraus eine einzige zu schaffen. Schon heute lebt der Mensch nicht mehr natürlich, denn er hat die ganze Natur seinen Zwecken dienstbar gemacht, die sichtbare und die unsichtbare, jene, die offenbar ist, und jene, die sich in den Geheimnissen kosmischen Lebens verbirgt. Der Mensch ist jedoch nicht einfach von einem Lebenskreis zum andern übergegangen: Er hat sich seinen eigenen Lebenskreis geschaffen und darin lebt er mit solcher Ausschließlichkeit, dass er nun außerhalb seiner wunderbaren Schöpfung nicht mehr zu existieren vermöchte. Der Mensch lebt also vom Menschen. Die Natur kommt dem Menschen nicht zu Hilfe, wie sie dies bei den anderen Lebewesen tut, der Mensch findet in ihr keineswegs die fertige Nahrung, wie der Vogel sie findet, und ebenso wenig die Mittel zum Bau eines Nestes; der Mensch muss alles, was er braucht, beim Menschen suchen. Darum ist ein Individuum auf das andere angewiesen und jedes trägt durch seine Arbeit zu jenem Gebäude bei, in dem die Menschheit lebt, zur »super-naturalen« Welt.

Da aber der Mensch vom Menschen lebt, ist er Herr und Meister seiner eigenen Existenz und kann sie einrichten und über sie verfügen, wie es ihm behagt. Er ist den Wechselfällen der Natur nicht unmittelbar unterworfen, ist von ihnen getrennt und ausschließlich denen des menschlichen Bereiches Untertan. Gerät darum die menschliche Persönlichkeit auf Abwege, so ist ihr gesamtes Leben bedroht, weil dann die Gefahr für den Menschen an sich besteht.

Es ist reizvoll, bei den Kindern zu beobachten, wie mächtig der Arbeitsinstinkt ist und welch einen Einfluss der innige Zusammenhang, der zwischen Normalität und Arbeit besteht, auf die gesamte Persönlichkeitsbildung ausübt.

Dies ist der beste Beweis dafür, dass der Mensch eine auf Arbeit gerichtete innere Strebung mit auf die Welt bringt, ist es doch die Natur, die ihn dazu treibt, etwas zu bauen, das ihm Untertan sei und sich mit der Existenz und mit den Zwecken der Schöpfung vereinbare. Es ist unlogisch zu denken, dass der Mensch nicht an der universellen Harmonie teilnimmt, zu der alle Lebewesen beitragen, jedes der Aktivität des Instinktes entsprechend, der in seine Art gelegt ist. Die Korallen bauen Inseln und Kontinente und stellen Küstenlinien wieder her, die die unablässige Brandung zerstückelt hat; die Insekten übertragen Blütenstaub und erhalten damit einen wesentlichen Teil des vegetativen Lebens aufrecht; der Kondor und die Hyäne sorgen für die Beseitigung offen herumliegenden Aases; andere Lebewesen hinwiederum vernichten Müll und Abfälle, wieder andere stellen Honig und Wachs her, wieder andere erzeugen Seide und so fort. Die Aufgabe des Lebens ist so unermesslich und wesentlich, dass die Erde ihre Erhaltung dem Leben verdankt, das sich einer atmosphärischen Schicht gleich um den Land-Wasserglobus legt. Man sieht ja heute das Leben auf der Erde als eine Biosphäre an. Für sich selbst zu sorgen, ist nicht der letzte Zweck der Lebewesen, vielmehr nehmen sie, indem sie es tun, einen so wesentlichen Anteil an der Erhaltung der Erde, dass sie zu notwendigen Bestandteilen der Erdenharmonie werden. Die Lebewesen erzeugen mehr, als die Notwendigkeit erfordert; bei ihrer Aktivität ergibt sich stets ein Überschuss, der unendlich weit über die unmittelbaren Erfordernisse der Selbst- und Arterhaltung hinausgeht. So sind sie denn sämtlich Werkleute des Universums und gehorchen dessen Gesetzen. Auch der Mensch, dieser Arbeiter *par excellence,* kann sich diesen Gesetzen nicht entziehen: Er baut die Über-Natur, die in der ganzen Reichhaltigkeit ihrer Produktion doch augenscheinlich weit über die einfachen Erfordernisse der Existenz hinausreicht und eine Aufgabe kosmischer Art erfüllt.

Soll diese Produktion eine vollkommene sein, so darf sie nicht von den Notwendigkeiten des Menschen selbst inspiriert sein, sondern muss den geheimnisvollen Planungen des Arbeitsinstinktes folgen. Eine verhängnisvolle Entgleisung hat sichtlich den Menschen von seinem kosmischen Zentrum, vom Zweck seines Daseins, getrennt. Beim Kind muss sich die Persönlichkeitsbildung, die seine eigentliche Aufgabe ist – soll sie sich in normaler Weise vollziehen –, aufs Engste an die Instinkte anschließen, die den Aufbau des Individuums lenken. Das große Geheimnis liegt in der Erziehung zur Normalität. Von ihr hängt die Über-Natur des Menschlichen ab.

44. Kapitel

DIE BEIDEN ARBEITSARTEN

Kind und Erwachsene, die dazu geschaffen sind, in Liebe miteinander zu leben, liegen in Wirklichkeit fortwährend im Kampf, weil an den Grundfesten des Lebens Verständnislosigkeit rüttelt und einen wahren Knäuel von Wirkungen und Gegenwirkungen schafft. Mit diesem Konflikt hängen die verschiedensten Probleme zusammen und einige, die besonders klar greifbar sind, haben äußerlich mit den sozialen Verhältnissen zu tun. Der Erwachsene hat eine Aufgabe zu erfüllen, eine Aufgabe, die so kompliziert ist und ihn dermaßen in Anspruch nimmt, dass es ihm immer schwieriger wird, sie einmal beiseite zu legen und sich dem Lebensrhythmus des Kindes und den Erfordernissen seiner seelischen Entfaltung anzupassen. Für das Kind wiederum ist die Welt des Erwachsenen mit ihrer fortwährend sich steigernden Dynamik und Kompliziertheit etwas, in das es sich niemals hineinfinden wird. Wir vermögen uns allerdings vorzustellen, dass auf einer urtümlichen Lebensstufe das Kind durchaus noch beim Erwachsenen Zuflucht finden konnte, der eben damals noch mit einfacheren und in ruhigerem Rhythmus verlaufenden Arbeiten beschäftigt war, und dass es in dieser Umgebung, zu der auch die Haustiere zählten, mit der Welt der

Gegenstände zwanglos in Berührung kommen und mit ihnen arbeiten konnte, ohne einen Einspruch befürchten zu müssen. Und wenn es müde war, konnte es sich unter einem dichtbelaubten Baum zur Ruhe begeben.

Allmählich aber hat die Zivilisation dem Kind seinen sozialen Lebensbereich entzogen. Alles ist nun übertrieben geregelt, alles ist eingeengt, alles geht viel zu hastig. Der beschleunigte Lebensrhythmus des Erwachsenen ist für das Kind zu einem Hemmnis geworden, vor allem aber hat ihm die stürmisch um sich greifende Herrschaft der Maschine die letzten schützenden Zufluchtsstätten genommen. So kann das Kind kein aktives Leben führen. Die Sorge, die man ihm angedeihen lässt, besteht im Schutz seines Lebens vor den stets sich mehrenden äußeren Gefahren. In Wirklichkeit aber ist in der Welt von heute das Kind unfrei und zur Inaktivität verurteilt. Niemand denkt an die Notwendigkeit, ihm einen geeigneten Lebensbereich zu schaffen, niemand überlegt sich, dass auch das Kind einen Anspruch auf Tätigkeit, auf Arbeit stellt.

So müssen wir uns denn vergewissern, dass es nicht nur *eine* soziale Frage gibt, sondern zwei, wie ja auch zwei Lebensformen bestehen: die soziale Frage des Erwachsenen und die soziale Frage des Kindes; und wir müssen erkennen, dass es zwei Haupttypen von Arbeit gibt, die Arbeit des Erwachsenen und die des Kindes, beide notwendig für das Leben der Menschheit.

DIE ARBEIT DES ERWACHSENEN

Die dem Erwachsenen zukommende Tätigkeit ist das Mitwirken am Aufbau eines Lebensbereiches, der über der Sphäre des Natürlichen liegt. Es handelt sich hier um eine äußere Arbeit, getragen von vernunftbestimmter Willensanstrengung und auch als produktive Arbeit bezeichnet, ihrer Anlage nach sozial, kollektiv und organisiert.

Um das Ziel seiner Arbeit zu erreichen, ist der Mensch gezwungen, sie nach der Norm der sozialen Gesetze auszurichten. Und diese verlangen eine Gemeinschaftsdisziplin, der sich die Menschen freiwillig unterwerfen, haben sie doch selbst eingesehen, dass diese Disziplin zur Ordnung des sozialen Lebens unentbehrlich ist. Aber außer diesen Gesetzen, die lokalen Notwendigkeiten entsprechen und von einem Teil der Menschheit zum andern verschieden sind, setzen sich im Laufe der Jahrhunderte auch noch andere durch, fundamentale und in der Natur selbst verwurzelte Regeln, die sich auf die Arbeit als solche beziehen: Und diese Gesetze sind allen Menschen und allen Zeiten gemeinsam. Eines von ihnen ist das der Arbeitsteilung; es wird bei allen Lebewesen des Universums eingehalten und ist unerlässlich, differenzieren sich doch die Menschen je nach ihrer Arbeitsleistung. Ein anderes natürliches Gesetz betrifft das arbeitende Individuum selbst: Es ist das Gesetz des geringsten Kraftaufwandes, wonach der Mensch mit möglichst wenig Mühe möglichst viel erreichen will. Dies Gesetz ist von allergrößter Bedeutung, nicht etwa, weil der Wunsch bestünde, möglichst wenig zu arbeiten, sondern weil in Befolgung dieses Gesetzes mit geringerem Kräfteverschleiß größere Leistung erzielt wird. Dieser Grundsatz ist von solchem Nutzen, dass man ihn auch auf die Maschine anwendet, die an die Stelle der menschlichen Arbeit gesetzt wird oder diese ergänzt.

Dies sind die *guten* Natur- und Sozialgesetze der Anpassung an die Arbeit. Nicht alles aber entwickelt sich nach diesen *guten* Gesetzen; denn die Materie, die der Mensch bearbeitet und aus der er seinen Reichtum bezieht, hat ihre Grenzen und dadurch entsteht der Wettbewerb, der Kampf ums Dasein, wie er ja auch bei den Tieren zu beobachten ist. Über alledem aber steht die Wirkung von allerlei Konflikt schaffenden individuellen Abwegigkeiten. Der Besitztrieb etwa, der keine Beziehung mehr hat zu der Selbst- oder Arterhaltung, entwickelt sich außerhalb dieser Gesetze und hat darum auch keine Grenzen. Die Besitzgier siegt über die Liebe und lässt an ihre Stelle den Hass treten; wo immer sie in einen organisierten Lebensbereich einbricht, behindert sie die Entwicklung der Arbeit, und zwar nicht nur in den Grenzen des individuellen Bereichs, sondern auch in jenen der sozialen Organisationen. So wird die Arbeitsteilung abgelöst von der Ausbeutung fremden Fleißes, wie sie durch die Gesetze der Konvention geregelt ist, die als Rechtsgrundsätze bemäntelte Folgeerscheinungen menschlicher Abwegigkeit zu sozialen Grundregeln erhebt. Der Irrtum feiert in der menschlichen Gesellschaft seinen Triumph und verdankt ihn der Überzeugungskraft gewisser Prinzipien, die sich in Gestalt sittlicher Ordnungen und vitaler Notwendigkeiten präsentieren. In jener tragischen und düsteren Atmosphäre, die das als Wohltat maskierte Übel um sich verbreitet, verlieren alle Dinge ihr Gesicht und doch nimmt ein jeder die Leiden, die dabei entstehen, als eine Notwendigkeit hin.

Das Kind, das der Inbegriff eines natürlichen Wesens ist, lebt, äußerlich betrachtet, an der Seite des Erwachsenen und ist je nach seinem Elternhaus in die mannigfaltigsten Lebensbedingungen hineingestellt. Der sozialen Aktivität des Erwachsenen wird es jedoch stets fremd gegenüberstehen; denn für die Tätigkeit des Kindes ist innerhalb des sozialen Produktionsprozesses keine Verwendung vorhanden. Wir müssen uns wirklich ins Gewissen rufen, dass das Kind grundsätzlich außerhalb der Möglichkeit steht, an der sozialen Aktivität des Erwachsenen teilzunehmen. Nehmen wir als Symbol körperlicher Arbeit die eines Schmiedes, der seinen Hammer auf einen wuchtigen Amboss niedersausen lässt, so wird uns klar, dass das Kind niemals zu einer solchen Leistung imstande wäre. Und wenn wir andererseits uns als Symbol der geistigen Arbeit die eines Gelehrten vorstellen, der mit Hilfe empfindlichster Instrumente schwierigste Untersuchungen vornimmt, so erkennen wir, dass wir auch hier vom Kinde keinen Arbeitsbeitrag erwarten können. Und denken wir schließlich an den Juristen, der sich den Kopf darüber zerbricht, wie man die Gesetze verbessern könnte, so werden wir sicher nicht bezweifeln, dass auch ihn das Kind bei der Erfüllung seiner Aufgabe nicht vertreten kann.

Das Kind steht dieser menschlichen Gesellschaft völlig fremd gegenüber und man könnte seine Stellung mit dem Bibelwort kennzeichnen: »Mein Reich ist nicht von dieser Welt.« Es ist also ein Wesen, das ganz und gar abseits der von den Menschen geschaffenen sozialen Organisation lebt, ein Fremdling in der künstlichen Welt, die der Mensch neben der Natur und von ihr getrennt sich aufgebaut hat. In der Welt, in die es hineingeboren wird, ist das Kind vorzüglich ein außergesellschaftliches Wesen, sofern man darunter eine Person versteht, die nicht in der Lage ist, sich an die menschliche Gesellschaft anzupassen, am Produktionsprozess und an der Regelung der Organisation teilzunehmen und darum das zustandegebrachte Gleichgewicht stört. Das Kind ist in der Tat überall dort, wo Erwachsene beisammen sind, ein Außenseiter, der immer störend wirkt, selbst im eigenen Elternhaus. Zu seinem Mangel an Anpassungsvermögen kommt erschwerend hinzu, dass das Kind ein aktives Wesen ist und unfähig, auf seine Tätigkeit zu verzichten. Darum muss man diese bekämpfen, muss man das Kind dazu zwingen, sich zurückzuhalten, keinen Ärger zu erregen, muss es in die Passivität drängen. Also sperrt man es in besondere Räume, die zwar keine Gefängnisse sind, wie man sie für gewisse asoziale Erwachsene vorgesehen hat, aber etwas recht Ähnliches, und die man als Spiel- und Kinderzimmer bezeichnet; oder man verbannt es in die Schule, in jenes Exil, in dem der Erwachsene das Kind so lange hält, bis es imstande ist, in der Erwachsenenwelt zu leben, ohne zu stören. Dann erst kann es zur menschlichen Gesellschaft zugelassen werden. Zunächst muss es sich dem Erwachsenen unterwerfen wie eine Person ohne bürgerliche Rechte, da sie ja, sozial gesehen, nicht existiert. Der Erwachsene ist Herr und Meister und das Kind muss sich jederzeit seinen Befehlen unterwerfen, denen gegenüber es keinen Einspruch gibt und die somit von vornherein gerechtfertigt sind.

Aus dem Nichts heraus bricht das kleine Kind in die Familie des Erwachsenen ein. Der ist, mit dem Kind verglichen, groß und mächtig wie ein Gott und er ist der einzige, der dem Kind das Lebensnotwendige zu verschaffen vermag. Der Erwachsene ist sein Schöpfer, seine Vorsehung, sein Herrscher, sein Richter. Noch nie hing einer so vollständig und unbedingt von einem andern ab wie das Kind vom Erwachsenen.

DIE ARBEIT DES KINDES

Aber auch das Kind ist ein Arbeiter und ein Erzeuger. Kann es auch nicht an der Arbeit des Erwachsenen teilnehmen, so hat es doch seine ganz eigene große, wichtige und schwere Aufgabe zu erfüllen: die Aufgabe, den *Menschen* zu bilden. Ist aus dem untätigen, stummen, unbeweglichen und des Bewusstseins entbehrenden Neugeborenen ein fertiger Erwachsener geworden, mit einer Intelligenz, die sich mit den Errungenschaften des seelischen Lebens bereichert und mit dem strahlenden Licht des Geistes, so ist dies alles dem Kind zu verdanken.

Denn ausschließlich durch das Kind wird der Mensch aufgebaut. Der Erwachsene vermag in diese Arbeit nicht einzugreifen; er ist aus der Welt des Kindes in einer viel augenfälligeren Weise ausgeschlossen als das Kind von jener Arbeit des Erwachsenen, die eine dem Natürlichen überlegene gesellschaftliche Welt erzeugt. Die Arbeit des Kindes gehört einer anderen Ordnung an und hat eine andere Mächtigkeit als die Arbeit des Erwachsenen, ja ist dieser geradezu entgegengesetzt: Es ist eine unbewusste Arbeit, verwirklicht durch eine in der Entwicklung befindliche geistige Energie, eine Schöpfungsarbeit, die an jene biblische Darstellung erinnert, in der es vom Menschen nur heißt, er wurde geschaffen. Aber wie wurde er geschaffen? Wie erhielt er, das lebendige Geschöpf, die Gabe des Verstandes und der Macht über alle Dinge der Schöpfung, obschon er aus dem Nichts hervorgegangen ist? Dieses Wunder können wir in all seinen einzelnen Zügen beim Kind, bei sämtlichen Kindern betrachten. Alltäglich dürfen wir es da bestaunen.

Was geschaffen wurde, wurde geschaffen, um in allen menschlichen Geschöpfen sich neu zu vollziehen, wenn sie zur Welt des Lebendigen gelangen: Das Leben ist Frucht der Unsterblichkeit; denn alles, was stirbt, erneuert sich. Angesichts dessen, was uns die alltägliche Wirklichkeit offenbart, können wir nur immer wiederholen: Das Kind ist der Erzeuger des Menschen. Die gesamten Möglichkeiten des Erwachsenen hängen davon ab, inwieweit das Kind diese ihm anvertraute geheime Aufgabe erfüllen konnte. Dem Kind kommt die Stellung eines wirklichen Schaffenden vor allem deshalb zu, weil es sein Ziel, die Bildung des Menschen, nicht durch bloßes Ruhen und Nachdenken erreicht. Nein, seine Arbeit ist Aktivität, ist fortgesetztes Schöpfertum. Und wir müssen uns vor Augen halten, dass es bei dieser Arbeit sich auch die äußere Umgebung nutzbar macht, eben die nämliche Umwelt, die der Erwachsene seinen Zwecken entsprechend verwandelt. Das Kind wächst mit der Übung, seine aufbauende Aktivität besteht in einer wirklichen Arbeit, die materiell in die Umgebung hineinreicht. Durch die Erfahrungen, die es macht, übt sich das Kind und kommt in Bewegung; es stimmt seine Bewegungen aufeinander ab, die Gefühlseindrücke, die es aus der Außenwelt aufnimmt, formen seinen Verstand; es vollbringt beim Erwerb der Sprache wahre Wunder an Aufmerksamkeit und Auffassungskraft, Wunder, die nur ihm allein möglich sind; und unaufhaltsam versucht es, sich auf die Füße zu stellen und zu gehen, bis ihm dies eines Tages gelingt. Bei alledem richtet es sich ebenso nach einem Programm und einem Plan wie der fleißigste Student und tut dies mit derselben Unwandelbarkeit, mit der die Gestirne ihre unsichtbare Bahn zurücklegen. Man mag die Körpergröße des Kindes in jedem beliebigen Altersabschnitt überprüfen, immer wird sie das vorgesehene Maß haben; auch wissen wir, dass das Kind mit fünf Jahren auf diesem, mit acht auf einem anderen

Intelligenzniveau angelangt sein wird. Man kann voraussagen, welche Körpergröße und welche geistigen Fähigkeiten es mit zehn Jahren aufweisen wird; denn das Kind hält sich genau an das von der Natur aufgestellte Programm. Durch unermüdliche Aktivität, durch Kraftanstrengungen, Erfahrungen, Eroberungen und Leiden, durch harte Proben und mühsame Kämpfe erfüllt das Kind Schritt für Schritt seine schwierige und wunderbare Aufgabe und erreicht immer neue Formen der Vollkommenheit. Der Erwachsene vervollkommnet die Umwelt, das Kind aber vervollkommnet sein eigenes Sein: Sein Streben gleicht dem des Wanderers, der unablässig und rastlos dem Ziel entgegengeht. Darum hängt die Vollkommenheit des erwachsenen Menschen vom Kinde ab.

Wir Erwachsenen hängen vom Kinde ab. Auf dem Gebiet *seiner* Wirksamkeit sind wir *seine* Kinder und von ihm abhängig, so wie in der Welt *unserer* Arbeit es *unser* Kind und von uns abhängig ist. Der Erwachsene ist Herrscher auf dem einen, das Kind Herrscher auf dem anderen Gebiet und beide sind aufeinander angewiesen: Beide sind Könige, aber in verschiedenen Reichen. Dies ist die wesentliche Harmonie der ganzen Menschheit.

VERGLEICH ZWISCHEN DEN BEIDEN ARBEITSARTEN

Da die Arbeit des Kindes aus Handlungen besteht, die sich auf reale Objektive der Außenwelt beziehen, können wir sie ohne Weiteres zum Gegenstand wissenschaftlicher Untersuchung machen, um ihre Gesetze und ihre Untergründe kennenzulernen und sie schließlich mit der Arbeit des Erwachsenen zu vergleichen. Kind und Erwachsener entwickeln beide auf Kosten ihrer Umwelt eine unmittelbare, unbewusste und willkürliche Aktivität, die man als Arbeit im eigentlichen Sinn ansprechen kann. Aber außerdem haben sie beide ein Ziel zu erreichen, das nicht bewusst gewollt ist. Nirgends, selbst nicht im Bereiche des Vegetativen, gibt es Leben, das sich nicht auf Kosten der Umwelt entwickelte. Ich weiß, dass die Richtigkeit dieses Satzes einer strengeren Überprüfung nicht standhalten wird, denn er enthält ein Urteil, das nur vom Nächsten und Unmittelbaren ausgeht. Aber das Leben selbst stellt ja eine Energie dar, die ständig die Schöpfung zu erhalten strebt, indem sie ohne Rast die Umwelt schafft und vervollkommnet, die ohne diese Aktivität sich auflösen würde. Unmittelbare Tätigkeit der Korallen z. B. ist es, aus dem Meerwasser kohlensauren Kalk aufzunehmen und daraus ihre Schutzwälle zu bauen; bezüglich ihrer Umwelt aber besteht ihr Zweck darin, neue Kontinente zu schaffen. Doch weil dieser Zweck von der unmittelbaren Tätigkeit der Korallen ziemlich weit abliegt, kann man diese mit aller wissenschaftlichen Strenge untersuchen, ohne jemals auf einen neuen Kontinent zu stoßen. Ähnliches lässt sich von allen Lebewesen und namentlich vom Menschen sagen.

Eine mittelbare, aber doch deutlich zu erkennende Finalität liegt in der Tatsache, dass alles Erwachsene aus der Schöpfungstätigkeit des Kindlichen hervorgeht. Erforscht man das Kind oder vielmehr das kindliche Wesen in allen seinen Wesensteilen, so kann man vom materiebildenden Atom bis zur kleinsten Einzelheit einer jeden Funktion alles durchstudieren: Das erwachsene Wesen wird man darin nicht finden. Und doch bedingen die beiden entlegenen Zwecke der unmittelbaren Handlung eine Arbeit auf Kosten der Umwelt.

Vielleicht enthüllt die Natur in ihren einfacheren Geschöpfen einen Teil ihrer Geheimnisse. Bei den Insekten z. B. können wir zwei wirkliche produktive Tätigkeiten feststellen: einerseits die Herstellung der Seide, jenes glitzernden Fadens, mit dem die Menschen kostbare Gewebe wirken, andererseits die des Spinnennetzes, eines Fadens ohne rechte Haltbarkeit, den die Menschen eilends vernichten. Nun ist die Seide das Erzeugnis eines kindlichen, das Spinnennetz das eines erwachsenen Wesens: Zweifellos handelt es sich dabei um zwei Arbeiter. Spricht man also von der Arbeit des Kindes und stellt sie jener des Erwachsenen gegenüber, so spielt man auf zwei verschiedene Tätigkeiten an, die verschiedene Ziele haben, aber beide eine Realität sind.

Was es aber kennenzulernen gilt, ist die Arbeit des Kindes. Arbeitet ein Kind, so tut es dies nicht, um ein äußeres Ziel zu erreichen. Sein Ziel ist das Arbeiten, und wenn es bei der Wiederholung einer Übung seiner eigenen Tätigkeit ein Ende setzt, so hat das Ende nichts mit den äußeren Handlungen zu tun. Das Abbrechen der Arbeit steht als Individualreaktion in keiner Verbindung mit etwaiger Müdigkeit; denn es ist gerade eine Eigenheit des Kindes, dass es erfrischt und energiegefüllt von seiner Arbeit aufsteht. Damit ist auf einen der Unterschiede hingewiesen, wodurch sich beim Kind und beim Erwachsenen die natürlichen Gesetze der Arbeit voneinander abheben: Das Kind folgt nicht dem Gesetz des geringsten Kraftaufwandes, sondern eher einem gegenteiligen Gesetz; denn es verbraucht für eine zwecklose Arbeit eine ungeheure Energiemenge, und zwar nicht nur propulsive Energie, sondern auch potenzielle bei der Ausführung der Einzelheiten. Ziele und äußere Handlung sind in allen Fällen nur Dinge von zufälliger Bedeutung. Diese Beziehung zwischen Umwelt und innerer Vervollkommnung ist äußerst eindrucksvoll und an ihr bildet sich nach Ansicht des Erwachsenen das geistige Leben.

Der Mensch, der in einer Sphäre der Sublimierung lebt, kümmert sich nicht um die äußeren Dinge, er benutzt sie nur im gegebenen Augenblick für seine innere Vervollkommnung. Wer sich hingegen in einem gewöhnlichen oder, besser gesagt, in seinem eigenen Lebenskreis befindet, der sorgt sich um die äußere Zielsetzung bis zur Selbstaufopferung, setzt Leib und Seele daran.

Ein anderer deutlicher Unterschied zwischen der Arbeit des Erwachsenen und der des Kindes besteht darin, dass dieses weder Belohnung noch Zugeständnisse wünscht; das Kind muss seine Wachstumsaufgabe ganz allein bewältigen, es muss sie restlos erfüllen. Keiner kann dem Kind diese Mühe abnehmen und an seiner Stelle wachsen. Es geht auch nicht an, dass ein Kind eine Möglichkeit sucht, um bis zur Erreichung des zwanzigsten Lebensjahres eben weniger als zwanzig Jahre zu brauchen. So ist eines der Hauptmerkmale des in der Entwicklung stehenden kindlichen Wesens, dass es ohne Verzug und ohne Unterlassung getreulich sein Programm einhält. Die Natur ist eine strenge Meisterin, sie belegt schon den geringsten Ungehorsam mit einer Strafe, die sich Entwicklungs- und Funktionsstörung, d. h. Anomalie oder Krankheit nennt.

Der innere Antrieb des Kindes ist völlig verschieden von dem des Erwachsenen, bei dem er allemal auf ein Übermaß äußerer Motive anspricht, die die größten und härtesten Anstrengungen von ihm fordern. Um diesen eines Tages gerecht werden zu können, muss das Kind die innere Triebkraft einwandfrei ausbilden und zu einem kraftvollen, lebenstüchtigen Menschen werden.

Das Kind ermüdet nicht bei der Arbeit; es wächst an der Arbeit und die Arbeit erhöht seine Energie.

Das Kind wünscht nie, dass man es von seiner Mühe erlöse, es will vielmehr seine Aufgabe vollkommen und selbstständig ausführen. Das Werk des Wachstums macht das eigentliche Leben des Kindes aus: »Arbeiten oder sterben.«

Wird sich der Erwachsene nicht dieses Geheimnisses bewusst, so wird er nie die Arbeit des Kindes verstehen; und er hat sie auch tatsächlich nicht verstanden; darum hindert er das Kind am Arbeiten und meint, dass die Ruhe das sei, was dem Kind am besten zu einem rechten Wachstum verhelfe. Der Erwachsene nimmt dem Kind eine jede Tätigkeit ab, weil er eben ganz im Banne seiner eigenen Arbeitsgesetze steht, die ihm möglichst geringen Kraftaufwand und größte Zeitersparnis vorschreiben. Als der Routiniertere wäscht er das Kind und zieht es an, trägt es auf dem Arm oder führt es im Wagen, ordnet alles, was sich in der Umgebung des Kindes befindet, und lässt nicht zu, dass das Kind sich an diesen Arbeiten beteiligt.

Lässt man dem Kind nur ein klein wenig Spielraum, so wird es den Willen zur Selbstbehauptung sogleich mit einem Ausruf kundgeben wie: »Das möchte *ich* tun, ich!« In den kindgemäßen Umgebungen unserer Kinderhäuser haben die Kleinen ihr inneres Bedürfnis mit dem bezeichnenden Satz ausgedrückt: Hilf mir, es allein zu tun.

Wie beredt ist doch dieser widerspruchsvolle Ausruf! Der Erwachsene soll dem Kind helfen, aber nur, damit dieses seine ihm eigene Arbeit in der Welt ausführen kann. Hiermit ist nicht nur auf die Bedürfnisse des Kindes hingewiesen, sondern auch auf die Eigenschaften, die die Umwelt haben muss: Sie sei lebensvoll, nicht leblos! Es geht auch nicht um eine Umwelt, die zum Erobern oder Genießen da wäre, sondern um eine, die die Herausbildung der Funktion erleichtert. So ergibt sich denn in aller Klarheit, dass diese Umwelt unmittelbar von einem höher stehenden Wesen belebt sein muss, von dem intelligenten und für diese Aufgabe vorbereiteten Erwachsenen. Unsere Auffassung ist also weder die, dass der Erwachsene dem Kinde jede Tätigkeit abnehmen, noch die, dass die Umwelt passiv sein und der Erwachsene das Kind völlig sich selber überlassen soll. So genügt es denn nicht, für das Kind Gegenstände zuzurüsten, die in Form und Ausmaß zu ihm passen: Es gilt, den Erwachsenen zuzurüsten, auf dass er ihm zu helfen vermöge.

45. Kapitel

DIE LEITINSTINKTE

Auch in der Natur gibt es zwei Lebensformen: das Leben des Erwachsenen und das des Kindes, beide sehr verschieden, geradezu gegensätzlich. Das Leben des Erwachsenen ist vom Kampf
bestimmt: mag es dabei um Umweltanpassung gehen, wie sie
Lamarck dargestellt hat, oder um Selbstbehauptung und natürliche Auslese, wie sie uns von Darwin beschrieben worden sind
und keineswegs ausschließlich der Arterhaltung, sondern auch
der Gattenwahl dienen.

Was sich bei den erwachsenen Tieren abspielt, lässt sich mit
der Entwicklung des sozialen Lebens bei den Menschen vergleichen: ständiges Bemühen um die Erhaltung des Lebens, Abwehr der Feinde, Kampf um die Anpassung an die Umwelt und
schließlich Liebe und Gattenwahl. In diesen Kraftanstrengungen und im Wettkampf zwischen den Arten sieht Darwin die
Ursache der Entwicklung, d. h. der Vervollkommnung der Lebewesen, und damit hat er es erklärt, dass das Körperliche fort-
lebt, wie andererseits die materialistische Geschichtsschreibung die Entwicklung der Menschheit dem Kampf und dem
Wettstreit zwischen den Menschen zugeschrieben hat.

Aber während bei der Aufhellung der menschlichen Geschichte sich keine anderen Beweisstücke finden lassen als Ereignisse aus der Welt der Erwachsenen, liegen in der Natur die Dinge anders: Der wahre Schlüssel zu dem Leben, das in ihr kämpft und siegt und in den unzähligen Arten der Lebewesen zutage tritt, findet sich in dem Kapitel, das ihrer kindlichen Wesensseite vorbehalten ist. Alle Lebewesen waren einmal, bevor sie die für den Kampf erforderliche Stärke erlangten, schwach und unbeholfen und befanden sich zu Anfang in einem Stadium, in dem sich die Organe noch nicht an die Umwelt anpassen konnten, weil sie noch nicht vorhanden waren. Es gibt kein lebendiges Wesen, das als Erwachsenes beginnt.

So muss es also einen verborgenen Teil des Lebens geben, der andere Formen, andere Mittel, andere Motive kennt, verschieden von denen, die in den Wechselbeziehungen zwischen dem starken Individuum und der Umwelt zutage treten. Diesem Kapitel könnte man die Überschrift »Kindheit in der Natur« geben; und darin ist der wirkliche Schlüssel zum Leben verborgen, denn, was sich beim Erwachsenen ereignet, das erklärt nur die Wechselfälle der Lebenserhaltung.

Die Beobachtungen der Biologen bei der Erforschung des Kindheitslebens der Geschöpfe haben uns Einblick gegeben in einen der wunderbarsten, aber auch der kompliziertesten Bereiche der Natur; es kamen erstaunliche Tatsachen zum Vorschein, erhabene Möglichkeiten, durch die das gesamte Leben der Natur mit Poesie, ja fast mit religiöser Feierlichkeit erfüllt wird. Die Biologie hat in diesem Zusammenhang die schöpferische und arterhaltende Seite der Natur ins Licht gerückt und hat Instinkte entdeckt, die dem inneren Geleit der Lebewesen dienen. Um diese Instinkte von der großen Menge der reinen Triebinstinkte zu unterscheiden, die sich auf die ummittelbare Wechselwirkung zwischen Lebewesen und Umgebung beziehen, kann man sie als *Leitinstinkte* bezeichnen.

Die Biologie teilt die vorhandenen Instinkte nach ihrer Zielrichtung in zwei Hauptgruppen ein: in Selbst- und Arterhaltungsinstinkte. Bei beiden Arten gibt es Kämpferisches in Verbindung mit vorübergehenden Episoden, die man fast ein Duell zwischen Individuum und Umwelt nennen könnte; und bei beiden auch Instinkte, die wahrhaft beständige Geleiter des Lebens und vornehmlich dessen Erhaltung zugewandt sind.

Bei den Selbsterhaltungsinstinkten z. B. gehört ins Gebiet des episodenhaften Kampfes der Instinkt der Abwehr von Ungünstigem oder Bedrohlichem. Unter den Arterhaltungsinstinkten ist von episodenhaftem Charakter etwa jener, der die Begegnung mit den anderen Lebewesen fördert, mag es sich nun um Vereinigung oder um geschlechtlichen Wettbewerb handeln. Dieses episodenhafte Element des Trieblebens wurde seiner heftigen und auffälligen Äußerungen wegen zuerst bemerkt und untersucht. Hernach erforschte man Selbst- und Arterhaltungsinstinkte auf ihre erhaltenden und beharrenden Eigentümlichkeiten hin.

Die Leitinstinkte, an die das Dasein in seiner großen kosmischen Funktion gebunden ist, sind weniger Reaktionen auf die Umwelt als feinstes innerliches Empfindungsvermögen, so wie das reine Denken eine völlig innerliche Qualität des Verstandes ist. Man könnte, wollte man mit dem Vergleich fortfahren, die Leitinstinkte jenen göttlichen Gedanken gleichsetzen, die im Innersten der lebendigen Wesen sich bilden und diese dazu bringen, auf die äußere Welt einzuwirken und sie zu verwirklichen. Die Leitinstinkte haben darum nicht den impulsiven Charakter der kämpferischen Episode, sondern den einer weisen Einsicht, die den Lebewesen auf ihrer Reise durch Zeit (Individuum) und Ewigkeit (Art) Geleiter ist.

Besondere Bewunderung verdienen die Leitinstinkte, wenn sie sich dem Geleit und Schutz des kindlichen Lebens, des Lebens in seinem Anfangsstadium, zuwenden: wenn das Lebewesen eben erst am Anfang seiner Existenz oder noch unreif ist, aber sich doch schon auf dem Weg zur vollen Entwicklung befindet, wenn es noch nicht die Eigentümlichkeiten der Art aufweist, noch nicht über die Kraft, die Widerstandsfähigkeit und die biologischen Waffen verfügt, die für den Kampf ums Dasein notwendig sind, wenn es noch keine Hoffnung auf den schließlichen Triumph, auf den Siegespreis des Überlebens haben kann. Hier wirkt der geleitende Instinkt wie eine Art Mütterlichkeit und zugleich wie eine Art Erziehung, beide geheimnisvoll, tief innerlich verborgen wie das Mysterium der Schöpfung selbst. Er bringt, was wehrlos ist, was in sich selbst weder Kraft noch Vermögen hat, sich zu retten, in Sicherheit. Einer dieser Leitinstinkte betrifft die Mutterschaft: Fabre[3] und die modernen Biologen haben in ihren Werken diesen wundersamen Instinkt als den Schlüssel zum Fortbestehen des Lebens überhaupt dargestellt. Ein anderer Instinkt bezieht sich auf die Entwicklung des Individuums und wurde, was die sensiblen Perioden angeht, von dem holländischen Biologen de Vries beschrieben.

Der Mutterinstinkt ist nicht allein an die Mutter gebunden, wenn sie auch als unmittelbare Erzeugerin der Art an der Aufgabe des Schutzes den größten Anteil hat: Er gehört vielmehr beiden Eltern an und vermag manchmal sogar eine ganze Gemeinschaft von Lebewesen zu beseelen.

Untersucht man das, was sich Mutterinstinkt nennt, des Näheren, so erkennt man schließlich, dass es sich dabei um eine geheimnisvolle Kraft handelt, die sich nicht unbedingt auf lebendige Wesen beziehen muss, sondern als Schutz der Art auch ohne materielles Objekt bestehen kann, wie es in den Sprüchen Salomos heißt: »Ich war mit dir auf der Welt, bevor noch die Dinge waren.«

Im Allgemeinen bezeichnet man mit Mutterinstinkt den Arterhaltungsinstinkt. Es gibt auf diesem Gebiet einige Eigentümlichkeiten, die bei sämtlichen Arten von Lebewesen von ausschlaggebender Bedeutung sind, und das Überleben dieses Instinktes ist an die Aufopferung aller übrigen gebunden, die der Erwachsene in sich trägt. Das Raubtier vermag sich zu einer Sanftheit zu überwinden, die ganz und gar zu seiner Natur in

Widerspruch steht; der Vogel, der sonst so viel unterwegs ist, sei es, um Nahrung zu suchen, sei es, um einer Gefahr zu entgehen, bleibt nun bei seinem Nest, hütet es und sucht, wenn Gefahren nahen, auf jede andere Weise Schutz, nur nicht in der Flucht. So ändern die der Art eingeborenen Instinkte überraschend ihren Charakter. Außerdem tritt nun bei vielen Arten ein Drang zur Arbeit, zum Aufbau in Erscheinung, etwas, das man niemals in diesen Lebewesen an und für sich antrifft; denn im erwachsenen Alter passen sie sich an die Natur an, wie sie sie eben finden. Der neue Instinkt der Arterhaltung aber veranlasst die Lebewesen zu konstruktiver Tätigkeit, die den Zweck hat, einen sicheren Unterschlupf für die Neugeborenen zu schaffen, und jede Art hat bei diesem Werk ihre ganz bestimmte Anweisung. Kein Lebewesen greift zum ersten besten Baustoff, den es findet, oder passt sich beim Bauen dem betreffenden Ort an. Nein, da gibt es genau festgelegte Richtlinien. Zum Beispiel wechselt bei den Vögeln die Weise des Nestbaus von Art zu Art. Bei den Insekten finden sich erstaunliche Beispiele von Bautätigkeit: So sind die Waben der Bienen Paläste mit vollkommen geometrischem Grundriss, zu deren Bau ein ganzes Volk beiträgt, um so für die neue Generation Behausungen zu schaffen. Es gibt jedoch auch noch andere Beispiele, die weniger augenfällig, aber äußerst aufschlussreich sind. Eines davon geben uns die Spinnen, die schon für sich selbst außergewöhnliche Baumeister sind und die ihren Feinden weitgespannte und dünne Netze zu legen verstehen. Mit einem Mal aber ändert die Spinne völlig ihre Arbeitsweise: Sie vergisst sowohl ihre Feinde wie ihre eigenen Anliegen und beginnt, einen kleinen Sack aus ganz frischem, hauchfeinem und dichtem Gewebe herzustellen, das ganz und gar undurchlässig ist. Oftmals hat dieses Säckchen doppelte Wände, die es an den feuchten und kalten Orten, wo manche Spinnenarten hausen, zu einem ausgezeichneten Unterschlupf machen. Also weise Anpassung an die Erfordernisse des Klimas. Und drinnen legt in Sicherheit die

Spinne ihre Eier. Das Merkwürdigste aber ist, wie sehr die Spinne an diesem Säckchen hängt. Bei einigen Laboratoriumsversuchen hat man festgestellt, dass eben diese graue und klebrige Spinne, in deren Körper kein Herz zu finden ist, vor Schmerz zugrunde gehen kann, wenn sie sieht, dass ihr Säckchen zerstört ist. Auch hat man beobachtet, wie die Spinne diesem ihrem Erzeugnis so verbunden bleibt, dass es geradezu zu einem Teil ihres Körpers zu werden scheint. Man kann also wohl sagen, dass sie es liebt. Nicht so aber ihre Eier und die fertigen Spinnchen, die schließlich daraus hervorkriechen. Ja, es will fast scheinen, als kümmere sie sich gar nicht um deren Vorhandensein. Der Instinkt hat also diese Mutter dazu geleitet, ein Werk für ihre Art auszuführen, ohne dass das lebendige Wesen dieser Art der unmittelbare Gegenstand dieser Tätigkeit ist. So kann es also auch einen »objektlosen Instinkt« geben, der unaufhaltsam in Tätigkeit tritt und gewissermaßen den Gehorsam einem inneren Befehl gegenüber bedeutet, der gebietet zu tun, was notwendig ist, und das zu lieben, was befohlen wurde.

Gewisse Schmetterlinge haben ihr ganzes Leben hindurch nur Blütennektar gesogen, keine andere Nahrung genossen und kein anderes Interesse gezeigt. Ist aber die Zeit der Vermehrung gekommen, so legen sie ihre Eier niemals auf die Blume. Sie haben in diesem Punkte eine andere Anweisung, also wandelt sich ihr Nahrungsinstinkt, der eine Angelegenheit des Individuums ist, und sie fühlen sich zu einer anderen Umwelt hingezogen, einer Umwelt, die der jungen Generation angepasst ist, die andersgeartete Nahrung braucht. Aber der Schmetterling *kennt* diese Nährstoffe nicht, so wenig wie er die Art kennt, die von ihm ihren Ausgang nehmen wird. Er trägt vielmehr in sich ein Gebot der Natur, das seinem Wesen fremd ist. Das Marienwürmchen und andere ähnliche Insekten setzen ihre Eier niemals oben auf den Blättern ab, die hernach den jungen Larven zur Ernährung dienen, sondern stets auf der Unterseite, damit sie dort geschützt sind. Dieselbe »intelligente Überlegung«

treffen aber auch noch zahlreiche andere Kerbtiere, die sich ebenfalls nie von den Blättern nähren, die sie für ihre Nachkommenschaft ausersehen haben. Theoretisch »kennen« sie also das Kapitel der Ernährung ihrer Sprösslinge und »sehen auch die Gefahren voraus«, die der Regen und die Sonne mit sich bringen.

Das erwachsene Lebewesen, dem es zukommt, das junge Leben zu beschützen, ändert also seine eigenen Charakterzüge und verwandelt sich, als sei der Augenblick gekommen, in dem das gewohnte Lebensgesetz durchbrochen wird in Erwartung eines großen Ereignisses der Natur.

Hierin liegt ein Wunder der Schöpfung; und die Lebewesen vollziehen dann etwas, das nicht mehr der Akt des Lebens ist, sondern fast ein Ritual, in dessen Mitte dieses Wunder steht. Zum Großartigsten in der Natur gehört es, dass die Neugeborenen, denen es doch an jeglicher Erfahrung fehlt, das Vermögen besitzen, sich in der äußeren Welt zurechtzufinden und sich zu schützen, wobei sie in den sensiblen Perioden von besonderen Instinkten geführt werden. Diese Instinkte geleiten das Neugeborene durch die aufeinanderfolgenden Schwierigkeiten und verleihen dem kleinen Wesen von Zeit zu Zeit unwiderstehliche Triebkräfte. Es versteht sich, dass die Natur die Schutzmaßnahmen, deren sich das Neugeborene erfreut, nicht auch für den Erwachsenen bereit hat: Sie hat in dieser Hinsicht ihre Richtlinien und sieht genauestens darauf, dass sie befolgt werden. Der Erwachsene darf nur innerhalb des Bezirks, in dem die Leitinstinkte der Arterhaltung am Werk sind, ein Mitwirkender sein. Und oftmals wirkt, wie wir es etwa bei den Fischen und den Insekten sehen, der Leitinstinkt des Erwachsenen unabhängig von dem des Jungen und der des Jungen unabhängig von dem des Erwachsenen, ohne dass sich Kind und Eltern im Leben begegnen. Bei den höheren Tieren wirken die Leitinstinkte der beiden Generationen harmonisch zusammen und aus dem Zusammentreffen der mütterlichen Leitinstinkte mit den sensiblen Perioden des Neugeborenen entsteht die bewusste Liebe zwischen Eltern und Kind oder es ergeben sich mütterliche Beziehungen, die sich über die gesamte organisierte Gesellschaft hin ausdehnen und der neugeborenen Nachkommenschaft eines ganzen Volkes gegenüber wirksam werden – etwa in den Insektenstaaten, bei den Bienen, Ameisen usw.

Liebe und Opfersinn sind nicht Ursachen der Arterhaltung, sondern Auswirkungen des Leitinstinktes, dessen Wurzeln in die wunderbare Werkstätte der Schöpfung führen und an den sich das Fortleben sämtlicher Arten knüpft.

Das Gefühl erleichtert den Geschöpfen die Erfüllung der ihnen anvertrauten Aufgaben und verbindet mit der Anstrengung jene innere Freude, die etwa die Menschen verspüren, wenn sie den Gesetzen der Natur vollkommen gehorchen.

Wollte man die Welt der Erwachsenen in ein geschlossenes Bild fassen, so könnte man sagen: Es wird in ihr zeitweise von den ihr eigentümlichen Gesetzen abgewichen, von den augenfälligsten Gesetzen der Natur, die man für unbedingt und unantastbar gehalten hätte. Ja, diese unantastbaren Gesetze werden durchbrochen, werden außer Kraft gesetzt, als hätten sie etwas Höherem stattzugeben und sich vor Tatsachen zu beugen, die ihnen ganz und gar zuwiderlaufen, als hätten sie vor jenen neuen Gesetzen zurückzutreten, die im kindlichen Leben der Art ans Licht gelangen. Dergestalt erhält sich das Leben: Durch das Aussetzen des Gewohnten kann es sich erneuern und in Ewigkeit fortsetzen.

Nun könnte man fragen, in welcher Weise denn diese Gesetze der Natur auf den Menschen zutreffen. Im Menschen, so heißt es, bilden alle an den niederen Lebewesen beobachteten natürlichen Phänomene eine Synthese auf höherer Stufe. Und noch mehr: Kraft des Vorrechts der Vernunft lasse er sie im vollen Glanze jenes seelischen Gewandes erscheinen, das aus Phantasie, Gefühl und Erfindungsgabe gewirkt ist.

Wie aber stellen sich bei der Menschheit jene beiden Lebensformen dar und unter welchen erhabenen Erscheinungen zeigen sie sich? Hier kann man von zwei Formen gar nicht sprechen. Schauen wir uns in der Welt des Menschen um, so müssen wir sagen, dass wir dort Kampf antreffen, Ringen um Anpassung, Mühsal des äußeren Lebens. Alles läuft dort auf Erwerb und Produktion hinaus, als gäbe es nichts anderes zu berücksichtigen. Die Kraft des Menschen zerstört und zerschlägt sich im Wettstreit. Betrachtet der Erwachsene das Kind, so tut er dies mit eben derselben Logik, die er auf sein eigenes Leben anwendet: Er sieht im Kind ein von ihm verschiedenes und unbrauchbares Wesen und hält es von sich fern; oder aber er bezeichnet seine Anstrengungen, das Kind in seinen eigenen Lebenskreis unmittelbar hinüberzuziehen, als Erziehung. Und dabei handelt er so, wie (sofern dies je möglich wäre) ein Schmetterling handelte, wollte er den Kokon, in dem seine Puppe eingesponnen ist, zerreißen und diese damit zum Davonfliegen einladen, oder wie ein Frosch, der seine Kaulquappe aus dem Wasser ziehen, ihr unter Aufbietung aller Kräfte das Lungenatmen beibringen und ihr unschönes Schwarz in ein sympathischeres Grün umwandeln wollte.

Fast genau so macht es der Mensch mit seinen Kindern: Der Erwachsene trägt vor ihnen seine Vollkommenheit zur Schau, seine Reife und tritt als lebendiges historisches Vorbild auf, zu dessen Nachahmung er das Kind auffordert. Er denkt um keinen Preis daran, dass die Eigentümlichkeiten des Kindes, die von seinen eigenen sich so sehr unterscheiden, es eben auch notwendig machen, ihm eine andere Umwelt zu geben, ihm Lebensverhältnisse zu schaffen, die der andersartigen Existenzform des Kindes angepasst sind.

Wie soll man nur erklären, dass sich eine so irrige Auffassung gerade beim höchsten, entwickeltsten und einzig vernunftbegabten Lebewesen findet, bei jenem Geschöpf, das machtvoll über seine Umwelt zu herrschen imstande und bei jeglicher Tätigkeit allen übrigen Geschöpfen himmelweit überlegen ist?

Er, der Mensch, der Baumeister, der Schöpfer, der Verwandler der Umwelt, tut für sein Kind weniger als die Biene, weniger als ein Insekt, weniger als irgendein anderes Geschöpf.

Wie geht es an, dass der Menschheit der wertvollste und wesentlichste Leitinstinkt des Lebens gänzlich fehlt und dass sie untätig und blind dem grundlegendsten Problem allen Lebens gegenübersteht, einem Problem, von dem der Fortbestand der Art abhängig ist?

Der Mensch müsste etwas fühlen, das dem ähnlich wäre, was die anderen Lebewesen verspüren; denn in der Natur wandelt sich alles, nichts aber geht verloren, und vor allem sind unzerstörbar die Energien, die das Universum regieren: Sie bestehen fort, auch wenn sie ihrem eigentlichen Ziel entfremdet werden. Baumeister Mensch, wo baust du das Nest für dein Kind? Alle Kunst, deren du fähig bist, müsstest du dabei aufwenden und sie durch nichts Äußeres verfälschen und versklaven lassen. Dort kann eine Regung selbstloser Liebe Reichtümer zusammentragen, die in der Welt der Produktion unausgenützt bleiben. Es gibt Stätten, an denen der Mensch die Notwendigkeit fühlt, seine gewohnten Eigenarten abzulegen, wo er dessen innewird, dass für die Erhaltung des Lebens nicht der Kampf das Wesentliche ist, wo er, wie eine aus der Tiefe aufsteigende Wahrheit, empfindet, dass das Geheimnis des Fortlebens nicht in der Überwältigung des Mitmenschen besteht, und wo ihm darum die Selbstentäußerung als das einzig Leben Spendende erscheint. Gibt es denn keine Stätte, wo die Seele danach trachtet, die eisernen Gesetze zu durchbrechen, die sie an die Welt der äußeren Dinge gefesselt halten? Gibt es denn nirgends das sehnsüchtige Suchen nach dem Wunder, das Bedürfnis, zu ihm seine Zuflucht zu nehmen, auf dass das Leben fortdaure? Gibt es kein Streben nach etwas jenseits des Individuellen, das weiter reicht, das sich in die Ewigkeit erstreckt, wo doch an diesem Weg die Erlösung läge, weil der Mensch das Bedürfnis verspürte, sein mühseliges Vernünfteln aufzugeben, und bereit wäre zum Glauben?

Dies alles sind Gefühle, die dann im Menschen emporsteigen müssten, wenn mit der Geburt seines Geschöpfes das Ereignis eintritt, das die anderen Lebewesen zur Aufhebung der gewohnten Gesetze und zur Selbstaufopferung führt, auf dass das Leben in die Ewigkeit einmünde. Ja, es gibt Stätten, wo der Mensch nicht mehr den Drang nach Erwerb, sondern nach Läuterung und Unschuld spürt und deshalb nach Schlichtheit und Frieden trachtet. In jenem unschuldvollen Frieden sucht der Mensch die Erneuerung seines Lebens, die Auferstehung aus der erdrücken-den Welt.

Doch, es muss in der Menschheit erhabene Gefühle geben, verschieden von denen des alltäglichen Lebens, ja, ihnen ent-gegengesetzt. Sie sind die göttliche Stimme, die nichts zu ersti-cken vermag: Und sie ruft die Menschen, ruft sie, auf dass sie sich zusammenscharen um das Kind.

46. Kapitel

DAS KIND –
UNSER LEHRMEISTER

Die Leitinstinkte des Menschen ins Licht zu rücken, ist in neuerer Zeit zu einem der wichtigsten Ziele der wissenschaftlichen Forschung geworden. Unser Beitrag war es, dazu aus dem Nichts heraus einen Anfang gemacht zu haben. Ein neues Forschungsgebiet ist aufgetan und die bis jetzt erzielten Ergebnisse zeigen, dass solche Instinkte existieren, und geben der Wissenschaft die ersten Hinweise für den Weg, den sie bei weiterer Untersuchungen einschlagen muss.

Die Untersuchung der Leitinstinkte ist nur bei normalen Kindern möglich, die völlig ungezwungen in einer Umgebung leben, die den Erfordernissen ihrer Entwicklung gerecht wird. Dann zeigt sich eine neue menschliche Natur, so klar und deutlich, dass man ihre Eigentümlichkeiten einfach als fraglose Realität hinnehmen muss.

Aus zahllosen Beobachtungen erhellt eine Wahrheit, die für zwei verschiedene Lebensgebiete von gleicher Wichtigkeit ist: für die Erziehung wie auch für die Organisation der menschlichen Gesellschaft. Es ist klar, dass bei Menschen, deren Art von der bisher als menschliche Natur bekannten abwiche, auch die

Gesellschaft in anderer Weise aufgebaut sein müsste, und die Erziehung kann uns auch den Weg zeigen, auf dem sich die Normalisierung der Gesellschaft der erwachsenen Menschen erreichen ließe. Eine soziale Reform dieser Art kann nicht von einer Idee oder von der Energie einiger Organisatoren ausgehen, es muss sich vielmehr bei ihr langsam, aber stetig eine neue Welt inmitten der alten herausbilden: die Welt des Kindes und des Erwachsenen. Aus dieser Welt müssten dann allmählich die Erkenntnisse und die natürlichen Richtlinien hervorgehen, die zu einem normalen sozialen Leben notwendig sind. Es wäre absurd, wollte man annehmen, mit ideellen Reformen oder individuellen Energien ließe sich ein Hohlraum solchen Ausmaßes ausfüllen, wie er der Welt durch die Unterdrückung des Kindes entstanden ist. Dem Übel, das aus der immer weiter um sich greifenden »Anomalisierung« der menschlichen Seele entspringt, wird man nicht eher beikommen können, als bis die Kinder die Entwicklung nehmen können, die die Natur ihnen vorzeichnet, und nicht mehr in unheilbare Abwegigkeiten verfallen müssen.

Wie viel unbekannte Energie, die der Menschheit noch zugute kommen kann, steckt doch im Kind!

Es ist an der Zeit, wieder an jenem »Erkenne dich selbst!« anzuknüpfen, von dem damals die biologischen Wissenschaften ausgegangen sind, die zur Modernisierung der Medizin und der Gesundheitspflege beitrugen und damit die Zivilisation auf einen höheren Stand brachten, der durch die Vervollkommnung der physischen Hygiene gekennzeichnet wird.

Seelisch aber kennt der Mensch sich noch nicht. Die ersten aufs »Erkenne dich selbst!« im physischen Bereich abzielenden Untersuchungen wurden an Leichen vorgenommen, die ersten Seelenforschungen aber am lebendigen neugeborenen Menschen.

Ohne diese grundsätzlichen Erwägungen dürfte es wohl keinen Weg geben, der zum Erfolg führt und zur Aufrechterhaltung des Menschlichen in unserer Zivilisation, vielmehr würden die gesamten sozialen Fragen ungelöst bleiben, so wie auch die Probleme der modernen wissenschaftlichen Pädagogik ungelöst bleiben werden, weil es nur eine Grundlage für die Erziehung gibt: die Normalisierung des Kindes.

Das nämliche Verfahren müsste auch auf die erwachsene Menschheit angewandt werden, für die nur ein wirkliches Problem besteht: »Erkenne dich selbst!«, d.h. Erkenntnis der geheimen Gesetze, denen die seelische Entfaltung des Menschen folgt. Das Kind aber hat dieses Problem schon gelöst und ein gangbarer Weg hat sich gezeigt und es lässt sich nicht erkennen, wie außerhalb dieses Weges eine Wendung zum Besseren möglich wäre. Denn jegliches Gute kann in die Hände von Entgleisten geraten, die nach Einfluss und Macht streben, kann von ihnen zunichte gemacht werden, noch bevor es zur Anwendung gelangt ist, und kann sich so in eine Gefahr für die Menschheit verwandeln. Auf diese Weise vermag alles, was es an Gutem gibt – wie z.B. der Fortschritt und die Erfindung –, den schon vorhandenen Übelstand noch zu verschlimmern, wie das am deutlichsten die Maschine erwiesen hat, die für uns den greifbarsten aller sozialen Fortschritte bedeutet. Eine jede Erfindung, die zur Hebung des Lebens und zum Fortschritt beitragen kann, birgt in sich auch die Möglichkeit, für die Zerstörung, für den Krieg und für die Ausbeutung ausgenützt zu werden. Die Fortschritte der Chemie und der Biologie, die Verbesserung der Transportmittel haben die Gefahr der Zerstörung, des Elends, der Barbarei und Grausamkeit nur immer noch größer werden lassen. Deshalb haben wir von der äußeren Welt nichts zu erhoffen, bevor nicht erkannt ist, dass die grundlegendste Errungenschaft des sozialen Lebens die Normalisierung des Menschen sein müsste. Erst dann wird der äußere Fortschritt zum Wohlstand und zu einer vollkommeneren Zivilisation führen.

So müssen wir denn das Kind als schicksalhaft für unser Zu-

kunftsleben ansehen. Wer immer für die menschliche Gesellschaft einen echten Vorteil erreichen will, der muss beim Kinde
ansetzen, nicht nur, um es vor Abwegen zu bewahren, sondern
auch, um das wirkliche Geheimnis unseres Lebens kennenzulernen. Von diesem Gesichtspunkt aus betrachtet, stellt sich die
Gestalt des Kindes machtvoll und geheimnisreich dar und wir
müssen über sie nachsinnen, auf dass das Kind, welches das Geheimnis unserer Natur in sich birgt, unser Lehrmeister werde.

47. Kapitel

DIE AUFGABE DER ELTERN

Die Eltern sind die Wächter des Kindes, aber nicht seine Bauherren. Sie müssen es pflegen und beschützen im tiefsten Sinne dieser Worte, gleich einem, der eine heilige Aufgabe übernimmt, die über die Anliegen und Begriffe des äußeren Lebens hinausreicht. Die Eltern sind über-natürliche Wächter wie die Schutzengel, von denen die Religion spricht, und sie unterstehen ausschließlich und unmittelbar dem Gebot des Himmels, sind stärker als alle menschliche Autorität und mit dem Kind durch Bande vereint, die unlöslich sind, mögen sie auch unsichtbar sein. Zu solcher Aufgabe müssen die Eltern die Liebe, die von der Natur ihnen in die Seele gelegt wurde, läutern und sie müssen verstehen, dass diese Liebe der bewusste Teil eines noch tieferen Gefühls ist, das nicht durch Egoismus oder Trägheit des Herzens verdorben werden darf. Die Eltern müssen mit Offenheit und Bereitschaft dem brennendsten Sozialproblem begegnen: Ich meine den Kampf um die Anerkennung der Rechte des Kindes.

Viel ist in letzter Zeit von den Menschenrechten gesprochen worden, besonders vom Recht des Arbeiters; nun aber ist der Augenblick da, in dem von den sozialen Rechten des Kindes die

Rede sein muss. Die Arbeitsfrage legte den Grund zu sozialen Veränderungen, lebt doch die Menschheit einzig und allein von der menschlichen Arbeit; also hing von der Lösung jenes Problems das materielle Leben der gesamten Menschheit ab. Wenn aber der Arbeiter das erzeugt, was der Mensch verbraucht – ein Hervorbringen äußerer Dinge –, so erzeugt das Kind nichts Geringeres als die Menschheit selbst und darum verlangt die Rücksicht auf seine Rechte umso dringendere soziale Umgestaltungen. Es bedarf keines Hinweises, dass die Gesellschaft den Kindern die vollkommenste und weiseste Fürsorge angedeihen lassen müsste – denn sie sind es doch, von denen wir mehr Energie und größere Möglichkeiten für die Menschheit von morgen erhoffen.

Dass die Rechte des Kindes vergessen und missachtet worden sind, dass man das Kind misshandelt, ja zugrunde gerichtet hat, dass man auch weiterhin seinen Wert, seine Macht und seine Natur verkennt, dies alles sollte der Menschheit Anlass zu ernsthafter Besinnung werden.

48. Kapitel

DIE RECHTE DES KINDES

Bis zum Beginn des 20. Jahrhunderts hat sich die Gesellschaft überhaupt nicht um das Kind gesorgt. Sie ignorierte es und überließ seine Betreuung ausschließlich der Familie. Der einzige Schutz war für das Kind die väterliche Autorität, Überbleibsel römischer Rechtsgrundsätze, die zweitausend Jahre zurückreichen. In dieser langen Zeit hat die Zivilisation hinsichtlich der Erwachsenengesetzgebung erhebliche Fortschritte gemacht, ließ aber das Kind ohne alle soziale Verteidigung. Ihm standen nur die materiellen, moralischen und geistigen Hilfsquellen seiner Familie zur Verfügung. Waren keine vorhanden, so musste das Kind eben in materieller, moralischer und geistiger Not dahinleben, ohne dass sich die Gesellschaft ihm gegenüber auch nur im Entferntesten verantwortlich gefühlt hätte. Bis jetzt hat die Gesellschaft von der Familie, in der ein Kind geboren werden könnte, noch nie irgendeine Vorbereitung oder Garantie verlangt. Der Staat, der doch so streng in Bezug auf amtliche Dokumente ist, der doch die kleinlichsten Formalitäten liebt und alles, was auch nur einen Schimmer von sozialer Bedeutung hat, zu reglementieren pflegt, fragt nicht im Geringsten nach den Fähigkeiten der künftigen Eltern und ist auch keineswegs darum bemüht, den Kindern in ihrer Entwicklung angemessenen Schutz zu gewähren. Ja, er vermittelt den Eltern nicht einmal Ratschläge oder angemessene Vorbereitungen.

Die Gesellschaft zeigt sich seit undenklichen Zeiten ganz und gar uninteressiert an den kleinen Werkleuten, denen die Natur die Aufgabe, die Menschheit aufzubauen, anvertraut hat. Während es beständig Fortschritte gab, die den Erwachsenen zugute kamen, blieben die Kinder vergessen, ausgestoßen wie Wesen, die gar nicht zur menschlichen Gesellschaft zählen und denen es an der Möglichkeit fehlt, sich Verständnis für ihre wahre Lage zu erwirken. Kinder konnten hingeopfert werden, ohne dass die Gesellschaft dessen innewurde; bis die Wissenschaft dies ca. Ende des 19. Jahrhunderts erkannte, als die Medizin sich für die Kinder zu interessieren begann. Damals waren die Kinder in der drückendsten Verlassenheit: Es gab noch keine Kinderärzte und noch keine Kinderkrankenhäuser. Erst als die Statistiken in eindrucksvoller Weise zeigten, wie hoch die Sterblichkeitsquote im ersten Lebensjahr war, war man sehr beeindruckt. Man entdeckte, dass von den vielen Kindern, die aus den Ehen hervorgingen, nur wenige am Leben blieben. Dass Kinder starben, wurde als etwas Natürliches angesehen; die Familien waren daran gewöhnt und man dachte dabei, Kinder stürben ja nicht wirklich, sondern flögen zum Himmel auf, und man nahm es gefasst und ergeben hin, dass »Gott sich unter den Kindern solche aussuchte, die er als Engelchen bei sich haben wollte«. So viele Kinder starben durch die Unwissenheit der Eltern und den Mangel an rechter Pflege, dass dieses Phänomen »der normale bethlehemitische Kindermord« genannt wurde.

Als das entdeckt war, setzten bald und vielerorts die verschiedensten organisierten Bemühungen ein, in dem Menschen ein neues Verantwortungsgefühl wachzurufen. Es genüge nicht, so wurde betont, dass die Eltern den Kindern das Leben schenken, es komme ihnen auch die Pflicht zu, dieses Leben mit den von

der Wissenschaft empfohlenen Mitteln zu erhalten, sie mussten neue Bedingungen schaffen und eine Unterweisung in Fragen der Gesundheitspflege erhalten. Aber nicht nur im Kreise
der Familie hatten die Kinder viel zu leiden; wissenschaftliche
Untersuchungen, die in den Schulen vorgenommen wurden,
führten zu weiteren eindrucksvollen Enthüllungen. Dies geschah im letzten Dezennium des 19. Jahrhunderts, in der näm-
lichen Zeit, in der die Medizin die Berufskrankheiten entdeckte
und erforschte und die ersten Anfänge jener Sozialhygiene gemacht wurden, die dann zur tragfähigsten Grundlage für die soziale Besserstellung der Arbeiterschaft werden sollte. Es wurde
damals auch festgestellt, dass neben den ansteckenden Krankheiten, an denen mangelhafte Hygiene schuld war, bei den Kindern Leiden auftraten, die von ihrer Arbeit herrührten.

Das ergab sich in den Schulen, wo die Kinder auf Befehl der
menschlichen Gesellschaft pflichtmäßig Quälereien über sich
ergehen lassen mussten. Die Schmalbrüstigkeit z. B., die zur
Tuberkulose disponiert, kam daher, dass man die Kinder zwang,
stundenlang in gebückter Haltung zu lesen und zu schreiben;
überdies führte das zur Verbiegung der Wirbelsäule. Andererseits entstand durch fortgesetzte Arbeit bei schlechtem Licht
Kurzsichtigkeit und schließlich wurde der ganze Körper deformiert und verkümmerte geradezu durch den langen Aufenthalt
in engen, überfüllten Räumen.

Aber die Quälerei war nicht nur physischer Art, sie erstreckte
sich auch auf die geistige Arbeit. Das Lernen wurde zu einer
drückenden Last, die Kinder schwankten zwischen Überdruss
und Furcht hin und her und waren geistig übermüdet und nervös erschöpft. Sie waren träge, entmutigt, melancholisch, verdorben, ohne Selbstvertrauen und ohne alle kindliche Lebens-
freude.

Das Elternhaus gab sich über all das keine Rechenschaft; ihm
war nur angelegen, dass die Kinder ihre Prüfungen bestanden
und möglichst schnell ihre Ausbildung abschlossen, damit Zeit

und Geld gespart wurde. Nicht um die Bildung als solche war es dem Elternhaus zu tun, sondern nur darum, einer gesellschaftlichen Verpflichtung zu genügen, die im Übrigen lästig war und Geld kostete. Es kam ausschließlich darauf an, dass das Kind so schnell wie möglich seinen sozialen Freibrief erhielt.

Bei den Untersuchungen, die man damals in den Schulen vornahm, kamen aber noch weitere aufsehenerregende Dinge an den Tag: Viele Kinder waren, wenn sie in die Schule kamen, bereits müde, weil sie zuvor morgens hatten arbeiten müssen. Einige hatten Milch ausgetragen und dabei etliche Kilometer zurückgelegt, andere hatten auf der Straße Zeitungen verkauft oder hatten zu Hause gearbeitet, so dass sie hungrig und schläfrig in die Schule kamen und nurmehr eines wollten: ausruhen. Diese armen Kinder wurden dann vom Lehrer geprügelt, wenn sie nicht aufpassten oder seine Ausführungen nicht verstanden. Er, der nur an seine eigene Aufgabe und besonders an seine Autorität dachte, suchte durch Schimpfen Aufmerksamkeit, durch Drohen Gehorsam zu erwirken. Er stellte diese Kinder ihren Kameraden gegenüber als unfähig und willensschwach hin. So verlief das Leben dieser Ärmsten zwischen der Ausbeutung durch ihre Familien und der Bestrafung durch den Lehrer. So viele Ungerechtigkeiten kamen bei diesen ersten Ermittlungen heraus, dass ein wahrer Sturm der Entrüstung losbrach und die Schule in höchster Eile sich umstellte. Als neues und bedeutendes medizinisches Fachgebiet tat sich damals die Schulhygiene auf, die nun in allen zivilisierten Ländern auf das öffentliche Schulwesen wohltätigen Einfluss nimmt. Arzt und Lehrer arbeiten heute gemeinsam für das Wohl des Kindes und die Gesellschaft bemüht sich, einen alten, lange unbewusst gebliebenen Fehler auszugleichen: Ein erster Schritt zur sozialen Befreiung des Kindes ist damit getan.

Schauen wir aber weiter zurück, so finden wir vor dem Zeitpunkt dieser heilsamen Besinnung in der ganzen Geschichte der Menschheit kein auffallendes Ereignis, das darauf hindeutet, dass man die Rechte des Kindes hätte anerkennen wollen oder seine Wichtigkeit geahnt hätte. Und doch hatte Christus, um den Erwachsenen den Weg zum Himmelreich zu zeigen und ihnen die Blindheit zu nehmen, einmal auf die Kinder hingewiesen: »Wenn ihr nicht werdet wie die Kinder, so werdet ihr nicht ins Himmelreich eingehen.« Der Erwachsene aber beschäftigte sich weiterhin nur damit, das Kind zu bekehren, und stellte sich ihm dabei als Vorbild hin. Und anscheinend ist diese schreckliche Blindheit des Erwachsenen ganz und gar unheilbar. Geheimnisse der Menschenseele! Diese Blindheit ist überall verbreitet, sie ist so alt wie die Menschheit selbst.

In allen pädagogischen Bestrebungen, ja in der ganzen Pädagogik war bis in unsere Tage hinein das Wort Erziehung fast immer gleichbedeutend mit Züchtigung und Ziel der Erziehung war, das Kind dem Erwachsenen gefügig zu machen, dem Erwachsenen, der sich an die Stelle der Natur und seine Zwecke und seinen Willen an die Stelle der Gebote des Lebens setzt.

Jahrtausende vergingen und die Dinge änderten sich nicht wesentlich. Bei den verschiedenen Völkern gab es verschiedene Züchtigungsarten. So wurden etwa in den Schulen den Kindern entweder Zettel mit entehrender Aufschrift umgehängt oder Eselsohren auf den Kopf gesetzt oder man stellte sie regelrecht an den Pranger und ließ sie von den Vorübergehenden verhöhnen. Andere Strafen waren ausgesprochene körperliche Folterungen: Etwa wenn ein Kind stundenlang, das Gesicht der Wand zugekehrt, in der Ecke stehen musste, so dass es nichts sehen, sich mit nichts beschäftigen konnte, todmüde wurde und sich langweilte. Eine andere Strafe bestand darin, dass Kinder sich mit bloßen Knien auf den Boden niederlassen und so verharren mussten oder dass sie öffentlich geprügelt wurden.

Eine moderne Art von Grausamkeit verband sich mit dem Grundsatz, dass Schule und Elternhaus bei der Erziehung zusammenwirken müssen: Es kam nämlich dabei dann so, dass Schule und Elternhaus sich zum Quälen und Züchtigen des Kindes verbündeten. In der Schule bestraft, wird das Kind gezwungen, das zu Hause zu melden, damit der Vater sich der Züchtigung durch den Lehrer anschließt; das Kind muss anderntags in der Schule die Unterschrift seines Vaters vorweisen, als Beweis, dass Bericht erstattet, dass ein weiterer Strafvollstrecker informiert worden und grundsätzlich auf die Seite der Verfolger seines Sohnes getreten ist.

In diesen Fällen gibt es keine mögliche Verteidigung. Bei welchem Tribunal könnte auch das Kind Berufung einlegen, wie dies sogar denen möglich ist, die eines Verbrechens wegen verurteilt wurden? Es gibt für das Kind keine Berufungsinstanz.

Und wo ist die Liebe, bei der es tröstliche Zuflucht fände? Sie existiert nicht. Schule und Elternhaus sind sich in der Bestrafung einig, denn sonst würde ja die Strafe nicht erzieherisch genug wirken.

Im Übrigen hat das Elternhaus keine Erinnerung der Schule zur Bestrafung der Kinder nötig. Untersuchungen darüber – eine davon wurde durch das Institut des Völkerbunds für Erziehungsfragen angestellt – haben erwiesen, dass bis in unsere Tage hinein es kein Volk gibt, bei dem die Kinder nicht im Elternhaus gezüchtigt werden, sei es nun, dass man sie ausschimpft, schmäht, ohrfeigt, boxt oder dass man sie in dunkle Räume sperrt oder dass man ihnen jene harmlosen Vergnügungen entzieht, die den kleinen Sklaven den einzigen Ausgleich für so manche unbemerkt erduldete Qual bieten: So verbietet man ihnen, zusammen mit anderen Kindern zu sprechen oder enthält ihnen Obst und Süßigkeiten vor. Schließlich ist da auch das Zwangsfasten, das namentlich an den Abenden verhängt wird: »Jetzt geht es ohne Essen ins Bett!« Und die ganze Nacht hindurch ist dann der Schlaf unruhig vor lauter Hunger und Unbehagen.

Während bei den aufgeklärten und verantwortungsbewussten Familien die Gewohnheit der häuslichen Züchtigung in raschem Rückgang begriffen ist, besteht sie doch noch und es glauben noch viele Erwachsene, dass unwirsches Benehmen und harter, stechender Ton den Kindern gegenüber das einzig Angebrachte seien. Der Erwachsene hält es eben für sein selbstverständliches Recht, das Kind zu züchtigen, und die Mutter bemüht sich, in der Verabreichung einer Ohrfeige ein Gebot der Pflicht zu sehen.

Andererseits sind für Erwachsene die körperlichen Strafen abgeschafft, weil sie die Menschenwürde beleidigen und eine soziale Schande darstellen. Gibt es aber eine größere Gemeinheit, als ein Kind zu schmähen und zu schlagen?

Man sieht, das Gewissen der Menschheit liegt in tiefem Schlaf. Gegenwärtig geht der zivilisatorische Fortschritt keineswegs mit dem persönlichen Hand in Hand: Er entspringt nicht der Flamme des menschlichen Geistes, er ist das Werk einer fühllosen Maschine, die von äußerer Kraft getrieben wird. Seine Triebkraft, eine ungeheure unpersönliche Macht, kommt aus der äußeren Welt, aus der Gesellschaft im Ganzen, und die funktioniert unerbittlich. Immer vorwärts, immer geradeaus!

Die menschliche Gesellschaft ist wie ein ungeheurer Eisenbahnzug, der in schwindelndem Tempo einem entfernten Punkt entgegensaust, und die Individuen, aus denen sie besteht, lassen sich mit den eingenickten Reisenden in den einzelnen Abteilen vergleichen. Jener Schlaf des Gewissens ist das mächtigste Hindernis auf dem Weg zur besseren Lebensgestaltung, zur befreienden Wahrheit.

Wäre dieses Hindernis nicht, so könnte die Welt raschere Fortschritte machen; dann gäbe es auch nicht den gefährlichen Gegensatz zwischen der immer größer werdenden Geschwindigkeit der materiellen Transportmittel und der immer tiefer greifenden Erstarrung des menschlichen Geistes. Der erste Schritt, der bei jeder auf den kollektiven Fortschritt abzielenden Bewegun auch der schwierigste ist, besteht in der ungeheuerlichen Aufgabe, die eingeschlafene, empfindungslose Menschheit aufzurütteln, sie dazu zu zwingen, dass sie auf die mahnende Stimme hört. Es ist heute unerlässlich, dass die ganze menschliche Gesellschaft sich des Kindes und seiner Bedeutung erinnert, dass sie ihm schnellstens zu Hilfe kommt und es aus der großen, gefährlichen Leere herausholt. Diese Leere muss sich füllen, es muss eine kindgemäße Welt aufgebaut werden dadurch, dass man die sozialen Rechte des Kindes anerkennt. Das schlimmste Vergehen der menschlichen Gesellschaft ist, dass sie das Geld vergeudet, das sie ihren Kindern zugute kommen lassen müsste, ja, dass sie dieses Geld darauf verwendet, die Kinder und sich selbst zugrunde zu richten. Dem Kind gegenüber hat sich die Gesellschaft so verhalten wie ein Vormund, der ein Vermögen verschleudert, das nicht ihm, sondern seinen Mündeln gehört. Der Erwachsene verbraucht sein Geld für sich, wo doch offensichtlich ein gut Teil seines Reichtums für das Kind bestimmt sein müsste. Dies ist eine allem Leben innewohnende Wahrheit: Die Tiere, und unter ihnen selbst die primitivsten Insekten, legen dafür ein Zeugnis ab. Warum speichern die Ameisen Nahrung auf? Warum suchen die Vögel Würmer und tragen sie zum Nest? In der Natur gibt es kein Beispiel von Erwachsenen, die alles selbst aufbrauchen und ihre Nachkommenschaft dem Elend preisgeben.

Für das Kind des Menschen aber wird nichts getan. Gerade zur Not noch bemüht man sich, ihm das vegetativ körperliche Dasein zu erhalten. Hat die verschwenderische menschliche Gesellschaft einmal äußersten Geldmangel, so entzieht sie den Schulen die Mittel, ganz besonders den Kindergärten, worin die Keime des menschlichen Lebens ihre Zuflucht finden, und sie entzieht das Geld da, wo nicht Stimmen sind, die sich verteidigen. Hierin liegt eine der verwerflichsten Ungerechtigkeiten der Menschheit und ihr absurdester Irrtum. Und dabei merkt die menschliche Gesellschaft nicht, dass sie sich eine doppelte Zerstörung zuschulden kommen lässt, wenn sie das so gewonnene Geld zum Bau von Vernichtungswerkzeugen verwendet: Sie zerstört, indem sie Leben auslöscht, und sie zerstört, indem sie Leben nicht zulässt. Beides zusammen bildet einen einzigen Irrtum; denn gerade weil sie nicht die Entfaltung des Lebens gefördert haben, werden die Menschen verkehrt aufwachsen.

Deshalb müssen sich die Erwachsenen neu zusammenschließen, diesmal nicht sich selbst, sondern ihren Kindern zuliebe, und die Stimme erheben für das Recht, das vor lauter Blindheit nicht gesehen wird, das aber, wenn es sich durchgesetzt hat, fragloses Gebot sein wird. Die menschliche Gesellschaft war ein ungetreuer Vormund, also muss sie dem Kind sein Gut zurückgeben und ihm Recht geschehen lassen.

Von größter Bedeutung ist die Aufgabe der Eltern; sie allein können und müssen ihre Kinder retten, denn sie haben die Möglichkeit, sich zusammenzuschließen und damit praktisch einen Einfluss auf das soziale Leben auszuüben. Ihr Gewissen muss die Größe der Aufgabe erkennen, die ihnen die Natur anvertraut hat, eine Aufgabe, die innerhalb der menschlichen Gesellschaft ihnen die erste Stelle zuweist, da ja in ihren Händen die Zukunft der Menschheit liegt. Handeln sie nicht so, so tun sie es Pilatus gleich.

Pilatus hätte Jesus retten können, aber er tat es nicht.

Die Menge, die durch alte Vorurteile verhetzt und den geltenden Gesetzen und Bräuchen verhaftet war, verlangte den Tod des Heilands; und Pilatus blieb unentschieden, blieb untätig.

»Was soll ich tun«, sann er nach, »wenn dies die herrschenden Gebräuche sind?«

Und er wusch sich die Hände.

Er hatte die Macht, zu sagen: »Nein, ich will nicht«, aber er sagte nichts.

Und wie er handeln die Eltern von heute angesichts gesellschaftlicher Gepflogenheiten, die ja so mächtig sind und eine solche Notwendigkeit darstellen.

So wird die soziale Lage des Kindes zum Drama. Die menschliche Gesellschaft überlässt, bar allen Verantwortungsgefühls, das Kind der Fürsorge seines Elternhauses, dieses wiederum übergibt es der Gesellschaft, die es in eine Schule einsperrt und es jeder Kontrolle durch das Elternhaus entzieht.

So wiederholt sich für das Kind die dramatische Lage, in der Christus war, als er von Herodes zu Pilatus und von diesem zu jenem gewiesen wurde, hin- und hergeschoben zwischen zwei Gewalten, deren jede ihn der anderen überantworten wollte.

Keine Stimme erhebt sich zur Verteidigung des Kindes, obschon eine Stimme da ist, die dies zu tun hätte, die Stimme des Blutes, jene, in der sich die Macht des Lebens äußert: die menschliche Autorität der Eltern.

Wenn das Gewissen der Eltern wach wird, so werden sie nicht wie Pilatus handeln, der dem Messias, um ihn zu verteidigen, die Göttlichkeit absprach, ihn geißeln ließ und ihn als Erster erniedrigte, indem er sagte: *Ecce homo!*

Dieser Vorgang wird von der Geschichte als erstes Ereignis auf Christi Leidensweg verzeichnet, und gewiss nicht als eine Verteidigung des Heilands.

ECCE HOMO!

Das Kind wird den Leidensweg Christi zu gehen haben. Der Beginn aber von alledem liegt in jenem *Ecce homo.* Hier steht ein Mensch, er trägt nicht Gott in sich, er ist wie entleert und ist bereits gedemütigt und gezeichnet worden von solchen Gewalten, die ihn hätten verteidigen können. Dann wurde er vor die Menge, vor die Autorität der Gesellschaft geschleppt.

Die Schule war für das Kind die Stätte größter Trostlosigkeit. Jene ungeheuren Gebäude scheinen für eine Menge von Erwachsenen errichtet. Alles ist hier auf den Erwachsenen zugeschnitten: die Fenster, die Türen, die langen Gänge, die kahlen einförmigen Klassenzimmer. Und drinnen trug der Schüler seit vielen Generationen stets die schwarze Uniform, das Trauerkleid, eine ganze Kindheit hindurch. Die Familie ließ das Kind allein, verließ es an der Schwelle jenes Gebäudes: Jenes Tor war wirklich eine Sperre, eine klare Trennungslinie zwischen zwei Lagern und zwei Verantwortlichkeiten. Und das Kind schien, weinend, hoffnungslos und von Furcht bedrückt, über jenem Tor Dantes Hölleninschrift zu lesen: »Durch mich gelangt man in die Stadt der Schmerzen«, in die Stadt, wo das verlorene Volk wohnt, das Volk, von dem die Gnade sich abgewandt hat.

Eine strenge, drohende Stimme forderte das Kind samt vielen unbekannten Gefährten auf hereinzukommen, wobei man alle zusammen als böse Geschöpfe betrachtete, die Strafe verdient hatten: »Weh euch, ihr bösen Seelen ...«

Und wohin wird das Kind gehen?

Es geht dahin, wo es der haben will, der befiehlt und gebietet. Es geht in eine ihm bestimmte Klasse und irgendeiner macht den Minos, der je nachdem, wie oft er sich mit seinem Schweif umringelte, der verdammten Seele zu verstehen gab, für welche Abteilung der Hölle sie bestimmt war: für die erste, die zweite, die dritte oder gar die vierte, in denen alle ewige Strafen verbüßen und aus denen es kein Entkommen gibt.

Ist man einmal im zugewiesenen Raum, so schließt eine Lehrerin die Tür. Von diesem Augenblick an ist sie Herrin und befehligt das Häuflein Seelen ohne Zeugen und ohne Einspruchsmöglichkeit.

Elternhaus und Gesellschaft haben das Kind ihrer Autorität übergeben. Die Menschen haben jene der Barmherzigkeit würdige Saat in den Wind gestreut und der Wind hat sie hier abgesetzt. Die zarten, zitternden Glieder sind für drei und mehr Stunden der Agonie in eine Bank gefesselt, für drei und für abermals drei Stunden und lange Tage, Monate, Jahre.

Da sitzt nun das Kind in seiner Bank, ständig gestrengen Blicken ausgesetzt, die zwei Füßchen und zwei Händchen dazu nötigen, ganz unbewegt zu bleiben, so, wie die Nägel den Leib Christi an die Starrheit des Kreuzes zwangen.

Und wenn dann in jenes nach Wissen und Wahrheit dürstende Gemüt die Gedanken der Lehrerin entweder mit Gewalt oder auf irgendeinem anderen gut befundenen Weg hineingepresst sind, dann wird es sein, als blute dieses kleine, gedemütigte Haupt wie unter einer Dornenkrone.

Jenes Herz voll Liebe wird von der Verständnislosigkeit der Welt durchbohrt werden wie von einer Lanze und bitter wird ihm vorkommen, was die Bildung ihm zum Stillen seines Durstes darreicht.

Schon steht das Grab bereit für die Seele des Kindes, die inmitten so vieler Unnatürlichkeit nicht zu leben vermag; und ist sie begraben, dann werden viele Wächter darauf sehen, dass sie nicht aufersteht.

Aber das Kind ersteht immer wieder und kehrt immer wieder, frisch und lächelnd, um unter den Menschen zu leben. Wie Emerson sagt: Das Kind ist der ewige Messias, der immer wieder unter die gefallenen Menschen zurückkehrt, um sie ins Himmelreich zu führen.

ANMERKUNGEN

EINLEITUNG

»Die Hygiene war es«: Mangelnde Hygiene, Schmutz und Enge herrschten vor allem in den städtischen Wohnungen noch bis ins späte 19. Jahrhundert und führten zu einer sehr hohen Kindersterblichkeit. Während um 1870 noch rund ein Viertel aller Neugeborenen vor Vollendung des ersten Lebensjahres verstarb, wandelte sich das Bild durch die sich durchsetzenden Hygienemaßnahmen ab Beginn des 20. Jahrhunderts deutlich. 1938 – als Montessori schrieb – lag die Säuglingssterblichkeit nur noch bei 60 von 1000 Lebendgeborenen.

»Opfer der Tuberkulose«: Für die einstmals Schwindsucht genannte Krankheit prägte der Pathologe Johann Lukas Schönlein (1793–1864) erst 1839 die Bezeichnung Tuberkulose. Diese Lungenkrankheit galt als endemische Krankheit der städtischen Armen. Noch um 1880 war jeder zweite Todesfall in Deutschland auf diese Krankheit zurückzuführen. Einen Durchbruch bei ihrer Bekämpfung stellte die Beschreibung des Erregers *Mycobacterium tuberculosis* durch den Arzt und Bakteriologen Robert Koch (1843–1910) im Jahr 1882 dar, für die er 1905 für den Nobelpreis für Medizin erhielt.

»Vor einigen Jahrzehnten gab es noch nicht einmal einen Stuhl für Kinder«: Die erste Firma in Europa, die Stühle und Bänke eigens für Kinder in der ihnen angemessenen Größe und dazu ab 1885 auch noch in Serie herstellte, war die der Brüder Thonet (gegründet von Michael Thonet, 1796–1871) aus Wien. Seit 1890 produzierte die Firma Thonet zusätzlich im nordhessischen Frankenberg, wo sich heute der Hauptsitz befindet.

»In den Ateliers der Städteplaner werden Gärten für die Jugend vorgesehen«: Diese Überlegungen der sogenannten Gartenstadtbewegung gehen auf Vorstellungen des Engländers Ebenezer Howard (1850–1928) zurück, der 1898 ein Modell planmäßiger Stadtentwicklung als Reaktion auf die miserablen Wohn- und Lebensbedingungen in den rasant wachsenden Großstädten vorlegte: »Tomorrow. A Peaceful Path to Real Reform«. 1902 erschien die Neuauflage seines Buches unter dem Titel »Garden Cities of Tomorrow«.

»Pfadfinder«: Die Pfadfinderbewegung geht auf Ideen und Praktiken des britischen Generals Robert Baden-Powell (1857–1941) zurück, der auf der Poole und Bournemouth vorgelagerten Insel Brownsea Island im Jahr 1907 in England das erste Pfadfinderlager organisierte. Seine dabei angestellten Beobachtungen und Erfahrungen veröffentlichte er bereits ein Jahr darauf in seiner Schrift »Scouting for Boys«. Diese avancierte zum Grundbuch der internationalen Pfadfinderbewegung, die sich bereits in der ersten Hälfte des 20. Jahrhunderts auf der ganzen Welt ausbreitete. Ursprünglich nur für Jungen konzipiert, bot sie ab 1910 auch Mädchen (Girl Guides oder Girl Scouts) besondere Lern- und Erlebnisräume, vor allem in der freien Natur, in der Kinder beiderlei Geschlechts sich demokratische Führungsqualitäten aneignen sollten, um sie miteinander zu befähigen, verantwortungsvolle Entscheidungen auch in kritischen Situationen und Lebenslagen zu treffen.

»Kinderrepubliken«: Um 1900 etablierten sich weltweit an verschiedenen Orten reformpädagogisch orientierte Lebensgemeinschaften von Kindern und Erwachsenen, in denen schon den Jüngsten auch im Unterricht ein großes Maß an Mitbestimmung gewährt wurde. Frühe Beispiel dafür sind die von William Reuben George (1866–1936) bei Freeville, New York, im Jahr 1895 gegründete »Junior Republic« oder der zwischen 1913 und 1918 von Homer Lane (1875–1925) geleitete »Commonwealth« in Dorsetshire, England.

»Die politisch-revolutionären Reformen unserer Tage versuchen, sich der Kinder zu bemächtigen«: Hier spielt Montessori auf die in den 1920er Jahren entstandenen Jugendorganisationen der Kommunisten und Faschisten an, also die 1918 in der Sowjetunion gegründete Komsomol (»Kommunistischer Jugendverband«) oder die 1926 in Deutschland gegründete Hitlerjugend. In Montessoris Heimatland Italien, das vom Diktator Benito Mussolini (1883–1945) ab 1925 als Duce del Fascismo und Capo del Governo regiert wurde, konstituierten sich ab 1926 Balilla (Opera Nazionale Balilla, »ONB«) als Jugendorganisation der Faschistischen Partei Italiens.

1. KAPITEL

»Embryologie«: Die Embryologie (von altgriechisch ἔμβρυον *émbryon*, dt. ungeborene Leibesfrucht) ist das wissenschaftliche Teilgebiet der Entwicklungsbiologie, das sich mit der Entwicklung der befruchteten Eizelle und des daraus hervorgehenden Embryos beschäftigt. Der Basler Neuroanatom Wilhelm His (1831–1904) war einer der Mitbegründer der modernen Embryologie.

»Ellen Key«: Ellen Karolina Sophie Key (1849–1926) war eine schwedische Reformpädagogin. Sie stellte die Persönlichkeit des Kindes in den Mittelpunkt ihrer Überlegungen zu Erziehung und Bildung. Ihr Weltbestseller »Barnets århundrade« (1900) – die deutsche Erstausgabe erschien 1902 unter dem Titel »Das Jahrhundert des Kindes« – prägte nicht zuletzt auch auf Grund des programmatischen Titels die Sicht einer ganzen Generation auf die Bedeutung der Kindheit als Kraftfeld einer reformbedürftigen modernen Gesellschaft.

»Thronrede des Königs von Italien«: Viktor Emanuel III., ital. Vittorio Emanuele III. (1869–1947) wurde im Jahr 1900 König von Italien. In den 1920er Jahren tolerierte er die faktische Machtübernahme Benito Mussolinis und der Faschistischen Partei. Erst 1943 distanzierte er sich vom Diktator. 1946 dankte der Monarch dann zugunsten seines Sohnes Umberto II. ab, verließ Italien und zog sich ins ägyptische Exil zurück, wo er auch starb.

»Die Psychoanalyse«: Als Psychoanalyse (von altgriechisch ψυχή *psyche* »Atem, Hauch, Seele«, und ἀνάλυσις *análysis* »Zerlegung«, im Sinne von »Untersuchung«), wird die gegen Ende des 19. Jahrhunderts entstandene Form der Erforschung und Behandlung von unbewussten, psychischen Vorgängen bezeichnet. Grundlegendes Werk zur psychoanalytischen Erforschung des Unterbewussten war Sigmund Freuds Buch »Die Traumdeutung« (1899).

»Die Säulen des Herkules«: In der Antike wurden mit dieser Wendung zwei felsige Berge bezeichnet, von der die Meerenge der Straße von Gibraltar eingefasst werden. Es handelt sich dabei um den Felsen von Gibraltar am südlichen Ende der Iberischen Halbinsel und den Berg Dschebel Musa in Marokko, der sich westlich der spanischen Exklave Ceuta befindet. Gemäß der Auskunft des griechischen Dichters Pindar zufolge brachte Herakles (lat.

Hercules) an diesem Ausgang des Mittelmeeres die Inschrift »οὐκέτι πρόσω« (dt.: Nicht mehr weiter) an, um dort das Ende der Welt zu kennzeichnen.

»Freud«: Sigmund Freud (1856–1939), der Begründer der Psychoanalyse, setzte sich eingehend mit kindlichen Ängsten und Traumata auseinander, die er für die Entstehung von Neurosen verantwortlich machte. Legendär ist die von ihm eingeführte Behandlungsform des therapeutischen Gesprächs. Dabei setzte sich Freud neben den auf einer Couch liegenden Patienten, ohne dass dieser ihn sehen konnte, um ihm dann von außerhalb des Sichtfelds Fragen zu stellen, Impulse zu geben, und kurze Kommentare zu seinen Äußerungen anzubringen.

»seit den Zeiten Charcots«: Jean Martin Charcot (1825–1893) war ein französischer Nervenarzt und der Lehrer von Sigmund Freud.

»Eugenik«: Eugenik (von altgriechisch εὖ *eu* »gut« und γένος *génos* »Geschlecht, Familie«) ist die Lehre von der Erbgesundheit, die der britische Anthropologe Francis Galton (1822–1911), der gegen Ende des 19. Jahrhunderts den Begriff prägte, in Gelehrtenwelt und Politik populär machte. Eugenische Betrachtungen wurden insbesondere in der ersten Hälfte des 20. Jahrhunderts weltweit diskutiert. Auch Montessori ließ sich davon beeindrucken. Heute gilt die Eugenik jedoch als inhärent rassistisch und unwissenschaftlich.

2. KAPITEL

»Wenn Freud [...] von Unterdrückung spricht«: Freuds einschlägige Schrift, in der er sich ausführlich mit unheilvollen Formen der seelischen Verdrängung und Unterdrückung beschäftigt, ist die Abhandlung »Die Verdrängung« (1915).

»Jonas schalt sie«: Im biblischen Buch Jona wird erzählt (Kapitel 3, Verse 1–3), dass der Prophet Jona die Einwohner der sündigen Stadt Ninive zur Buße aufrief – mit den harten Worten: »Noch vierzig Tage und Ninive ist zerstört!«

»Johannes der Täufer am Ufer des Jordans«. Im Evangelium nach Matthäus (Kapitel 3, Vers 7) schmäht Johannes die Sadduzäer und Pharisäer, die sich von ihm taufen lassen wollten, verächtlich als Schlangenbrut (was der protestantische Reformer Martin Luther im 16. Jahrhundert als »Natterngezücht« übersetzte.

»ohne Unterschied des Standes, der Rasse oder der Nation«: Montessori fühlte sich zwar zu Beginn des 19. Jahrhunderts von biologistischen und rassehygienischen Überlegungen der von ihr mit Interesse studierten Eugenik angezogen und bekannte sich teilweise auch dazu. In ihren frühen Schriften zur Anthropologie unterschied sie, in rassistischen Kategorien denkend, etwa zwischen Menschen- und Rassetypen, indem sie den Europäern die Chinesen oder australischen Tasmanier als unterlegen gegenüberstellte. In der vorliegenden Schrift ist dazu jedoch – wie gerade an dieser Stelle sichtbar wird – eine klare Distanzierung zu erkennen. Die von ihr gebrauchte Formulierung erinnert in der Wortwahl auch an den 1949 verabschiedeten Grundgesetz-Artikel 3, Absatz 3, Satz 1: »Niemand darf wegen seines Geschlechtes, seiner Abstammung, seiner Rasse, seiner Sprache, seiner Heimat und Herkunft, seines Glaubens, seiner religiösen oder politischen Anschauungen benachteiligt oder bevorzugt werden.«

3. KAPITEL

»Mit der Veröffentlichung seiner Entdeckungen über die Zellteilung zeigte Wolff«: Der deutsche Anatom Caspar Friedrich Wolff (1734-1794) legte bahnbrechende Arbeiten vor, die der modernen Embryologie den Weg bereiteten. Anhand mikroskopischer Untersuchungen konnte er zeigen, wie sich Tiere Embryogenese entwickeln. Seine Pionierveröffentlichung erschien unter dem Titel »Theorie von der Generation, in zwei Abhandlungen erklärt und bewiesen« (1764).

»Leibniz und Spallanzani«: Sowohl der deutsche Universalgelehrte Gottfried Wilhelm Leibniz (1646-1716) als auch der italienische Physiker Lazzaro Spallanzani (1729-1799) beschäftigten sich bereits im 18. Jahrhundert mit Fragen der möglichen Präexistenz des Menschen in einem als fertig gedachten winzigen Keim.

»Chromosomen«: Als Chromosom (von altgriechisch χρῶμα chrōma »Farbe« sowie σῶμα sōma »Leib«) wird der Träger von Erbanlagen (des Genoms) beschrieben. Chromosomen setzen sich aus Proteinen und aus Desoxyribonukleinsäure (DNA) zusammen. Die DNA birgt auch genetische Informationen für die Vererbung von Eigenschaften. Der Name »Chromosomen« für die Träger der Erbmasse wurde im Jahr 1888 von dem Anatomen Heinrich Wilhelm Waldeyer (1836-1921) eingeführt.

»Morula«: Die Morula – auch als Maulbeerkeim bezeichnet – ist das am dritten Tag nach der Befruchtung vorliegende vielzellige Stadium der Embryogenese. Es umfasst die 16-, 32- und 64-Zellphase.

»Gastrula«: Als Gastrula wird in der Embryogenese die Herausbildung der drei Keimblätter bezeichnet.

»Tantalus«: Tantalos (altgriechisch Τάνταλος *Tántalos*; lat. *Tantalus*) ist eine Gestalt der griechischen Mythologie. Er frevelte gegen die Götter, wodurch er einen Fluch auf sich zog, der darin bestand, dass Nahrung und Wasser immer in seiner Nähe und doch für ihn unerreichbar waren. Zu beständigem Hunger und Durst gesellte sich die Angst um sein Leben, da über seinem Haupt ein Felsbrocken schwebte, der jederzeit herabzustürzen und ihn zu erschlagen drohte. Seine fürchterliche Pein wurde mit dem Wort »Tantalosqualen« sprichwörtlich.

»Warum hast du mich verlassen«: Montessori beschreibt hier den dramatischen Akt der Geburt eines Menschen bildlich als Moment des Sterbens, eines schmerzlichen Abschieds von der Welt der fraglosen Geborgenheit im Fruchtwasser des mütterlichen Leibes. Sie verweist dabei zugleich auf das Matthäusevangelium, wo der gekreuzigte Jesus im Augenblick des Sterbens – dabei Psalm 22, 2 rezitierend – laut aufschreit: »Mein Gott, mein Gott, warum hast du mich verlassen?«

4. KAPITEL

»Jede Art der Bekleidung ist genau so unnötig«: Zu Beginn des 20. Jahrhunderts war die Debatte über Sinn und Unsinn von Kleidung en vogue, nicht nur unter Verfechtern einer sogenannten Reformkleidung, sondern auch unter den Verfechtern des Nudismus. Ein typischer Autor dieser Zeit war der völkische Autor Heinrich Pudor (1865–1943), Verfasser der Bücher »Die Reformkleidung. Ein Beitrag zur Philosophie, Hygiene und Ästhetik des Kleides« (1903) und »Nackt-Kultur« (1906).

»man hat Matratzen aus saugfähigem Material ersonnen«: Die Matratze, wie wir sie heute kennen, hat ihren Ursprung in einer Erfindung des britischen Ingenieurs James Marshall, der 1899 die erste Matratze mit einzeln verpackten Taschenfedern einführte. Seither wuchs sich die Weiterentwicklung von idealen Schlafunterlagen zu einer wahren Wissenschaft aus. Die typische Matratze des ersten Teils des 20. Jahrhunderts war die in Nordamerika entwickelte Innenfeder-Matratze mit Baumwollauflage oder Faser-füllung. Auch in Europa wurden damals immer neue Matratzen entwickelt.

»Dort tragen sogar die Pflegerinnen Gesichtsmasken«: Gegen Ende des 19. Jahrhunderts setzte sich die Erkenntnis durch, dass Krankheiten von Mikroorganismen übertragen werden konnten. Vor allem der französische Biochemiker Louis Pasteur (1822–1895) zielte mit seiner Forschung darauf, eine Übertragung von Keimen zu verhindern und forderte, eine sterile Um-gebung keimfrei zu halten. In Frankreich empfahl Charles Bosquet als einer der ersten Mediziner dann nach 1911 die Verwendung von Hygiene-Masken für das Pflegepersonal in Krankenhäusern und auch in Kinderkliniken.

»Die Gesundheit der Rasse«: Der hier von Montessori gebrauchte Begriff der Rasse (ital. »razza«) – so problematisch er heute auch im Deutschen er-scheint – bezieht sich an diese Stelle auf die Gesundheit aller Menschen. Im Englischen wird übrigens bis heute die Wendung »human race« weit weni-ger kritisch gebraucht. In Montessoris frühen Schriften – wie etwa in ihren Vorlesungen über »Pädagogische Anthropologie« (it. Antropologia pedago-gica), die sie ab 1904 am Pädagogischen Institut in Rom hielt – wurde der Rassebegriff allerdings von ihr noch ganz anders gebraucht, da sie dort wiederholt von unterschiedlichen »Rassetypen« oder »Rassenmerkmalen« spricht.

»Die Worte des Evangelisten Johannes«: Die hier zitierte Passage aus dem Johannesevangelium (Kapitel 1, Verse 10–11) verweist darauf, dass die Mehr-heit der Weltbewohner den Jesus von Nazareth während seines Erdenwan-dels nicht als Messias und Inkarnation des dreieinigen Schöpfergottes er-kannte.

5. KAPITEL

»Instinkt«: Die Bezeichnung Instinkt leitet sich vom lateinischen Wort *instinctus* ab, das so viel bedeutet wie »Anreiz, Antrieb«. Es wurde im 18. Jahr-hundert aus dem Begriff *instinctae naturae* (wörtlich: Naturtrieb) abgeleitet. Damals setzte die moderne Instinktforschung ein. Ihr wichtiger Wegberei-ter war der Hamburger Philosoph Hermann Samuel Reimarus (1694–1768) mit seiner grundlegenden Schrift »Allgemeine Betrachtung über die Triebe der Thiere« (1762). Um 1900 gehörten zu den wichtigsten Erforschern der na-türlichen Instinkte der deutsche Zoologe Heinrich Ernst Ziegler (1858–1925) und der britisch-amerikanische Psychologe William McDougall (1871–1938).

6. KAPITEL

»Et incarnatus est«: Der hier verkürzt zitierte Vers des Nizänischen Glaubensbekenntnis (verabschiedet auf dem Konzil von Nicäa im Jahr 325 n. Chr.) aus dem Römischen Messbuch (Missale Romanum) lautet vollständig: »et incarnatus est de Spiritu Sancto ex Maria Virgine, et homo factus est« (dt. »hat Fleisch angenommen durch den Heiligen Geist von der Jungfrau Maria und ist Mensch geworden«).

»dass die Anatomiestudenten zu sagen pflegen«: Montessori hatte selbst im Rahmen ihres Medizinstudiums in Rom Anatomievorlesungen und Sezierstunden besucht. An die dabei vermittelten Merksätze konnte sie sich bis ins hohe Alter erinnern.

»Ich will den Menschen nach meinem Bild und Gleichnis schaffen«: Im 1. Buch Mose, Kapitel 1, Verse 26-27, heißt es: »Und Gott sprach: Lasst uns Menschen machen, ein Bild, das uns gleich sei, die da herrschen über die Fische im Meer und über die Vögel unter dem Himmel und über das Vieh und über die ganze Erde und über alles Gewürm, das auf Erden kriecht. Und Gott schuf den Menschen ihm zum Bilde, zum Bilde Gottes schuf er ihn; und schuf sie einen Mann und ein Weib.«

»Multa debetur puero reverentia«: Viel Ehrerbietung schuldet man einem Kind. Beim römischen Dichter Juvenal (um 60 bis nach 127) heißt es in den Satiren »Maxima debetur puero reverentia« (dt. größten Respekt schuldet man dem Knaben), Satiren XIV, 47.

»Das Kind ist der Vater des Menschen«: Der englische Schriftsteller William Wordsworth (1770–1850) prägte schon 1802 in seinem wohl berühmtesten Gedicht »The Rainbow« den Satz »The Child is Father of the Man«.

7. KAPITEL

»Entdeckung der inneren Drüsensekretion«: Den Begriff »innere Sekretion« prägte 1855 der französische Arzt Claude Bernard (1813-1878) und begründete damit die Lehre von der Endokrinologie, die sich mit den Funktionsweisen von Schilddrüse, Nebenschilddrüse, Nebennieren, Hirnanhangsdrüse und Bauchspeicheldrüse beschäftigt.

»Der holländische Gelehrte de Vries«: Hugo de Vries (1848–1935) war ein Biologe und Vererbungsforscher, der mit seinen Beiträgen zur Mutationstheorie der Evolutionsforschung wichtige neue Impulse verlieh: »Die Mutationstheorie. Versuche und Beobachtungen über die Entstehung von Arten im Pflanzenreich« (1901 und 1903). Er entdeckte und beschrieb auch die sogenannten Empfänglichkeitsperioden bei Tieren. Auf die Entwicklung von einer Raupe zum Schmetterling verweisend hatte er zeigen können, dass Lebewesen zu ganz bestimmten Zeiten über nur dann gegebene Empfänglichkeiten verfügen, die erst das Heranwachsen ermöglichen. Diese Erkenntnis übertrug Montessori dann auch auf die Entwicklungsprozesse des Kindes, das ihrer Ansicht nach ebenfalls über »sensible Perioden« verfügte.

»die Rechte nicht wissen, was die Linke tut«: Im Matthäusevangelium heißt es in Kapitel 6, Vers 3, in der Bergpredigt: »Wenn du Almosen gibst, soll deine linke Hand nicht wissen, was deine rechte tut«.

»Die des Blutkreislaufes«: Entdecker des großen Blutkreislaufs war der englische Arzt und Anatom William Harvey (1578–1657), »Exercitationes duae anatomicae de circulatione sanguinis« (1649).

»Lewin mittels seiner psychologischen Lehrfilme«: Der deutsche Sozialpsychologe Kurt Lewin (1890–1947) vermittelte seine Erkenntnisse auch in Filmen, etwa im Tonfilm »Das Kind und die Welt« (1931).

»wie Fabre die Insekten beobachtete«: Der französische Naturwissenschaftler und Insektenforscher Jean-Henri Casimir Fabre (1823–1915) war ein Pionier der Ökophysiologie und Verhaltensforschung.

8. KAPITEL

»Grotte des Nero«: Gemeint ist hier die Crypta Neapolitana, ein sehr langer Tunnel inmitten der Stadt Neapel, der wohl während der Regierungszeit des Kaisers Nero in der zweiten Hälfte des 1. Jahrhundert v. Chr. vom Architekten Lucius Cocceius Auctus erbaut wurde. Er verläuft unterhalb des Hügels Posillipo und verbindet den Stadtteil Fuorigrotta mit den westlich der Erhebung gelegenen Teilen der Stadt. Er ist 705 Meter lang und annähernd 4 Meter hoch und breit.

»to palda«: »Auf die Schulter« heißt im Italienischen »a spalla«.

»in unseren Kinderhäusern«: Maria Montessori wurde im Jahr 1907 von der Baugesellschaft Istituto Romano di Beni Stabili (IRBS) die wissenschaftliche Leitung einer im römischen Arbeiterviertel San Lorenzo gelegenen Kindertagesstätte angetragen. Noch im selben Jahr erhielt dieser Kinderhort den Namen »Casa dei bambini« (dt. Kinderhaus). Montessori entwickelte dort experimentell die Grundlagen der von ihr dann propagierten Pädagogik. In der Folge entstanden auch an vielen anderen Orten Kinderhäuser, die sich am römischen Modell orientierten.

»Auf einer Ausstellung in San Francisco«: Die Panama-Pacific International Exposition war eine Weltausstellung, die vom 20. Februar bis zum 4. Dezember 1915 im kalifornischen San Francisco stattfand. Im Zentrum der Feierlichkeiten stand das Gedenken an den im Jahr zuvor vollendeten Bau des Panamakanals. 18,9 Millionen Menschen besuchten die Ausstellung, nach deren Ende die meisten ihrer Gebäude und Pavillons wieder abgerissen wurden. Montessori hielt während dieser Weltausstellung in San Francisco auch einige Vorträge, die einem großen internationalen Zuhörerkreis ihre innovativen Gedanken über Erziehung nahebrachten. Zudem ließ sie auf dem Ausstellungsgelände einen Klassenraum mit einer gläsernen Wand einrichten, um den Besuchern zu demonstrieren, wie in einem Kinderhaus gearbeitet wird. Drinnen gaben sich dreißig aus zweitausend Kandidaten ausgewählte Kinder in höchster Konzentration der Lernarbeit hin, ohne die Menge zu bemerken, die durch die Scheibe blickte und ihnen zusah.

»Erlebnis des Professors Piaget in Genf«: Jean Piaget (1896–1980) war ein Schweizer Biologe, der sich auf dem Gebiet der kognitiven Entwicklungspsychologie hervortat. Von 1929 bis 1954 war er an der Universität Genf Professor für Psychologie. Seine drei Kinder dienten ihm als Studienobjekte für seine Forschungen zur Entwicklung der kindlichen Intelligenz bis zum Erstspracherwerb.

»Experimentalpsychologie«: Das erste psychologische Laboratorium mit einem experimentalpsychologischen Forschungsprogramm etablierte der deutsche Physiologe, Philosoph und Psychologe Wilhelm Wundt (1832–1920) im Jahr 1879 in Leipzig. Er gilt damit als Begründer der Experimentalpsychologie, die sich in der Folge in der ganzen Welt als neue Forschungsrichtung ausbreitete. Um die Wende zum 20. Jahrhundert entstanden in mehreren europäischen Ländern Fachgesellschaften, etwa im Jahr 1904 die deutsche Gesellschaft für experimentelle Psychologie.

9. KAPITEL

»mechanistische Psychologie«: Die mechanistische Psychologie ist eine ursprünglich auf Theorien des englischen Philosophen Thomas Hobbes (1588–1679) zurückgehende und mit Beginn des 19. Jahrhunderts entscheidend von Johann Friedrich Herbart (1776–1841) geförderte Auffassung, nach der alles Geschehen, auch das Seelenleben, analog zu äußerlichen physikalischen Gesetzmäßigkeiten verläuft, weshalb daneben kein anderes Geschehensprinzip angenommen werden kann. Die mechanistische Psychologie war noch um 1900 die führende psychologische Richtung, zu der auch der Behaviorismus zählt, dessen Position von dem amerikanischen Psychologen John B. Watson (1878–1958) in seinem berühmten Artikel »Psychology as the Behaviorist views it« (1913) dargestellt wurde.

»Nihil est in intellectu quod prius non fuerit in sensu«: »Nichts ist im Verstand, was nicht vorher in den Sinnen gewesen wäre.« Diese in der lateinischen Formel auf den Punkt gebrachte Auffassung findet sich zwar schon bei den mittelalterlichen Scholastikern, etwa auch bei Thomas von Aquin, doch wurde sie zu Beginn der Neuzeit vor allem vom englischen Philosophen John Locke (1632–1704) in seiner für die Psychologie grundlegenden Schrift »An Essay concerning Human Understanding« (1690) noch präziser definiert und vor allem popularisiert. Locke wandte sich damit gegen die Vorstellung von der Existenz eingeborener Ideen.

»Von James stammt der Satz«: William James (1842–1910) war ein amerikanischer Psychologe und Mitbegründer des Pragmatismus. Er forschte experimentell, vertrat aber einen antimaterialistischen Empirismus.

»Bamban«: Verballhornung von »automobile«.

»ein Evangelium von Gustav Doré«: Paul Gustave Doré (1832–1883) war ein französischer Maler und Grafiker, dessen phantastische Bilderwelten ihm Berühmtheit eintrugen. Großen Erfolg hatte er mit seinen romantischen Bibel-Illustrationen von 1866.

»Transfiguration des Raffael«: Die Transfiguration (La trasfigurazione) ist das letzte Gemälde des italienischen Malers Raffaello Sanzio (1483–1520), an dem er bis zu seinem Tod arbeitete. Es zeigt zwei Szenen aus dem Neuen Testament, die Verklärung Christi auf dem Berg Tabor und die Heilung des mondsüchtigen Knaben, die zueinander in Beziehung gesetzt werden. Bis in die erste Hälfte des 20. Jahrhunderts galt es als das berühmteste Gemälde der Welt.

»Es gibt viele dumme Bücher mit grotesken Illustrationen«: »The Story of Little Black Sambo« (1899) ist ein Kinderbuch der schottischen Autorin Helen Bannerman (1862–1946), das sich in der ersten Hälfte des 20. Jahrhunderts großer Beliebtheit erfreute. Bannerman illustrierte ihr Buch selbst. 1928 erschien eine deutsche Übersetzung unter dem Titel »Der kleine schwarze Sambo. Eine lustige Negergeschichte« mit farbigen Illustrationen von Helmut Skarbina (1888–1945). Zeitgenössische Kritiker hoben hervor, dass Sambo einer der ersten schwarzen Helden in der europäischen Kinderliteratur sei, insbesondere im Vergleich zu Büchern jener Zeit, in denen schwarze Menschen als einfach und unzivilisiert dargestellt wurden. Ab dem ausgehenden 20. Jahrhundert wurde das Buch jedoch Gegenstand von Rassismusvorwürfen, da die Namen der Figuren rassistischen Schimpfwörtern für dunkelhäutige Menschen ähnelten. Zudem waren die Illustrationen in einem stereotyp karikierenden Stil gehalten. In neueren Ausgaben wurden sowohl Text als auch Illustrationen erheblich überarbeitet. 1935 erschien auch ein auf dem Buch basierender Animationsfilm des für seine im Auftrag von Disney angefertigten Mickey Mouse Cartoons bekannten amerikanischen Zeichners Ub Iwerks (1901–1971).

10. KAPITEL

»Das Invasorenvolk ... kämpft um sein Dasein«: Diese Passage, die darauf abhebt, dass Völker angeblich in naturgegebener Konkurrenz zueinander stehen und notgedrungen miteinander um Nahrung und Lebensraum kämpfen, basiert auf der vom englischen Biologen Charles Darwin (1809–1882) aufgestellten These des allgemeinen »struggle for life«, die in den 1920er und 1930er Jahren in Gestalt des Sozialdarwinismus viele Anhänger hatte.

11. KAPITEL

»Messias, von dem die Propheten berichten«: Im Matthäusevangelium (Kapitel 8, Vers 20) und im Lukasevangelium (Kapitel 9, Vers 58) sagt Jesus: »Die Füchse haben Gruben, und die Vögel unter dem Himmel haben Nester; aber der Menschensohn hat nichts, wo er sein Haupt hinlege.«

12. KAPITEL

»Pilatus lehnte jede Verantwortung für die Kreuzigung Christi ab«: Im Evangelium nach Matthäus wird berichtet, Kapitel 27, Vers 24: »Als aber Pilatus sah, dass er nichts ausrichtete, sondern das Getümmel immer größer wurde, nahm er Wasser und wusch sich die Hände vor dem Volk und sprach: Ich bin unschuldig an seinem Blut.« Die darauf bezogene Redewendung taucht allerdings bereits in der hebräischen Bibel – im Alten Testament – im Psalter in einem Unschuldsbekenntnis und einer Bitte Davids in Psalm 26, 6–7 auf: »Ich wasche meine Hände in Unschuld und umschreite, HERR, deinen Altar, dir zu danken mit lauter Stimme und zu verkünden alle deine Wunder.«

13. KAPITEL

»Es gehört zu den japanischen Totenriten«: Die japanischen Totenriten orientieren sich an den Lehren des Buddhismus. So wird der Berg Osore-zan im Norden Japans als Abbild des buddhistischen Jenseits gedeutet und als Grenzbereich zur Unterwelt. Dies ist nach einem weit verbreiteten Glauben der Ort, an dem die Seelen der verstorbenen Kinder Steine aufstapeln müssen, bis sich Jizō, der Schutzgott der Kinder, ihrer erbarmt. Viele Menschen pilgern dorthin, um den Seelen der toten Kinder beizustehen, indem sie selbst Steine anhäufen.

17. KAPITEL

»mit einem Wort Dantes«: »Donne ch'avete intelletto d'amore« ist ein nur aus Endsilben bestehender Gesang des größten italienischen Dichters Dante Alighieri (1265–1321), das im 19. Kapitel seines zwischen 1292 und 1294 abgefassten Werkes »Vita Nova« enthalten ist.

»die Worte des Jüngsten Gerichtes«: Montessori paraphrasiert hier eine Passage aus dem Matthäusevangelium, Kapitel 25, Verse 41–45.

18. KAPITEL

»Er muss wachsen, ich aber muss abnehmen«: Im Johannesevangelium sagt Johannes der Täufer über Jesus von Nazareth im 3. Kapitel, Vers 30: »Er muss wachsen, ich aber muss abnehmen.«

»Das Himmelreich ist einem Kaufmann gleich«: Das Gleichnis von der kostbaren Perle wird im Matthäusevangelium erzählt, Kapitel 13, Verse 44–46.

»Volta«: Alessandro Volta (1745–1827) war ein italienischer Physiker und Erforscher der Elektrizität. Nach ihm wurde die SI-Einheit für die elektrische Spannung (Volt) benannt.

»unsere erste Schule für geistig normale Kinder«: Vor ihrer Tätigkeit im ersten Kinderhaus in Rom wirkte Montessori als Erzieherin geistig behinderter Kinder.

»Die Worte der Liturgie«: Im Prophetenbuch Jesaja heißt es im Kapitel 60, Verse 1–3: »Mache dich auf, werde licht: denn dein Licht kommt, und die Herrlichkeit des HERRN geht auf über dir! Denn siehe, Finsternis bedeckt das Erdreich und Dunkel die Völker; aber über dir geht auf der HERR, und seine Herrlichkeit erscheint über dir. Und die Heiden werden zu deinem Lichte ziehen und die Könige zum Glanz, der über dir aufgeht.«

»Aladin«: Aladin heißt die Hauptfigur des Märchens »Aladin und die Wunderlampe« aus dem mittelalterlichen orientalischen Geschichtenzyklus »Tausendundeine Nacht«. Ähnlich wie bei »Ali Baba und die vierzig Räuber« geht die Forschung allerdings mittlerweile davon aus, dass die Aladin-Erzählung erst im frühen 18. Jahrhundert hinzugefügt und von Hanna Diyab (um 1688 – nach 1763) aus Aleppo, einem syrischen maronitischen Christen, ersonnen wurde. In dem Märchen verfügt der Held Aladin über eine mit magischen Kräften ausgestattete Öllampe.

»Wer eines dieser Kinder aufnimmt«: Im Markusevangelium heißt es in Kapitel 9, Verse 36–37, über Jesus: »Und er nahm ein Kind, stellte es mitten unter sie und herzte es und sprach zu ihnen: Wer ein solches Kind in meinem Namen aufnimmt, der nimmt nicht mich auf, sondern den, der mich gesandt hat.«

»Wenn ihr nicht werdet wie die Kleinen«: im Evangelium nach Matthäus heißt es in Kapitel 18, Verse 1–3: »Zu derselben Stunde traten die Jünger zu Jesus und fragten: Wer ist doch der Größte im Himmelreich? Jesus rief ein Kind zu sich und stellte es mitten unter sie und sprach: Wahrlich, ich sage euch: wenn ihr nicht umkehrt und werdet wie die Kinder, so werdet ihr nicht ins Himmelreich kommen.«

»in einem Schwachsinnigen-Institut«: Erst 1958 wurde in Deutschland durch die Elternvereinigung Lebenshilfe der Begriff »geistig behindert« eingeführt, um damit für die geistige Behinderung eine Abgrenzung von den zuvor üblichen Bezeichnungen wie »Idiotie« oder »Schwachsinn« herbeizuführen, die nunmehr als diskriminierend erachtet wurden.

20. KAPITEL

»das ganze von mir vorbereitete Material«: Montessori hielt viele der klassischen Spielsachen für Kinder für völlig ungeeignet, um deren Entwicklungsprozess zu fördern. Deshalb entwarf sie eigene Materialien, die sich an geometrischen Formen, Bausteinen, Zylindern, Würfeln und bestimmten Farbfolgen orientierten. Diese sollten zur spontanen, experimentellen Auseinandersetzung einladen und die Kreativität und Phantasie der Kinder beflügeln. An Montessoris Material wurde allerdings von anderen berühmten Vertretern der Reformpädagogik schon früh Kritik angemeldet. So bemängelte der Amerikaner John Dewey (1859–1952) bereits in seinem 1916 erschienenen Buch »Democracy and Education« im 15. Kapitel »Play and Work in the Curriculum«, dass die von Montessori verwendeten Materialien phantasievollen Beschäftigungen der Kinder eher im Wege stünden, weil sie seiner Ansicht nach zu viele vorgefertigte Elemente enthielten: »The fear of raw material is shown in [...] Montessori house of childhood. The demand is for materials which have already been subjected to the perfecting work of mind [...]. The notion that a pupil operating with such material will somehow absorb the intelligence that went originally to its shaping is fallacious.«

24. KAPITEL

»die Tochter unseres Ministerpräsidenten«: Edda Mussolini (1910–1995), die älteste Tochter des ab 1925 diktatorisch regierenden italienischen Ministerpräsidenten Benito Mussolini, war seit 1930 mit dem Grafen Gian Galeazzo Ciano verheiratet, der zu diesem Zeitpunkt gerade seine diplomatische Ausbildung zum Botschaftssekretär in Argentinien abgeschlossen hatte. Ciano amtierte von 1936 bis 1943 als Außenminister des faschistischen Italien.

25. KAPITEL

»Und die Sterne sagten«: Im Buch »Baruch«, das nicht zum jüdischen Kanon heiliger Schriften zählt und in der Lutherbibel lediglich zu den Apokryphen gerechnet wird, jedoch in der Römisch-Katholischen Kirche und in den orthodoxen Kirchen als vollwertiger Teil des Alten Testamentes geführt wird, heißt es im Kapitel 3, Vers 34: »Die Sterne leuchteten auf ihren Wachen und jauchzten, sie wurden gerufen und sagten: Hier sind wir! Und sie leuchteten voll Ergötzen vor dem, der sie schuf.«

26. KAPITEL

»Ich beschränkte mich darauf, den Kindern von vier und fünf Jahren ein paar Buchstaben des Alphabets zu zeigen«: Montessori merkt an dieser Stelle selbst in einer zugehörigen Fußnote an: »Ich nannte dabei den phonetischen Laut des Buchstabens, nicht seinen alphabetischen Namen.«

»Erdbebenkatastrophe«: Das Erdbeben in der sizilianischen Stadt Messina war die schlimmste Naturkatastrophe Europas im 20. Jahrhundert. Die gewaltigen Erdstöße ereigneten sich kurz nach Weihnachten am 28. Dezember 1908. Fast völlig zerstört wurde dabei nicht nur Messina, auch die Städte Reggio Calabria und Palmi fielen den Verheerungen zum Opfer. Ein dem Beben folgender Tsunami kostete dazu viele weitere Menschenleben. Es wird heute geschätzt, dass in der betroffenen Region um Messina bis zu 110 000 Einwohner starben.

27. KAPITEL

»New Children«: Die britische Autorin und Journalistin Sheila Jamieson Radice (1882–1960) veröffentlichte 1920 den Gesprächsband: »The New Children. Talks with Dr. Maria Montessori«.

»Blicke auf und sieh um dich«: Im Prophetenbuch Jesaja heißt es im 60. Kapitel, Verse 4–5: »Hebe deine Augen auf und sieh umher: Diese alle sind versammelt und kommen zu dir. Deine Söhne werden von ferne kommen und deine Töchter auf dem Arme hergetragen werden. Dann wirst du deine Lust sehen und vor Freude strahlen, und dein Herz wird erbeben und weit werden, wenn sich die Schätze der Völker am Meer zu dir kehren und der Reichtum der Völker zu dir kommt.«

28. KAPITEL

»Abschaffung der gemeinsamen Lektionen«: Montessori merkt an dieser Stelle selbst in einer zugehörigen Fußnote an: »Das bedeutet nicht, dass in unseren Schulen überhaupt keine gemeinsamen Lektionen erteilt werden. Diese stellen aber weder das einzige noch auch nur das hauptsächlichste Unterrichtsmaterial dar. Sie dienen lediglich zu besonderen Darlegungen und Fähigkeiten.«

»Die Königin von Italien beschäftigte sich in großherziger Weise mit ihnen«: Königin Elena von Italien (1873–1952) engagierte sich mit einem großen persönlichen Einsatz für die vom Erdbeben geschädigten Menschen. So signierte sie Porträtfotos und bot diese zum Verkauf an. Den Erlös stiftete sie für den Wiederaufbau der zerstörten Städte. Aber auch ihre Schwiegermutter Margherita (1851–1926), die zuvor von 1878–1900 Königin von Italien gewesen war, unterstützte die Kinder und Montessori nach Kräften.

»Die Schule befand sich in einem Kloster der Franziskanerinnen«: Nach der Eröffnung eines zweiten Kinderhauses in Mailand im Jahr 1908 veröffentlichte Montessori im Folgejahr ihr erstes Buch »Il Metodo della Pedagogia Scientifica applicato all'educazione infantile nelle Case dei Bambini«, in dem sie ihre Erziehungsmethode umfassend beschrieb. Das Buch wurde ein großer Erfolg und in der Folge in 20 Sprachen übersetzt. Noch im selben Jahr 1909 richtete Montessori aufgrund des nun einsetzenden großen Interesses an ihrer Pädagogik ein weiteres Modell-Kinderhaus im Franziskanerinnenkloster in der Via Giusti im römischen Stadtviertel Esquilino ein.

29. KAPITEL

»jene Worte der Bergpredigt«: Jesu Bergpredigt wird in den Evangelien nach Matthäus und Lukas geschildert. Im Matthäusevangelium heißt es im Kapitel 5, Vers 3: »Selig sind, die da geistlich arm sind; denn ihrer ist das Himmelreich.« Und im Lukasevangelium ist im 6. Kapitel, Vers 21 zu lesen: »Selig seid ihr, die ihr jetzt weint; denn ihr werdet lachen.«

»Im Sinne des Christuswortes«: Im Matthäusevangelium heißt es im 18. Kapitel, Verse 21–22: »Da trat Petrus zu ihm und fragte: Herr, wie oft muss ich denn meinem Bruder, der an mir sündigt, vergeben? Genügt es siebenmal? Jesus sprach zu ihm: Ich sage dir: nicht siebenmal, sondern siebzigmal siebenmal.«

30. KAPITEL

»Erbsünde«: Erbsünde – oder auch Ursünde – (lateinisch *peccatum originale* oder *peccatum hereditarium*) ist ein Begriff der christlichen Dogmatik. Damit ist der prinzipielle Unheilszustand aller Menschen gemeint, der durch den Sündenfall der Ureltern Adam und Eva (vgl. 1. Buch Mose [»Genesis«], Kapitel 3) herbeigeführt wurde. Die Erbsündenlehre wurde klassisch von Augustinus von Hippo (354–430) formuliert und war seither zentral bedeutsam für die Entwicklung der westlichen Kirche und besonders des Protestantismus. Die römisch-katholische Kirche befasste sich auf dem Konzil von Trient (1545–1563) mit dem Problem der Erbsünde und deklarierte im »Decretum de

Peccato Originali«, dass alle Menschen in Nachfolge des Adam, mit Ausnahme von Jesu Mutter Maria, von der Ursünde betroffen sind.

»Nimm erst den Balken aus dem eigenen Auge«: Diese Aussage ist Teil der im Matthäusevangelium überlieferten Bergpredigt Jesu, wo es im Kapitel 7, Verse 3–5, heißt: »Was siehst du aber den Splitter in deines Bruders Auge und nimmst nicht wahr den Balken in deinem Auge? Oder wie kannst du sagen zu deinem Bruder: Halt, ich will dir den Splitter aus deinem Auge ziehen? Und siehe, ein Balken ist in deinem Auge. Du Heuchler, zieh zuerst den Balken aus deinem Auge; danach sieh zu, wie du den Splitter aus deines Bruders Auge ziehst.«

»Die Haupt- und Todsünde«: Gemäß der Lehre der römisch-katholischen Kirche werden als Todsünde (lat. *peccatum mortiferum* oder *mortale*) werden in der römisch-katholischen Kirche die folgenden sieben besonders schwerwiegenden Sünden bezeichnet: *Superbia* (Hochmut, Stolz); *Avaritia* (Geiz, Habsucht); *Luxuria* (Wollust, Begehren); *Ira* (Zorn); *Gula* (Völlerei, Unmäßigkeit); *Invidia* (Neid, Eifersucht); und *Acedia* (Faulheit, Feigheit). Üblicherweise gilt Hochmut bzw. Stolz als die Kardinalsünde, jedoch zeigt Montessori hier auf, dass dem Hochmut eine Veranlagung zum Zorn vorausgeht.

»Doch ist ein Akt der Demut notwendig«: Der Demut kommt sowohl im jüdischen als auch im christlichen Denken und Handeln eine besondere Rolle zu. In der hebräischen Bibel und im Neuen Testament ist Demut eine wesentliche Eigenschaft des Gerechten und des wahren Gläubigen. Demut stellt den größten Gegensatz zum Stolz dar. So heißt es in der alttestamentlichen Sprichwörtersammlung, Kapitel 19, Vers 23: »Die Hoffart des Menschen wird ihn stürzen, aber der Demütige wird Ehre empfangen.«

32. KAPITEL

»Fröbel«: Der deutsche Pädagoge Friedrich Fröbel (1782–1852) war ein wichtiger Vorläufer Montessoris. Er gilt als Begründer der Idee der Kindergärten (Stiftung des »Allgemeinen deutschen Kindergartens« am 28. Juni 1840 im thüringischen Blankenburg) für die er auch schon eigene Spielmaterialien entwarf. Diese nannte er »Spielgaben«. Dazu gehörten wesentlich Ball, Würfel und Walze. Montessori orientierte sich mit den von ihr zum Einsatz gebrachten Materialien stark daran.

36. KAPITEL

»Neugeborenen Kindern gleich«: Im neutestamentlichen 1. Petrusbrief heißt es im Kapitel 2, Vers 2: »Seid begierig nach der vernünftigen lauteren Milch wie die neugeborenen Kindlein, damit ihr durch sie zunehmt zu eurem Heil.«

»Der Psychologe Alfred Adler«: Der österreichische Psychotherapeut Alfred Adler (1870–1937) begründete im Jahr 1907 in Wien das neue Forschungsfeld der Individualpsychologie.

40. KAPITEL

»mendacium vesanum«: Die rasende Lüge

41. KAPITEL

»Man denke nur an jenen Esau des Alten Testaments«: Im 1. Buch Mose (»Genesis«) wird im Kapitel 25, Verse 29–34, davon berichtet, dass Isaaks ältester Sohn Esau im Moment eines plötzlich einsetzenden Hungergefühls dem jüngeren Bruder Jakob für den Genuss eines Linsengerichts sein kostbares Erstgeburtsrecht verkaufte.

»Mit welcher Schärfe stellt doch Thomas von Aquin die Beziehungen zwischen Essgier und Intellekt heraus«: In einem Hauptwerk der scholastischen Philosophie, der »Summa contra gentiles«, die der große Dominikaner und Kirchenlehrer Thomas von Aquin um 1260 verfasste, prangert der Autor die vernunftabtötende Wirkung der maßlosen Gefräßigkeit im Kapitel 127 mit klaren Worten als sündhaft an: »Potest esse peccatum si praeter rationem aliquis ipso utatur contra suam salutem« [dt. »Bei keiner Speise ist ihr Gebrauch an sich Sünde, insofern sie so oder so beschaffen ist, sondern der Genuss kann Sünde sein, wenn jemand eine Speise gegen seine Gesundheit wider die Vernunft zu sich nimmt.«]

»Todestrieb«: In der klassischen psychoanalytischen Theorie wird der Drang zur Destruktion, der sich zum einen als eine Form der Aggression gegen andere richtet, jedoch auch Züge der Selbstzerstörung annehmen kann, erstmals von der russischen Psychoanalytikerin Sabina Spielrein (1885–1942) in ihrem Aufsatz »Die Destruktion als Ursache des Werdens« (1912) als Todestrieb bezeichnet. Mit dieser Wendung arbeitete dann auch Sigmund Freud ausgiebig in seiner Abhandlung »Jenseits des Lustprinzips« (1920).

42. KAPITEL

»die Forscher, die nach der Nilquelle suchten«: In der Mitte des 19. Jahrhunderts war die Suche nach der Nilquelle eine der großen selbstgestellten Aufgaben der europäischen Afrikaforscher. Auf einer ausgedehnten Reise durch Ostafrika identifizierte der Brite John Hanning Speke (1827–1864) im Jahr 1858 den Victoriasee als Ursprung des Nils.

43. KAPITEL

»man sieht ja heute das Leben auf der Erde als eine Biosphäre an«: Der moderne Gebrauch des Begriffs Biosphäre – von griechisch βίος *bíos* ›Leben‹ und σφαίρα *sphaíra* ›Kugel‹ – wurde von dem französischen Jesuiten, Anthropologen und Paläontologen Pierre Teilhard de Chardin (1881–1955) geprägt. Gemeint ist damit das gesamte zusammenhängende Ökosystem der Erde. Der katholische Theologe beschäftigte sich zudem intensiv mit der Stellung des Menschen im Kosmos, wobei er religiöse Erlebnisse und naturwissenschaftliche Untersuchungen für gleichermaßen bedeutsam hielt. 1916 publizierte er den wegweisenden Aufsatz »Das kosmische Leben«.

44. KAPITEL

»Mein Reich ist nicht von dieser Welt«: Im Johannesevangelium heißt es im Kapitel 18, Vers 36: »Jesus antwortete: Mein Reich ist nicht von dieser Welt«.

»die an jene biblische Darstellung erinnert, in der es vom Menschen nur heißt, er wurde geschaffen«: In der Bibel gibt es zwei Schöpfungsberichte. Im zweiten Bericht wird der Vorgang der Schöpfung des Menschen genau beschrieben, denn es heißt dort, dass Gott den Mann aus Lehm schuf, ihm Atem einblies und dann die Frau aus seiner Rippe schnitzte, 1. Mose (»Genesis«), Kapitel 2, Verse 7 und 21–22. Im ersten Bericht wird ›nur‹ gesagt »Gott schuf den Menschen zu seinem Bilde, zum Bilde Gottes schuf er ihn; und er schuf sie als Mann und Weib«, 1. Mose (»Genesis«), Kapitel 1, Vers 27.

»Hilf mir, es allein zu tun«: »Hilf mir, es selbst zu tun« oder, wie hier, »Hilf mir, es allein zu tun«, sind Wendungen, die als die eigentliche Losung der Montessori-Pädagogik gelten können. Sie weisen darauf hin, dass die Erzieher das Kind dabei unterstützen sollen, die in ihm angelegten Begabungen und Talente zur vollen Entfaltung gelangen zu lassen. Als Grundanliegen einer freiheitlichen und auf die Förderung der Individualität setzenden Pädagogik findet sich das Prinzip der Hilfe zur Selbsthilfe schon beim Schweizer

Johann Heinrich Pestalozzi, der als Erzieher Kräfte zu entfalten suchte, die bei den Schülern bereits natürlich angelegt sind (vgl. dazu etwa Pestalozzis Schrift »Wie Gertrud ihre Kinder lehrt. Ein Versuch, den Müttern Anleitung zu geben, ihre Kinder selbst zu unterrichten« (1801).

45. KAPITEL

»wie sie Lamarck dargestellt hat«: Viele Jahrzehnte bevor Charles Darwin seine bahnbrechende Schrift »On the Origin of Species« (1859) publiziert hatte der französische Botaniker und Zoologe Jean-Baptiste de Lamarck (1744–1829) bereits in seiner Abhandlung »Philosophie zoologique« (1809) eine ausformulierte Evolutionstheorie vorgelegt, die von einer zielgerichteten Höherentwicklung der Lebewesen hin zu einer ausgeprägten Artenvielfalt ausging.

»die materialistische Geschichtsschreibung«: Die von Karl Marx (1818–1883) und Friedrich Engels (1820–1895) in der zweiten Hälfte des 19. Jahrhunderts aufgestellte Geschichtstheorie des (Historischen) Materialismus – die dann für Sozialisten und Kommunisten zum maßgeblichen Bezugspunkt wurde – besagt, dass weniger die Ideen und das Denken der Menschen die Geschichte prägten und prägen, sondern vielmehr materielle Interessen und harte Kämpfe zwischen den verschiedenen Klassen die Gesellschaften der Welt beständig fortentwickeln.

»wie es in den Sprüchen Salomos heißt«: Im biblischen Buch der Sprüche Salomos sagt die Weisheit, die hier als Gottes Liebling geschildert wird, im Kapitel 8, Vers 22, über sich: »Der HERR hat mich schon gehabt im Anfang seiner Wege, ehe er etwas schuf«.

46. KAPITEL

»Erkenne dich selbst!«: Seit der Antike ist dieser Aufruf der Anstoß zur Selbsterforschung und zur Untersuchung des Wesens des Menschseins: »*Gnothi seauton*« (altgriechisch Γνῶθι σεαυτόν), »Erkenne dich selbst!«. Dieser Spruch zierte als Inschrift den Apollotempel von Delphi, da im altgriechischen Denken der Gott Apollon, der Gott der Weissagung und der Künste, als Urheber dieses Imperativs galt.

47. KAPITEL

»Schutzengel«: Der biblische Bezugspunkt für den Schutzengelglauben ist im Matthäusevangelium der 10. Vers im 18. Kapitel: »Seht zu, dass ihr nicht einen von diesen Kleinen verachtet. Denn ich sage euch: Ihre Engel im Himmel sehen allezeit das Angesicht meines Vaters im Himmel«. Schon im Alten Testament steht im Psalter geschrieben: »Denn er hat seinen Engeln befohlen, dass sie dich behüten auf allen deinen Wegen« (Psalm 91, 11).

»die Anerkennung der Rechte des Kindes«: 1919 gründete die englische Grundschullehrerin Eglantyne Jebb (1876–1928) das britische Komitee »Save the Children« als eine international tätige Nichtregierungsorganisation. Jebb entwarf ein Fünf-Punkte-Programm, mit dem sie grundlegende Kinderrechte einforderte, und legte ihre Liste 1923 als »Children's Charter« dem Völkerbund in Genf vor. Am 26. September 1924 wurde die Charta von der Generalversammlung des Völkerbundes angenommen und verabschiedet.

48. KAPITEL

»der normale bethlehemitische Kindermord«: Als Kindermord in Bethlehem wird in christlicher Tradition die in der Weihnachtsgeschichte des Matthäusevangeliums (Kapitel 2, Vers 16) geschilderte Tötung aller männlichen Kleinkinder in Bethlehem bezeichnet, die von König Herodes dem Großen (73 v. Chr. – 4 v. Chr.) angeordnet worden sei, um den von ihm als Konkurrenten gefürchteten neugeborenen König der Juden – Jesus von Nazareth –, dessen erfolgte Geburt ihm prophezeit wurde, umbringen zu lassen.

»Wenn ihr nicht werdet wie die Kinder«: Im Matthäusevangelium heißt es im 18. Kapitel, Verse 2–3: »Jesus rief ein Kind zu sich und stellte es mitten unter sie und sprach: Wahrlich, ich sage euch: Wenn ihr nicht umkehrt und werdet wie die Kinder, so werdet ihr nicht ins Himmelreich kommen.«

»Institut des Völkerbunds für Erziehungsfragen«: 1925 wurde in Genf das »International Bureau of Education« (IBE) als private Organisation von weltweit prominenten Psychologen und Pädagogen gegründet, darunter Pierre Bovet, der von 1925–1929 als Direktor des IBE amtierte. Das IBE sollte die wissenschaftliche Erforschung der öffentlichen und privaten Erziehung im internationalen Zusammenhang koordinieren. 1929 wurde das Institut auch offiziell vom Völkerbund als maßgebliche internationale Organisation auf dem Gebiet des Erziehungswesens anerkannt.

»Recht, das Kind zu züchtigen«: Das Recht zur Züchtigung wurde jahrhundertelang gerade auch liebenden Eltern als ein zulässiges und manchmal sogar gebotenes Mittel der Kindererziehung empfohlen. Dies geschah häufig unter Verweis auf den Vers 24 im Kapitel 13 der Sprüche Salomos: »Wer seine Rute schont, der hasst seinen Sohn, wer ihn aber liebhat, der züchtigt ihn beizeiten.« Erst im Zeitalter der Aufklärung begannen sich die Pädagogen für die Abschaffung der Prügelstrafe als Regelfall der Erziehung einzusetzen. In besonders prominenter Form tat dies der Engländer John Locke (1632–1704) in seinem Traktat »Some Thoughts concerning Education« (1693). Es dauerte jedoch bis zur Abschaffung der Kinderzüchtigung in der Schule und einer entsprechenden Gesetzgebung noch bis weit ins 20. Jahrhundert. Mittlerweile ist es in der gesamten Europäischen Union verboten, Kinder in der Schule zu schlagen. In manchen Ländern darf die Züchtigung der Kinder durch ihre Eltern jedoch noch erfolgen, jedenfalls wird sie dort nicht geahndet, so etwa in Tschechien oder Italien.

»Handeln sie nicht so, so tun sie es Pilatus gleich«: Montessori spielt hier darauf an, dass Pontius Pilatus, der Präfekt des römischen Kaisers Tiberius in Judäa, den in seine Obhut übergebenen Jesus nicht schützte, sondern seinen Peinigern zur Kreuzigung überließ, vgl. Lukasevangelium Kapitel 23, Vers 23–25.

»Herodes«: Im Lukasevangelium wird im Kapitel 23, Vers 7–11, eindrucksvoll erzählt, dass Pontius Pilatus den Jesus von Nazareth, als er ihn in Gewahrsam hatte, zum jüdischen Herrscher Herodes Antipas weiterschickte. Dieser wusste jedoch nichts mit ihm anzufangen. Er verspottete ihn mit seinen Soldaten und sandte ihn wieder zurück zu Pilatus.

»Ecce homo«: »Siehe, ein Mensch«. Mit diesem Satz stellt nach der Erzählung des Johannesevangeliums (Kapitel 19, Vers 5) Pontius Pilatus dem Volk den zuvor gefolterten und zum Spott mit einer Dornenkrone gekrönten Gefangenen Jesus von Nazareth vor. Der an dieser Stelle von Montessori in lateinischer Sprache wiedergegebene Ausruf lautet ursprünglich im griechischen Text des Evangeliums ἰδοὺ ὁ ἄνθρωπος und bedeutet »Siehe, der Mensch«.

»Dantes Hölleninschrift«: In der »Divina Commedia« (1321) des Dante Alighieri steht laut erstem Gesang über der Hölle die Inschrift geschrieben: »Per me si va nella città dolente« [dt. »Durch mich geht es zur Stadt der Leiden«] (Vers 1) und in der Hölle spricht ein Greis zu denen, die dort wandeln, dann noch den schrecklichen Satz: »Guai a voi anime prave: Non isperate mai veder lo cielo!« [dt. »Weh euch, ihr verkommenen Seelen! Hofft nicht, je den Himmel zu sehen«] (Vers 82).

»Minos«: Minos war gemäß den Vorstellungen der griechischen Mythologie als Sohn des Zeus und der Europa König von Kreta. Nach seinem Tod herrschte er als Richter der Toten in der Hades genannten Unterwelt.

»Wie Emerson sagt«: Ralph Waldo Emerson (1803–1882) war einer der führenden amerikanischen Schriftsteller und Philosophen des 19. Jahrhunderts. In seinem besonders einflussreichen Essay »Nature« (1836) schreibt er am Ende des 8. Kapitels über die Kindheit als ewige Seinsform des Messias: »Infancy is the perpetual Messiah, which comes into the arms of fallen men, and pleads with them to return to paradise.«

EDITORISCHE NOTIZ

In der Absicht, nach vielen Jahren der Forschung und erzieherischen Praxis noch einmal einem großen Publikum von den Ursprüngen ihrer Methode und ihrem eigentlichen Anliegen zu berichten, machte sich Maria Montessori unmittelbar nach der Schließung ihrer Schulen im faschistischen Italien daran, die wesentlichen Elemente ihrer Pädagogik bündiger als jemals zuvor in einem kompakt gehaltenen Buch darzustellen. Ihr in italienischer Sprache verfasstes Buch erschien 1936 zunächst auf Französisch, übersetzt von Georgette Bernard, unter dem knappen Titel »L'Enfant« im in Brügge und Paris ansässigen Verlag Desclée de Brouwer. Im gleichen Jahr publizierte der amerikanische Verlag Longmans, Green & Co auch in New York eine von Barbara B. Carter erstellte Übertragung mit dem erweiterten Titel »The Secret of Childhood«. Diese Übersetzung erschien pünktlich zum 5. Internationalen Montessori-Kongress, der vom 7. bis 17. August 1936 in der englischen Universitätsstadt Oxford stattfand. Die italienische Ausgabe wurde erst zwei Jahre später, im Jahr 1938, in der Schweiz veröffentlicht, in der Stadt Bellinzona, wo sie vom Istituto Editoriale Ticinese herausgegeben wurde. Der Titel dieser Ausgabe lautete »Il segreto dell'infanzia«.

Als die italienische Ausgabe erschien, war der Gebrauch von

Montessoris Pädagogik nicht nur im von Benito Mussolini diktatorisch regierten Italien untersagt, sondern seit Hitlers Machtübernahme auch gleichermaßen im nationalsozialistischen Deutschland verboten. Eine deutsche Ausgabe des Buches konnte somit erst 1952 in der jungen Bundesrepublik erscheinen, im Stuttgarter Verlag von Ernst Klett, aus dem dann 1977 der Verlag Klett-Cotta hervorging. Die deutsche Ausgabe basierte auf der zuvor im Jahr 1950 im – nun ebenfalls wieder demokratischen – Italien vom Verlag Garzanti in Mailand veranstalteten Edition, die den Titel der Schweizer Ausgabe übernahm. Der für die deutsche Übersetzung – abweichend vom italienischen Original – gewählte Titel »Kinder sind anders« wurde im Verlag von Ernst Klett und dann bei Klett-Cotta über Jahrzehnte beibehalten, auch in der um ein kurzes Vorwort der Montessori-Expertin Ingeborg Waldschmidt versehenen Ausgabe von 2009. Seit seinem ersten Erscheinen hat das Buch »Kinder sind anders« in Deutschland wie kein zweites Werk die Wahrnehmung von Montessoris Erziehungslehre geprägt.

Die deutsche Übersetzung von 1952 wurde von Percy Eckstein und Ulrich Weber angefertigt und anschließend im Auftrag der Erben der Maria Montessori von ihrer deutschen Schülerin Helene Helmig noch einmal zusätzlich bearbeitet. Diese deutsche Erstausgabe verzichtete auf eine möglichst wortwörtliche Übersetzung des Originaltitels »Il segreto dell'infanzia«, denn »segreto« kann neben »Geheimnis« auch so viel wie »Mysterium«, »Rückzugsort« oder »Rätsel« heißen. Hätte man das Buch etwa mit dem Titel »Das Geheimnis der Kindheit« einer deutschen Leserschaft präsentiert, wäre die Gesamtheit der schillernden Bedeutungsvielfalt von »segreto« in einer solchen nur annähernd sinnerfassenden Übertragung nicht erkennbar gewesen. Der stattdessen gewählte Titel »Kinder sind anders« trifft im Deutschen sehr viel unmittelbarer einen Nerv und gibt außerdem genau das wieder, was Montessori in ihrem Buch im Kern zum Ausdruck bringen wollte: Das Dasein des Kindes und die

Welt der Kinder sind fundamental von der Wirklichkeit der Erwachsenen unterschieden, weshalb die »Großen« staunend vor den »Kleinen« stehen sollen, um von ihnen zu lernen, ja um in jedem Kind einen Lehrmeister des Erwachsenen zu sehen.

Die vorliegende Neuausgabe des Buches, die nun etwas über siebzig Jahre nach dem Tod von Maria Montessori auf den Weg gebracht wird, behält somit aus guten Gründen den in Deutschland eingeführten, mittlerweile selbst als klassisch geltenden Titel »Kinder sind anders« bei und bietet dazu den Text auch – abgesehen von der Anpassung an die Regeln der neuen Rechtschreibung – komplett und unverändert in der Erstübersetzung von 1952, die trotz Mitarbeit von Ulrich Weber und der Bearbeitung von Helene Helmig unverkennbar die Handschrift von Percy Eckstein trägt. Dieser aus Österreich stammende Literat, der die zweite Hälfte seines Lebens in Rom verbrachte, wo er auch starb, war zu Lebzeiten einer der gefragtesten Übersetzer aus dem Italienischen, gefeiert unter anderem für seine Übertragung von Dino Buzzatis Meisterwerk »Die Tartarenwüste« (Il deserto dei Tartari, 1940). Die von ihm gewählte Sprache ist überdies nicht nur nah am Original, sondern sie atmet auch noch den Geist der Entstehungszeit von Montessoris Buch.

Hinzugefügt wurde nun noch ein umfangreicher Anmerkungsteil mit ausführlichen Kommentaren. Diese bieten in den Erklärungen insbesondere auch neu gewonnenes Wissen zu Montessori und zum Kontext ihres Werkes. Weiterhin wurde dem Text von »Kinder sind anders« ein neues Vorwort des Herausgebers vorangestellt, das den Lesern als grundlegende Einführung ins Buch eine erste Orientierung geben soll. Im angehängten Literaturverzeichnis sind neben den wichtigsten Ausgaben des Buches noch die gängigsten und informativsten Titel der neueren, vornehmlich deutschsprachigen Literatur aufgeführt, deren Lektüre mit Blick auf die weitergehende Interpretation der Montessori-Pädagogik und ihrer internationalen Rezeption gute Dienste leisten kann.

LITERATURVERZEICHNIS

Maria Montessori: L'Enfant, Paris/Brügge 1936.

Maria Montessori: The Secret of Childhood, New York 1936.

Maria Montessori: Il segreto dell'infanzia, Bellinzona 1938

Maria Montessori: Il segreto dell'infanzia, Mailand 1950.

Maria Montessori: Kinder sind anders, Stuttgart 1952.

Maria Montessori: Kinder sind anders. Mit einem Vorwort von Professor Ingeborg Waldschmidt, Stuttgart 2009.

Maria Montessori: Das Geheimnis der Kindheit. Teil 1. Neu übersetzt auf Basis des Textes von 1950 und mit einem Vor- und Nachwort versehen von Cordula Scheel, Hamburg 2023 [Diese Ausgabe ist unvollständig: Es fehlen die Teile II und III].

Giovanna Alatri: Il mondo al femminile di Maria Montessori. Regine, dame e altre donne, Rom 2015.

Valeria P. Babini/Luisa Lama: Una donna nuova, Mailand 2000.

Karl Barth: Ethik II. Vorlesung. Münster Wintersemester 1928/29, wiederholt in Bonn, Wintersemester 1930/31, hg. von Dietrich Braun, Zürich 1978 (darin im § 12 »Autorität« der Abschnitt über Lehrer, Korrektur, moderne Pädagogik und Erziehung, S. 182–212).

Harold Baumann: Hundert Jahre Montessori-Pädagogik. 1907–2007, Bern 2007.

Manfred Berger: Clara Grunwald. Wegbereiterin der Montessori-Pädagogik, Frankfurt am Main 2000.

Winfried Böhm: Maria Montessori. Hintergrund und Prinzipien ihres pädagogischen Denkens, Bad Heilbrunn 1969 (2. Aufl. 1991).

Winfried Böhm: Maria Montessori, in: Heinz-Elmar Tenorth (Hg.): Klassiker der Pädagogik, Bd. 2, München 2003, S. 74–88.

Jürgen Charnitzky: Fascismo e scuola. La politica scolastica del regime, 1922–1943, Florenz 1996.

Cristina De Stefano: Il bambino è il maestro. Vita di Maria Montessori, Mailand 2020.

Cristina De Stefano: Kinder als Lehrer. Das Leben der Maria Montessori. Aus dem Italienischen von Franziska Kristen, München 2021.

Elisabeth Dickmann: Die italienische Frauenbewegung im 19. Jahrhundert. Geschichte der italienischen Frauenbewegung, Bd. 1, Frankfurt am Main 2002.

Birgitta Fuchs: Maria Montessori. Ein pädagogisches Porträt, Weinheim/ Basel 2003.

Waltraud Harth-Peter (Hg.): »Kinder sind anders«. Maria Montessoris Bild vom Kinde auf dem Prüfstand, Würzburg 1996.

Sigurd Hebenstreit: Maria Montessori. Eine Einführung in ihr Leben und Werk, Freiburg i. Br. 1999.

Helmut Heiland: Maria Montessori. Mit Selbstzeugnissen und Bilddokumenten. 9. Aufl., Reinbek bei Hamburg 2003.

Christine Hofer: Die pädagogische Anthropologie Maria Montessoris. Oder: Die Erziehung zum neuen Menschen, Würzburg 2001.

Grazia Honegger Fresco: Maria Montessori, una storia attuale, Turin 2018.

Michael Knoll: John Dewey über Maria Montessori. Ein unbekannter Brief, in: Pädagogische Rundschau 50 (1996), S. 209–219.

Rita Kramer: Maria Montessori, Chicago 1976.

Rita Kramer: Maria Montessori. Leben und Werk einer großen Frau. Übersetzt von Gudrun Theusner-Stampa. Mit einem Vorwort von Anna Freud, München 1977.

Hélène Leenders: Der Fall Montessori. Die Geschichte einer reformpädagogischen Erziehungskonzeption im italienischen Faschismus. Übersetzung aus dem Niederländischen von Petra Korte, Bad Heilbrunn 2001.

Harald Ludwig/Reinhard Fischer/Michael Klein-Landeck (Hg.): Das Lernen in die eigene Hand nehmen. Mut zur Freiheit in der Montessori-Pädagogik, Berlin 2007.

Anna Maria Maccheroni: A True Romance: Dr. Maria Montessori as I Knew Her, Edinburgh 1947.

Giuliana Marazzi: Montessori e Mussolini: La collaborazione e la rottura, in: Dimensioni e problemi della ricercar storica 1 (2000), S. 177-196.

Anna Matellicani: La »Sapienza« di Maria Montessori. Dagli studi universitari alla docenza 1890–1919, Rom 2007.

Rebecca Messbarger: Signora Anna, Anatomin der Aufklärung. Eine Kulturgeschichte aus Bologna, Berlin 2015.

Brita Rang/Hélène Leenders: Die politische Karriere der Montessori-Pädagogik in Italien, den Vereinigten Staaten und den Niederlanden im Interbellum, in: Tobias Rülcker/Jürgen Oelkers (Hg.): Politische Reformpädagogik, Bern 1998, S. 379–406.

Günter Schultz-Benesch: Der Streit um Montessori, Freiburg 1961.

Marjan Schwegman: Maria Montessori. 1870–1952. Kind ihrer Zeit. Frau von Welt, Darmstadt 2000.

Sabine Seichter: Der lange Schatten Maria Montessoris. Der Traum vom perfekten Kind, Weinheim/Basel 2024.

Edwin M. Standing: Maria Montessori. Her Life and Work, New York/Scarborough 1957.

Diana Stiller: Clara Grunwald und Maria Montessori. Die Entwicklung der Montessori-Pädagogik in Berlin, Hamburg 2008.

Ingeborg Waldschmidt: Maria Montessori – Leben und Werk. 3., aktualis. Aufl., München 2010.

REGISTER

A

Adler, Alfred 312, 411
Afrika 22
Aleppo 406
Amsterdam 26, 59 f.
Anamnese 80
Ancona 11, 15
Angst 39 f., 78, 101, 170, 184, 188, 217,
    288, 301, 323 f., 398
Anthropologie 22, 397, 399
Apathie 308, 321
Apollon 413
Aprile, Maria 21
Arbeit 37 f., 40 f., 70, 94, 106, 113,
    118 f., 122 f., 125 f., 135, 159, 184, 188,
    206, 228, 231, 236, 258, 260, 269 f.,
    278 f., 281-283, 297, 300, 303, 319-321,
    346-349, 352-354, 356-362, 367, 380,
    383
Argentinien 407
Asien 22, 26
Auferstehung 94, 274, 373
Augustinus von Hippo 409
Australien 22

B

Baden-Powell, Robert 394
Bannerman, Helen 404
Barcelona 24 f.
Barth, Karl 43 f.
Bekehrung 273 f., 277, 282 f., 330, 334

Bellinzona 417
Belohnungen 38-40, 61, 232, 245 f.,
    248 f., 269 f., 360
Benedikt XIV., Papst 18
Bergen-Belsen 59
Berlin 19, 54
Bernard, Claude 400
Bernard, Georgette 417
Bethlehem 414
Bewegung 24, 33, 100 f., 110-115, 119,
    129, 135, 137, 145, 148 f., 157, 159, 170,
    178 f., 181-185, 192 f., 196, 198-200,
    203-205, 207, 209, 211 f., 215, 224,
    235 f., 248 f., 259, 261, 269 f., 273, 278,
    294 f., 297, 309, 357
Bewusstsein 34, 39, 71, 77 f., 80, 85, 87,
    102, 117, 128, 130, 150, 165, 196, 204,
    213, 232, 246, 285, 288, 356
Blankenburg 410
Bologna 22
Bosquet, Charles 399
Bovet, Pierre 414
Brownsea Island 394
Brügge 417
Buonarotti, Michelangelo 16
Buzzati, Dino 419

C

Carter, Barbara B. 417
Ceuta 395
Charcot, Jean Martin 78, 396

Chiaravalle 15
Christus 46, 94, 163, 218, 229, 385, 390
Christy, Helen (Montessori-) 24
Cocceius Auctus, Lucius 401

D

Dante 214, 405, 415
Darwin, Charles 16, 27, 363, 404, 413
David, König von Israel 405
Delphi 413
Demut 48, 62, 129, 269, 290, 410
De Stefano, Cristina 61
Determinismus, deterministisch 11,
   13, 28, 30 f.
Deutschland 27, 393 f., 406, 418 f.
Dewey, John 24, 407
Disziplin, Disziplinierung 41 f., 45, 68,
   118, 129, 200, 206, 257 f., 264, 270,
   279–283, 330, 353
Diyab, Hanna 406
Doré, Gustave 163, 403
Dorsetshire 394
Drüsensekretion 122, 400

E

Eckstein, Percy 14, 418 f.
Elena, Königin von Italien 23, 272, 321,
   408
Embryo 28, 49, 89, 91–93, 100, 103,
   118 f., 128 f., 135, 222, 271, 294, 395
Embryologie 28, 75, 395, 397
Emerson, Ralph Waldo 47, 392, 416
Empfänglichkeitsperioden (sensible
   Perioden) 30, 121 f., 124–130, 139 f.,
   148, 150, 152, 156, 161, 345, 366, 369,
   401
Engels, Friedrich 413
England 25 f., 394
Esquilino, römisches Stadtviertel 23,
   409
Eugenik 11, 80, 396 f.
Europa 22, 32, 277, 393, 399
Europäische Union 57, 415
Evolution 271
Experimentalpsychologie 135 f., 149,
   402

F

Fabre, Jean-Henri Casimir 136, 401
Fleischwerdung 109, 111, 113 f., 118 f.,
   294 f., 400
Frank, Anne 59–61
Frank, Edith 59
Frankenberg 393
Frankfurt am Main 59
Frank, Margot 59
Frank, Otto 59
Frankreich 12, 399
Freeville, New York 394
Freiheit der Wahl 270
Freud, Sigmund 78, 83, 395 f., 411
Frieden 13, 47, 373
Fröbel, Friedrich 33, 296, 410

G

Galeazzo Ciano, Gian 407
Galton, Francis 396
Geburt (Wiedergeburt) 47 f., 95, 97, 99,
   103, 105, 107 f., 110 f., 117, 176, 274,
   373, 398
Geheimnis (der Kindheit, des Kindes)
   31, 49, 53, 70, 76, 79, 93, 101, 127 f.,
   132, 134, 139 f., 159, 161, 221, 223, 258,
   343, 361, 378, 418
Gehen 110, 115, 169, 175–179, 181, 189,
   259, 357
Genf 55, 145, 402, 414
George, William Reuben 394
Gerechtigkeit 98, 252, 269, 331
Gesichtsmasken 99, 399
Gesundheit 17, 29, 103, 132 f., 170, 172,
   188, 210, 213, 283 f., 334, 347, 399, 411
Gibraltar 395
Goslar, Hannah (Pick-) 60
Göttingen 29

H

Hades 416
Hand 112, 182–184, 191, 236, 259 f., 262,
   269, 346
Handlungsfreiheit 30 f., 93, 112
Harvey, William 401

Helmig, Helene 418 f.
Hemmungen 18, 44, 114, 300 f.,
    303–305, 321, 347
Herbart, Johann Friedrich 403
Herkules 77 f., 395
Herodes Antipas, jüdischer Herrscher
    390, 414 f.
His, Wilhelm 28, 395
Hitler, Adolf 25, 44, 418
Hobbes, Thomas 403
Holland 26, 59
Hören 169, 185, 212
Howard, Ebenezer 394
Hygiene 19, 65, 67, 75, 80, 100, 133 f.,
    172, 270, 305, 333, 346, 376, 383 f.,
    393, 399

I

Indien 11, 26, 54
Individuum (Individualität) 11, 28, 31,
    35, 47 f., 53, 61, 68, 76 f., 80 f., 93,
    107, 112–115, 117–119, 122, 132–134,
    149, 156, 160, 176 f., 200 f., 204–206,
    222, 305, 331, 334, 337, 345–348, 350,
    353, 364–366, 368, 376, 387, 412
Inkarnation 109, 135, 399
Instinkt, Instinkte 28, 40 f., 67, 80, 86,
    91–93, 98, 105, 107 f., 110–113, 115,
    119, 122 f., 127, 144, 169 f., 174–176,
    182, 188, 191, 193, 212 f., 240, 287, 313,
    334, 346 f., 349 f., 364–366, 369, 372,
    375, 399
Intelligenz 116, 120, 148, 155, 159, 163,
    182 f., 199–201, 204 f., 207, 210–214,
    228, 296 f., 299–301, 356, 358, 402, 407
Interesse 34, 37, 48, 56, 60 f., 135, 141,
    144, 156, 161–165, 170, 199, 235, 240 f.,
    243, 249 f., 260 f., 263 f., 273, 278–282
Italien 14, 16, 19, 23–26, 54, 57, 76,
    394 f., 407 f., 415, 417 f.
Iwerks, Ub 404

J

James, William 156, 403
Japan 405
Jebb, Eglantyne 55, 414

Jesus 47, 163, 389, 398 f., 404–406, 409,
    412, 414 f.
Jizō, japanische Gottheit 405
Johannes der Evangelist 103, 399
Johannes der Täufer 85, 224, 396, 405
Jonas, Prophet 85, 396
Jordan 85, 396
Jugendorganisationen 394
Juvenal 400

K

Kampf ums Dasein 353, 366
Kästner, Erich 50
Keimzelle 89–91, 119
Key, Ellen 50, 76, 395
Kinderbett 137, 151, 172 f.
Kinderhaus, Kinderhäuser 23 f., 32, 34,
    36 f., 52, 144, 224, 226, 231, 254, 260,
    265, 267, 272, 281, 362, 402, 406, 409
Kindermöbel 24, 32, 52, 68, 224, 231,
    235, 272, 393
Kinderrechte 26, 53–57, 414
Kinderrepubliken 68, 394
Kleider (Kleidung, Bekleidung) 97–99,
    156, 166, 305, 314, 327, 330, 398
Klett, Ernst 14, 418
Koch, Robert 393
Konzentration 24, 35, 37, 61, 200, 228,
    235 f., 241, 269, 279, 281 f., 294, 296,
    402
Korrektur 41, 43–45, 87, 286
Krankheit 18, 76–82, 100 f., 131–134,
    140, 150–152, 284, 304, 308, 327, 333,
    337 f., 342, 361, 383, 393
Kreta 416
Kultur 41, 68 f., 76, 132, 210, 306, 347

L

Lamarck, Jean-Baptiste de 27, 363, 413
Lane, Homer 394
Laren, Ort in den Niederlanden 26
Laune, Launen 13, 126 f., 130 f., 141 f.,
    150, 166 f., 178, 187, 215 f., 221 f., 278,
    281, 288, 315
Leibniz, Gottfried Wilhelm 89, 397
Leipzig 402

Leo XIII., Papst 17
Lernen, selbständiges 11, 23f., 31, 33, 35, 37–40, 43, 324
Lesen 33f., 37, 259, 261–264, 270
Lewin, Kurt 135, 199, 401
Liebe 22, 37, 45, 87, 107f., 118, 129, 140, 165, 170, 198, 207, 213–218, 254, 264, 290, 294, 301, 305, 307, 309–311, 313, 331, 346, 351, 353, 363, 370, 372, 379, 386, 392
Locke, John 38f., 403, 415
Lügen 288, 327–331, 411
Luther, Martin 396

M

Mailand 409, 418
Marchesini, Matilde 17
Margherita, Königin von Italien 23, 409
Marokko 395
Marshall, James 398
Martyrium, Märtyrer 65, 126, 307
Marx, Karl 413
Material (Spiel-, Lernmaterial) 22, 24, 33–35, 37f., 42, 52, 127, 136, 187, 228, 231, 236, 239f., 257, 263, 269, 271, 277–281, 296, 407f., 410
Matratze 98, 174, 398
McDougall, William 28, 399
Meiners, Christoph 29
Messias 46f., 179, 218, 390, 392, 399, 404, 416
Messina 262, 272, 277, 408
Minos 391, 416
Montesano, Guiseppe 20–22
Montessori, Alessandro 15
Montessori, Maria 11–42, 44–54, 56–60, 393f., 396–402, 406f., 409f., 417f.
Montessori, Mario 21, 24, 26
Montessori, Renilde 15
Morandi Manzolini, Anna 18
Moses 171, 342
Motivation, intrinsische 23, 38, 40–43, 61
Münster 43
Muskel, Muskeltätigkeit 113–116, 118,

128f., 135, 149, 153, 176, 184, 189, 205f., 211
Mussolini, Benito 12, 14, 24f., 58, 394f., 407, 418
Mussolini, Edda 407
Mysterium 53, 101, 109, 366, 418

N

Neapel 142, 178, 401
Nero, römischer Kaiser 142, 401
New York 24, 187, 394, 417
Nicäa 400
Niederlande 26, 59
Nil 412
Ninive 85, 396
Noordwijk aan Zee 11, 27
Normalität 132, 268, 334, 349f.
Nudismus 398

O

Ordnung (Ordnungssinn) 68, 139–142, 144–149, 152, 159, 200, 239–241, 257f., 270, 281, 353
Osore-zan, Berg in Japan 405
Österreich 419
Oxford 25, 417

P

Pakistan 26
Palmi, Stadt in Italien 408
Paris 278, 417
Pasteur, Louis 399
Pathologie 132
Persönlichkeit 11, 31, 40, 49, 68, 75, 87, 113, 119, 164, 167, 174, 189, 192, 195f., 200, 204f., 211f., 214, 222, 224, 280, 294f., 313, 318, 320, 345f., 349f., 395
Pestalozzi, Johann Heinrich 413
Pfadfinder 68, 325, 394
Physiologie 113, 132, 176, 181
Piaget, Jean 145, 402
Pierson, Ada (Montessori-) 26
Pindar 395
Pontius Pilatus 183, 389f., 405, 415
Psychiatrie 18, 20, 78, 195, 323, 327

Psychoanalyse 77–82, 196, 209, 222, 297, 330, 337, 341, 395 f., 411

Psychose 39, 79, 323

Pudor, Heinrich 398

R

Rachitis 18, 134

Radice, Sheila 408

Raffael (Raffaello Sanzio) 163, 403

Rasse 29, 55, 86, 103, 107, 272, 397, 399

Rätsel 31, 53, 113, 163, 418

Reggio Calabria 408

Reimarus, Hermann Samuel 399

Rhythmus 34, 91, 177 f., 192 f., 198, 236, 351 f.

Rom 11, 15, 17 f., 20–23, 36 f., 266, 272, 399 f., 406, 419

Rousseau, Jean-Jacques 50

S

Salomo, König von Israel 366, 413, 415

San Francisco 24, 144, 402

San Lorenzo, römisches Stadtviertel 22, 321, 402

Schlaf 130, 152, 159, 163, 170–174, 216, 273, 386 f.

Schlözer, August Ludwig 29

Schönlein, Johann Lukas 393

Schöpfung (Schöpfungswerk, Schöpferkraft) 31, 41, 49, 54, 87, 91, 101, 112–114, 116, 118 f., 121, 125, 128, 131, 133, 150, 152 f., 157, 196, 204, 213–215, 222, 230, 274, 283, 293, 299, 308, 348 f., 356, 359, 364, 366, 369 f., 372, 412

Schreiben 34, 259–262, 264, 268, 270, 301, 383

Schwachsinn (geistige Behinderung) 20, 56, 231 f., 406

Schweiz 12, 417

Séguin, Édouard 20, 33

Sinne, Sinnesorgane 110, 118, 136, 155–157, 160, 165, 169, 210–212, 232, 269 f., 304

Skarbina, Helmut 404

Sowjetunion 394

Spallanzani, Larraro 89, 397

Spanien 11, 24 f., 54, 178

Speke, John Hanning 412

Spielrein, Sabina 411

Spielzeug (Spielsachen, Spielmaterialien) 23, 33, 38, 118, 164, 243, 270, 278, 296 f., 407, 410

Spontaneität, spontan 13, 23, 30, 38, 40 f., 79, 184, 196, 223, 243, 250, 255, 258, 270, 272, 279, 282, 284, 303, 407

Sprechen 115, 128, 130, 135, 181 f., 185, 214, 229, 281

Stille 94, 96, 100, 105, 111, 247 f., 257, 269 f.

Strafen 38–40, 57, 67, 245 f., 270, 296, 315, 346, 361, 384–387, 391, 415

Stuttgart 418

Sünde (Erbsünde, Ursünde) 85, 116, 286, 294, 337, 343, 409–411

T

Teilhard de Chardin, Pierre 412

Thomas von Aquin 336, 403, 411

Thonet, Michael 32, 393

Tiberius, römischer Kaiser 415

Trieb, Triebe (Antrieb) 28, 38, 41, 92 f., 110, 112, 119, 144, 156, 185, 189, 191, 213, 252, 257, 293, 309, 311, 337, 353, 361, 399, 411

Trient 409

Tschechien 57, 415

Tuberkulose 18, 65, 134, 383, 393

Tyrannei 289 f.

U

Übung 33 f., 42, 62, 100, 119, 145, 176, 184, 187, 193, 196, 204, 235–237, 240, 248 f., 257, 263, 269 f., 273, 280, 282, 357, 360

Umberto II., König von Italien 395

Umwelt 28, 31–34, 38, 49, 66, 69, 79–81, 92 f., 95, 105, 107, 115, 117–120, 125, 127 f., 130, 133 f., 136 f., 139 f., 145, 148–150, 156, 160, 163, 171, 179, 181 f., 184 f., 189, 193, 198, 200, 204, 210, 213 f., 221–224, 241, 253, 270 f.,

290, 294 f., 304, 309, 313, 323 f., 329,
345–348, 357–360, 362–365, 368, 371 f.
Unterbewusstsein (das Unterbewusste)
70, 77 f., 81 f., 183, 196, 209, 300
Unterdrückung 79, 83, 169, 179, 187,
189, 195, 284, 290, 299, 376, 396

V

Vereinigte Staaten von Amerika 11 f.,
23 f., 54
Vereinte Nationen 55 f.
Vicovaro, Ort in Italien 21
Victoriasee 412
Viktor Emmanuel III. (Vittorio
Emanuele III), König von Italien 24,
76, 395
Völkerbund 55, 414
Volta, Alessandro 226, 406
Vries, Hugo de 27, 30, 122, 366, 401

W

Wahlfreiheit 30 f., 41, 93, 112, 296 f.
Waldeyer, Heinrich Wilhelm 397

Waldschmidt, Ingeborg 14, 418
Washington D. C. 278 f.
Watson, John B. 403
Weber, Ulrich 14, 418 f.
Wille 113, 118, 207, 308
Wolff, Caspar Friedrich 89, 397
Wordsworth 49, 400
Wunder 41, 91, 95, 117, 124, 133, 261,
265, 281, 330, 356 f., 369, 372
Wunderkind(er) 266, 283
Wundt, Wilhelm 402
Würde 39, 53, 57, 68, 98, 117, 148, 246,
252 f., 269, 287, 311, 318, 320, 387

Z

Ziegler, Heinrich Ernst Ziegler 28, 399
Zivilisation 31, 69, 85, 95, 102, 173, 347,
352, 376 f., 381
Zorn 286–290, 410
Zucht 42, 206
Züchtigung, körperliche 56 f., 385 f.,
415
Zwang 31, 41, 43, 115, 192, 287, 300

Wilhelm Humboldt,
Jürgen Overhoff (Hg.)
**Bildungstrieb und Frei-
heitsdrang**
Über die Erziehung zur
Mündigkeit
336 Seiten, broschiert, mit Abbil-
dungen
ISBN 978-3-608-98670-9

Humboldts zeitlose Anleitungen zur charakterlichen und geistigen Mündigkeit

Wilhelm von Humboldt gilt als einer der wichtigsten Bildungsphilosophen. Seine Ideen zur Mündigkeit, zum Selbstdenken und zur Selbstbildung sind
wegweisend. Diese Auswahl aus seinen Schriften
gibt Humboldts eigenen Bildungsprozess wieder.
So wird die Dramatik seines Denkens und Lebens
nachvollziehbar, die bis in die gegenwärtige Auseinandersetzung über Wirksamkeit seiner Bil-
dungsidee nachwirkt.

———